IMMORTEL

Duncan Hamilton est notamment l'auteur
de *Provided You Don't Kiss Me: 20 Years with Brian Clough*,
élu « William Hill Sports Book of the Year » en 2007.
En 2009, ce prix prestigieux lui fut de nouveau attribué
pour *Harold Larwood*, qui remporta également, la même année,
le prix « Wisden Book of the Year » puis, en 2010,
le prix de la biographie aux British Sports Book Awards.
Il vit dans les Yorkshire Dales.

Duncan Hamilton

IMMORTEL
George Best

Traduit de l'anglais par Hugo Hélin et Pierre Prugneau

Hugo Sport

Ouvrage dirigé par Bertrand Pirel

Titre original : *IMMORTAL*

Édition originale : Century, 2013, puis Windmill Books, 2014

38, rue La Condamine
75017 Paris

ISBN : 9782755622485
Dépôt légal : novembre 2015
Imprimé en Espagne par Blackprint

À ceux qui ont vu jouer George Best.
À ceux qui auraient aimé le voir jouer.
À Belfast. Merci pour votre fils.

SOMMAIRE

AVANT-PROPOS
QUEL CHEF-D'ŒUVRE QUE L'HOMME

Belfast, 3 décembre 2005

Son cercueil était placé près du fauteuil de son père, dans le salon de la maison où il avait passé son enfance et qui représentait l'un des seuls éléments stables de sa vie. Il était souvent revenu ici, trouvant toujours à l'identique cette pièce qui désormais priait pour lui.

Le salon était modeste mais agencé avec soin, dans un style très britannique : des murs couleur lilas, un tapis gris clair, un canapé un peu plus foncé, une table ronde, un patchwork à dominante rouge devant une cheminée en bois de style étrusque dont la grille en laiton brillait après avoir été polie avec vigueur. Des coupes et médailles remportées à l'époque où il était encore écolier étaient exposées dans une armoire en teck aux côtés des caps symbolisant chacune de ses apparitions en sélection nationale et qu'il avait offertes à ses parents il y a bien longtemps. Un portrait de lui en noir et blanc était accroché au-dessus du poste de télévision. La photo datait de 1968. Il était alors à son apogée footballistique et l'objectif avait parfaitement su saisir sa beauté virile et son air débonnaire.

Les maisons mitoyennes en brique rouge de Burren Way, au beau milieu du quartier de Cregagh, dans l'est de Belfast, étaient toutes identiques : une grande fenêtre, une petite haie bien taillée et un portillon en bois qui s'ouvre sur un chemin menant à la porte d'entrée. Mais le jardin de la sienne, au numéro 16, était un sanctuaire à sa gloire et témoignait de la trace qu'il laissait dans les esprits. Dans les huit jours qui ont suivi sa mort, des gens qu'il n'avait jamais rencontrés étaient venus, pèlerins anonymes, présenter leurs condoléances, partager leur peine et lui dire merci. Le lien émotionnel qui les unissait à lui était sincère et viscéral, comme s'il avait été un membre de leur famille.

Il y avait là des petits vieux au visage triste et ridé qui l'avaient connu à son zénith. Des jeunes gens admiratifs, nés trois décennies après et qui n'avaient vécu ses exploits que dans la bouche de leurs pères ou de leurs grands-pères. Des dames âgées qui avaient autrefois rêvé d'avoir un fils comme lui. Les filles des années 60, aujourd'hui mères voire grands-mères, qui lui avaient envoyé des lettres d'amour lorsqu'elles étaient adolescentes. De jeunes filles avec un œillet dans chaque main pour lui. Un rouge, un blanc.

Le petit carré de pelouse était recouvert de fleurs en guirlandes, en couronnes ou sous cellophane. Il y avait aussi des écharpes et des maillots de foot. Le rouge carmin de son club, Manchester United, et le vert émeraude de son pays, l'Irlande du Nord, ressortaient au milieu d'une éruption de couleurs, celles des Glasgow Rangers et du Celtic, d'Arsenal et de Tottenham, d'Everton et de Liverpool, de Linfield et de Glentoran. Les maillots des rivaux éternels étaient entrelacés, comme si une trêve avait été conclue en son hommage. De petits mots y étaient attachés, poèmes écrits sur des cartes en forme de cœur ou simples messages d'inconnus rédigés au feutre ou au stylo Bic et rendus presque illisibles par une semaine de gel, de grésil et de pluie. L'un d'eux allait jusqu'à affirmer qu'il avait rendu le monde meilleur ; un autre assurait que la légende allait perdurer ; un troisième rappelait que Pelé le considérait comme le plus grand footballeur au monde et qu'il en avait fait un Brésilien d'honneur. Ceux qui déposaient ces billets s'attardaient dans la rue, regardant autour d'eux, comme s'ils cherchaient à l'imaginer au même endroit des années auparavant.

Il avait été un gamin aux chaussures en lambeaux à force de taper dans un ballon. Un gamin qui dormait avec un ballon sous des posters découpés dans le *Charles Buchan's Football Monthly*. Un gamin qui préférait toujours tourner à droite quand il sortait de chez lui car il passait ainsi devant l'épicerie du coin et son grand mur, contre lequel il tirait comme un sourd des heures durant, puis devant un terrain vague, où la finale de la Coupe du monde était rejouée chaque jour entre des poteaux de pulls et de manteaux. Il s'y rendait avec sa première paire de crampons, heureux rien que d'entendre le bruit de ses pas sur les pavés. Il tenait le compte des buts qu'il marquait en les gravant dans le cuir de ses chaussures à l'aide d'une allumette. Plus tard, il vendrait, donnerait ou égarerait la plupart des médailles et autres reliques de sa carrière, mais il prendrait soin de toujours conserver cette paire de crampons, souvenir de l'enfant qu'il avait été.

Il avait distribué le *Belfast Telegraph* dans les boîtes aux lettres du quartier pour se faire quelques shillings en plus de son argent de poche. Il découpait le journal de son père lorsque celui-ci avait fini de le lire, pour en coller soigneusement les résumés de matchs et les portraits de joueurs dans un album dont les pages pourtant épaisses finiraient par gondoler à force d'être tournées. Par la suite, son père ferait de même, avec le même journal et les mêmes ciseaux. Mais cette fois, les articles parleraient de son fils. Les coupures poussiéreuses et cornées, conservées en vrac dans les tiroirs de l'armoire à trophées, racontaient le début de son histoire : un gamin des rues qui, à quinze ans, rejoignit l'Angleterre, un gosse au talent tel qu'il sidérait tous ceux qui le voyaient. Des années plus tard, l'édition hommage du *Telegraph* le qualifierait d'« enfant le plus connu » du pays. En une, un gros titre en blanc sur fond noir disait tout simplement :

« Que Dieu te bénisse »

Ce samedi d'hiver, tous les éléments semblaient s'être ligués pour offrir un décor parfait au deuil de Belfast. Des nuages bas et tachetés flottaient dans le ciel de la capitale. Un brouillard fin couvrait les sommets des collines vertes environnantes. Un vent puissant courbait les arbres sans feuilles et soufflait la bruine au-dessus des barres d'immeubles et des maisons adjacentes. La pluie semblait laquer d'un vernis sombre les routes, les murs et les tuiles. Le voile nuageux plongeait toute la ville dans un semi-crépuscule.

Les badauds venus lui rendre un dernier hommage devaient braver l'humidité et le froid glacial. Des milliers de parapluies se dressaient au-dessus des casquettes, chapeaux et capuches. Certains avaient campé là la nuit précédente, d'autres étaient arrivés dès l'aube. Ils étaient 5 000 à se presser sur les trottoirs reliant Burren Way à North Bank. Ils étaient des dizaines de milliers de plus, parfois en rangs de vingt ou trente, sur Cregagh Road, Upper Knockbreda Road, Upper Newtonards Road et Knock Road. Ils étaient encore 17 000 à passer les hautes grilles en fer de Stormont et à piétiner le long de la Prince of Wales Avenue, ligne droite de goudron qui mène aux soixante marches du Parlement, grand bâtiment néoclassique aux balcons et colonnes ioniques en pierre de Portland. À l'intérieur, des chants religieux résonnaient tandis que des chandeliers illuminaient d'une lueur pâle le marbre du hall principal.

Dans un pays brisé par la guerre civile, sa seule existence avait été unificatrice. Peu importe quel Dieu vous priiez le dimanche : vous étiez fier de lui et fier d'être son compatriote. Il avait apporté un peu de répit à son pays, loin des barbelés, des *checkpoints* et des barricades. Il était lui-même totalement apolitique et se fichait de savoir si vous étiez catholique ou protestant. Les drapeaux étaient en berne dans tous les quartiers de la ville et chacun avait l'impression que sa mort, à 59 ans seulement, avait un sens particulier.

Tous ressentaient un profond besoin de lui rendre hommage. Des inconnus tentaient de s'expliquer mutuellement son charisme. Ils ne faisaient que prêcher des convaincus, mais cet échange de souvenirs leur permettrait de trouver du réconfort dans la nostalgie. Il n'avait pas joué une rencontre au plus haut niveau depuis plus de trente ans mais il restait dans tous les esprits. Les gens ne se souvenaient plus du déroulé exact des matchs, ni même des scores, mais ils connaissaient par cœur ses coups d'éclat. Son souvenir était tellement vivace qu'il effaçait des mémoires ses coéquipiers, même les plus prestigieux. Denis Law ou Bobby Charlton semblaient n'exister que pour lui passer la balle. Ses adversaires n'étaient là que pour lui permettre de briller.

De nombreux footballeurs ont marqué l'histoire du sport britannique, que ce soit des renards des surfaces comme Dixie Dean ou Tommy Lawton, des ailiers magiciens comme Tom Finney ou Stanley Matthews ou ses contemporains Bobby Moore et Jimmy Greaves. Mais aucun ne s'est à ce point imposé dans l'imaginaire populaire. Jamais un footballeur n'avait été aussi emblématique de son époque, et aucun ne le sera sans doute jamais plus. Jamais un footballeur n'avait autant charmé les âmes romantiques, semblant repousser les lois de la physique pour trouver la place de dribbler, donnant sans cesse au spectateur l'impression d'avoir été témoin d'un miracle.

Le terme qui revenait le plus souvent pour le décrire était « génial ». Une affirmation à la fois correcte et incomplète. L'acception courante du terme (défini par le dictionnaire d'Oxford comme synonyme de « extraordinaire, imaginatif, créatif ou inventif ») ne suffit pas pour décrire les aspects fascinants de sa technique ou de son caractère. Le mot a de toute façon été dévalué à force d'être trop employé, et les joueurs que l'on désigne ainsi aujourd'hui semblent tout juste médiocres comparés à lui.

Génial ? Il était plus que cela. Durant cinq ans, du début de 1966 à la fin de 1970, il semblait envoyé par Dieu sur Terre tant il survola le reste du monde de sa classe.

Les chanceux, ceux qui l'avaient vu depuis les tribunes bondées d'Old Trafford et de Windsor Park, fanfaronnaient devant ceux qui étaient nés trop tard et avaient dû se contenter de revivre ses exploits sur des images granuleuses en noir et blanc ou sur les premiers films en couleur.

Ils parlaient de buts magnifiques inscrits dans des angles impossibles, de frappes enveloppées, de ballons caressés et de tirs surpuissants. Ils parlaient avec révérence de gestes techniques surnaturels qui marquaient les esprits, de slaloms entamés au milieu de terrain et qui ne s'arrêtaient qu'une fois devant le but, gagnant en vitesse à mesure qu'il se rapprochait de la surface. Ils parlaient de son allure sur le terrain et de son sens de l'équilibre inhumain. Ils parlaient d'une force incroyable, capable de le faire résister à des tacles qui s'apparentaient à des agressions caractérisées. C'était un joueur complet : ambidextre, capable de tacler comme un défenseur, bon dans les airs et avec une excellente vision du jeu. Et c'était aussi un sacré filou.

Il abordait chaque match comme si c'était une nouvelle aventure et arrivait sur le terrain en se pavanant, sans jamais ressentir le besoin de cacher son évidente supériorité. Il était adulé pour son sens de l'improvisation et du spectacle. Il disait au défenseur adverse de s'approcher avec ses mains, tel un matador énervant le taureau avec sa cape rouge, avant de l'esquiver d'un geste gracieux. Il enlevait l'une de ses chaussures et la gardait à la main pour adresser une passe parfaite en chaussette, ce genre de coup qui lui offrait l'ascendant psychologique sur ses adversaires. Un jour qu'il était fatigué et irrité, il avait enlevé son maillot avant de le faire tourner au-dessus de sa tête, tel un cow-boy avec son lasso. Une autre fois, alors qu'il avait convié des amis à une rencontre devenue trop ennuyeuse, il avait trouvé de quoi animer un peu leur après-midi. Il réclama la balle au gardien et l'emmena vers la ligne de touche, juste devant ses invités, assis au premier rang. Il leur fit signe et se mit debout sur le ballon. Il s'attendait à être taclé. Il n'attendait même que cela. Trois défenseurs foncèrent en effet sur lui, mais ce qui suivit relevait du tour de passe-passe. Il fit rebondir trois fois le ballon sur leurs jambes avant de lever la balle pour les lober et les contourner. Le ballon toujours dans les pieds, il s'était retourné pour saluer ses amis d'une révérence. Le magicien était libre. Et il avait réussi son numéro.

Il dribblait parfois le même défenseur deux fois d'affilée, quand bien même cela ne servait à rien. Il le faisait juste pour le plaisir. Après avoir marqué, il se contentait généralement de lever la main, comme si fêter un but de manière trop ostentatoire risquait de faire oublier le plus important : le but. Il pouvait garder le ballon aussi longtemps qu'il le souhaitait, aussi longtemps que le jeu le nécessitait. Et il faisait tout cela sur des terrains bosselés, devant des spectateurs parqués comme du bétail dans des tribunes de fer rouillé.

Il était l'une des personnalités les plus influentes des années 60. Mieux : il était les années 60. Ce n'était plus seulement un footballeur mais une icône pop, un mannequin et un sex-symbol. Par son look autant que par le sentiment de liberté qu'il dégageait, il était l'étendard charismatique de la jeunesse de l'époque. Célibataire issu de la classe populaire, star du sport de la classe populaire, il vivait la vie de rêve de ceux qui l'idolâtraient. Dans les cours d'école et dans les parcs, tous les gosses s'imaginaient être lui. Dans les bureaux et les usines, tous les hommes l'enviaient car toutes les femmes l'adoraient. Certaines n'allaient au stade que pour lui et criaient dès qu'il touchait la balle. Il était trop rapide sur le terrain pour les photographes qui n'arrivaient pas à faire leur mise au point correctement. Les photos de lui les plus réussies étaient donc toutes prises en studio, sous la lumière des néons. Il y apparaissait remarquablement soigné, beau comme une star d'Hollywood : une mèche bien travaillée et de longs favoris, des yeux bleus et un regard sombre, des traits parfaitement dessinés et une petite fossette sur le menton. Si la nature s'était un jour montrée généreuse avec quelqu'un, c'était avec lui. Aussi beaux soient-ils, tous les hommes qui se trouvaient dans la même pièce que lui semblaient soudain fades à ses côtés.

Ceux qui recherchent la gloire peuvent passer plus de la moitié de leur vie dans cette quête futile. Lui n'avait pas eu à courir après, c'est elle qui était venue à lui. Et sa célébrité n'était pas une gloriole éphémère alimentée artificiellement par les tabloïds ou la télévision – le fameux quart d'heure de célébrité promis par Andy Warhol. Il la devait à un talent exceptionnel et elle perdurerait grâce à lui. Même ceux qui ne s'intéressaient pas au football le reconnaissaient. Son visage était à la une des magazines musicaux, des hebdomadaires féminins ou des suppléments du dimanche. On se l'arrachait pour assurer la promotion des céréales et des chewing-gums, de l'after-shave et de la laque, des habits et des lunettes de soleil. Il figurait sur des posters, des cartes à collectionner, des autocollants, des puzzles, des fanions et des livres à colorier. Il signait parfois un millier d'autographes par jour, souriant à deux fois plus de photographes amateurs. Il recevait jusqu'à 10 500 lettres par semaine. Il était aussi l'un des sujets de prédilection des pages people, dans lesquelles toute sa vie était disséquée, entre voyeurisme et grivoiserie.

Être connu signifie aussi être poursuivi. « Si je pouvais changer une seule chose de temps en temps, ce serait mon visage », disait-il. Il ne pouvait aller nulle part sans être reconnu et importuné. Cette starification en a fait un perpétuel fugitif. Elle a aussi raccourci sa carrière. L'insouciance a laissé place à l'innocence, la naïveté à l'ignorance. Le tourbillon médiatique dans lequel il se trouvait était en réalité un maelström dont il lui serait impossible de sortir. Le mal était fait avant que quiconque ait pu se rendre compte de ce qui se passait ou de la façon dont les choses allaient si mal tourner. Naturellement doué sur le terrain, il avait beaucoup plus de mal dans la vraie vie. La pression qu'il subissait au quotidien allait l'amener à être tour à tour effrayé, désorienté, en colère, dépensier et paranoïaque avant de finir en dépression nerveuse.

« Quel chef-d'œuvre que l'homme ! », écrivait Shakespeare dans *Hamlet*. C'était d'autant plus vrai dans son cas qu'il n'était pas un homme, mais plusieurs à la fois. Ses nécrologies n'évoquaient d'ailleurs pas uniquement son caractère sensible et énigmatique, mais aussi les contradictions qui le rongeaient. Il ne révélait que ce qu'il souhaitait aux curieux, le reste était enfoui en lui, invisible même pour ses proches. Certains le comparaient à un labyrinthe au centre inatteignable. Les autres ne voyaient en lui que l'archétype du poète maudit, avec des tendances à l'introspection et à la mélancolie. Et à la solitude, surtout. Cela se voyait souvent dans son regard peiné que, pourtant, peu remarquaient.

Le masque d'extraverti cachait un introverti. Sa confiance effrontée en lui n'était qu'un leurre. Il brillait de mille feux sur la pelouse pour plaire à des foules immenses mais, lorsqu'il quittait le terrain, il n'était heureux qu'avec un petit cercle d'amis en qui il avait confiance, ou même seul s'il en avait décidé ainsi. Il avait développé un sens de la compétition quasi maladif pour finalement abandonner sa carrière avant son apogée, car finir second l'insupportait et terminer troisième lui était intolérable. Il évitait les conflits, ce qui lui faisait accepter toutes sortes de conseils ou d'instructions car il n'osait pas dire non. Il était pourtant venu à bout de la patience de tous ses entraîneurs et agents, à qui il disait une chose pour faire systématiquement son contraire. Alors la confrontation devenait inévitable. Il avait peur d'être rejeté, ce qui ne l'empêchait pas de passer son temps à se lancer des défis, sur le terrain et en dehors, au risque d'être chaque fois un peu plus maudit.

Il prétendait parfois n'être qu'un simple sportif, pour avoir le droit de se comporter comme une brute sans cerveau. Ce n'était pas le cas. Il avait un QI proche de 150, assez pour être admis au Mensa, le club ouvert aux 2 % les plus intelligents de la planète. Il bataillait à distance avec les auteurs des mots croisés du *Times* et du *Daily Telegraph*. Il passait au peigne fin les encyclopédies à la recherche de la moindre information rare afin de devenir imbattable aux jeux de culture générale. Une anecdote montre à quel point il était obsédé par le besoin de gagner : après un débat à propos de la source du Niger lors d'un déjeuner, il disparut pendant près d'une heure avant de réapparaître un livre à la main. Il avait pris le taxi jusqu'à son appartement londonien pour le chercher sur l'étagère, simplement parce qu'il refusait de ne pas avoir le dernier mot. Il peignait aussi, des natures mortes ou des tableaux abstraits, avec habilité là encore.

Il s'était mis à lire et ce qu'il lisait révélait un esprit curieux. Son auteur préféré était Oscar Wilde, dont il dévorait à l'occasion une petite compilation de mots d'esprit jusqu'à pouvoir les réciter par cœur. Parmi ses dernières lectures se trouvaient *Man's Search for Meaning*[1], le témoignage de Viktor Frankl sur son expérience de survivant du camp d'Auschwitz, ainsi que *Sagesse ancienne, monde moderne – Éthique pour le nouveau millénaire* du Dalaï-lama. Mais le livre qu'il gardait toujours près de lui était aussi le plus poignant. Il s'agissait de la quatrième édition de ce qu'on appelle le « Gros Livre », l'ouvrage de référence des Alcooliques Anonymes.

Une citation célèbre explique pourquoi ses dernières années étaient un *soap opera*, dès lors que sa vie avait cessé de lui appartenir pour basculer dans le domaine public :

First a man takes a drink
Then the drink takes a drink
And then the drink takes the man.[2]

La boisson avait eu raison de lui. « Quand on commence à boire, on ne sait pas où cela va nous mener », disait-il. Cela l'avait conduit à une vie de déshérence. Un peu avant de mourir, il était apparu dans un documentaire télévisé. Il semblait négligé, les yeux rouges et humides, portant une chemise bleue à rayures et un short, une casquette des New York Yankees vissée sur la tête et une paire de lunettes en or au bout du nez. Il bougeait avec difficulté et s'arrêtait souvent au cours de l'interview, pour reprendre son souffle ou par fatigue. « À sept heures du matin, je réclame une bière en haletant », avouait-il. Quand la mort vint enfin, les causes indiquées étaient une pneumonie, une septicémie, la défaillance de plusieurs organes,

1. Non traduit en français, littéralement « La quête de sens d'un homme ».
2. Que l'on peut traduire ainsi : « D'abord l'homme prend un verre / Puis le verre reprend un verre / Et puis le verre prend l'homme. » La citation est attribuée à bon nombre d'auteurs mais fait plus sûrement partie du folklore populaire.

des saignements gastro-intestinaux et une immunosuppression. Toutes étaient une conséquence de son alcoolisme.

L'alcool lui avait tout pris : son talent pour le football, son endurance extraordinaire, sa beauté et son dernier souffle. Les quantités prodigieuses qu'il buvait jusqu'à la fin de sa vie étaient un mystère pour ceux qui ne comprenaient pas que l'alcool est un poison pour l'alcoolique et que l'alcoolisme est une maladie. La société n'est plus aussi ignorante sur ce point qu'à l'époque où il a commencé à boire. Nous ne voyons plus les alcooliques comme des récidivistes irresponsables qui se foutent en l'air, trop égoïstes ou stupides pour refuser un verre. Le dédain amusé a disparu et l'homme de la rue comme l'amuseur de plateaux télé ne stigmatise plus « l'alcoolo », « le pochtron », « le poivrot ». Nous savons trop les conséquences de cette maladie pour nous moquer de ceux qui la combattent et nous n'ignorons plus les raisons pour lesquelles ils boivent.

Il avait commencé à boire pour combattre sa timidité. Il avait ensuite bu pour alléger la pression qu'il subissait constamment. Plus tard, il boirait pour éviter la solitude vers laquelle sa célébrité l'avait paradoxalement mené. Quand les résultats du seul club qui comptait pour lui ont commencé à décliner, c'est la dépression qui le faisait boire. Enfin, il but pour oublier. Rien n'avait jamais pu le faire arrêter de boire, ou alors pas longtemps. Ni ses confessions publiques, appels à l'aide noyés sous l'impudeur et le sensationnalisme. Ni les traitements médicaux multiples et variés, des plus classiques aux plus expérimentaux. Ni la disparition de sa mère, que l'alcool avait poussée dans sa tombe. Ni deux mariages, ni deux divorces. Ni la naissance de son fils. Ni une humiliation nationale en *prime time*. Ni la prison, ni la banqueroute. Ni l'obligation de vendre ses médailles et ses coupes. Ni la cirrhose et une transplantation du foie. Ni la vindicte populaire à laquelle il dut faire face après avoir été pris un verre à la main à peine sorti du bloc. Ni même se savoir condamné. Survivre aussi longuement était déjà un miracle, il le savait.

On recherche toujours des coupables à chaque échec. Certains ne se sentent jamais responsables de leurs erreurs.

Lui avait au contraire conscience de ses torts et de combien il avait fait souffrir ceux qu'il aimait et qui l'aimaient en retour. Il racontait sa trajectoire avec lucidité, sans se plaindre ou rechercher la pitié. Il n'accusait personne d'autre que lui-même. Les années 60 avaient été une fête et il ne l'aurait ratée pour rien au monde. La vie n'est jamais assez longue mais il était heureux de la sienne. Il avait vécu tout ce qu'il voulait vivre, et la vieillesse était de toute façon un naufrage à ses yeux. De 30 à 60 ans, il s'était laissé porter. Au-delà, cela ne l'intéressait guère. La mort ne lui faisait pas peur.

Sur la fin, il avait autorisé la publication d'une photographie dans *News of the World*. La lumière blafarde de sa chambre d'hôpital éclairait chaque détail de son visage ravagé. Chacune de ses rides racontait une histoire tragique. Il était alité depuis presque deux mois, son corps lâchait peu à peu. Il s'était plaint de symptômes grippaux et avait contracté une infection des poumons qui s'était étendue à ses reins. Il fondait à vue d'œil, passant de 75 kilos à une quarantaine à peine. Il faisait dix ans de plus que son état civil. Le souffle de sa respiration était à peine perceptible, comme celui d'un nourrisson dans son berceau. Son teint était jaunâtre, ses lèvres minces et ses yeux qui fixaient l'objectif semblaient fatigués, perdus au milieu d'immenses cernes rouges. Sa barbe était grise, tout comme ses cheveux qui, tirés vers l'arrière, ne cachaient plus son front. Il était allongé sur un lit de l'hôpital Cromwell de Londres, au milieu de tuyaux. Ses organes étaient déjà trop faibles pour le maintenir en vie et il ne survivait que grâce aux machines. Il avait ingéré tellement de médicaments qu'une transplantation devenait impossible. Un cathéter était relié à son cou, un autre tube inséré dans son nez. Des taches rouge foncé indiquaient des saignements sous-cutanés. La photographie était une façon pour lui de lutter contre l'alcoolisme. « Ne mourez pas comme moi » indiquait le titre de l'article comme un manifeste. C'était son message à défaut d'être ses mots. Sous sédatifs, il parvenait à peine à articuler.

Il avait été condamné moralement et montré du doigt. On racontait son histoire comme une fable : voilà ce qu'il se passe quand on vit dans le péché et que l'on gâche ses talents. Plus son état s'aggravait, moins on compatissait.

Son décès allait le réhabiliter. Ses faiblesses étaient oubliées, son addiction enfin perçue comme une maladie. On comprenait que les alcooliques ne voulaient pas être alcooliques et que son autodestruction n'était ni de l'égoïsme, ni de l'arrogance. Il en était mort. Il était la victime, pas le coupable.

La fascination qu'il avait provoquée chez ceux qui l'avaient vu jouer était de toute façon suffisamment forte pour oblitérer la fin de l'histoire. Il était incapable de s'imaginer vieillir et avouait : « J'ai toujours l'impression d'avoir 25 ans » alors qu'il en avait 55. C'est ainsi que l'imaginaient tous ceux qui accompagnaient son cortège funèbre. Ils le revoyaient comme à ses grandes années, le visage sans rides, les cheveux au vent, slalomant entre les défenseurs dans son couloir.

Ils se souvenaient de l'excitation qui montait avant le match et du plaisir qu'il leur donnait pendant, de son style unique qu'ils tenteraient pourtant tous d'imiter. Ils se souvenaient de lui avec un ballon plutôt qu'avec une bouteille, le footballeur le plus extraordinaire qu'ils aient vu et dont la personnalité irradiait bien au-delà des limites du terrain.

Ses funérailles, dignes d'une cérémonie nationale, témoignaient de son aura. Le bruit des hélicoptères laissait place aux sirènes des motos de police qui fendaient le brouillard devant le corbillard. Son cercueil était enveloppé dans le drapeau vert de la fédération nord-irlandaise de football et recouvert de lis et d'œillets. Tout au long du cortège, on lançait d'autres fleurs sur le capot, ainsi que des écharpes qui s'enroulaient dans les essuie-glaces. Des applaudissements résonnaient dans toute la ville. Des écrans géants montraient ses plus beaux buts. Les haut-parleurs diffusaient le son de sa voix, qui leur était si familière. Puis il y eut un silence, seulement brisé par les notes mélancoliques d'un cornemusier en kilt.

George Best était de retour à la maison. Belfast disait au revoir à son enfant.

PARTIE I

ET LES SAMEDIS NE SERAIENT PLUS JAMAIS LES MÊMES

CHAPITRE 1
VERS LA MAISON ET CEUX QUE NOUS AIMONS

C'était un personnage trapu, la silhouette robuste et les épaules voûtées. Il travaillait dehors et ne voyait pas pourquoi il aurait fallu faire des efforts vestimentaires. L'habit ne fait pas le moine, après tout.

L'hiver, il portait invariablement un manteau en laine aux larges revers, une veste à damiers et un pantalon en nylon foncé ; l'été, une chemise blanche sous un pull en V élimé et un pantalon en flanelle beige. Tout juste s'astreignait-il, pour les grandes occasions, à agrémenter l'ensemble d'une cravate sobre au nœud pas plus gros qu'une pièce d'un penny. Ses fines lèvres et les larges crevasses qui les entouraient étaient la signature de ce visage buriné reconnaissable entre mille. Ses cheveux blancs, courts et en bataille, battaient en retraite et quittaient peu à peu le front, dont les rides avaient pris possession. Des sourcils qu'il n'avait jamais pris soin de tailler surplombaient ses yeux noirs. Il fumait cigarette sur cigarette et en portait les stigmates, toux grasse et doigts jaunis. Tous ceux qui comptaient dans le football nord-irlandais reconnaissaient Bob Bishop, ou The Bishop, l'Évêque, comme ils le surnommaient affectueusement. Sherlock Holmes aurait deviné sa profession en une nanoseconde. Les traces de chaux blanche sur ses chaussures et le journal, toujours plié aux pages sports, qui dépassait de sa poche suffisaient amplement à le trahir.

Personne, même pas Bishop lui-même, ne pouvait calculer le nombre de matchs qu'il avait vus ni les kilomètres qu'il avait parcourus à travers le pays. Il ne conduisait pas et n'avait de toute façon pas de quoi se payer une voiture. Il se rendait aux matchs à pied, en bus, en train, parfois en taxi si cela s'imposait. Il arrivait malgré tout à en voir jusqu'à quatre par jour, après avoir planifié minutieusement ses déplacements ou convaincu quelqu'un de le déposer. Il travaillait pour Manchester United six jours sur sept et ne prenait quasiment jamais de vacances. Le dimanche, après avoir potassé le cahier des sports de la veille et consulté celui du matin, il partait en vadrouille et s'arrêtait pour regarder des gamins jouer dans la rue ou sur un coin de parking. «Vous ne savez jamais où et quand vous allez tomber sur une pépite», répétait-il, se comparant à un chercheur d'or.

Les scouts de United avaient pour consigne de négliger les compétitions de seniors, qu'ils soient professionnels, semi-professionnels ou amateurs. Les consignes venues d'Old Trafford étaient claires: «Trouvez un gamin de 13, 14 ou 15 ans et laissez nos coachs faire le reste.» Bishop parcourait les quatre coins de l'Irlande du Nord pour voir jouer des jeunes, avec leur club, leur école ou l'équipe de la paroisse. Debout le long de la ligne de touche, tantôt trempé jusqu'à l'os, tantôt frigorifié, il faisait son travail. Un travail ingrat et frustrant, le plus souvent inutile. Il le faisait d'ailleurs plus par amour du jeu que pour l'aspect financier. United avait recruté Bishop, né au début du xxème siècle, en 1950 et le payait 2 livres par semaine, et prenait en charge ses déplacements et une indemnité repas dérisoire de deux shillings. Le club lui avait aussi fait installer un téléphone en bakélite noir à cadran rotatif et lui offrait l'abonnement mensuel. Bishop était pourtant à moitié sourd, la faute au hurlement du métal, au tintamarre des marteaux et au tohu-bohu des machines des chantiers navals où il serrait des rivets. «Il fallait parfois lui crier dessus pour qu'il vous entende», rapportait un de ses amis. Il transmettait sa passion au sein du Boyland Youth Club, l'équipe du chantier, à deux pas de sa maison de Bloomdale Street, dans les quartiers est de Belfast. Bishop gérait parfois cinq ou six équipes le même week-end. Le vendredi soir, les gamins se pressaient au local alors qu'il couchait ses compositions sur des tableaux noirs qui étaient ensuite suspendus au plafond. Si l'un d'eux avait eu le malheur de manquer à sa convocation, Bishop effaçait son nom avec un chiffon pour ne l'inscrire à nouveau qu'un mois et demi plus tard.

En 1960, à la mort de son prédécesseur, Bishop fut promu au poste de recruteur en chef de Manchester United pour l'Irlande du Nord. Deux facteurs avaient particulièrement retenu l'attention de ses employeurs. Le premier était personnel. C'était un homme de confiance et de principes, qui ne ferait pas de coups en douce. Il était fiable et ponctuel. Célibataire endurci, Bishop avait un seul amour : le football. Il vivait avec sa sœur, qui ne partageait pas sa passion, sa perruche bleue, qu'il laissait voler dans le salon et se poser sur son épaule quand il lisait, et ses border collies noir et blanc. L'autre point qui avait séduit United était plus pratique. Bishop avait un réseau bien établi. Le petit calepin noir dans lequel il griffonnait ses observations était déjà presque plein. Il n'avait jamais été joueur pro, ni même failli l'être, mais il savait reconnaître un jeune qui en avait le potentiel et l'avait déjà prouvé. C'est lui qui avait déniché l'ailier Jackie Scott, lancé à 19 ans en première division en 1952 et qui participerait ensuite à la Coupe du monde en Suède avec l'Irlande du Nord.

Chaque seconde de sa vie était consacrée au football. La star de demain pouvait se révéler à n'importe quel moment, au cours de n'importe quel match. Même son petit cottage était devenu un camp d'entraînement. Bien avant la Seconde Guerre mondiale, un besoin d'air frais l'avait conduit à Helen's Bay, sur la côte nord du comté de Down. Pour cinq shillings par semaine, il louait à trois aveugles lassés de la vie à la campagne un cottage délabré. Bishop surnommait la bicoque de pierre constituée d'une pièce unique « le Presbytère ». L'arrêt de bus le plus proche était à deux kilomètres, en passant par un chemin de terre. Il n'y avait pas d'électricité, et ses escapades loin du bruit des chantiers navals étaient éclairées à la lampe à huile. Il n'y avait pas d'eau courante non plus. Il devait donc aller au puits, avant de couper le bois qu'il jetait dans la cheminée pour se réchauffer et faire bouillir sa marmite. La compensation pour ces désagréments était la solitude. Ici, il pouvait enfin lire tranquillement en buvant du thé.

Le cottage était encore rudimentaire lorsqu'il commença à y emmener de jeunes footballeurs en stage. Il y avait installé des lits superposés et avait obtenu d'un fermier l'autorisation d'utiliser un de ses champs, rapidement surnommé Wembley. Sur le chemin qui les ramenait du « stade », les gamins jouaient au foot sur la plage, s'arrêtaient pour se baigner et n'oubliaient pas de ramasser quelques bouts de bois pour le feu. Les voir ainsi évoluer au cottage donnait à Bishop un avantage non négligeable sur la concurrence. La plupart des adolescents venaient des bas-fonds de Belfast et n'avaient jamais vu la mer avant que Bishop ne les y emmène. Passer quelques jours à Helen's Bay était pour eux un voyage exotique, même s'ils se trouvaient à moins de vingt kilomètres de Belfast et même s'ils devaient parfois dormir sur le sol car tous les lits étaient occupés. Par d'autres gamins ou par les chiens de Bishop.

Il était homme de peu de mots – les meilleurs selon Shakespeare –, capable de se transformer en mentor rigide et sans pitié. À celui qui tombait un peu trop facilement à son goût après un duel, il lançait : « Relève-toi ! Si ta jambe est cassée, tu retomberas.» Sous ses airs bourrus, Bishop savait être attentionné et généreux. Il offrait à ses protégés des chaussures ou des maillots et leur distillait des conseils en oncle bienveillant. Il prenait toujours soin d'apporter son réconfort à ceux qui revenaient de Manchester et à qui United avait dit : « Merci d'être venu. Au revoir.» Il avait gagné le respect de tous les parents. Bishop le protestant ne discriminait pas les catholiques et son franc-parler était pour tous une preuve d'intégrité.

Il avait un don pour repérer ceux qui avaient un don. Les autres recruteurs essayaient de savoir d'où il revenait et où il se rendait. Quand ils le croisaient au bord d'un terrain, s'engageait une partie de poker menteur. La conversation se résumait à des hochements de tête et des regards brefs. Personne ne voulait révéler son jeu. Bishop était constamment scruté, chacun cherchant à deviner si un joueur lui avait tapé dans l'œil. Il ne laissait rien transparaître mais il enregistrait tout, remplissant des colonnes « plus » et « moins » dans sa tête. Il ne lui fallait de toute façon que quelques minutes pour sentir si un garçon avait « le truc ». Devant les autres, il s'amusait parfois à bluffer, encensant un joueur qu'il trouvait moyen et insistant sur les faiblesses de sa véritable cible.

Son talent, c'était sa capacité à voir ce que les autres ne voyaient pas. Bishop regardait un gamin et voyait l'homme qu'il deviendrait et le joueur qu'il serait. C'est ainsi qu'il repéra George Best.

Parmi les nombreux mythes qui entourent la vie et l'œuvre de George Best, un premier veut que Bob Bishop ignorait son existence jusqu'à ce qu'on le pousse à organiser un match dans le seul but de lui montrer le prodige. C'est absurde. Si quelqu'un tapait dans un ballon à Belfast, Bishop était au courant. Le second concerne le télégramme concis que ce même Bishop aurait envoyé à Matt Busby, l'entraîneur de United : « Je crois que je vous ai trouvé un génie. » Ceux qui connaissent Bishop sont sceptiques et affirment qu'il n'aurait jamais écrit un message aussi présomptueux. Il ne cherchait pas à se mettre en valeur ainsi. Et il ne traitait pas non plus directement avec Busby. Bishop, conformément à la procédure, envoyait ses rapports à Joe Armstrong, le recruteur en chef. Il ne se serait jamais permis de prendre des libertés avec la hiérarchie.

Ce qui est vrai – bien que cela puisse paraître insensé aujourd'hui –, c'est que des concurrents de Bishop étaient allés voir Best jouer au Cregagh Boys Club et l'avaient trouvé trop chétif pour faire l'affaire, tout comme certains responsables d'équipes scolaires. Il mesurait un mètre soixante pour à peine cinquante kilos. On pouvait compter ses côtes et ses vertèbres sous sa peau pâle. Ses bras et ses jambes étaient fins comme du bambou. Best avait honte de son physique. En cours de sport, il demandait l'autorisation de garder sa veste pour cacher sa silhouette squelettique. Il percevait alors son corps comme une « zone sinistrée ». Plus tard, il dirait : « Il y avait plus de gras sur une frite. » Quand un recruteur venait pour lui, il repartait donc immédiatement. Best rata ainsi le coche avec Glentoran, le club qu'il supportait enfant, et Wolverhampton, qu'il aimait aussi pour l'éclat de la couleur or du maillot. « Il y avait toujours quelqu'un des grands clubs irlandais et anglais aux matchs », disait Best en pensant à Tottenham et à Chelsea, mais aussi à Burnley, champion en 1960. Même Manchester City avait raté l'occasion de mettre le grappin sur Best avant que les voisins ne le fassent.

Il ressemblait à un bonhomme en fil de fer qui pouvait se tordre à tout moment. Du moins jusqu'à ce que quelqu'un lui passe la balle. Alors sa supériorité devenait évidente.

Le vestiaire des joueurs de Cregagh était un débarras, dans le sous-sol d'une maison. Il n'y avait qu'une porte en bois pourri et pas de fenêtres. Les bancs étaient de simples planches de bois dont les échardes piquaient les cuisses et les fesses. Des clous plantés au mur faisaient office de patères pour accrocher les vêtements. Le terrain était cabossé et Best revoyait ce seau en métal rempli d'eau froide posé dans les vestiaires « pour enlever la couche supérieure de boue » après le match. Mais tout cela importait peu. « Quand on allait jouer, on avait l'impression de vivre la vie de nos idoles », ajoutait-il. Ils étaient entraînés par Hugh « Bud » McFarlane, un grand chauve qui, comme Bishop, ne vivait que pour le football. À Glentoran, il était passé de coach de la quatrième équipe à celui de la réserve. Il avait surtout une confiance inébranlable en Best. Il harcelait les recruteurs pour qu'ils viennent le voir. Il écrivait aux clubs pour chanter ses louanges. Il racontait partout que Best allait grandir et progresser. Le message de McFarlane était : oubliez son allure et concentrez-vous sur ce qu'il fait. Best se souvenait avec tendresse : « Il n'a jamais arrêté de me répéter que, malgré ma taille, je réussirais un jour. » Bishop avait évidemment déjà entendu McFarlane parler du petit prodige. Mais il l'avait aussi entendu se lamenter du fait que personne ne croyait en lui. Il savait donc qu'il n'avait pas d'urgence à signer Best.

Le match entre le Cregagh Boys Club de George Best et le Boyland Youth Club de Bob Bishop, en avril 1961, n'était pas l'événement de l'année. La rencontre avait d'ailleurs avant tout été organisée afin de combler une journée sans football pour les deux équipes. L'autre raison était quand même de permettre à Bishop de voir Best, quelques semaines avant ses 15 ans, affronter des adversaires de presque 18 ans. Best ne connaissait pas Bishop, et n'avait aucune idée de ce qu'il faisait. Pour lui, c'était juste un adulte de plus qui regardait le match sous son manteau et sa casquette dans cet après-midi frisquet. Il marqua deux buts. Sur le second, il avait repiqué depuis la gauche, évité trois tacles avant d'enrouler sa frappe au ras du poteau. Best ne se souvint jamais si Cregagh avait gagné 4-1 ou 4-2. Il se rappelait en revanche que McFarlane était étonnamment euphorique à la fin de la partie. Dans son discours d'avant-match, Bishop avait parlé du « petit bonhomme devant » et demandé à ses joueurs de ne pas être gentil avec lui. Une invitation explicite à utiliser la force pour le stopper. « Personne n'était assez rapide pour s'approcher de lui en première période, relaterait Bishop. En seconde période, il avait réussi à éviter presque tous les tacles. »

Bishop connaissait déjà les questions que Manchester United allait lui poser. Busby considérait le club comme une grande maison. La famille était une notion importante pour lui et il voulait être certain qu'elle le soit pour ses joueurs. Busby, par le biais d'Armstrong, allait lui demander un tas de détails, les mêmes que ceux développés par Charles Dickens sur de longues pages à propos de David Copperfield : ses origines, son caractère, celui de ses parents, leur style de vie. Venait-il d'une famille unie et solidaire ? Les Best travaillaient-ils dur et étaient-ils sains ? Était-il bien éduqué ? Busby posait systématiquement ce genre de questions car il était convaincu que de bons parents produisaient de bons footballeurs. « Si un gamin est bien élevé, vous n'avez plus qu'à vous soucier du football », théorisait-il. Bishop s'enquit alors de tous les éléments dont il avait besoin auprès de McFarlane. Ce qu'il entendit lui plut tout de suite. Le père, Dickie, avait à l'époque 42 ans et travaillait à la chaîne au chantier naval. Il avait joué au football en amateur jusqu'à ses 37 ans. Il évoluait en général en tant qu'arrière gauche et avait plutôt l'habitude de donner des coups que d'en encaisser. Si le talent de George était héréditaire, il venait sans doute plutôt de sa mère, Ann, qui approchait la quarantaine. Il avait aussi hérité de sa beauté. Distinguée, douce, polie et toujours élégante, Ann était encore une femme très attirante avec ses cheveux noir de jais et ses yeux foncés. Elle avait joué au hockey et failli être internationale, un niveau qu'elle aurait sans doute atteint si Hitler n'en avait pas décidé autrement. La guerre avait en effet éclaté lors de ses plus belles années, emportant ses rêves de carrière. Elle avait fait tout un tas de petits boulots, de l'emballage de paquets de cigarettes ou de glaces à la vente de *fish and chips*. Elle était travailleuse et attendait la même chose de ses enfants. Le couple s'était rencontré au dancing en 1939 et marié en 1945. George était né en mai 1946 et avait deux sœurs : Carol, née en 1947, et Barbara, née en 1952 (il aurait plus tard deux sœurs jumelles, Julie et Grace, en 1962, et un frère, Ian, en 1966). Les Best étaient une famille de presbytériens pratiquants, sympathiques et consciencieux, qui faisait l'unanimité dans le voisinage. Leur maison, minutieusement entretenue, incarnait la dignité des Best et la ténacité d'Ann. Les marches de l'entrée, véritable échelle des valeurs matriarcales, étaient lavées, frottées puis frottées de nouveau. Les rideaux étaient blancs comme neige. Le parquet brillait comme un miroir à force d'huile de coude. Quand Ann ne travaillait pas, elle s'occupait de son intérieur, cuisinait des tourtes ou des tartes aux pommes, cousait ou tricotait. Le cliquetis des aiguilles résonnait alors à travers la maison.

Best avait été prénommé comme son grand-père maternel, George Withers, chef spirituel de la famille et qui avait son propre banc à l'église. Best allait donc régulièrement à l'École du dimanche et assistait parfois à l'office du matin et du soir.

Celui que Best appelait « mon premier héros » avait des cheveux argentés et des lunettes foncées. Il lui trouvait « une classe bien à lui » qui irradiait « d'une présence spéciale » toute la pièce à l'instant où il y pénétrait.

Bishop avait aussi été mis au courant du bon parcours scolaire de Best. Il avait réussi ses *11-plus*, le Certif' britannique, et obtenu une bourse pour aller à la Grosvenor High School, un établissement traditionnellement porté sur le rugby. Lors de son premier jour, et même de sa première leçon, Best ne comprit pas la procédure d'appel des nouveaux élèves, persuadé que le professeur, dans sa toge, savait déjà qu'il était assis à son bureau. Après avoir raté l'appel de son nom, il le vit fondre sur lui, en colère. « Il est arrivé en donnant un grand coup sur mon bureau et en hurlant "Best" encore plus fort, ce qui m'a terrifié, se souvenait-il. J'ai répété mon nom tout doucement et je me suis fait engueuler de nouveau. Il me demandait ce qui était arrivé à ma langue. » Cette humiliation marquerait le début d'une période difficile pour lui. Chaque trimestre était un purgatoire. Il raconterait plus tard que son ressentiment envers l'institution et son personnel devenait « quasiment pathologique ». Il se sentait comme un étranger, sans ami. Il avait une explication très simple à cela : « Aucun de mes potes du quartier n'avait été admis. » Best faisait souvent semblant d'être malade, en achetant par exemple des bonbons gélifiés dont il ne suçait que les rouges afin que sa langue soit écarlate et qu'il puisse prétendre avoir une angine. La ruse marchait si bien qu'un docteur lui retira les amygdales. Ses bulletins scolaires étaient déprimants et indiquaient systématiquement qu'il devait « faire plus d'efforts ». Mais Best ne voulait pas faire plus d'efforts. Il voulait changer d'établissement et aller à Lisnasharragh. « C'était près de chez moi et ils jouaient au football. » Ses parents s'étaient résignés, ne voyant pas d'intérêt à prolonger son calvaire.

Bishop savait aussi que Dickie et Ann n'étaient pas des parents possessifs et seraient prêts à passer au second plan. Le père n'allait en général pas voir jouer son fils pour ne pas le perturber. La mère préparait du bouillon et coupait les oranges pour la mi-temps. Elle lavait les maillots verts de l'équipe lorsque c'était son tour, frottant l'épais tissu à la main avant de le passer à la planche à laver. Bishop avait noté une autre qualité à mettre au crédit de Best : il était poli. On lui avait appris les bonnes manières et le respect des aînés et des supérieurs. Bishop le comparait au « Petit Lord Fauntleroy », jeune personnage noble dans un roman populaire de la fin du XIXème siècle. Il ne restait plus qu'une épreuve à passer pour Best. Bishop voulait le connaître un peu mieux et voir comment il se comportait avec d'autres adolescents. Le prodige fut donc invité à passer quelques jours au cottage à Helen's Bay. « On discutait tout le temps de foot, jusqu'à trois heures du matin. C'est comme si on était modelés pour correspondre à la façon dont Bob voyait le football. » Bishop insistait pour que ses protégés aillent courir avant le petit déjeuner. Best s'attendait à un petit kilomètre à rythme réduit. À l'aube, alors que les coqs du fermier chantaient, on l'avait réveillé pour une course à travers champs qui lui parut aussi longue qu'un marathon. Il n'oublia jamais comment Bishop « nous fit courir jusqu'à ce qu'on soit sur le point d'abandonner », ni comment l'exercice le laissa « raide et douloureux », presque boiteux. Bishop était pourtant convaincu. Au bout de 48 heures, il remplit un formulaire de pré-signature pour Best et le mit dans la poche de sa veste. « Je suis allé chez lui, mais il n'y était pas. Il faisait nuit noire et j'ai entendu quelqu'un qui tapait dans un ballon. J'ai suivi le bruit. » Il trouva Best et le ramena à Burren Way, où l'accord fut signé sans une hésitation. Il lui fit ensuite son laïus classique : « Je t'ai envoyé à Old Trafford mais je ne peux pas faire en sorte que tu y restes. »

Les vers inscrits sur une plaque pendue au mur du salon des Best semblaient montrer la voie au jeune expatrié.

Aussi loin que nous voyagerons
Où que nous errerons
Nos pensées toujours iront
Vers la maison et ceux que nous aimons

Les deux dernières lignes en particulier allaient résonner en lui comme jamais auparavant.

Il y a deux façons de considérer le voyage de Best jusqu'à Old Trafford et la façon dont il a été traité à son arrivée. Aucune n'est flatteuse pour Manchester United, insensible ou stupide, au choix, mais surtout responsable d'un des plus fameux faux départs de l'histoire du football.

À vol d'oiseau, environ 400 kilomètres séparent Belfast de Manchester. Pour Best, qui n'avait jamais été plus loin que Bangor, la ville située à l'est du cottage de Bob Bishop, cela paraissait aussi distant que la lune. « Et encore, je pouvais voir la lune depuis la fenêtre de ma chambre », plaisantait-il. Il se considérait comme « timide mais pas bête » et « débrouillard », comme tout gamin de la rue. Mais, pour dépeindre son innocence, Best racontait aussi qu'il n'osait pas protester si un commerçant ne lui rendait pas la bonne somme et qu'il n'aimait pas parler aux étrangers. À Burren Way, il était dans un cocon. Sa mère s'occupait des préparatifs lors des vacances ou pour les fêtes – coupant les sandwichs, cirant les chaussures et aplatissant ses cheveux – et il avait toujours apprécié ces excursions, comme si lui et sa famille partaient pour un voyage d'exploration épique. Partir à Manchester était différent. Il n'arrivait plus à dormir. L'appréhension le rendait nerveux et hyperactif. Il vérifiait et revérifiait sans cesse son sac, ou plutôt une valise, en cuir gris-bleu et sur laquelle il avait ostensiblement écrit son nom avec application. Les lettres calligraphiées faisaient dix centimètres de haut, le G et le B étaient peints en rouge et doré.

United avait envoyé un billet pour une traversée de nuit en couchette sur l'*Ulster Prince*, ferry à une cheminée qui portait le pavillon rouge et noir des armateurs Burns et Laird et ne faisait que le trajet entre Belfast et Liverpool puis entre Liverpool et Belfast. Avec ses yeux d'enfant, Best percevait le navire comme un « monstre de fer ».

Un joueur des Boyland Boys de Bob Bishop, Eric McMordie, faisait le voyage avec lui. Aucun d'eux n'avait porté de pantalon auparavant. Leurs mères en avaient acheté spécialement pour l'occasion. Celui de Best lui grattait les jambes. Lui aussi originaire d'East Belfast, McMordie avait quatre frères et cinq sœurs. Sa mère avait perdu trois autres enfants, peut-être plus, en couche ou en bas âge. McMordie se souvenait à peine de son père, un conducteur de bus mort alors qu'il n'avait que 3 ans. Best l'avait déjà affronté lors d'un match scolaire, quand ils avaient 11 ans, et une autre fois lors d'un match entre Cregagh et Orangefield, le précédent club de McMordie. «Tout le monde savait qu'il avait du talent», se souvenait Best, qui n'était donc pas étonné de voyager avec lui. McMordie pensait sans doute la même chose, lui à qui Bishop avait parlé de ce joueur «petit par la taille mais grand par le talent» et de son «habileté exceptionnelle» bien avant que Best ne batte Boyland à lui tout seul.

Best n'a jamais su si United voulait tester l'esprit d'initiative de McMordie et le sien ou si le club avait tout simplement sous-estimé le traumatisme de quitter le foyer familial pour de jeunes adolescents. Dans le premier cas, les deux Nord-Irlandais avaient raté l'examen. Dans le second – le plus probable –, United les avait laissés tomber, manquant ainsi à ses devoirs élémentaires.

En regardant l'*Ulster Prince* quitter le quai et les vacanciers faire signe de la main pour saluer leurs proches, Ann Best ressentit une peine telle qu'elle fit la promesse de ne plus jamais accompagner son fils si c'était pour lui dire au revoir. Le soir, Dickie et elle pleurèrent ensemble. Sur le ferry, George et McMordie parlèrent de football et de famille, et de pas grand-chose d'autre. «On était planqués dans nos cabines jusqu'à ce qu'on nous appelle pour le dîner, rapportait McMordie. Il y avait plus de nourriture sur le buffet que l'on en avait vu au cours de notre vie. On ne savait pas quoi faire. On a vite mangé et on est rentrés se cacher.»

Les Best pensaient qu'un employé de United viendrait chercher George à la descente du bateau à Liverpool. George le croyait aussi. Au lieu de ça, McMordie et lui se retrouvèrent à trimballer leurs bagages jusqu'à la gare de Lime Street où leurs regards anxieux s'étaient portés sur le tableau des départs afin d'y trouver l'horaire du prochain train pour Manchester. « J'avais une peur morbide de me perdre », révélait Best, qui décrivait son duo de fortune avec McMordie comme celui de « deux gamins totalement paumés qui n'avaient pas la moindre idée d'où ils allaient ». À Manchester, le chauffeur de taxi auquel il demanda de l'amener à Old Trafford les déposa aux terrains de cricket. Après tout, on était au beau milieu de la saison de cricket et le Lancashire jouait à domicile contre le Middlesex. Ils n'avaient jamais été si proches mais ils étaient encore loin. Et le pire était à venir.

Sur les photographies, Joe Armstrong a la peau flétrie et de faux airs de gnome. Best le comparait parfois à un furet. À presque 70 ans et du haut de son mètre soixante-deux, le petit bonhomme aux cheveux blancs porte sur les clichés une veste a priori deux fois trop grande pour lui. Armstrong allait devenir « oncle Joe ». Ce n'était pourtant pas gagné d'avance. À leur première rencontre, Armstrong avait commencé par tancer Best pour ne pas avoir attendu le taxi que United avait, d'après lui, envoyé pour eux. Armstrong n'avait pas tellement haussé le ton, mais ça ne faisait pas beaucoup de différences pour Best. « J'ai cru revivre mon premier jour de classe à Grosvenor... J'avais l'impression de m'être fait engueuler comme jamais. » Armstrong effraya tellement Best que celui-ci prit un nouveau petit-déjeuner, trois heures après le premier. « Je n'avais pas le cran de lui dire non. »

Depuis le début du XIXème siècle, à une époque où le club qui allait devenir Manchester United s'appelait encore Newton Heath, des quartiers entiers de la ville étaient irlandais. Lors du recensement de 1841, plus de 10 % de la population se déclarait née en Irlande. Dans la décennie suivante, après la Grande Famine, ce chiffre allait monter à 15 %. Le passé ne rassurait pas Best pour autant. Les rues pluvieuses et la lumière tamisée des fenêtres rappelaient la description que l'écrivain JB Priestley faisait de la ville dans son carnet de voyages – terme un poil pompeux – intitulé *English Journey*, un quart de siècle plus tôt. Priestley y décrivait « ses larges rues et ses petites maisons anciennes », ses « rangées de grands entrepôts sombres », ses bâtiments publics tels « de grands et solides gaillards » ainsi que ces faubourgs qui s'agglutinaient autour, sous le morne ciel du nord-ouest de l'Angleterre. La ville semblait conçue pour résister au temps de chien qui y régnait. Pour Best, Manchester évoquait le canal maritime, qu'il n'avait jamais vu, le Hallé Orchestra, qu'il n'avait jamais entendu, et les paysages industriels du quartier de Lowry Salford, où les gens avaient l'air aussi rachitiques que lui au milieu du gigantisme des usines. Il fut effrayé par la ville et sa taille. Il se sentait oppressé. Il avait la sensation de se noyer dans une mélasse dont il ne maîtrisait aucun courant. Chacune de ses initiatives se ponctuait par un échec. Son accent irlandais si prononcé l'obligeait à répéter toutes ses phrases, en insistant sur chaque mot afin de se faire comprendre, comme s'il parlait une langue étrangère. Best aurait voulu que Bishop l'eût accompagné pour lui servir d'interprète.

La seule chose qui lui rappelait vaguement Burren Way était son logement, une petite maison mitoyenne de trois chambres à coucher dans l'impasse d'Aycliffe Avenue, au milieu du quartier de Chorlton-cum-Hardy. Située au numéro 9 de ce cul-de-sac, la bâtisse était couverte d'un toit en ardoise grise et percée de trois grandes fenêtres qui donnaient sur la rue. Ses briques tachetées hésitaient entre le rouge et l'orange et une bande de béton conduisait à la porte d'entrée. Une haie de troènes séparait le jardin du trottoir. Dans le salon, un grand miroir Art Déco surplombait une cheminée carrelée aux teintes brun clair. Sa logeuse était d'une grande douceur. Trois constantes immuables caractérisaient son apparence : ses courts cheveux clairs permanentés ; ses lunettes aux verres incurvés et dont la monture accentuait la ligne des sourcils ; et le sourire sur son visage. Elle s'appelait Mary Fullaway. Quand elle avait vu arriver Best dans son pantalon serré et ses chaussures pointues, elle n'avait pu s'empêcher de penser qu'il n'était pas assez grand pour ce genre d'accoutrement. Plus tard, elle admettrait :

«Je me suis dit: toi, tu ne seras jamais footballeur, tu es trop gringalet. J'avais juste envie de lui préparer un bon repas pour le nourrir un peu.» Best avait deviné ce qu'elle pensait: «J'ai cru qu'elle allait dénoncer United pour maltraitance.»

Best doutait de ses capacités et était paralysé par la peur. Les joueurs de l'équipe de jeunes étaient déjà matures et musclés. Cela l'intimidait et il se sentait ridicule. L'épuisement se mêlait au sentiment d'infériorité et au mal du pays. À l'entraînement, il tapait machinalement dans la balle pour tenter de se convaincre que tout cela avait un sens. Il se demandait si cet accueil tiède n'était pas une volonté délibérée du club de l'intimider, une sorte de test. Il commençait à reconsidérer la place d'apprenti que son père lui avait dégotée dans une imprimerie, avant qu'ils ne reçoivent l'offre de United, bien que le métier ne l'ait pas particulièrement attiré jusqu'ici. Il rentrerait à la maison, apprendrait à se servir d'une presse, jouerait dans les championnats irlandais et raconterait dans les pubs qu'il s'était entraîné à Old Trafford pour se faire payer des coups. Il ne jouerait jamais au plus haut niveau, tant pis.

L'entraînement lui sembla durer une éternité. De retour chez Mrs Fullaway, il se réfugia dans la chambre qu'il partageait avec McMordie. Les deux adolescents prirent même l'inutile précaution de verrouiller la porte. « On ne s'était pas dit grand-chose durant la journée, confiera McMordie. On était tous les deux apeurés sans être capables de l'avouer. C'est quand on s'est retrouvés enfermés que je lui ai dit que je ne le sentais pas. Je voulais retourner chez moi. Ma mère me manquait, mes frères et mes sœurs me manquaient. Je ne voulais pas rester à Manchester. George ne disait pas un mot. Il me regardait et on a finalement éteint nos lumières avant de nous coucher.» Best attendit le lendemain matin pour donner une réponse à McMordie: «Je viens avec toi.» Une décision qui avait surpris son compagnon: «Je pensais qu'il allait rester. Puis il m'a dit qu'il ne pouvait pas rester ici tout seul.»

Best n'osait pas annoncer sa décision à United. McMordie, de quatre mois son aîné, servit donc de porte-parole lorsqu'Armstrong arriva devant la porte d'Aycliffe Avenue pour les conduire à Old Trafford. « Mrs Fullaway avait compris qu'on ne voulait pas rester, rapportera McMordie. Elle l'avait dit au club. » Aussi, quand Armstrong avait demandé si tout allait bien, McMordie avait eu cette réponse qu'il n'oublierait jamais : « Non, on veut prendre le prochain ferry. » La nouvelle semblait être le « plus grand choc de la longue vie du vieux Joe ». Il tenta bien évidemment de les dissuader. Mais il ne réussit pas à convaincre ni réconforter Best, persuadé qu'Armstrong lui en voulait toujours pour l'histoire du taxi raté vingt-quatre heures plus tôt. Il était incapable de regarder le vieil homme dans les yeux.

Armstrong ne se rendait pas compte de la gravité de la situation. Pour lui, il était ici davantage question de mélancolie passagère que d'angoisse et de désillusion. Ne sachant quoi leur dire, il les emmena au centre d'entraînement de l'équipe première. Armstrong imaginait qu'une rencontre avec leur compatriote Harry Gregg allait les convaincre de revenir sur leur décision. Le gardien de but de la sélection nord-irlandaise était surtout le « Héros de Munich », pour avoir extrait au péril de sa vie certains de ses coéquipiers de la carcasse de l'avion après le crash de 1958[3]. Mais les meilleures intentions entraînent parfois les pires conséquences. Gregg mesurait un mètre quatre-vingt-trois et Best avait l'impression qu'il était aussi large que le ferry. À côté de lui, il se sentait comme Gulliver à Brobdingnag, le royaume des géants. Les origines de Gregg et son histoire en faisaient une légende vivante aux yeux de Best, ce qui aurait dû suffire à faire de cette rencontre un moment inoubliable. « C'était le joueur qu'on admirait tous à Belfast, insistait-il. Mais je m'étais senti plus nerveux que jamais. Je me demandais ce que je faisais là et ce que je pouvais lui dire. »

Quand Armstrong demanda à Best et McMordie si cette entrevue avec Gregg les avait fait changer d'avis, les deux remuèrent la tête de gauche à droite. Armstrong en fit de même

3. Le 6 février 1958, l'avion ramenant Manchester United d'un match à Belgrade s'écrase en décollant après une escale à Munich. Vingt-trois passagers trouvent la mort, dont huit joueurs et trois membres du staff.

en constatant leur intransigeance et sa défaite. « On se sentait pathétiques, se remémorera Best. Et je suppose qu'on l'était.» Il passa à Aycliffe Avenue reprendre ses affaires et entendit Mrs Fullaway dire qu'elle était « consternée » par la nouvelle. Il n'avait pas passé trente-six heures à Manchester.

Cette fois, l'*Ulster Prince* n'avait plus rien de menaçant. Il le voyait comme un bateau de sauvetage venu à sa rescousse. Après une nuit de réflexion, le mal du pays semblait une excuse un peu faible pour avoir abandonné ainsi. Cela signifiait qu'il n'avait pas assez de caractère et de résistance. Il pensait aux sacrifices que ses parents avaient faits pour lui. Il pensait aussi à ce qu'il allait bien pouvoir dire à ses amis. Il se sentait coupable et était au bord des larmes. «Je trahissais la confiance de mes parents.»

Dickie et Ann Best n'avaient pas le téléphone. Il ne savait pas où ni comment envoyer un télégramme. Il n'avait donc aucun moyen d'avertir ses parents de son départ de Manchester et de son arrivée imminente à Belfast. Il réfléchissait à ce qu'il allait pouvoir leur dire, répétant son discours dans sa tête, mais il ne faisait en réalité qu'égrener les événements dans l'ordre chronologique. Dickie prenait son thé au lit quand il entendit qu'on frappait timidement à l'entrée. La surprise de trouver son fils sur le pas de la porte avec le litre de lait fraîchement livré suscita chez lui une forme de perplexité plutôt que de la colère. Il n'avait pas franchi l'encadrement que chacun de ses parents lui avaient déjà posé une question rhétorique. Dickie : « Qu'est-ce que tu fais là ? » Ann : « Mon Dieu, mais d'où tu viens ? » Après avoir écouté sa réponse, elle le tranquillisa : « C'est pas grave. On s'y attendait un peu.»

Best était reconnaissant envers son père pour son réconfort – « Il m'a dit que je n'avais rien fait de mal » – et son pragmatisme. Armstrong avait laissé à Best un petit mot sur lequel figurait son numéro de téléphone. Il demandait aux Best de l'appeler. Il voulait savoir si la situation était rattrapable. Dickie, profondément déçu par la façon dont United avait traité un gamin à peine sorti du nid, avait lui aussi une question à poser : le club allait-il faire quelque chose pour améliorer son attitude ?

Depuis la cabine du bout de la rue, Dickie dit clairement à Armstrong que si son fils retournait un jour à Old Trafford, ce serait de son propre chef. Personne n'allait lui forcer la main ou lui mettre la pression.

Dickie adopta une stratégie, entre malice et tendresse, qui, comme Best le reconnaîtrait lui-même, « me permit de me rendre compte que j'avais été stupide ». Après avoir parlé à Armstrong, et entendu ce qu'il voulait entendre, le père retourna s'asseoir dans son fauteuil et feignit de lire le journal. Il attendait que son fils l'interroge sur la conversation qui venait d'avoir lieu.

« Qu'est-ce qu'Armstrong a dit ?

– Ils ne veulent plus de toi. »

Ce mensonge était destiné à secouer son fils. Ça n'avait pas raté. Dickie voyait les traits de George se contracter en un spasme de douleur, de tristesse et de fierté perdue. « J'avais l'impression que l'intérieur de mon corps mourait », confessera Best. Dickie voyait sur son visage combien de regrets et d'angoisses son fils réprimait déjà en lui. Il voyait aussi ce que retourner à Manchester United signifierait désormais. Dickie plia le journal et lui dit la vérité. Best savait qu'il avait fait une erreur en abandonnant United. Il savait qu'il en referait une en les repoussant de nouveau. « Il n'y avait que très peu de moyens de quitter Belfast, disait-il : la boxe, le billard ou le football. Mon père a réussi à m'en faire prendre conscience. Je ne le remercierai jamais assez pour ça. » Sur les conseils de son père, Best rédigea une lettre à United. Dickie l'écrivit, son fils la signa et partit la poster. Deux semaines plus tard, il était de retour à Aycliffe Avenue.

Mais sans la maîtresse de maison, il ne serait peut-être pas resté longtemps à Manchester.

S'il s'est peut-être un peu arrangé avec la réalité à mesure que le temps passait et que les faits s'éloignaient, Matt Busby racontait avoir assisté au premier entraînement de George Best à Manchester United. Il disait n'avoir jamais oublié les

« choses intelligentes » qu'il faisait avec le ballon. « Je venais voir comment se débrouillaient les jeunes du club. Ils faisaient des deux contre deux. Une petite fusée aux cheveux noirs m'avait particulièrement marqué. » Si c'est le cas, Busby portait une cape d'invisibilité. Mais il allait plus loin et soutenait que « Maître Best et Maître McMordie », comme il les appelait, étaient venus dans son bureau pour lui annoncer leur décision de repartir à Belfast. Mais aucun d'eux ne l'avait vu, et a fortiori ne lui avait parlé. « Je ne me souviens même pas l'avoir aperçu. Personne ne nous a présentés à lui et nous n'aurions jamais eu le courage d'aller lui parler de nous-mêmes », assure McMordie qui, contrairement à Best, refusa la seconde chance accordée par United.

Busby avait été consterné en apprenant que les deux joueurs à l'essai avaient ressenti le besoin de retourner à la maison. Il prit la chose pour lui et changea rapidement les habitudes du club. Selon lui, l'incident nuisait à sa réputation et à celle de United. Il était fier d'avoir créé une grande famille à Old Trafford et aucun nouvel arrivant ne devait revivre ce qu'avaient vécu Best et McMordie. Les raisons de sa détermination à ce sujet trouvaient leurs racines dans sa propre expérience.

Busby s'était autrefois lui aussi senti seul en terre étrangère, lui aussi à Manchester, lui aussi en tant que jeune footballeur. En février 1928, il avait débarqué à 18 ans de la ville « sombre, sale et merveilleuse » d'Orbiston, près de Bellshill dans le Lanarkshire, en Écosse. Orbiston était plutôt un hameau de trente-deux maisons de deux chambres pour les mineurs et leurs familles. Busby indiquait que l'esprit y était « très clanique ». Le sobriquet peu flatteur du village, Cannibal Island, venait du football, une affaire toujours brûlante dans ces contrées. Les équipes qui avaient le malheur de gagner là-bas devaient décamper à toute allure au coup de sifflet final pour éviter de se faire rosser. Les joueurs adverses quittaient souvent Orbiston en tenue de sport, revenant chercher leurs vêtements le lendemain quand les habitants commençaient à oublier l'affront et l'impétueuse nécessité de se venger qui allait avec. «Vous pouviez repartir avec deux points, mais jamais avec votre chemise et votre pantalon.» Le père de Busby était mort à Arras pendant la Grande Guerre. Ses trois sœurs et lui avaient donc été élevés par sa mère. En tant qu'aîné de la famille, il avait travaillé un temps à la mine, les « intestins de la terre » comme il les appelait, avant que le football ne le sorte des puits et de la poussière de charbon. Malgré la saleté des rues, la laideur des terrils et la rudesse des maisons, Busby retournait parfois à Orbiston car les grandes voies pavées lui étaient toujours inhospitalières.

Il avait signé à City et peinait au poste d'avant-centre ou sur les ailes. Il traversait la plupart des matchs dans l'anonymat. Une rapide apparition en équipe première ne le conduisit nulle part, si ce n'est de nouveau en équipe réserve. À la fin de la saison, Busby monta avec plaisir dans le train pour Glasgow. Dix semaines plus tard, il prit le train retour vers Manchester le cœur lourd et l'esprit torturé. Busby savait qu'il n'aurait jamais le talent nécessaire pour faire ce qu'il voulait au cours de sa carrière. Au bout de deux mois, il écrivit une lettre à sa fiancée, Jean – la femme avec laquelle il allait partager cinquante-sept années de mariage – et lui dit en toute honnêteté : « Je ne suis pas fait pour le football.» Il avait le mal du pays et décida d'y retourner, non sans honte. « Je n'ai jamais voulu être un lâcheur. Mais dans ces moments troubles, tout me semblait préférable à cette lente agonie.» Les trains pour Glasgow passaient à une telle fréquence que Busby ne prit même pas la peine de consulter les horaires. Il avait prévu d'aller à la gare, d'acheter son billet et d'attendre sur le quai. Il avait même rédigé une rapide note à l'intention de City, qu'il avait laissée sur la table de sa chambre, avant de mettre ses quelques effets dans une valise. Il était soûl. Seule l'intervention d'un ange gardien nommé Phil McCloy l'empêcha de disparaître. McCloy était Écossais lui aussi et avait été sélectionné en équipe nationale à deux reprises contre l'Angleterre. Arrière latéral, il était représenté sur les cartes à collectionner avec les cheveux laqués tirés vers l'arrière, des sourcils proéminents – comme s'ils avaient été dessinés avec une plume trop large – et un menton de travers. Il conseilla à Busby de « continuer encore un peu » : «Tu peux encore franchir un palier.» Il insista ainsi jusqu'à l'aurore et finit par convaincre son interlocuteur. Sans McCloy, Busby ne serait jamais devenu milieu droit, n'aurait pas remporté la FA Cup en 1934 et n'aurait pas été entraîneur.

La condition de Busby ne s'est pourtant pas améliorée immédiatement. La pneumonie est vite venue se rajouter à ses malheurs. Il l'admettait lui-même : Busby était un « gamin perdu » sauvé par la gentillesse des autres. Jimmy McMullan, demi-gauche de City et capitaine des « Magiciens de Wembley », cette équipe d'Écosse qui remporta une victoire retentissante par cinq buts à un sur l'Angleterre en 1928, lui proposa de l'héberger le temps de se rétablir. Entre les murs de la maison de McMullan, Busby trouva la chaleur et la stabilité qui lui manquaient. C'est ce qu'il voulait désormais offrir à ceux qui arrivaient à United.

Busby n'avait jamais oublié son séjour chez McMullan et sa femme. Alors, plutôt que de laisser un employé du club s'en occuper, il mettait un point d'honneur à choisir lui-même les logeuses, comme Mary Fullaway. Il appelait cela « l'approche humaine ».

Busby était arrivé à Aycliffe Avenue vêtu de son pardessus beige et coiffé d'un chapeau foncé et, tel un agent immobilier, il se mit à inspecter chaque pièce, notant l'état de propreté et l'espace disponible. Il faisait également attention au voisinage, qui ne devait pas être hostile sans toutefois être trop morne. Mais le plus important pour Busby, qui avait une solide confiance en son instinct pour évaluer ce genre de choses, c'était le caractère de ses futurs collaborateurs, qui devaient être des personnes droites et convenables. Il envisageait ces hébergements comme des « maisons loin de la maison ». Cela impliquait un environnement calme et douillet, deux repas par jour à la table, mais aussi un peu d'intimité pour les adolescents. Busby recherchait des logeuses qui savaient tenir un intérieur et qui avaient l'instinct maternel. Il voulait qu'elles soient attentionnées sans être trop envahissantes, qu'elles insistent sur les bonnes manières et la discipline de base sans être trop sévères.

Busby n'avait aucun doute sur le fait que Mrs Fullaway, qu'il considérerait vite comme « une femme formidable », remplirait à merveille la mission que le club lui confierait. Elle avait deux fils : Graham, né en 1939, et Steve, né en 1944. C'était une survivante qui avait bravé tous les coups durs du destin, sans se plaindre ni fanfaronner. Sa petite routine lui convenait parfaitement. Elle n'espérait pas grand-chose de plus que le peu qu'elle possédait et n'en tirait aucune rancœur.

Mrs Fullaway était née en 1909 à Wigan, dans un quartier typique du nord de l'Angleterre industrielle de l'époque édouardienne. Pour les enfants de cette génération, et plus encore ceux de la classe ouvrière, la vie était généralement un concept qui se déroulait ailleurs. On la lisait dans les journaux et les magazines ou on allait s'en imprégner dans des salles de cinéma enfumées, quand bien même elle était travestie par le faste des costumes et des décors d'Hollywood, voire par les partis pris affriolants des actualités. Son nom de jeune fille était Jackson. Elle comprit vite que la seule chose qu'on attendait d'elle consistait à ramener de quoi nourrir la famille en étant payée pour n'importe quelle tâche manuelle. Son père, John, était laboureur, tandis que sa mère, qui s'appelait également Mary, était une couturière qui avait donné naissance à six enfants, dont cinq filles. À ses yeux, l'éducation et le savoir avaient moins de valeur qu'un salaire. La jeune fille qui deviendrait Mrs Fullaway était employée comme machiniste dans une fabrique de chemises. Elle se maria avec Harold Fullaway en 1932.

Les Fullaway menaient une vie bien ordinaire. Après la Seconde Guerre mondiale, Harold était conducteur de travaux pour une entreprise d'électricité. Sa femme, comme des milliers d'autres à travers le pays, gérait les tickets de rationnement à une époque où l'austérité était toujours de mise, même si elle était différente de celle qu'elle avait connue dans son enfance. Harold jouait au boulingrin, jeu de boules sur gazon, et était abonné de longue date à Maine Road, le stade de Manchester City, où il admirait notamment un milieu droit qui répondait au nom de Matt Busby. Mary aimait la danse de salon et avait remporté quelques médailles dans cette discipline. Mais n'importe quelle existence peut verser en une fraction de seconde dans le chagrin. La sienne changea à jamais au milieu d'une séance de cinéma, un soir de semaine. Il était à l'époque courant de faire apparaître des noms à l'écran pour contacter un spectateur en cas d'urgence. Quand le sien s'afficha, elle prit son sac à main et se dirigea vers le bureau du directeur. On lui apprit alors que son mari venait de mourir d'une hémorragie cérébrale. Il avait 46 ans. Ses deux garçons 11 et 6.

Rien de ce qui suivit ne fut aussi cruel et sinistre que le choc de devenir veuve de façon si soudaine. Pas même d'annoncer à deux enfants le décès de leur père, d'organiser des funérailles, de rassembler les vestiges d'une vie brisée afin d'en reconstruire une nouvelle. Mrs Fullaway surmonta sa douleur pour le bien de ses enfants.

Désormais seule, elle devint vendeuse dans l'établissement mancunien de la chaîne des grands magasins Lewis's. Elle louait aussi ses chambres, pour des cadets de la police ou des ouvriers du bâtiment irlandais. Elle faisait des sacrifices financiers et ne s'accordait aucune folie afin que ses fils ne manquent de rien. « Si on demandait un nouveau vélo, on finissait par l'avoir. Pas forcément tout de suite, car elle devait faire des économies, mais on l'avait. Je ne sais pas comment elle faisait », admirait Steve.

Tous ceux qui avaient passé du temps en sa compagnie répétaient les mêmes choses : qu'elle tenait une maison où l'on ne se sentait jamais de trop si on passait à l'improviste ; qu'elle accueillait systématiquement ses invités avec une tasse de thé ; qu'elle était toujours prévenante et ne perdait jamais son calme ; et qu'elle était modeste en toutes circonstances, bien qu'elle n'eût pas énormément de raisons de l'être, contrairement à d'autres. Elle avait veillé sur sa famille, la portant à bout de bras dans la pire des situations, grâce notamment à une très haute conscience de la valeur du travail. Une forme d'intégrité morale qu'elle s'estimait en droit d'attendre des autres, et peu importe qu'ils gagnent leur vie avec une boîte à outils ou un ballon. Elle ne parlait pourtant jamais publiquement de ce qu'elle avait enduré.

Comme Busby, c'était une catholique depuis le berceau, qui prenait son dieu et sa foi très au sérieux. Et tout comme lui, elle ne voulait pas qu'un protestant logé chez elle se trouve embarrassé par la présence de symboles et d'objets religieux. « Que dois-je faire ? », demanda-t-elle à Busby, qui suggéra qu'elle pourrait les enlever. Qu'elle soit prête à ce sacrifice pour les autres lui confirmait qu'elle était faite pour ce rôle. Elle était du même moule que les McMullan.

Best était béni : le hasard lui avait donné une mère de substitution dans une maison parfaite, avec un salon moderne au papier peint à bandes rouges, un grand aquarium rectangulaire avec des poissons tropicaux, un tourne-disques sur lequel il pouvait écouter de la musique quand il le voulait et une chambre qui donnait sur la rue et qu'il partageait avec Steve, rapidement devenu son ami.

« George est un membre de la famille », affirmait Mrs Fullaway. Pour lui, elle était « Mrs F », une « âme simple et belle » et « l'une des rares personnes à qui je faisais totalement confiance ».

Aycliffe Avenue était devenu son havre de paix parce qu'elle était là. Il était catégorique : « Si on m'avait mis ailleurs, je serais sans doute de nouveau rentré chez moi. »

CHAPITRE 2
UNE PARTIE DE BINGO ET UN VERRE DE PANACHÉ

Quand George Best devint une célébrité et que les médias commencèrent à s'intéresser à Mrs Fullaway, elle était systématiquement dépeinte comme un personnage du soap opera *Coronation Street*. Pour le grand public, la ménagère serviable, gentille et peu bavarde incarnait la gentillesse mancunienne. Sur les photos, elle était systématiquement affairée à ses tâches domestiques : on la voyait préparer le petit-déjeuner, épousseter une étagère, servir le thé ou encore aspirer le tapis.

Son rôle de femme d'intérieur était pourtant moins important pour Best que le soutien émotionnel qu'elle lui apportait. Elle savait que les garçons seraient toujours des garçons et acceptait cet état de fait. Elle ne s'immisçait pas dans sa vie et ne le jugeait jamais. Elle ne le réprimandait que lorsque c'était absolument nécessaire. Durant l'année qui suivit son arrivée, Best était parfois victime de crises aiguës de mal du pays. Il avait vécu les premières semaines comme un « enfer », presque « dans la peau d'un orphelin ». Seule Mrs Fullaway réussissait à le réconforter. « Elle trouvait toujours les bons mots pour que je me sente mieux. » Il écrivait régulièrement à ses parents, au stylo à bille bleu sur du beau papier à lettre. Pure, précise et aux boucles flamboyantes, son écriture reflétait son jeu. Ces lettres se terminaient toujours dans un torrent de lyrisme et de marques d'affection, et par sa signature, qu'il soulignait pour mieux incarner le propos et donner plus de force au message. Il touchait quatre livres, un shilling et neuf pence par semaine et prenait toujours soin d'envoyer un billet d'une livre à sa mère, plié dans l'enveloppe. « Ci-joint une pound, lui écrivait-il. J'espère que ça vous aidera.» Il gagnait un peu d'argent de poche en balayant les tribunes d'Old Trafford et en ramassant les pièces tombées des poches des spectateurs pendant les matchs. «Je trouvais surtout des petites pièces. Mais parfois, j'avais de la chance.»

Il flottait dans son maillot et détonnait au milieu de ses robustes coéquipiers. Mrs Fullaway faisait de son mieux pour le remplumer. Le matin, il mangeait du bacon et des œufs, le soir un steak et des patates. Il avalait des toasts trop grillés car il pensait que le carbone lui donnerait plus d'énergie. «Je ne ris jamais quand les humoristes se moquent des logeuses et les caricaturent en vieilles femmes dures comme l'acier et prêtes à compter le nombre exact de haricots qu'elles mettent sur leurs tartines, soutenait Best en hommage à Mrs Fullaway. Je n'aurais été que l'ombre de moi-même sans les petits plats qu'elle me préparait chaque jour.»

Il avait un autre handicap par rapport aux autres, administratif celui-là. Cette législation prête à sourire aujourd'hui, mais les fédérations écossaises, nord-irlandaises et irlandaises avaient obtenu à l'époque des clubs anglais qu'ils ne signent aucun de leurs jeunes joueurs en tant qu'apprentis. Manchester United pouvait donc seulement offrir à Best un contrat « amateur », ce qui l'obligeait à avoir un petit boulot à côté et l'empêcha de progresser aussi vite que les autres. Cette restriction serait désormais perçue comme injuste et contraire au principe de libre circulation des travailleurs, et nul doute que la Professional Footballers' Association, le syndicat des joueurs, s'y opposerait. Mais, comme beaucoup de règles au début des années 60, cette petite contrainte n'avait comme fondement que de sauver les apparences, et rien n'empêchait les clubs tels United de franchir les frontières celtes pour aller chercher qui leur plaisait.

Best, victime collatérale de ce point de règlement, n'avait

d'autre choix que de l'accepter quand bien même il ne s'en accommodait pas. « Greffier » pour la Manchester Ship Canal Company – terme respectable pour désigner un sous-fifre à tout faire –, il travaillait de neuf heures du matin à cinq heures et demie de l'après-midi avant d'aller s'entraîner le soir. Il prenait les commandes de repas sur un petit calepin comme un garçon de café et rapportait la monnaie. Ses collègues l'envoyaient aussi chercher des cigarettes, du café, du thé ou courir à travers la ville pour poster et retirer le courrier. « J'étais tellement épuisé que je n'avais plus rien dans les jambes à l'entraînement. »

Best prit son courage à deux mains et décida d'aller parler à Joe Armstrong. « Je lui ai dit que je ne voulais plus travailler. » Armstrong le déchargea bien de ses tâches de col blanc, mais pour lui trouver un boulot encore plus inapproprié. Employé dans un entrepôt, il devait décharger du bois et ses mains gantées allaient désormais souffrir autant que le reste de son corps. Du moins s'il n'avait pas quitté son poste dès onze heures le premier matin. Entre deux hangars, les bras chargés de poteaux, il balança tout par terre avant de déguerpir. « Je ne suis pas venu à Manchester pour faire ça », s'expliqua-t-il. Armstrong ne prenait pas ce genre de comportement par-dessus la jambe, mais la façon dont il allait réagir signifiait combien Best comptait pour le club. Il ne chercha pas à le faire passer pour un rebelle ingérable ou un ingrat. Il ne s'énerva pas en menaçant de déchirer son contrat. Il trouva une solution. Une société de produits électriques l'autorisait à s'entraîner le matin et à travailler l'après-midi.

Best essayait de faire bonne impression par ailleurs. Ainsi prenait-il un soin tout particulier à entretenir les chaussures des professionnels : il lavait les semelles à la brosse avant d'astiquer le cuir avec de la cire et d'y appliquer de la vaseline pour qu'elles brillent. « Il fallait que les chaussures dont je m'occupais soient plus belles que toutes les autres. »

« J'avais un sens du destin », fanfaronnait-il encore bien après la fin de sa carrière. Il maintenait aussi : « Je savais que j'étais différent. Je me sentais différent. Je savais que je n'allais pas devenir Monsieur Tout-le-monde. » Dans les faits, avant qu'il n'entre dans l'arène pour de bon, il se considérait exactement comme Monsieur Tout-le-monde. Best s'attendait constamment à être pris à part à la fin de l'entraînement et à se voir annoncer « la fin du monde », une suite de phrases choisies avec soin qui commencerait par « Désolé, petit » avant qu'on ne lui donne un sac contenant ses chaussures en cadeau d'adieu. United comptait certains des plus grands talents du pays et Best en avait vu partir beaucoup tandis que lui restait, sans qu'il ne se l'explique. Ils étaient « les Disparus », des adolescents de la même génération que Best et aux mêmes aspirations, venus pleins d'espoir à Old Trafford, qui s'étaient entraînés avec lui quelque temps avant d'être congédiés. Un petit sourire désolé et un bras posé sur l'épaule devaient adoucir la nouvelle, qui arrivait toujours au moment où on s'y attendait le moins. « Tu débarquais un matin, quelqu'un n'était pas là et tu entendais un des gars dire qu'il avait été renvoyé chez lui. La plupart du temps, on n'avait même pas l'occasion de se dire au revoir », se rappelait-il avec émotion. Best vivait dans l'angoisse d'être le prochain sur la liste. « Souvent je sortais de l'entraînement en me demandant si c'était mon dernier. » Incapable de voir les regards admiratifs qu'il suscitait et l'avenir doré qu'on envisageait pour lui, il se fourvoyait : « Personne ne semblait me remarquer. »

Sauf que tout le monde avait remarqué Best. Son talent sautait aux yeux. Il passait des heures sur le terrain d'entraînement, toujours volontaire pour faire du rab. C'était à la fois un moyen de s'occuper pour ne pas ressentir le mal du pays et la suite logique de son éducation à Belfast. Gamin, à Burren Way, il se mettait d'un côté de la route et visait le rebord du trottoir d'en face de manière à ce que le ballon lui revienne dans les pieds. Il en faisait de même sur les portes des garages et des remises du quartier, face auxquelles il passait des heures à parfaire ses passes et ses contrôles. À Cregagh, Bud McFarlane l'avait un jour incité à améliorer son mauvais pied, le gauche. Best avait fait plus fort que ça. Il avait porté une chaussure en toile sur le pied droit pour se souvenir de ne pas l'utiliser. Pendant tout un match, il n'avait touché le ballon qu'avec son pied gauche. Best avait le même niveau d'implication à United. Il s'imposait des séries de corners rentrants dont le but consistait à heurter le milieu de la barre transversale. Il perfectionnait sa précision et sa puissance en tirant de vingt, vingt-cinq ou trente mètres, visant toujours les montants. « Si je pouvais taper la barre de n'importe où, alors je pouvais aussi trouver la lucarne ou le petit filet », exposait-il. Best travaillait ses dribbles en rapprochant les piquets d'entraînement pour ne laisser que l'espace d'un ballon entre les deux. Lui passait tout juste. Il slalomait à toute vitesse au milieu, tel un serveur de restaurant entre les tables. Un plateau dans la main, il n'aurait pas renversé une goutte.

Best multipliait les transversales, en mouvement et des deux pieds, ainsi que les centres, qui retombaient soit à la limite des six mètres, soit au point de penalty. Ses pieds étaient si précis qu'il s'amusait souvent à déposer une pièce sur le bout de ses chaussures pour l'envoyer directement dans la poche de sa veste. Il ne négligeait pas son jeu de tête pour autant et accrochait au plafond de la salle de gym un ballon qu'il remontait progressivement afin d'améliorer sa détente. Chaque fois qu'il avait un moment libre, il jonglait. De retour chez Mrs Fullaway après ces séances de rab, Best allait parfois jouer dans le terrain vague à côté de la maison. Cela lui rappelait la friche au bout de Burren Way et lui permettait de passer un peu de temps avec Steve. Ils se passaient un ballon jaune en plastique et très vite le voisinage débarquait. « On finissait par faire un match à onze contre onze, narrait Steve. George adorait ça. On a continué à le faire jusqu'à ce qu'il soit vraiment connu. »

Quand on l'interrogeait, Best était inflexible : « Personne ne m'a appris à jouer. » Mais il considérait que l'imitation était la plus belle des flatteries et travaillait assidûment pour copier les autres. Il regardait les matchs avec la concentration d'un bon élève, absorbant tout ce qu'il pouvait tirer de ces quatre-vingt-dix minutes de leçon. Best prêtait une attention particulière à l'échauffement car personne n'était encore inhibé par l'enjeu ou n'avait peur de trop en faire : « On voyait ce que les joueurs ne tentaient généralement qu'à l'entraînement. »

En décembre 1961, moins de quatre mois après la signature de Best à United, le Real Madrid était venu disputer une rencontre amicale à Old Trafford. Francisco Gento était un petit brun vif comme l'éclair. Il pouvait courir le cent mètres en onze secondes. Ce qui marqua le plus Best, du haut de ses 15 ans, ce n'était pas tant leurs points communs qu'un geste bien spécifique. Gento passait le pied sous le ballon afin de lui donner un effet rétro. La balle partait à dix mètres et revenait vers lui en tournant, comme un yo-yo. Best s'était lancé un défi : « Il fallait que je tente ce truc ! » Le lendemain, il y arrivait.

Un autre de ses héros avait foulé la pelouse d'Old Trafford ce soir-là : la Flèche blonde, Alfredo Di Stefano. Quand Best le vit en chair et en os, Di Stefano était plutôt une flèche chauve et ressemblait à un moine franciscain. C'était malgré tout le joueur que Best voulait être. « Ma plus grande inspiration », avouait-il. Di Stefano attaquait et défendait sans s'arrêter, la balle toujours collée à n'importe lequel de ses deux pieds avant qu'il ne la passe à un coéquipier démarqué que personne n'avait vu. Sa vision du jeu semblait panoramique, comme si ses yeux étaient le prolongement de son cerveau. Et il empilait les buts. « Il pouvait tout faire et était partout sur le terrain », tranchait Best. Di Stefano avait alors 35 ans et venait de conduire cinq fois consécutivement le Real à la victoire en Coupe d'Europe, dont la dernière, un an et demi plus tôt, au terme d'un magistral 7-3 infligé à l'Eintracht Francfort à l'Hampden Park de Glasgow. Best gardait précieusement une bobine huit millimètres du film de la finale dans sa chambre chez Mrs Fullaway et se la repassait fréquemment, scrutant chaque mouvement de Di Stefano. « C'est un miracle que je ne sois pas devenu aveugle vu les heures que j'ai passées à regarder ce match », plaisantait-il. Best devait le projeter sur le mur en haut des escaliers, la partie la plus sombre de la maison. À défaut d'écran, Di Stefano et les siens jouaient donc entre les motifs à diamant du papier peint de Mrs Fullaway.

C'était l'hiver à Manchester, le ciel était maussade et la pluie avait transformé la pelouse en terrain de boue. Di Stefano flottait au-dessus d'elle, l'arpentant en long et en large. Best s'imaginait dans le même rôle. Après le but de Di Stefano en première mi-temps – un tir en pleine lucarne –, Best passa une bonne partie de l'après-midi suivant à chercher à l'imiter. Son seul adversaire était le gardien du stade, qui ne voulait pas de lui sur la pelouse et essayait de le chasser.

Un an plus tard, Best était debout dans les tribunes d'Hillsborough. Il avait fait le court déplacement dans le Yorkshire pour une seule et unique raison : voir Pelé. Le club de Santos affrontait Sheffield Wednesday et faisait tourner son hôte en bourrique. Le jeu des Anglais, tout en énergie et en engagement physique, semblait tout droit sorti de l'âge de pierre. Même le score de 4-2 ne reflétait pas l'écart de classe entre les deux équipes. Santos l'avait joué facile, rajoutant quelques touches de balle pour le spectacle et faisant tourner le ballon pour user l'adversaire. Après que l'arbitre eut sifflé un penalty pour les Brésiliens, Pelé décida de jouer au chat et à la souris avec le gardien. On aurait dit un vaudeville. Il avait pris son élan pour tirer avant de bloquer son geste au moment fatidique. À chaque fois que le gardien avait pris la décision de plonger de tel ou tel côté, une légère rotation du bassin, une subtile déviation dans la course ou un petit mouvement des épaules immisçait à nouveau le doute dans son esprit et l'astreignait à une chorégraphie burlesque qui ne prenait fin que lorsque Pelé feignait l'hésitation pour finalement laisser la balle sur le petit îlot de craie blanche. « Il l'a baladé comme ça quatre fois », s'extasiait Best, qui visualisait parfaitement chacune des tentatives. « Quand il a enfin tiré pour de bon, le pauvre gardien ne savait plus quoi faire. » Un compte-rendu décrivait la course d'élan de Pelé sur le but en disant qu'elle comprenait « un fox-trot, un two-step et un tango ». Dans sa tête, Best notait aussi les déplacements en diagonale de Pelé, qui lui permettaient d'être toujours disponible pour recevoir une passe, et la façon dont il évitait les tacles comme un boxeur esquive les uppercuts ou les crochets. Quand Best n'assistait pas à un match, il lisait les articles sur le match. Ce qu'il savait du football, de sa tactique et de son histoire, il l'avait appris dans les journaux et dans les livres. Sa mémoire encyclopédique des noms et des dates faisait le reste. Le football deviendrait son métier, mais c'était surtout sa passion. Une religion même. À une chose près : «Je détestais le dimanche parce qu'il n'y avait pas de football. Je m'ennuyais à mourir.»

Il se donnait corps et âme au jeu. Si, comme il le craignait toujours, la déception l'attendait au bout du chemin, il aurait au moins la consolation de pouvoir dire à ses parents qu'il avait tout fait pour l'éviter. Il aimait les entraînements, particulièrement les exercices où il pouvait affiner sa technique balle au pied, mais aussi les oppositions à cinq contre cinq et même les sorties en cross-country au cours desquelles il voyait ses coéquipiers couper à travers champs ou s'arrêter pour se rouler une cigarette. Il ne comprenait pas comment on pouvait prendre le risque de gâcher une telle opportunité. « Quand je les voyais faire ça, je savais que j'étais en train de saisir la mienne.»

George Best travaillait sans faire de bruit. Il préférait écouter plutôt que parler et avait vite compris les exigences de l'étiquette au sein de l'institution United. Le voile de pudeur qui entourait le crash de Munich, par exemple, l'avait convaincu de ne jamais évoquer le sujet ou même d'y faire allusion.

La catastrophe était toujours présente dans les esprits. Best ressentait le deuil qui flottait autour d'Old Trafford, mais il ne lui pesait pas. Puisque personne n'en parlait, ça s'arrêtait là.

Comme tous ceux qui ont vécu le jour de la tragédie, Best se souvenait parfaitement de ce 6 février 1958, de cette nouvelle qui tombe et de la façon dont la mort d'une équipe a engendré le mythe de Manchester United. Il avait onze ans et les gros titres qu'il avait lus étaient ceux du *Belfast Telegraph*.

UN DÉSASTRE FRAPPE LA PLUS CONNUE
DES ÉQUIPES DE FOOTBALL
L'AVION QUI TRANSPORTAIT MANCHESTER
UNITED S'ÉCRASE ET PREND FEU

LES SURVIVANTS TOUJOURS ENTRE LA VIE ET LA MORT

En dessous, les articles relataient les faits. Il fallait les lire deux fois pour y croire : la piste enneigée et boueuse ; la glace sur les ailes du bimoteur affrété pour ramener l'équipe après un nul à Belgrade contre l'Étoile Rouge qui lui assurait sa qualification en demi-finale de la Coupe d'Europe des clubs champions ; les tentatives avortées de décollage après le ravitaillement en carburant ; le troisième essai, fatal, l'avion qui ne parvient pas à prendre de l'altitude, qui poursuit sa course au-delà du tarmac et finit par percuter une maison ; le choc entre une aile et un réservoir de pétrole. Puis l'explosion.

Dans la confusion, le bilan des victimes était encore imprécis. Matt Busby était dans un état critique. Le phénomène Duncan Edwards s'accrochait à la vie, ce qui était déjà un miracle au regard de la gravité de ses blessures. Bobby Charlton, pourtant attaché à son siège, avait été éjecté de la carlingue au moment de l'impact. Plus tard, dans sa chambre de l'hôpital Rechts der Isar, on viendrait lui lister le nom des victimes avec l'accent allemand.

Les images en noir et blanc, diffusées en boucle dans les journaux télévisés et lors des infos Pathé au cinéma, montraient la neige tombant sur la carcasse éventrée de l'avion et les fines colonnes de fumée qui s'en échappaient dans une nuit sans étoiles. Les supporters et les autres se retrouvaient à Old Trafford pour pleurer ensemble devant le drapeau en berne. De longues semaines après leur enterrement, personne n'arrivait vraiment à réaliser la mort de huit des *Busby Babes* : Duncan Edwards, Roger Byrne, David Pegg, Tommy Taylor, Eddie Colman, Billy Whelan, Mark Jones et Geoff Bent. La moyenne d'âge des victimes était de 23 ans.

Les hommes courageux ne savent pas qu'ils le sont. Busby, qui avait reçu deux fois les derniers sacrements, se voyait simplement comme un survivant de Munich. Et comme tous les survivants, il se posait deux questions : pourquoi nous ? Pourquoi pas moi ? Son torse avait été écrasé et un de ses poumons perforé, ce qui lui avait valu d'être opéré d'une fracture du pied sans anesthésie. Tousser lui procurait une douleur insupportable. Il avouait avoir espéré mourir dans la tente à oxygène transparente où on l'avait mis: «J'ai prié pour que la fin vienne rapidement.» Le courage qu'il avait rassemblé pour rester en vie le laissait lui-même perplexe. Mais ce n'était rien à côté du courage qu'il lui avait fallu mobiliser pour se rétablir et reconstruire son club. Il avait passé dix semaines à l'hôpital et y avait laissé ses béquilles pour apprendre à marcher avec une canne, qu'il avait abandonnée à son tour. Pour traverser le couloir qui menait à son bureau, Busby étendait ses bras pour prendre appui sur les murs. Ses côtes et sa poitrine étaient striées de cicatrices encore vives. Il ressentait constamment dans le bas du dos comme une décharge qui remontait le long de la colonne vertébrale. Les stigmates corporels étaient pourtant insignifiants à côté de ceux que Munich avait laissés dans son esprit. «La souffrance est toujours là, disait-il. Bien au fond. Vous ne vous en débarrassez jamais. Elle fait partie de vous. Vous êtes seul et d'un coup, sans prévenir, elle revient. Alors, vous pleurez.»

Depuis, Busby connaissait la valeur de la vie, mais il savait aussi quel sens il voulait lui donner. Au lieu de douter de Dieu, ou de Lui en vouloir, il était devenu un catholique encore plus fervent. Il trouvait son réconfort dans la messe et la confession. Il voulait «être un homme meilleur». Pour lui, cela revenait à ne pas abandonner les morts. Il avait confié à sa femme qu'il pensait quitter le monde du football. Jean lui avait rétorqué: «Ce ne serait pas juste pour ceux qui ont perdu quelqu'un qu'ils aimaient. Je suis sûre que ceux qui sont partis auraient voulu que tu continues.» L'argument du cœur était aussi celui de la raison. Busby savait ce que le football représentait pour ceux qui étaient morts et savait aussi qu'abandonner serait un acte égoïste et vain. Cela ne les ramènerait pas et ne servirait même pas leur mémoire. Les sculpteurs pouvaient mouler des statues en bronze. Le seul moyen qu'il avait lui de rendre hommage aux disparus, c'était de bâtir une nouvelle équipe. Une équipe qui pourrait gagner la Coupe d'Europe. «C'est certainement le sens de la vie : bâtir, créer, surmonter les échecs, espérer, philosophait Busby. J'ai fini par comprendre que prier pour les morts comme je l'avais fait était une bêtise et un manque de courage. Je savais que d'une manière ou d'une autre je devais gagner à nouveau, pour ceux qui étaient partis. Sinon, ma vie n'avait aucun sens. » Dès lors qu'il l'avait trouvé, il connaissait la direction : pour eux, il irait chercher le titre de champion d'Angleterre, puis celui de champion d'Europe.

Quand Best débarqua à Old Trafford, le « nouveau United » que Busby envisageait comme un hommage aux morts était encore un projet chancelant.

Busby préférait façonner les talents plutôt que les acheter. À la suite de la catastrophe, il n'avait eu d'autre choix que de sortir le chéquier, faute de quoi la reconstruction se serait arrêtée rapidement. Il avait progressivement adjoint à ceux qui restaient et qui partageaient une même vision des choses – Charlton, Gregg et le défenseur Bill Foulkes – des joueurs venus d'ailleurs. L'attaquant Albert Quixall avait été acheté 45 000 livres à Sheffield Wednesday en 1958. Le combatif Maurice Setters arriva de West Bromwich Albion en échange de 30 000 livres en 1960. La même année, Busby recruta à West Ham, moyennant 29 000 livres, le latéral Noel Cantwell dont il fit son capitaine ainsi que David Herd, d'Arsenal, pour apporter du sang neuf à son attaque. De ce qui n'était pas encore vraiment un centre de formation, il sortit Johnny Giles ainsi que Nobby Stiles, milieu récupérateur impitoyable, édenté et myope, sorte de Mister Magoo footballeur. Il voyait malgré tout suffisamment clair pour prendre le dessus sur celui qu'il était chargé de marquer. « Il ne connaissait pas le mot perdre, serinait Best au sujet de Stiles. Il se foutait de savoir si son adversaire faisait un mètre quatre-vingt-dix ou un mètre trente. Il le traitait de la même façon : en jouant deux fois plus dur que n'importe qui d'autre. »

Busby n'obtenait pas toujours ce qu'il avait noté sur sa liste de courses. Il n'était pas parvenu à faire venir John Charles, de la Juventus, ou Jimmy Armfield, de Blackpool. United se trompait parfois aussi et la mayonnaise ne prenait pas toujours.

Busby avait besoin d'une petite touche de flair et d'énergie en plus. Il la trouva en Denis Law, même s'il avait fallu payer 115 000 livres au Torino pour le rapatrier en 1962. Un an plus tôt, les Italiens en avaient déboursé 100 000 de moins pour le faire venir de Manchester City.

Quand il lavait les vestiaires ou rangeait les maillots, Best observait Law, fasciné par ses cheveux blonds ébouriffés, son allure aristocratique et ses costumes impeccables. Law était un «Viking des temps modernes», selon les propres mots de Best. Sur le terrain, il était totalement différent. Il tenait ses manches longues dans ses paumes et se mouchait dedans. Il avait beaucoup de mal à dissimuler son agacement lorsqu'un coéquipier oubliait de lui passer la balle ou que l'arbitre ne prenait pas la décision qui lui convenait. Il faisait de grands gestes avec les bras et son visage se crispait. Law semblait sorti tout droit d'un film de cinéma muet, surjouant pour faire comprendre au public son exaspération ou un sentiment d'injustice. Quand il s'approchait des six mètres, sa zone de prédilection, il n'était en revanche plus question de faire de la figuration. Comme Jimmy Greaves, son homologue de la sélection d'Angleterre, l'Écossais était de la race des renards des surfaces. Il marquait des buts si faciles que Best avait l'impression que sa grand-mère aurait pu les mettre en pantoufles avec son tablier de cuisine. Law était doué d'un sixième sens, l'anticipation. Il semblait toujours savoir à l'avance où la balle allait finir après un ricochet et un faux rebond. La finition sans effort cachait toute sa virtuosité et les stratégies qu'il élaborait. Best était fasciné par ses petites courses rapides. Law se faufilait à toute allure là où il le voulait et n'avait plus qu'à pousser la balle du plat du pied. Il était aussi capable de marquer des buts plus acrobatiques, en ciseaux ou de volée, et était excellent de la tête. Quand les juniors jouaient à domicile, Best se pressait pour assister ne serait-ce qu'au dernier quart d'heure d'une rencontre de championnat à Old Trafford. Et s'il courait, ce n'était pas pour les missiles ou les chevauchées de Charlton, mais bien pour profiter de ce cocktail d'instinct, de roublardise et de folie servi par Law.

Lors de la finale de la Cup 1963 remportée 3-1 contre Leicester City – le premier trophée de Busby après Munich –, Law marqua son but syndical. Best le quitta des yeux juste assez longtemps pour comprendre que celui qui dictait le rythme du match et tirait toutes les ficelles jouait au milieu. Paddy Crerand possédait le « don mystérieux », selon la définition de Best, de passer le ballon de telle sorte que celui qui le recevait n'avait absolument pas besoin d'adapter sa foulée. Crerand était le même style de joueur que Busby. Tous les deux manquaient de vitesse mais tous les deux pensaient plus vite que les autres. « On se moquait de lui parce qu'il était lent, concédait Best. Mais si on se le permettait, c'est parce qu'on savait qu'aucun de nous ne lui arrivait à la cheville quand il s'agissait de lire le match. Il comprenait les mouvements trois ou quatre passes avant tout le monde. Il savait où il devait nous donner la balle avant même qu'on sache nous-même qu'on y allait, et si c'était à quarante ou cinquante mètres, ce n'était pas un souci pour lui. » Crerand avait débarqué en provenance du Celtic trois mois et demi avant la finale de la Cup. Il était arrivé à United cinq ans jour pour jour après la catastrophe de Munich, ce qu'il avait un temps interprété comme un mauvais présage. Crerand faisait des passes magnifiques, à ras de terre ou en l'air, savait éviter les tacles les plus sauvages et prenait soin de se mettre dans les meilleures dispositions pour mieux en faire profiter les autres sur le terrain. Best avait noté que dans les matchs serrés, voire carrément mal embarqués pour United, c'était Crerand qui faisait la différence. En référence à la phrase du sélectionneur Alf Ramsey, qui avait déclaré que Martin Peters, alors à West Ham, avait « dix ans d'avance sur son époque », Best insistera toujours sur l'apport du maître à jouer écossais : « C'était la même chose. Il faisait tourner l'équipe. »

Best était tombé amoureux de Wembley cet après-midi-là. Le simple fait de s'y rendre le comblait d'allégresse. Le match qui ponctuait traditionnellement la fin de saison avait dû être repoussé de trois semaines à cause d'un hiver polaire et de la neige qui avait paralysé le pays de décembre à mars.

Un hiver si rude que la Tamise s'était recouverte d'une banquise, tout comme la mer à son embouchure. Certains tours de Coupe avaient été reportés à dix reprises. Cette finale différée se déroulait trois jours après que Best eut signé son premier contrat professionnel, au cours d'une petite cérémonie privée, le jour de son dix-septième anniversaire. Même si la distance et son emploi du temps empêchaient Bob Bishop de parler régulièrement au jeune homme, il continuait de le suivre semaine après semaine grâce à Bud McFarlane, qui lui relayait les dernières nouvelles glanées par la famille. Quand il avait Joe Armstrong au téléphone, Bishop s'enquérait de son ancien protégé au détour d'une conversation, mine de rien, pour ne pas trop laisser transparaître sa fascination : « Et le petit gars, il se débrouille bien ? » Bishop envoya une lettre à Best après la signature de son contrat dans laquelle il l'incitait à ne plus se retourner. Elle se terminait ainsi : « Tu es sur la bonne voie. »

Ce qu'il n'avait jusqu'ici jamais vu qu'en noir et blanc sur un écran mal réglé à Belfast, Best le vivait en *live* au milieu d'un feu d'artifice de couleurs chatoyantes. Il garderait pour toujours en mémoire le vert éclatant de la pelouse, les virages du stade parés du rouge de United et du bleu de Leicester, les tenues écarlates des militaires de la fanfare et le scintillement de leurs boutons d'argent et des cuivres. Le décorum, l'ambiance, le match : absolument tout l'avait enchanté. Dans les heures qui suivirent le coup de sifflet final, Best repensait à Law et Crerand et s'imaginait jouer à leurs côtés. Il n'osait toujours pas croire que ce rêve deviendrait un jour réalité.

Busby s'attachait beaucoup à la dramaturgie qui entourait les matchs. Lors des « grandes occasions », et une finale de Cup en était une, il ressentait « la merveille et le mystère », quelque chose qui tenait de la « poésie ». Une fois l'euphorie passée, Busby voyait cette victoire sur Leicester comme une marche vers quelque chose de plus grand et certainement pas comme une fin en soi. Il pensait que « six ou sept ans » seraient encore nécessaires avant qu'il ne puisse recréer ce que Munich lui avait pris. United venait de sauver de justesse sa place en première division au détriment de Manchester City. Malgré le trophée, l'équipe avait des manques. Il savait que pour gagner de nouveau le championnat et rivaliser de nouveau en Coupe d'Europe, il lui faudrait un joueur d'exception.

Et il savait très précisément qui serait ce joueur.

Matt Busby n'était pas qu'un fin analyste. Il pouvait aussi être calculateur, rigide et sévère. Il se montrait alors plus distant, histoire que ses piques aient plus d'impact sur ceux à qui elles étaient destinées. Mais il ne le faisait jamais gratuitement et était même capable d'empathie. Aussi avait-il saisi la sensibilité de Best.

Même devenu pro, Best hésitait à parler à quelqu'un de plus vieux que lui ou qu'il ne connaissait pas. Surtout si ce quelqu'un portait le maillot de Manchester United. Il ne se serait pas vu engager la conversation avec Denis Law ou Bobby Charlton, et Busby, son costume, sa cravate et son feutre, restait une silhouette lointaine et intimidante. Un hochement de tête dans sa direction suffisait à effrayer Best. Pour lui, Busby était quasiment un homme d'État, une figure inabordable à cause de son statut. Best était coincé entre le désir de se montrer et cette envie de se faire discret. Il avait peur que l'entraîneur ne le remarque jamais, mais se cachait derrière un mur ou dans la pièce la plus proche dès qu'il l'apercevait dans les couloirs. « Busby me terrifiait à l'époque. » Il était tellement impressionné par « le grand homme » et le halo de « mystère » qui l'entourait qu'il en devenait maladivement révérencieux. Busby en avait conscience et s'évertuait à désacraliser l'image que Best avait de lui.

Ils habitaient à deux kilomètres l'un de l'autre. Busby faisait parfois un détour par la station de Chorlton-cum-Hardy où Best attendait le bus à impériale qui devait l'emmener à Old Trafford. Busby garait sa Jaguar sur le côté et lui faisait signe de monter. La petite attention prenait alors une dimension comique. Best, toujours terrorisé, se comportait comme si son chauffeur allait le kidnapper et l'interroger. Assis sur le siège passager, raide comme un piquet, il balbutiait trois mots incohérents en guise de réponse aux questions innocentes que Busby posait pour le mettre à l'aise. Busby était comme un professeur qui essayait de persuader un élève effacé et discret qu'il pouvait devenir la star du bahut. Pour Best, parler, c'était risquer un impair. Une fois sur le parking, il tirait la poignée, sautait de la voiture et bredouillait un « merci ». Best en venait à espérer que la file d'attente à l'arrêt de bus soit assez longue pour qu'il puisse se planquer derrière les employés de bureau et les femmes au foyer qui papotaient, leurs sacs de course à la main. « Je ne savais pas quoi faire. » Busby comprenait sa gêne et faisait semblant certains matins de ne pas l'avoir vu.

Le talent de Best compensait amplement ses problèmes relationnels, et Busby aimait le voir faire le show. Mais ses tirs enroulés de loin, ses talonnades et ses passes de volée après avoir contrôlé le ballon de la poitrine ou du genou avaient tendance à énerver et créaient une certaine tension, y compris à l'entraînement. Certains joueurs n'appréciaient que très moyennement d'être réduits à l'état de vulgaires plots par un gringalet sorti de nulle part et avaient bien l'intention de lui régler son compte vite fait. Tant que ça n'allait pas trop loin, Busby s'en foutait. Best aussi. Il esquivait tous les gestes de vengeance qui lui étaient destinés. S'il était touché, Busby le voyait rester debout, comme si ses fines jambes étaient en fer. Best n'avait pas peur du défi physique. Busby aimait tout ce qu'on lui rapportait sur lui : sa soif de progresser et sa générosité dans l'effort pendant l'entraînement ; son enthousiasme pour parler de football après ; son besoin de voir le plus de matchs possible par ailleurs ; et le contraste entre son exubérance sur le terrain et son introversion en dehors. Il voyait combien Best avait besoin du football, car lui seul lui permettait de s'exprimer.

Busby n'avait pas assisté à la séance où Best avait rendu fou Harry Gregg mais il n'avait pas tardé à être mis au courant. Si Best avait croisé son compatriote dans une rue de Manchester, il l'aurait timidement évité. Mais sur le terrain, il était juste « un autre footballeur à battre ». Alors il l'avait battu. Gregg en avait vu des gamins pâles et boutonneux débarquer de son île, et Best était certainement le plus petit d'entre eux, comme s'il sortait d'un match de cadets. Quand il le vit arriver face à lui durant un match d'entraînement, Gregg réagit comme un crocodile devant un poisson rouge : il allait n'en faire qu'une bouchée. Dans les face-à-face, Gregg faisait semblant de partir d'un côté pour finalement plonger de l'autre. Une technique suffisamment éprouvée pour berner les gamins comme Best. Gregg amorça alors sa spéciale, mais il y avait longtemps que Best avait poussé le ballon derrière la ligne quand lui se retrouva sur les fesses. Gregg mit ça sur le compte de la chance du débutant, jusqu'à ce qu'il se fasse prendre une deuxième puis une troisième fois. Busby avait entendu dire que le spectacle ressemblait à un vieux film burlesque où le héros s'amuse du grand costaud et le roule dans la farine à chaque fois. « Refais ça, lança Gregg à Best après son triplé, et je te brise le cou, gamin ! » Gregg ne plaisantait qu'à moitié. Il savait toutefois accepter ses défaites : « Le lendemain, j'avais demandé à tous les joueurs s'ils avaient déjà vu ça. »

Depuis le début, Busby était certain que Best possédait « plus de qualités individuelles que je n'en avais vues chez un autre joueur ». Lors d'une tournée d'avant-saison en 1962, dans la chaleur suffocante d'un hôtel de Manhattan, Busby confia au correspondant du *Belfast Telegraph* Malcolm Brodie : « Souviens-toi de ce que je vais te dire : j'ai un gamin de Belfast, il va devenir le meilleur. » Brodie se souvenait surtout de l'assurance dans la voix de Busby. « Il n'était pas du genre à balancer des paroles en l'air. Il avait fait en sorte que je fasse bien attention, sans chercher à en faire des tonnes. Il était calme, mais avait été très clair. »

Ce qui impressionnait le plus son entraîneur, c'était la palette dont disposait Best pour passer un adversaire, même quand « cela semblait impossible ». Il pouvait éviter un tacle d'où qu'il vienne. Il pouvait faire un coup du sombrero, contourner le défenseur et repartir avec la balle. Busby n'avait jamais vu des chevilles et des genoux aussi souples : Best pouvait protéger son ballon et partir d'un coup dans n'importe quelle direction, tellement vite que celui censé le prendre au marquage restait généralement sur place, mystifié. Un jour, au cours d'un cinq contre cinq dont Busby parlait toujours trente ans après, Best avait eu la fulgurance de taper la balle du pointu pour la faire rebondir sur le tibia de son adversaire avant de la reprendre, « proprement et cliniquement », et de la mettre hors de portée du gardien. Jamais une-deux n'avait été aussi audacieux. Busby racontait qu'il pouvait mettre en place n'importe quel exercice, réduire le nombre de touches de balle à trois, deux ou même une, « Best était toujours le meilleur ». «Toutes les touches de balle étaient naturelles chez lui. Il faisait ce qu'il voulait du ballon. Et s'il l'approchait à quelques centimètres d'un adversaire, il le dribblait quand même.» Il n'avait jamais rien vu de tel. «Vous cligniez des yeux, puis vous vous extasiez », concluait Busby, qui avait acquis au fil du temps la certitude que Best avait trois paires de pieds.

À Aycliffe Avenue, Mrs Fullaway avait noté le changement: plus à l'aise et volubile, Best s'affirmait. Il ne souffrait plus du mal du pays et c'est elle qui devait lui rappeler d'écrire à ses parents. S'il oubliait, ou s'il était distrait, elle recevait dans la semaine un coup de fil d'Ann Best, inquiète de ne pas avoir de nouvelles de son fils. Tous les adolescents sont tiraillés entre le confort du foyer et le besoin de le quitter. Alors l'un des deux sentiments prend le dessus, généralement l'envie de tracer son propre chemin. Best ne faisait pas exception. Le garçon qui retournait à Belfast dès qu'il le pouvait traînait désormais les pieds pour y aller. Il commençait à sortir, avec parcimonie d'abord, au bowling, à la salle de billard ou au café. Tous les dimanches soir, Mrs Fullaway emmenait George et Steve au bingo. Sur le chemin du retour, ils s'arrêtaient tous les trois au pub où elle se permettait un de ses petits plaisirs de la semaine, une bouteille de bière, de la Mackeson, et offrait à Best un panaché. C'était une vie paisible.

Personne ne pouvait deviner – à part Busby – que Mrs Fullaway allait devenir la logeuse la plus harcelée de Grande-Bretagne pour avoir un jour accepté d'héberger celui qui allait devenir le pensionnaire le plus harcelé de Grande-Bretagne.

CHAPITRE 3
LE GRAND JOUR POUR LE PETIT BONHOMME

Le plus dur, c'est de ne rien faire. Certains entraîneurs auraient été tentés de le faire rentrer dans le rang, alors que Best en personne avouait qu'il était à l'époque un «petit con égocentrique». Pas Matt Busby, qui le laissait être lui-même et monopoliser le ballon comme si c'était le sien. «Je pensais pouvoir garder la balle vingt minutes d'affilée», s'amusait rétrospectivement Best.

Pour se défendre, il prétendait que son jeu si individualiste s'expliquait par son passé: «Ça venait de l'époque de Cregagh où l'idée, quand tu récupérais le ballon, était de le garder le plus longtemps possible jusqu'à ce que quelqu'un te le reprenne. Dans mon cas, ça pouvait durer longtemps.» Il poursuivait: «Au fond, j'étais resté un gamin. Je ne voulais pas faire de passe.» Il préférait partir en slalom le long de la ligne plutôt que de jouer une passe simple. Il laissait les touches à ses coéquipiers car il préférait recevoir le ballon que le donner. Et, quand il était accroché dans la surface, il refusait de se laisser tomber – ce qui rendait Busby fou de rage –, juste pour le plaisir de garder le contrôle des opérations. «J'étais fier de ne pas finir au sol. Je ne voulais pas que quelqu'un puisse me faire tomber. Je l'aurais pris comme une insulte.»

Busby disait que Best avait une «aversion génétique à voir quelqu'un d'autre avec le ballon». Il le regardait parfois partir balle au pied au milieu de deux ou trois adversaires et perdre le ballon juste parce qu'il avait refusé de s'en débarrasser plus tôt. « J'en aurais fait des crises d'apoplexie », exagérait à peine Busby, qui se répétait en lui-même : « Nom de Dieu George, pourquoi tu ne la passes pas ? » Mais comme Best l'admettait, « si quelqu'un disait que c'était impossible de passer quatre adversaires, j'essayais d'en passer cinq ».

Un jour qu'il était venu le voir lors d'un match de jeunes, Busby beugla un conseil à Best. Une autre voix s'éleva aussitôt pour le couper avant même qu'il eût fini sa phrase : « Laisse-le faire. » C'était Jimmy Murphy, son assistant. « Il finira par comprendre tout seul. » Busby hocha la tête et ne dit plus un mot, convaincu que Murphy connaissait alors Best mieux que lui. Murphy était persuadé que Best allait progresser par une sorte d'osmose footballistique, qu'il finirait par absorber ce que les autres autour de lui faisaient et apprendrait ainsi de manière empirique.

Murphy était un ancien mineur, au ventre rebondi. Le Gallois était surtout un formidable dénicheur de talents et véritable faiseur de stars. Une minute au bord du terrain lui suffisait pour discerner les qualités d'un gamin, ses carences et le type d'entraînement qui lui permettrait de s'améliorer. Envoyé un jour pour observer un jeune prometteur, Murphy était juste resté le temps de l'échauffement. Il avait vu des défauts – dans la conduite de balle, l'équilibre et un manque de punch dans la frappe – rédhibitoires pour signer à Manchester United. Murphy avait donc quitté le stade avant le coup d'envoi. Best disait que Murphy était « considéré comme l'un des nôtres par les garçons. C'était un vrai personnage, un type adorable. Tout le monde l'aimait. »

L'une des forces de Busby était de s'entourer d'hommes de caractère. Il avait embauché Murphy sur un coup de tête, après l'avoir entendu parler de football à des soldats en 1945. La guerre était terminée en Europe et Murphy stationnait à Bari, dans une grande maison en stuc blanc surnommée « le manoir du baron ». Dans le sud de l'Italie, le sergent Murphy était sous-officier dans un centre sportif militaire. Face à des soldats qui avaient combattu l'Afrika Korps de Rommel, ce fanatique avait réussi à placer dans un discours que le football à lui seul méritait bien une ou deux batailles de tanks pour être préservé de la barbarie. Sa ferveur, son charisme et sa perspicacité avaient charmé Busby : « C'est l'homme qu'il me faut. » Le Gallois avait accepté l'offre sur-le-champ.

Old Trafford avait subi le Blitz en 1941. Deux bombes incendiaires avaient atteint le générateur et les câbles électriques ainsi que le hangar des machines situé à côté ; la tribune principale avait été soufflée, un virage coupé en deux, la pelouse brûlée et les bâtiments administratifs détruits. Les vestiaires étaient délabrés et il n'y avait plus de terrains d'entraînement. Le stade qui allait devenir « le Théâtre des Rêves » et « la Cathédrale de Busby » était une ruine lorsque Murphy et lui rentrèrent.

Ancien milieu droit de West Bromwich avant la guerre, Murphy avait été embauché pour trouver et former les joueurs que United, et son découvert de 15 000 livres, ne pouvait pas acheter. Raide, mécanique et implacable quand il s'agissait d'examiner ceux que ses scouts lui avaient envoyés, Murphy devenait la crème des hommes dès lors qu'il entrait dans le salon des parents d'un gamin qu'il souhaitait recruter. « L'adultère était peut-être la seule limite que Murphy se fixait quand il fallait charmer la mère d'un adolescent de quinze ans doué pour le football », plaisantait Busby, et tout Old Trafford avec lui. Mais sitôt son survêtement enfilé, il oubliait le langage châtié réservé à la ménagère à l'heure du thé pour retrouver le jargon du pub. Il n'hésitait pas à lâcher des jurons, et frapper du poing dans sa paume pour les ponctuer. Il n'avait pas d'autre passion que le football, mais celle-là tenait de l'amour inconditionnel. Ses seuls plaisirs en dehors étaient ceux d'un travailleur normal : descendre une pinte et se griller une Sweet Afton. Vu de l'extérieur, il pouvait parfois passer pour un gueulard odieux et intolérant. Mais son vocabulaire cru et simpliste avait le mérite d'être limpide pour ceux qui venaient s'entraîner. Et il servait à merveille la philosophie de jeu direct que Busby et lui souhaitaient mettre en place : tout le monde attaque, tout le monde défend. Une forme de football total qui ne disait pas son nom, et dont les Néerlandais se verraient attribuer la paternité une décennie plus tard. Les grossièretés qu'il débitait dissimulaient une connaissance quasi scientifique du jeu, qui lui valait le respect et l'admiration de ses élèves, fallut-il en passer par d'interminables séances de un contre un qui ne s'achevaient, à peu de choses près, que lorsque le joueur avait les pieds en sang. «Tout ce que j'ai réussi dans le football, je le dois à un seul homme», proclamait Bobby Charlton en hommage à Murphy. Au cours des années 50 et 60, il avait couvé soixante-huit joueurs de United, des équipes de jeunes à l'équipe première en passant par la réserve. Sous sa direction, United avait remporté cinq fois d'affilée la FA Youth Cup, la coupe nationale réservée aux juniors, entre 1953 et 1957. Les Busby Babes auraient tout aussi bien pu s'appeler les Murphy Babes. Mais il n'avait jamais voulu être sur le devant de la scène et ne cherchait pas la publicité. Et l'allitération était de toute façon moins belle.

Murphy n'était pas dans l'avion à Munich car il était aussi le sélectionneur du Pays de Galles, qui recevait la veille Israël en barrages de qualification pour la Coupe du monde. Bert Whalley, un autre membre du staff, avait pris sa place dans l'avion et était mort. Pendant la convalescence de Busby, Murphy était devenu le cœur et les poumons de United. Seul, luttant contre son propre chagrin sans jamais l'exprimer en public, il avait rassemblé une équipe et l'avait conduite à une improbable qualification en finale de la Cup, quatre-vingt-trois jours seulement après le drame. L'été suivant, il était en Suède pour diriger le Pays de Galles, qu'il avait qualifié pour ce qui est toujours sa seule participation à une Coupe du monde. Seul un exploit solitaire de Pelé avait permis aux futurs vainqueurs brésiliens de barrer la route aux Gallois, aux portes des demi-finales.

Brian Clough, double vainqueur de la Coupe d'Europe avec Nottingham Forest, avait lancé un jour, en parlant de son adjoint Peter Taylor: «Je suis la vitrine du magasin et lui, c'est la marchandise.» Busby aurait pu dire la même chose de Murphy.

Le génie de Busby avait été de mettre en place une division des tâches qui laissait toute latitude à Murphy. Busby trouvait en son adjoint des qualités qu'il n'avait pas ; et Murphy savait qu'il n'aurait jamais le charisme et l'intelligence pour manager le club dans son ensemble. L'Écossais faisait confiance au Gallois pour le prévenir quand un réserviste était mûr pour la première division. Ce qu'il fit avec Best.

Murphy avait tout de suite su que Best était unique. Il savait aussi qu'il faudrait lui réserver un traitement particulier pour en tirer le meilleur, et Busby en avait convenu. Le staff avait reçu l'instruction de ne pas trop le brusquer. Lui imposer un cadre trop rigide, c'était risquer de gâcher son talent, et c'est ce que Murphy ne voulait surtout pas. Il souhaitait au contraire que Best reste tel qu'il l'avait vu la première fois, audacieux et créatif. On lui passait tout. S'il gardait trop la balle et refusait de la passer, cela s'améliorerait avec le temps et il finirait par retirer ses œillères de lui-même. Murphy avait un argument massue : « Comment voulez-vous apprendre à jouer à un génie ? » Pour se justifier, il rappelait : « Il n'y a que deux joueurs auxquels je n'ai jamais tenté d'apprendre le football : Duncan Edwards et George Best. » Ce n'était pas totalement vrai. Quelques mois après l'arrivée de Best, il avait passé une demi-heure à marcher avec lui autour d'un terrain détrempé. Il venait juste de le voir marquer neuf buts contre une équipe composée de jeunes à l'essai. En costume et en souliers, Murphy avait conduit Best sur la pelouse désormais déserte. Malgré les taches de boue sur le bas de son pantalon et le bruit de ventouse que produisait chacun de ses pas, il passa en revue toutes les positions de frappe que Best n'avait pas prises et les courses qu'il aurait pu faire. Comme les deux coachs s'y attendaient, Best était infoutu de faire le rapport entre toute cette bienveillance et les espoirs que United fondait en lui. Il ne savait pas non plus que ses progrès étaient régulièrement à l'ordre du jour dans le secret du bureau de l'entraîneur principal.

La première fois que Charlton a vu Best arriver à l'entraînement, il s'est exclamé : « Mon Dieu ! Il va lui falloir sacrément grandir et forcir à celui-là pour réussir. » Charlton révisa très vite son jugement : « Je l'ai vu jouer et je me suis dit que j'avais perdu une belle occasion de me taire. À certains moments, quand il avait le ballon, on se disait que personne ne le récupérerait jamais, même si on jouait toute la nuit. » Denis Law le comparait à un « lapin dépecé ». Il se revoyait surtout au même âge : affreusement maigre, avec des airs de lévrier. À l'adolescence, Law avait une dégaine improbable pour un sportif : pâle, court sur pattes, les oreilles décollées et un visage émacié caché derrière des lunettes métalliques qui ne dissimulaient pas son strabisme. Les gens disaient la même chose lorsqu'ils voyaient Law pour la première fois que ce qu'ils diraient plus tard de Best. Comment peut-il jouer ? Ses jambes vont-elles plier et se casser ? À Huddersfield, où Law avait commencé sa carrière, l'entraîneur Andy Beattie avait dit avec son accent écossais qu'il n'avait « jamais vu un aspirant qui semblait aussi peu fait pour le football ». Après avoir constaté son erreur, Beattie avait parlé de Law comme d'un « phénomène ». À Old Trafford, un phénomène en avait immédiatement reconnu un autre.

Les observations de Busby à l'entraînement l'avaient poussé à s'interroger : quand devait-il lancer Best en première division ? Avec Murphy, il ne dissertait plus que sur un seul sujet. Comment l'inclure dans cette équipe qui, selon Busby, n'avait pas les moyens de jouer le titre ? Trancher, quand on est le boss – même bien entouré –, est une activité solitaire. « Murphy n'était pas un béni-oui-oui, assurait Busby. Mais après avoir exposé ses arguments, il savait que la décision m'appartenait et il l'acceptait. » Et Busby en assumerait l'entière responsabilité.

Busby tergiversait au sujet de Best. Il avait d'abord décidé de le retenir pour la sixième journée de la saison 1963-64 contre Blackpool – un match finalement remporté 3-0 – avant de se rétracter. Il avait beau être méticuleux et rationnel, Busby savait aussi laisser parler ses tripes. Il n'avait pas hésité à faire démarrer Duncan Edwards en première division à 16 ans et 185 jours. Quand il parlait d'Edwards, Busby semblait aussi évoquer Best : « Il était si fort, c'en était irréel. Il n'y avait rien à jeter chez lui.

Qu'est-ce qu'on pouvait encore lui apprendre ? » La différence fondamentale entre les deux, et Busby ne pouvait l'ignorer, c'était leur carrure. Même à 15 ans, Edwards, un mètre quatre-vingt, quatre-vingt-deux kilos, « était déjà un homme, jouait comme un homme. C'était un colosse. » Busby ajoutait qu'il était « infatigable. Il aurait pu jouer tous les jours s'il l'avait voulu. » Best, qui faisait maintenant un mètre soixante-douze, avait toujours l'air aussi fragile qu'un papillon. À la vue de cette brindille, ses adversaires se persuadaient qu'il n'y aurait qu'à souffler dessus, et que si par hasard ça ne suffisait pas, un seul coup en viendrait vite à bout. Mais il avait du répondant. Best rendait coup pour coup, toujours prêt à s'engager dans une bataille pour le ballon. « Il était toujours en mouvement, racontait Busby. Ceux qui essayaient de le découper taclaient dans le vent. » Il lui arrivait même, dans ce qui pourrait s'apparenter à un instinct de survie, de frapper le premier. Mais devant un visage si angélique, les arbitres ne pouvaient se résoudre à croire qu'il aurait été capable de préméditer un tel acte.

Busby soutenait que seuls les « entraîneurs désespérés » intégraient un jeune dans leur onze sans avoir la certitude qu'il ferait la maille. United gagnait ses matchs et était l'un des principaux candidats au titre selon les bookmakers. Il n'avait pas besoin de tenter un coup, qui pouvait du reste s'avérer dangereux pour le joueur. Mais alors quand ? Busby en avait des migraines. Et s'il avait tort ? Et s'il le faisait jouer trop tôt ? Et si Best n'était pas le nouvel Edwards ? Il connaissait l'adage : on agit promptement mais on se repent à loisir. « Vous pouvez avoir tout faux et risquer de briser une carrière prometteuse pour quelques mois. »

Le cas Best lui tenait particulièrement à cœur, aussi Busby prenait mille précautions avec lui. Il ne voulait pas qu'il se brûle les ailes ou qu'il devienne une bête de foire. Busby n'était pas du genre à tenir des propos alambiqués, mais il prenait soin désormais de peser chacun de ses mots dès qu'il s'agissait d'évoquer Best, ses progrès et tout ce qui concernait ses jeunes devant la presse. Il ne fallait pas que Best soit comparé à Edwards ou que les journaux annoncent sur cinq colonnes l'avènement du nouveau Busby Babe. Il se serait alors retrouvé au centre de toutes les attentions, ce qui n'aurait fait que lui rajouter une pression inutile. Busby savait où il voulait amener Best, et comptait bien garder la main sur le cours des événements.

Il fut toutefois soulagé quand le destin vint quelque peu lui forcer la main. Ian Moir avait déjà porté le maillot de Manchester United à trente-deux reprises – et il le porterait encore treize fois avant que sa carrière ne le mène ailleurs –, mais sa contribution la plus illustre à l'histoire du club et du foot britannique restera à jamais un match qu'il n'a pas joué. On était à deux jours du choc contre West Bromwich Albion, qui allait opposer le premier au deuxième, quand Moir se tordit le genou à l'entraînement.

Murphy n'avait pas hésité une seconde quand il s'en alla soumettre le nom de Best pour le remplacer. Busby n'avait plus à tergiverser. Le remplacement de Moir par Best allait devenir un événement dont l'importance n'aurait d'égale que la sobriété des mots de Busby au moment de l'annoncer: «Le grand jour est arrivé pour le petit bonhomme.»

De retour de son entraînement, le «petit bonhomme» s'était arrêté pour contempler celui de l'équipe première en se disant qu'il aurait vingt ans avant qu'on lui donne sa chance ici. «Et ce sera trop tard.» Il voyait Charlton ajuster la mire depuis l'entrée de la surface ou Law faire trembler les filets d'une reprise imparable aux six mètres et pensait qu'il serait «impossible» de jouer un jour à leurs côtés. Il leur avait demandé des autographes pour ses amis, en tendant un stylo et une feuille de papier sans dire un mot. «Je me liquéfiais», se rappelait-il. Law lui avait donné une petite tape amicale sur la nuque pour le mettre à l'aise.

Mais même chez les juniors, Best n'avait pas l'impression qu'il sortait du lot. Son conscrit David Sadler avait davantage le vent en poupe. Sadler avait trois mois de plus et lui rendait dix centimètres et au moins autant de kilos. Il avait été appelé en équipe première en début de saison et y avait conservé sa place. Best commençait à se morfondre et à se demander par quel miracle il pourrait percer avec autant de jeunes et bons attaquants devant lui. Plus il y réfléchissait, plus il broyait du noir : « J'avais l'impression d'être un joueur médiocre. »

Alors qu'il n'avait aucune idée de ce qui se tramait, son jour de chance était tombé un vendredi 13, le matin où Busby griffonna son nom sur la feuille de match. Il écrivait en patte de mouche, le trait n'était pas assuré et les lettres s'entrechoquaient comme s'il fallait économiser du papier. Il ne finissait en général pas les T, la barre horizontale flottant dans le vide loin du mât. C'est ainsi que Best vit enfin son nom sur un papier à en-tête de Manchester United, sur lequel le nom du club bizarrement était imprimé en bleu foncé plutôt qu'en rouge vif.

Best était persuadé qu'il allait être convoqué avec l'équipe réserve pour jouer en Central League, à tel point qu'il en avait déjà informé ses parents. Or il ne trouva pas son nom sur la liste, et c'est dépité qu'il se rabattit sur celles des sections régionales, qui participaient à la modeste Lancashire League. En voyant qu'il n'y figurait pas non plus, il sentit son cœur battre à toute allure. « Je ne sais pas pourquoi, j'ai regardé la composition de l'équipe première. » Il y trouva son nom, tout en bas, sous la mention : RÉSERVE. Le terme avait ici le même sens que chez les militaires, ce qui signifiait, à une époque où les remplacements n'étaient pas autorisés en cours de match, qu'on ne ferait appel à lui qu'en cas de pépin avec un titulaire d'ici le coup d'envoi. Cela signifiait donc surtout que Best allait passer un week-end sans jouer au football. Alors, plutôt que s'enthousiasmer de cette marque de confiance, il n'avait pas caché son désarroi. « Personne ne comprenait pourquoi et certains commençaient à sérieusement désespérer de mon cas. » Lui pensait que United cherchait à le punir. Il voyait trois raisons possibles à cela : il avait mal joué ; il ne s'était pas entraîné assez dur ; il avait dit ou fait quelque chose qui avait déplu aux coachs. « J'étais obsédé par l'idée d'être mis sur la touche. » Abattu, Best s'attendait à tenir le rôle d'homme à tout faire, « celui qui s'occuperait des chaussures et autres corvées de vestiaire ». Il était reparti se terrer dans sa piaule, angoissé à la fois par son avenir et à l'idée de croiser le regard de Busby ou même de Charlton et de devoir engager la conversation avec eux. « Je ne parlais pas avec les gars de l'équipe première, et pas bien plus avec ceux de la réserve d'ailleurs. » Il avait donc passé la nuit à tourner dans son lit, en venant presque à souhaiter que « quelqu'un glisse dans les escaliers pour me laisser une place dans l'équipe ».

La mémoire est parfois capricieuse. Best a donné plusieurs versions des heures qui ont précédé ses débuts. Dans la première, il narrait le repas d'avant-match, quand le jardinier d'Old Trafford et Joe Armstrong l'avaient félicité et lui avaient souhaité bonne chance. Perplexe, Best ne comprenait pas bien pourquoi « tant de manière pour un type qui n'était que remplaçant ». Quand Paddy Crerand l'invita à « ne pas centrer trop fort aujourd'hui », il commença à comprendre ce que cachaient ces conseils. Il demanda des explications au milieu de terrain pour s'en assurer.

BEST : Qu'est-ce qu'il se passe ? De quoi tu parles ?

CRERAND : Tu n'es pas au courant ? Tu joues aujourd'hui. Le chef ne t'a pas prévenu ? Tout le monde le sait.

Dans une autre version, Busby flânait nonchalamment dans le bus des joueurs quand il se pencha vers Best pour lui annoncer, par-dessus le bruit du moteur : « Tu joues aujourd'hui, fiston. » Il pensait alors que Busby parlait d'une des autres équipes et qu'on allait l'envoyer sur un des terrains annexes du centre d'entraînement pour « un autre match devant trois types perdus et un chien ». La nouvelle ne lui avait donc pas fait plus d'effet que ça jusqu'à ce que Busby rajoute : « Contre West Brom'. » Dans une troisième version, les propos de Crerand sortaient de la bouche de Busby. Dans un quatrième récit, Busby le convoquait dans son bureau pour lui annoncer la nouvelle. « J'ai failli mourir », disait-il.

Le point commun entre toutes ces histoires était la gratitude que Best exprimait systématiquement envers Busby pour l'avoir préservé du trac. C'était la première fois qu'il comprenait que Busby était un « grand meneur d'hommes » et un « super manager ».

Best était la dernière personne au courant des plans de Busby. La veille, il avait baragouiné à sa logeuse qu'il s'apprêtait à passer un après-midi à faire la boniche, ce dont il était alors certain. Mrs Fullaway avait toutefois entendu la nouvelle à la radio le samedi à l'heure du déjeuner, avant que lui-même ne soit au courant. À Belfast, Ann Best avait senti qu'il se passait quelque chose à la faveur de cet inexplicable et prodigieux sixième sens qu'on appelle l'instinct maternel. Le vendredi soir, elle s'était tournée vers son mari et lui avait dit : « Notre George va jouer en équipe première demain. » Dickie Best lui avait dit ce qu'il pensait être la vérité : « Il va voyager avec la réserve. » Sa femme était sûre d'elle malgré tout : « Non, insista-t-elle, il est en équipe première. C'est comme si je le savais déjà. » À midi trente, elle était devant sa radio comme Mrs Fullaway. Elle pouvait raconter ce qu'elle avait entendu des années plus tard : que Busby venait d'appeler « un gamin de Belfast, un dénommé George Best ». Elle en serait tombée dans les pommes.

Ce qui allait suivre, Best s'en souviendrait toute sa vie dans les moindres détails. Il se souvenait d'une douce matinée de septembre, quand l'été laisse peu à peu place à l'automne. « Il faisait beau et chaud, les gens auraient été mieux à la plage ou en train de jouer au cricket. » Il se souvenait de l'arrivée du bus à Old Trafford, des trottoirs bondés et des supporters avec leurs écharpes tout autour du parking. Il se souvenait des visages qui le regardaient, avec l'air de se demander : « Qui c'est celui-là ? » « Personne ne me connaissait. Très peu avaient entendu parler de moi. La plupart devaient penser que j'étais là pour m'occuper des maillots. » Il se souvenait de ces fans qui tapaient sur la vitre du bus avec leurs paumes et de ceux qui levaient leur pouce dans sa direction. Il se souvenait du maillot floqué du numéro 7 qui pendait, immaculé, sur un cintre et n'attendait que ses frêles épaules. Il se souvenait de l'odeur, ce mélange de pommade et de fumée de cigarettes.

Il se souvenait du tic-tac de l'horloge, couvert par la voix de Busby l'enjoignant « d'un ton calme et convaincant » de jouer naturellement, sans se prendre la tête. Il se souvenait avoir opiné, par respect et parce que c'est ce que l'on attendait de lui. De toute façon, il ne savait pas jouer autrement.

Busby n'avait pas oublié les débuts de Best non plus. Jusque-là il l'avait caché, comme on cacherait une arme secrète. En deux saisons, Best avait joué quatre matchs avec la réserve en Central League, le premier trois semaines avant d'être lancé dans le grand bain. Il était apparu deux fois en Youth Cup, quinze fois avec l'équipe 3 et quarante avec la 4.

Busby était habitué à voir les débutants stresser, comme si la guillotine ou une lapidation les attendaient dehors plutôt qu'un stade plein. Le bruit sourd des chants entonnés par la foule filtrait à travers les murs du vestiaire et les intimidait. Il avait vu des joueurs faire les cent pas comme s'ils voulaient faire un trou dans le carrelage. Il en avait vu d'autres se prostrer en position fœtale, leurs genoux se rapprochant petit à petit de leurs épaules. Leur peau devenait blanche comme le plâtre et leurs yeux dilatés ressemblaient à ceux d'une mangouste. Il en avait vu avoir des haut-le-cœur et courir en se tenant le ventre jusqu'à la cuvette des toilettes. Même un club comme United comptait dans ses rangs des joueurs pour qui l'attente d'avant-match était une torture et qui développaient les stratégies ou les excentricités les plus variées pour essayer de faire abstraction. Charlton parlait tout le temps, sa langue semblant expulser toute la tension qu'il avait en lui. Shay Brennan s'allumait une clope, dont la fumée montait derrière la porte des toilettes. Nobby Stiles mettait ses lentilles de contact et rangeait compulsivement ses affaires sur son portemanteau, comme si un facétieux homme invisible s'amusait à les déplacer toutes les dix secondes, soit le laps de temps qu'il s'offrait entre deux vérifications. Jimmy Murphy avalait une petite gorgée de scotch, dont il avait caché la bouteille dans un panier à linge en osier. Busby savait quand un joueur avait besoin de soutien et il était toujours prompt à murmurer quelques platitudes réconfortantes. Dans ces moments-là, il était conscient que le timbre apaisant de sa voix rassurait davantage que ses mots. Mais, en ce qui concernait Best, Busby se sentait inutile. Dans son coin, l'autre restait imperturbable. Comme s'il se préparait pour un simple entraînement.

Ce n'est qu'au moment de la bataille qu'un général sait si ses soldats y étaient préparés. Best ne pouvait pas être plus calme. Du coin de l'œil, Busby, incrédule, le vit s'asseoir les jambes croisées dans un coin du vestiaire, tel un yogi qui s'apprêtait à entrer en méditation. Au lieu de quoi il feuilleta le programme du match du début à la fin, puis de la fin au début. Il n'y avait pas grand-chose à lire. L'édito de Busby était gentillet et souhaitait la bienvenue aux visiteurs. Les portraits des joueurs importants de West Bromwich étaient dessinés au feutre. Les pages centrales présentaient les compositions d'équipes. Le livret avait été imprimé avant que Best ne soit convoqué et le nom de Moir figurait donc à la place du sien. Des publicités s'amoncelaient tout autour : une pour un concessionnaire automobile, une autre pour une fabrique d'imperméables et une troisième pour le journal du dimanche local *Football's Pink*. Best restait silencieux. Pour une fois, ce n'était pas parce qu'il était trop timide mais parce qu'il n'avait rien à dire de constructif. Il s'était changé tranquillement, en pliant sa chemise et sa veste comme s'il préparait ses bagages. Busby n'y voyait ni naïveté ni immaturité. Best possédait ce truc, « impalpable, déroutant et sur lequel on n'avait aucune prise » qui fascinait le boss : « Il était complètement imperméable à la pression d'avant-match. » Best avait une autre explication : «Je n'ai jamais eu la boule au ventre, pour la simple et bonne raison que je ne m'étais jamais préparé à ça.» Après une demi-heure dans les vestiaires, Busby avait l'impression que Best « s'apprêtait à disputer son trois centième match avec United ».

Demandez à n'importe quel joueur pro ce qui l'a le plus impressionné lors de ses débuts et la réponse sera presque toujours la même : le bruit. Malgré son apparente tranquillité, Best ne faisait pas exception. Le tunnel qui menait à la pelouse était en pente douce, de telle sorte que celui qui se trouvait à l'arrière de la file des joueurs n'apercevait qu'un petit bout des tribunes. Lorsque Best sortit dans la lumière de l'après-midi, il fut submergé par le vacarme assourdissant d'Old Trafford, au point de quasiment reculer comme si on l'avait frappé à la poitrine. Il n'avait rien envisagé de tel et ne s'y était donc pas préparé. Il avait été dans la foule des dizaines de fois, mais se retrouver face à elle n'était en rien comparable. Sur sa nuque, il sentit ses cheveux se hérisser, puis ce fut son corps tout entier qui frissonna quand une tribune se mit à répondre à une autre. Le son descendait des travées et semblait s'amplifier en traversant la pelouse. C'était exactement comme cela que Best imaginait un asile de fous : un raffut ininterrompu, où chacun criait et hurlait sans que l'on puisse distinguer le moindre message au-delà du mur que ce vacarme avait érigé. Best secoua sa tête pour se remettre les idées en place et pressa ses index contre ses oreilles pour entendre à nouveau normalement. Plus tard, il comparera cette sensation à un atterrissage en avion. Un mot, décomposé syllabe par syllabe, se fit enfin entendre au milieu du brouhaha : U-ni-ted. « Je me sentais comme un gladiateur qui entrait dans l'arène. » L'effet que cela lui avait fait était inaltérable. « Dans ma carrière, j'ai joué contre Liverpool ou Benfica, ou encore devant 130 000 personnes à Madrid. Mais ce n'était rien en comparaison de cette première fois. Je m'en souviendrai jusqu'à ma mort. »

Best n'avait pas tiqué quand ses coéquipiers étaient venus le prévenir que l'arrière gauche qui allait le marquer était « un tueur » et « un casseur ». Il avait répliqué avec arrogance : « Il faudra déjà qu'il m'attrape. » Puisqu'on l'avait prévenu que le fameux Graham Williams avait « des gourdins à la place des jambes » et qu'il connaissait sa sulfureuse réputation, il s'attendait à tomber sur un type bâti comme une armoire à glace à la mine patibulaire. Williams avait 25 ans. Comme Best, il avait fait ses débuts en pro à 17 ans. Contrairement à Best, il était charpenté. Best trouvait toutefois qu'il était « plutôt petit pour un latéral » et se dit en lui-même, confiant : « Georgie boy, tu n'as rien à craindre.» Il oscillait entre l'indifférence et le mépris. «J'avais l'intention de faire exactement ce que j'aurais fait si j'étais parti avec mes potes dans un parc de Belfast.»

Best virevoltait autour de Williams. Avec son audace habituelle, il lui fit un petit pont et le contourna. Pour se venger, Williams essaya de le blesser, ce qui lui valut les huées et les sifflets de la foule, tel un méchant de pantomime. Williams était un dur et donc nullement impressionné par ce traitement de faveur, qui lui était de toute façon réservé dans tous les stades d'Angleterre. Et quand le tollé s'intensifia, il se retourna vers ses contempteurs pour leur envoyer des baisers. Un de ses tacles fit tourner la cheville gauche de Best et l'obligea à ramper jusqu'à la ligne de touche. Son coéquipier Maurice Setters se précipita pour le défendre. «T'es content de t'en prendre à un gamin?», lança-t-il à Williams. «Il ne joue pas comme un gamin!», lui répondit Williams, qui dira quelques années plus tard à propos de Best: «C'était comme avoir une merde de chien sous la chaussure. C'était impossible de s'en débarrasser.» Best se releva en essayant de ne pas boiter même s'il sentait que sa cheville enflait. Si c'était arrivé deux saisons plus tard, après que la Football League eut autorisé les changements, Busby l'aurait sorti à la mi-temps. Au lieu de quoi il dut se résoudre à lui demander de changer de côté et de passer sur l'aile gauche afin d'être sûr que United finirait bien la rencontre à onze.

Il n'était pas le seul novice sur la pelouse. Campbell Crawford avait été prévenu la veille qu'il allait être au marquage de Charlton. Les consignes qu'il avait reçues étaient pour le moins rudimentaires: «Si Charlton incline ses épaules d'un côté, il va aller de l'autre.» Crawford avait 19 ans et était un arrière latéral offensif et rapide qui pesait 70 kilos et faisait la même taille que Best. Il l'avait déjà affronté en Central League et savait à quoi s'attendre. Ils avaient vite retrouvé leurs habitudes: un prêté pour un rendu. Best, sur une jambe et demie, lui faisait subir le même sort qu'à Williams, mais l'autre parvenait quand même à le déposséder de la balle de temps en temps d'une glissade opportune. «Petit connard chanceux» était à peu près la seule phrase qu'ils s'échangeaient. Crawford n'affronta plus jamais Best par la suite.

Le match était haché et Best avait de plus en plus l'allure d'un poulain marchant sur la glace. Ils étaient 50 453 à Old Trafford cet après-midi-là, même si trois fois plus de personnes affirmeraient avoir été présentes pour assister à ce spectacle qui faisait passer le plus beau des ballets pour une danse de poivrots. Plus personne ne se souvient du résultat et tout le monde a oublié la médiocre qualité générale d'une rencontre qui s'était décidée sur un but en solitaire de David Sadler à la soixante-cinquième minute. Qu'il fût le premier de George Best est la seule chose qui ait offert à ce match de passer à la postérité. Sans lui, il n'aurait été qu'une ligne de plus dans des livres de statistiques poussiéreux. Busby avait appris deux choses qu'il soupçonnait mais dont il avait eu la confirmation contre West Brom'. Les grandes occasions galvanisaient Best et son attitude désinvolte n'était pas un masque qu'il portait pour cacher ses doutes. «J'ai connu beaucoup de joueurs qui étaient absolument merveilleux la semaine, indiquait Busby. Mais ils laissaient toute leur magie sur le terrain d'entraînement le jeudi. Quand venait le grand jour, la grande foule avait parfois raison des plus grands talents.»

Best avait réussi le test. Il avait pris le dessus sur Williams et fini par lui faire péter les plombs. Mais surtout, il avait accepté le combat et n'avait jamais cherché à éviter son latéral. Busby l'avait vu se prendre des coups sur les genoux, sur les mollets et sur les tibias. Il avait à peine grimacé. Busby n'avait aucun doute sur les qualités de Best balle au pied. Mais le match lui en avait apporté une preuve éclatante grâce à une multitude de petits détails qui, dans le feu de l'action, échappaient généralement aux moins avisés. «Il y a quelque chose de frappant chez les joueurs très doués, expliquait Busby, qui insistait ici sur un aspect fondamental dans sa vision du football et des footballeurs : l'instinct.» Best le possédait sans aucun doute. Sa première touche de balle était toujours exquise, comme s'il amadouait le ballon pour mieux en faire sa chose. Sa conduite de balle et ses petits coups de coude à pleine vitesse étaient exquis eux aussi. Il allait aussi vite avec le ballon que sans et changeait de direction avec une facilité qui laissait les défenseurs sans appuis ni dignité. Certains glissaient et tentaient désespérément de l'entraîner dans leur chute, en agitant leurs jambes dans le vide comme s'ils pédalaient sur un vélo invisible. Busby avait vu des éclairs de ce génie contre West Brom'. Il avait aussi vu que le perfectionniste Best n'était jamais satisfait. Il n'avait pas marqué. Il n'avait pas marché sur le match comme il l'aurait voulu. Que l'une de ses passes ait été à l'origine de l'action du but était une bien maigre consolation pour celui qui, en dépit de son jeune âge, s'imaginait déjà prendre la balle au milieu du terrain et dribbler jusqu'à la surface pour marquer avant de s'en aller jubiler au pied de la Stretford End, la tribune ouest d'Old Trafford.

Mrs Fullaway avait préparé un repas de fête pour Best : des œufs et des frites, l'équivalent du caviar pour lui. Le matin suivant, il découpa le *Pink* et envoya le compte rendu à ses parents, accompagné d'une lettre. En douze lignes, il racontait la « fabuleuse expérience » de sortir de l'obscurité du tunnel. Facétieux, il affirmait que Williams était un « type méchant » qui avait « failli briser ma fichue cheville » en rajoutant des points d'exclamation pour que son propos fasse encore plus d'effet. De peur de paraître trop arrogant ou content de lui, il ne disait pas ce qu'il ressentait vraiment. « J'ai eu la confirmation de ce dont j'avais toujours été certain : il était facile pour moi de jouer en première division. »

Ce n'était en revanche pas facile pour la première division de jouer contre lui. Dans ses interviews, Busby ne laissait rien paraître. « Il ne faut pas claironner, disait-il. Dans mon métier, la vérité du jour n'est pas toujours celle du lendemain. » Busby ne voulait pas s'enflammer de peur de passer pour un idiot par la suite. Quand on l'interrogerait au sujet de Best, il restait neutre, factuel, comme s'il n'y avait rien de particulier à raconter sur le joueur ou sa performance. Il se contentait d'évoquer « un jeune prometteur à l'aube de sa carrière ».

Il le disait de manière à laisser penser que personne, lui et son staff y compris, ne pouvait prédire si Best allait confirmer ou si c'était juste un feu de paille. Toutefois, dans une interview accordée à l'*Observer* un peu plus tôt dans la semaine, avant même le forfait de Moir qui allait lui ouvrir les portes de l'équipe première, Busby avait révélé ce qu'il pensait vraiment de Best. L'article avait été publié au lendemain de la victoire sur West Brom'. Sa remarque sur Best arrivait au détour d'une phrase, dans l'avant-dernier paragraphe. « Et on a un Irlandais qui s'appelle Best. Si lui, ce n'est pas un génie, alors je n'en ai jamais vu. Il a tout : le cœur, le talent... Absolument tout. »

Un an et seize jours après ses débuts, et après seulement vingt-huit matchs de championnat, Best était déjà honoré. À la fin de sa première saison, il était inconcevable pour le magazine *Soccer Star* de publier une photo de l'équipe de Manchester United sans lui. Le problème, c'est qu'il n'en existait pas. Alors l'éditeur s'était résolu à réaliser un montage sur lequel son visage avait été superposé sur celui d'un autre joueur. Ironie du sort, il s'agissait de celui d'Ian Moir. Best avait hérité du sobriquet de « Beatles à la gueule d'ange », une trouvaille du *Daily Express*, qui l'avait également décrit comme « gamin dans une équipe d'hommes ». Il était comparé à Stanley Matthews, premier lauréat du Ballon d'Or, et Tom Finney, alors meilleur buteur de l'histoire de la sélection d'Angleterre. On parlait aussi de Garrincha, qui avait survolé la Coupe du monde au Brésil deux ans plus tôt. Des trois, la référence au fantasque ailier brésilien était de loin sa préférée. Il avait même signé une des lettres adressées à ses parents « Garrincha George ». Dans une autre, il racontait fièrement que le public voyait en lui « le nouveau Johnny Berry », un autre ailier, trois fois champion avec Manchester dans les années 50. À la recherche d'une analogie pour décrire sa trajectoire, Busby avait institué l'image d'une « nouvelle comète ». Best se représentait cette période comme celle de « l'Explosion ». La détonation avait eu lieu contre Chelsea le 30 septembre 1964, une date fondatrice de sa carrière naissante. « Pour la première fois, j'ai pris conscience de ce qu'il pouvait se passer. De ce qui allait se passer. » Les supporters n'en avaient plus que pour lui, les femmes aussi, et la machine médiatique s'emballait. « Mon nom s'étalait sur tous les journaux. »

Ce qu'avait fait Best ce mercredi soir dans l'ouest de Londres était « hypnotisant » selon Busby. Tous ceux qui avaient assisté au match criaient au miracle. Personne ne pouvait le contenir car personne ne pouvait l'approcher. Best régalait, que ce soit sur l'aile gauche, où il avait débuté, ou l'aile droite, où il avait dérivé. Tous les tours qu'il avait élaborés sur le terrain vague de Cregagh Estate, il les ressortait, là, un à un, sur la pelouse de Stamford Bridge, dans un match de première division. Même les supporters de Chelsea en venaient à espérer qu'il reçoive la balle, trop excités à l'idée qu'il en fasse quelque chose qu'ils n'avaient jamais vu. Et qu'ils n'oublieraient jamais.

Ce chef-d'œuvre, Busby l'avait vu venir. Trois mois après ses débuts contre West Bromwich Albion, et alors qu'il l'avait renvoyé faire ses gammes en Central League sitôt sa cheville guérie, Busby fit de nouveau appel à lui. Cette fois encore, c'était une question d'opportunité. La double confrontation contre Burnley, coincée entre Noël et le jour de l'An, avait débuté de la pire des manières pour United, avec une honteuse défaite 6-1 ramenée de Turf Moor. Best, alors en vacances à Belfast, avait été appelé en renfort. Le télégramme envoyé par Busby ne contenait aucune promesse et Best pensait qu'on le faisait revenir au cas où. Il avait négocié un accord qui le ferait passer pour un effronté aujourd'hui – et peut-être déjà à l'époque : il voulait retourner à Belfast après le match pour la fin des Fêtes.

Les rôles s'étaient inversés au second match et United l'emporta 5-1. Best marqua son premier but d'une frappe du droit aux abords de la surface, et reçut un conseil de Busby qui lui servirait longtemps. Best avait face à lui deux des meilleurs latéraux du championnat. John Angus et Alex Elder étaient expérimentés, ils avaient remporté le titre de champion quatre ans plus tôt et partageaient aussi un véritable esprit de compétition. Best rapportait que Busby était « très cool » dans sa façon d'appréhender une rencontre, qu'il ne s'échinait pas à faire de longs discours et qu'il préférait suggérer plutôt que d'ordonner. Quand il prenait un joueur à part pour lui faire passer une consigne, cela tenait plus de la conversation informelle entre amis. À la mi-temps du match contre Burnley, Busby, toujours aussi bienveillant, expliqua à Best comment prendre le dessus sur Elder.

« Tu fonces dès que tu reçois la balle et il te rattrape toujours après quatre ou cinq mètres. Ne va pas à fond tout de suite. Gardes-en un peu sous le pied et attends qu'il adapte sa course à la tienne pour préparer son tacle. Et dès que tu vois qu'il se jette, là tu accélères. Il ne te reverra plus. »

Best passa Elder à chaque fois et rendit fou le malheureux Angus, qui avait l'impression d'être bloqué dans une porte tambour.

Busby n'aimait pas parler du match immédiatement après. Les éventuelles mises au point avaient lieu le lundi. Il ne voulait pas dire à chaud quelque chose qu'il pourrait regretter tout le week-end. Il faisait la même chose pour les compliments. « Si vous aviez bien joué, il vous le faisait toujours savoir », certifiait Best, que Busby était venu voir quarante-huit heures après qu'il eut fait tourner en bourrique Angus et Elder, pourtant pas nés de la dernière pluie. « Bien joué, fiston », lui avait simplement dit Busby en lui tapant sur le coude avant de s'en retourner. Best en était resté interdit. « J'avais l'impression que Jésus Christ était venu me parler. »

À partir de là, et alors que s'offrait à lui la perspective d'une seconde partie de saison qui devait faire sa gloire, Best fut considéré comme la merveille du championnat et non plus comme un novice, ce qu'il était pourtant encore à ses propres yeux. Il apprenait vite et enchaîna une série de performances exceptionnelles, contre Arsenal (3-1), Tottenham (3-2), Bolton (5-0) et même lors d'une défaite sur le terrain de West Brom' (4-1). Les victoires portaient toujours son empreinte.

Les journalistes se régalaient de ce nom, suffisamment bref pour les gros titres et propice à tous les jeux de mots, même les plus prévisibles :

THE BEST OF GEORGIE
THE BEST MAN FOR UNITED
BEST OF THE REST

Il y avait très peu de football à la télévision. *Match of the Day* n'était pas encore au programme de la grille dominicale de la BBC et il était impossible de voir des résumés des matchs de championnat. Ceux qui ne connaissaient Best qu'à travers les écrits étaient souvent surpris quand ils se retrouvaient face à lui. « Ils pensaient que j'étais la mascotte ou un chasseur d'autographes », se marrait-il. Son fils était si frêle que Dickie Best se demandait parfois s'il souhaitait vraiment le voir poursuivre son ascension. « Je pensais qu'ils allaient finir par le tuer. Mais il les a tous mis sur le cul, et moi avec. »

S'il avait tenu le choc, c'était grâce à son incroyable résistance. Sans ça, il n'aurait jamais réussi à garder le ballon assez longtemps pour s'amuser avec. Ses cuisses et ses mollets étaient recouverts de bleus. Les taloches sournoises, les coudes dans les côtes, les bourrades dans le dos ou même les coups dans les reins le laissaient de marbre. Les menaces verbales et les insultes ne le déstabilisaient pas non plus. « Il y avait toujours quelqu'un pour me dire qu'il allait me péter la jambe si j'essayais de le ridiculiser. » Les autres défenseurs l'avertissaient que le « bourrin de l'équipe » ne demandait qu'à l'écraser contre les balustrades. Ils n'en paraissaient que plus faibles, tels des gamins poltrons qui n'avaient d'autre choix que d'aller chercher leur grand frère. Ces comportements de cour de récré décuplaient son envie d'être meilleur. « Tellement de jeunes avaient été présentés comme de futures stars avant de disparaître… Je ne voulais pas que ça m'arrive », insistait-il. L'absence de retransmissions télévisées impliquait aussi que les coachs adverses n'avaient aucun moyen de disséquer son jeu pour analyser ses mouvements et insister sur ses éventuels défauts. Busby l'avait prévenu que la prochaine saison serait plus difficile car il ne bénéficierait plus de l'effet de surprise. Désormais, les défenseurs le connaissaient. Tout le monde savait que Best avait plus d'un tour dans son sac – et qu'il avait même un très grand sac. Malgré tout, il était assez largement admis qu'il lui fallait franchir un palier pour gagner en efficacité. Best, toujours imperturbable, voyait la situation autrement : certes, les latéraux avaient appris des choses sur lui, mais lui en avait appris sur eux aussi. Et puis de toute façon, il était trop vif et trop rapide pour eux. Le match de Chelsea en était la preuve.

Dans *The Football Man*, son étude magnifique sur ce sport magnifique, Arthur Hopcraft écrit : « Le sport est parfois cruel avec les hommes. Le football peut rendre un homme encore plus ridicule que lorsqu'il a bu. » Et ce qui était arrivé dans la lumière des projecteurs de Stamford Bridge avait été cruel pour Ken Shellito. Best l'avait rendu ridicule. Pour Hopcraft, Best avait réintroduit le terme « dribbler » dans le vocabulaire du football. Shellito savait pourquoi. Best disait souvent : « Je joue comme je me sens. » Face à Shellito, il se sentait euphorique et inarrêtable. L'humiliation d'Angus et Elder semblait dérisoire comparée à la torture qu'il avait infligée à Shellito. Best était en représentation, et il avait déployé toute la maîtrise et la virtuosité de son art.

On dit les hommes inspirés par les paysages auxquels ils ont instinctivement l'impression d'appartenir. Best n'avait jamais joué à Stamford Bridge auparavant mais il s'y était tout de suite senti chez lui. L'architecture n'avait rien d'extraordinaire. Le deuxième niveau construit en tubulaires semblait tenir sur des échasses et menaçait de s'effondrer à tout moment sur la modeste tribune principale. Une girouette en forme de footballeur tournait au-dessus d'un fronton blanc. De larges ouvertures derrière chaque but laissaient apparaître les immeubles du quartier depuis le terrain. Allez savoir pourquoi, ce stade et cette ambiance si particulière ne manquaient jamais de transcender Best. Il était émoustillé à chaque fois qu'il venait à Chelsea. Sans qu'il ne se le soit jamais expliqué, Busby avait remarqué qu'« il y avait là-bas quelque chose qui le portait ».

Pour la première fois, Best était entré sur le terrain en pensant que United pouvait perdre. Les équipes se suivaient en tête du classement. Les joueurs de Chelsea étaient surnommés les « Diamants » de Tommy Docherty. Best voyait plutôt les Bonetti, Venables, Tambling, Hollins, Harris et autre Houseman comme des « jeunes lions ». Mais ce qu'on avait vendu comme un choc des titans avait tourné au one-man-show. La suprématie de Best sur le match était telle que Geoffrey Green écrira dans le *Times* que Shellito « avait dû avoir l'impression d'essayer de faire rentrer un génie dans sa lampe ». Pour le *Daily Express*, il avait « surpris, secoué puis écrasé » Chelsea. Le *Daily Mail* s'attardait sur la réaction de la foule : « À la fin, ils se sont levés et l'ont applaudi. Ils lui ont donné leurs cœurs. Personne ne pourra oublier ça. » Jamais Dickie Best ne parviendrait à lire ces lignes sans en avoir les larmes aux yeux.

United avait gagné 2-0. Best avait marqué le premier but après avoir intercepté une passe en retrait et offert le second d'une longue transversale déposée sur la tête de Denis Law. Le reste du temps, il avait semé le chaos. Si vous aviez pris un stylo et tracé sur une feuille les courses de Best, vous auriez devant vous un enchevêtrement de courbes, de diagonales et de petits gribouillis énigmatiques. Best concédait volontiers un « manque de discipline tactique chronique », soulignant qu'il « errait sur tout le front de l'attaque ». Il avait tout fait à Shellito. Il l'avait dépassé par l'extérieur comme une voiture de sport doublerait un poids lourd, puis il était reparti vers l'intérieur après lui avoir fait perdre l'équilibre. Lorsque Shellito tenta d'agrandir la surface de son corps pour lui barrer le chemin, il s'était pris un petit pont – déjà une des spécialités de Best. Plus le match avançait, plus il y mettait de la fantaisie. Alors que Shellito fondait sur lui, Best croisa les jambes à hauteur des genoux, posant son pied droit sur le ballon et le tapant du gauche. Après avoir tourné le dos à Shellito d'une pirouette, Best continua sa course balle au pied comme si de rien n'était.

Peu avant la fin, il reçut une passe en pleine course et la stoppa si subitement que Shellito avait déjà parcouru trois bons mètres quand il s'aperçut que l'autre filait dans la direction opposée.

Shellito revenait d'une sévère blessure au genou, qui avait touché ses ligaments et son cartilage et altéré sa mobilité. Mais il n'avait jamais essayé de faucher Best ou de tirer son maillot et il n'avait pas ressenti le besoin de lui écraser la cheville comme Graham Williams l'avait fait. « Si quelqu'un me battait à la régulière parce qu'il était meilleur que moi, je l'acceptais, revendiquait Shellito, dont la vision vertueuse du sport s'apparentait à une forme d'idéal olympique. Je n'aimais pas mettre des coups aux ailiers pour les arrêter. Ce n'est pas comme ça que le jeu doit être joué.» L'arrière gauche Eddie McCreadie avait moins de scrupules. Il n'hésitait pas à faire mal, et un ou deux contacts avec ses crampons avaient persuadé Best de revenir du côté de Shellito. «Je lui ai dit de foutre le camp, riait Shellito. Je n'avais même pas eu le temps de reprendre mon souffle.» Son salut ne viendrait qu'avec le coup de sifflet final. Alors le vaincu s'en alla spontanément rendre les armes et adresser un salut solennel au vainqueur, lui serra les mains et le prit par l'épaule. « Le plus difficile face à lui ce jour-là, et toutes les fois suivantes, c'était de savoir de quel côté il allait essayer de passer. Mais jusqu'au dernier moment, il ne le savait pas lui-même ! Alors comment j'aurais pu deviner ? » Son agonie était parfaitement résumée par Paddy Crerand, qui racontait que Best avait « retourné le cerveau » de Shellito. Ce à quoi celui-ci avait répliqué : « Et pas que le cerveau d'ailleurs... »

Best n'avait pas su quoi faire quand Shellito était venu le féliciter. Il avait grommelé un « merci, bonne chance pour la suite », avant de faire un petit signe de la main aux tribunes et de sortir du terrain la tête basse, penaud.

Il semblait ne pas avoir conscience de ce qu'il venait d'accomplir. Il ne réalisa que le lendemain matin, seul dans sa chambre d'hôtel. Après s'être levé et avoir préparé lui-même son thé, il avait déplié les journaux sur le lit et lu directement les comptes rendus, pour « revivre ces instants où tout ce que je tentais réussissait». Il se dit alors que cette équipe de United allait devenir exceptionnelle et qu'il deviendrait exceptionnel avec elle. Best prétendait avoir ressenti ça comme ça, sans pouvoir expliquer pourquoi.

Les sept mois suivants allaient le lui confirmer car, comme Best disait sans forfanterie: «Je suis né avec un talent pour lequel d'autres auraient été prêts à mourir.»

CHAPITRE 4
TOUT CE QUE JE FAIS, JE L'IMPROVISE

Il existe un petit clip d'à peine une dizaine de secondes qui résume parfaitement la sensation Best à ses débuts. Intitulé *Portrait du jeune footballeur en artiste*, il dit tout de sa précocité et son audace, contenues dans un seul but. Un but marqué contre Chelsea, l'équipe que Best traitait comme un chien traite un lampadaire.

Tout part pourtant d'une action a priori anodine. Le gardien Peter Bonetti passe à son arrière droit Eddie McCreadie, qui reçoit la balle à l'angle de la surface. Il n'y a alors aucun danger pour McCreadie et rien ne présage ce qui va se passer. Il contrôle la balle du pied droit et jette un coup d'œil autour de lui, puis devant lui, comme s'il avait tout le reste du samedi après-midi et une bonne partie du dimanche matin pour prendre la meilleure décision le plus sereinement du monde. Best n'est même pas dans le cadre de la caméra.

Imperturbable, McCreadie choisit à qui il va adresser sa longue passe. Il ne regarde qu'au loin, où les attaquants lèvent le bras pour réclamer la balle. Quand Best apparaît à l'écran et rentre dans le champ visuel de McCreadie, le défenseur n'y prête pas une attention particulière. Sans doute ne se rend-il pas compte de la vélocité de Best et de la vitesse à laquelle il fond sur lui. Best est à cinq mètres de lui lorsque McCreadie ressent enfin le besoin de dégager. Malheureusement pour lui, son ouverture ne prend pas assez de hauteur. Alors Best commence à pivoter pour présenter son numéro 11 à McCreadie. Il parvient à contrer le dégagement, la balle rebondissant sur sa jambe droite tendue puis sur son talon gauche. McCreadie est obligé de se retourner et de courir vers sa ligne de but pour récupérer le ballon, une tâche de routine. L'erreur peut encore facilement être rectifiée. Croit-il. Best, plus rapide et plus malin, arrive le premier sur le ballon. Il le fait sauter d'un petit pointu et le récupère à la retombée. McCreadie est d'abord surpris puis désarmé. À part Bonetti, il n'a aucun coéquipier à proximité dans ce coin de la pelouse d'Old Trafford. Mais son gardien n'est déjà plus qu'un simple spectateur, dont les braillements désespérés à l'attention de son défenseur sont étouffés par ceux exaltés de la Stretford End dans son dos.

Livré à lui-même, paniqué et incapable d'être rationnel, McCreadie se précipite vers l'arrière et protège momentanément la balle. Il sent le souffle de Best dans sa nuque et décide de faire une passe en retrait de l'extérieur du pied vers Bonetti, là encore un choix risqué. Best coupe la trajectoire. McCreadie change ses plans et décide de tacler. Il trébuche et la balle quitte doucement son pied gauche. Il a l'air ridicule. Allongé sur le ventre, il essaie de se relever rapidement, les deux mains sur la pelouse. Il glisse à nouveau, comme si l'herbe avait été graissée. Du sol, il aura une vue imprenable sur la suite des événements. Best laisse la balle rentrer dans la surface de réparation. Alors que l'ailier de United est totalement excentré sur sa droite, Bonetti, ne sachant pas s'il doit sortir de ses six mètres ou y rester, se fixe à hauteur de son poteau. N'importe qui d'autre, confronté à une géométrie aussi improbable, aurait envoyé un centre tendu au point de penalty, où David Herd réclamait le ballon, avec Denis Law en embuscade derrière lui. Pas Best, qui ne leur prête même pas attention. Ce qu'il fait à la place est instinctif, hérité de sa confiance absolue en sa technique. Au moment où il frappe la balle, Best ressemble à un mannequin qui pose pour le manuel d'entraînement de la Football Association. Son pied gauche est bien planté près du ballon, le droit est étiré.

Ses bras tendus lui donnent un équilibre parfait. Il utilise son cou-de-pied pour imprimer au lob la courbe qu'il souhaite. Au fond de lui, Bonetti sait qu'il est battu dès que le ballon quitte le pied de Best. Il saute le plus haut qu'il peut, la main droite levée, en espérant sans trop y croire toucher la balle du bout de son long index. Mais les calculs mathématiques et trigonométriques de Best sont infaillibles, comme s'il avait étudié le terrain et pris tous les paramètres en compte : hauteur, poids, vitesse, gravité. La balle évite le saut désespéré du portier pour quelques centimètres et atterrit dans le petit filet opposé. Herd, après avoir attendu une passe qui n'est jamais venue, se précipite dans le but pour récupérer la balle, incrédule. Bonetti est déconcerté, les mains sur les hanches. Il se tourne brièvement vers McCreadie, vaincu, les genoux couverts de terre, qui déambule d'un pas lourd sans regarder personne. Personne n'a besoin de lui faire comprendre, par un mot, un geste ou un regard, que le but est pour lui. Les moqueries de la foule sont une punition suffisante.

Dans le *Times*, Geoffrey Green avait fait référence à un vers de Gertrude Stein pour rappeler que tous les buts avaient la même valeur, qu'ils soient marqués d'une frappe parfaite de loin ou laborieusement poussés au fond à bout portant : « Si une rose est une rose est une rose alors un but est un but est un but. » Best, qui avait précipité une défaite 4-0 de Chelsea un après-midi de mars 1965, était en pleine floraison. Les deux caméras de *Match of the Day* avaient capturé un morceau de bravoure individualiste comme il n'en avait jusqu'alors jamais produit. Tous ceux qui l'avaient vu pouvaient le revoir à l'envi. À vitesse réelle, sa rapidité, sa ténacité et la noblesse de sa finition sautaient aux yeux. Au ralenti, on se rendait aussi compte de tout l'éventail de qualités nécessaires pour le marquer. La plupart ne s'apprennent pas.

Le but était important pour United, alors aux prises dans une lutte à trois pour le titre. Le classement leur restait malgré tout défavorable. United était à trois points de Chelsea (et une victoire n'en rapportait que deux à l'époque) et un point devant le Leeds de Don Revie, fraîchement promu. Best était pressé. Il voulait ce que la plupart des joueurs ne gagnent jamais ou seulement assez tard dans leur carrière. « Je me suis juré d'aller chercher le titre tout de suite », martelait-il, convaincu que seul Leeds pouvait l'en empêcher.

À chaque fois que s'engageait le débat « Leeds ou Manchester », Best n'avait de cesse de rappeler à quel point il était heureux de se trouver à l'est de la chaîne des Pennines. Ce n'est pas qu'il n'aimait pas les Whites, non : il les détestait, à un point proche de la haine. « Ils étaient prêts à tout dire pour vous provoquer, ils étaient dégueulasses », expliquait-il en insistant sur le côté intrinsèque et universel de cet état d'esprit, aussi indissociable des joueurs de Revie que le gras sur une tranche de bacon. Il n'y avait que contre eux qu'il s'obligeait à porter des protège-tibias. Il racontait à loisir une blague qui résumait toute son antipathie à leur égard.

« Pourquoi la pelouse d'Elland Road est-elle aussi verte ? Parce qu'il y a un tas de fumiers sur le terrain. »

Le premier héros de Best n'était pas un footballeur mais un personnage de fiction. Il s'agissait de Zorro, l'élégant noble espagnol qui portait un masque et une cape noirs et redressait les torts, une épée dans une main et un fouet dans l'autre. Après avoir vu un épisode dans un cinéma de Belfast, Best accrochait sa gabardine d'école à son cou et se battait contre des ennemis imaginaires sur le trottoir. Il jouait comme Zorro combattait. Zorro tournait ses adversaires en ridicule. Il triomphait par la ruse plutôt que par la force. Il narguait ses rivaux jusqu'à ce qu'ils perdent leurs moyens et s'énervent. C'était aussi l'objectif de Best. « Si mon défenseur s'agaçait, je savais qu'il y avait plus de chances qu'il fasse une erreur. Il était alors trop occupé à tenter de se venger pour se concentrer. » Très vite, il avait aimé glisser des petits ponts pour montrer qui était le patron sur le terrain. Il n'hésitait pas non plus à utiliser la parole pour rabaisser son vis-à-vis : « T'es trop lent », « trop vieux » ou tout simplement « pas assez bon ».

Il faisait des choses que personne d'autre ne pouvait faire, ou même n'aurait envisagé. Contre Burnley, en Cup, il marqua deux fois alors qu'il ne portait plus qu'une seule chaussure ; il avait perdu la gauche après un tacle. United était mené 1-0 et il restait moins de dix minutes à jouer. Afin de ne pas perdre une seconde, Best jeta la chaussure sur le bord de la touche… d'où quelqu'un ne trouva rien de mieux que lui rebalancer. Tant pis, il la garda dans sa main droite, en prenant appui sur le pied seulement protégé d'une chaussette pour marquer ses buts. Les journaux le baptisèrent « la merveille aux pieds nus ».

Certains défenseurs piétinaient face à lui, et chacun de leurs petits pas hésitants illustrait leur réticence à s'engager. D'autres se jetaient à l'abordage pour le forcer à se précipiter et à faire une erreur. Quelle que soit la technique utilisée, Best trouvait une solution. Il était rarement coincé ou confiné à la ligne de touche. « Parfois, j'étais marqué par deux ou trois défenseurs. Souvent, je pouvais voir mon vis-à-vis se dire que ma seule option était de faire une passe. C'était en général le moment que je choisissais pour dribbler… Zorro attaquait quand ses adversaires s'attendaient à ce qu'il s'échappe. »

Il se vexait facilement. Un jour où David Sadler s'était ostensiblement ému qu'il ne lâche pas sa balle, Best l'avait mal pris. En guise de représailles, il décida que chacune de ses dix premières touches de balle lors du match suivant serait une passe à l'attention de son ami. « Il a dû être un peu déconcerté », racontait Best. Et pour cause : « Il jouait arrière central ce jour-là. » La plupart du temps, ses défis étaient plus vertueux. Alors qu'il n'était encore qu'un joueur en devenir, Best accepta le défi d'un autre ami, John Fitzpatrick : marquer directement sur le coup d'envoi, au cours d'un match de jeunes. Le terrain était recouvert par cinq centimètres de neige. Best partit avec le ballon aux pieds, évita des tas de tentatives de l'arrêter et frappa dans les filets. « C'est bien ça que tu voulais ? », demanda-t-il à Fitzpatrick, plus soucieux d'avoir correctement rempli les critères que suspect d'une quelconque vantardise. Il rêvait de marquer du milieu de terrain au cours d'un match télévisé, et tentait souvent le coup, sans succès mais persuadé que son prochain tir de loin amènerait un but si mémorable qu'il figurerait dans le générique de *Match of the Day*. «Je levais la tête et je regardais si je pouvais lober le gardien. Si je pensais que j'avais une chance, j'essayais.»

Le jeu était particulièrement brutal dans les années 60 et parfois proche de tourner au pancrace. Si les restrictions modernes – sur les tacles hauts ou par-derrière, les coups de coude ou la taille et la forme des crampons – avaient été en application à l'époque, la plupart des matchs se seraient terminés à sept contre sept. En provoquant les défenseurs, Best augmentait ses chances de quitter la pelouse sur une civière. Mais, au cours de sa première année en première division, il n'imaginait pas que qui que ce soit puisse être assez rapide pour le rattraper ou le mettre au sol. «Et si j'avais mal, je ne le montrais pas. Je me relevais rapidement et prétendais que je n'avais rien senti.» Zorro faisait ça, lui aussi.

Les défenseurs les plus intraitables étaient aussi effrayants que les combattants à mains nues qui pensaient qu'on avait codifié la boxe dans le seul but de permettre aux lavettes de monter sur un ring. Ron «le Hachoir» Harris, de Chelsea, parlait de lui-même comme d'un «boucher» et savait effectivement comment découper les articulations. Avec son visage vérolé, son air hargneux et ses yeux rapprochés, Tommy Smith, de Liverpool, semblait capable de manger quelqu'un avant d'être retrouvé en train de mâcher ses os. International dans l'entre-deux-guerres, l'ancien footballeur Dixie Dean avait été amputé à 69 ans à cause d'un caillot de sang. Entrant dans une pièce où se trouvaient des types qui avaient subi le même sort, il s'était exclamé : «Je vois que Tommy Smith est déjà passé par là!»

Mais Leeds – ou le «Dirty Leeds» comme le chantaient les supporters depuis le virage – restait le mal incarné aux yeux de Best. Certains voyaient l'équipe de Don Revie comme l'antithèse du fair-play. Don Revie préférait voir dans l'attitude de ses joueurs un modèle de «professionnalisme», un terme péjoratif dans le langage courant, notamment utilisé pour désigner la fourberie. Dans la bouche de Don Revie, le «professionnalisme» impliquait l'emploi de méthodes modernes. Son équipe ne manquait pas de talent, mais le reflet de l'acier trempé brillait parfois au point d'éclipser la finesse de la forge. S'ils jouaient aujourd'hui, Billy Bremner et Bobby Collins seraient avertis simplement pour être sortis du bus.

Comme Best l'avait remarqué, le poisson pourrit toujours par la tête. La trajectoire que suivait l'équipe de Leeds reflétait inexorablement la personnalité de Revie – l'exact opposé de Matt Busby. Best affirmait que le football était un « jeu simple », qui ne devait jamais être trop complexifié. « Je n'aime pas les tactiques. Elles m'ennuient profondément. Tout ce que je fais, je l'improvise. C'est ça qui est excitant. J'aime juste ces moments spontanés. » Rien ne lui paraissait plus inutile que ces tableaux noirs sur lesquels on cherchait à illustrer de façon élaborée de quel côté l'adversaire allait attaquer ou les mouvements qu'un joueur pouvait faire. Il était bien tombé : Busby avait beau être entraîneur, il pensait la même chose.

Revie était un acharné de la tactique, un homme dont l'obsession du détail virait au trouble compulsif. Il aimait tout planifier avec soin et considérait les dossiers sur le jeu des équipes adverses comme des textes sacrés. Le terrain d'entraînement était pour lui un laboratoire où ses stratégies étaient sans cesse affinées. Revie pensait comme un scientifique, toujours à la recherche d'une particule manquante dans la préparation d'un joueur qui serait le remède miracle à l'élaboration de son football. Le fossé philosophique entre Busby et lui était énorme. Busby se concentrait sur la beauté et pensait que le « coaching ne servait qu'aux joueurs ordinaires », qu'il évitait de faire signer de toute façon. Il souhaitait que United joue de façon désinhibée. « Faites-vous plaisir, exhortait-il. C'est le seul but du jeu. » Ses causeries tactiques – pour lesquelles il ne sortait que rarement ses petits aimants – étaient brèves et jamais trop techniques ou complexes. Donner une liste de choses à faire ou à ne pas faire était considéré dans son esprit comme une « perte de temps », aussi se contentait-il le plus souvent de présenter les principales forces et faiblesses de l'adversaire. Busby n'en était pas un piètre tacticien pour autant. Il lisait le jeu de ses adversaires comme dans un livre ouvert. Il savait comment ils jouaient mais il savait surtout comment il voulait que United joue. Sa préoccupation principale était de créer « un cadre » et de développer « une compréhension parfaite » entre les joueurs. Cette osmose, il l'avait vue chez ses Babes, mais aussi chez le Real Madrid de Di Stefano et Puskas ou chez le Tottenham de Danny Blanchflower et Dave Mackay, vainqueur du doublé coupe-championnat en 1961. « Pour créer cela, il faut tout d'abord que le joueur soit conscient des exigences de son poste », exposait-il. Tous ceux qui évoluaient sous ses ordres devaient aussi connaître les particularités de leurs collègues. L'idéal, poursuivait-il, était de s'appuyer sur onze « médiums » capables d'anticiper ce que les autres allaient faire. « J'ai toujours pensé qu'une grande équipe était basée sur l'alchimie des talents. Je n'ai jamais été convaincu qu'un bon système ou l'analyse de données chiffrées étaient la garantie du succès. » Alors qu'Alf Ramsey ne jurait que par le 4-3-3 sans ailiers qui était en train de faire sa gloire, avec Ipswich d'abord puis avec la sélection, Busby continuait d'aligner des joueurs de côté. Pour ces derniers, il n'avait qu'une seule consigne : « Jouez du mieux que vous le pouvez, le résultat suivra. » Aujourd'hui, cela passerait au pire pour de l'excentricité, au mieux pour un manifeste poétique. Mais, si Revie était d'abord préoccupé par l'anéantissement de toute forme de menace pour son équipe, Busby n'envisageait lui que la gagne par l'attaque. « On ne s'encombrait pas de ces conneries de 4-3-3 ou de 4-2-4, racontait Best. On jouait toujours avec le bon vieux système : deux défenseurs, trois milieux et cinq attaquants. On pouvait donner deux ou trois buts d'avance à l'adversaire et gagner quand même. Si l'un de nous était dans un jour sans, les autres se sublimaient. »

Avec leurs équipes qui luttaient pour le titre 1964-65, le choc culturel entre Busby et Revie devenait l'une des attractions du championnat. Quand Busby parlait de son point de vue, il affirmait : « Il n'y a rien de mal à vouloir gagner, tant que vous ne faites pas passer l'enjeu au-dessus du jeu »

– ce dont il soupçonnait Revie. Mais, diplomate, il ne voulait pas perturber l'harmonie publique qui régnait entre eux. Il gardait pour lui ses réserves sur Revie et refusait de condamner le jeu rude de Leeds, que Best et lui voyaient pourtant comme de la violence bête et méchante dans le seul but de récupérer des points. Busby se contentait de compliments qui sonnaient parfois comme des reproches : dans sa bouche, Revie était « un personnage », « habile » et « résolu ». Toujours réticent à parler plus longuement de Leeds, il ajoutait simplement : « Je ne serais pas honnête si je disais que j'approuvais toutes leurs méthodes sur le terrain. »

Certaines de leurs méthodes en dehors du terrain pouvaient également laisser perplexe. À la mi-avril, Best et United se rendaient à Elland Road pour ce que les manchettes de journaux affichées sur les rampes et les lampadaires annonçaient comme « le match du titre ». Chelsea possédait une courte avance mais comptait un match de plus. Dans le tunnel, Best ressentit une « douleur terrible » dans le mollet. Il venait de recevoir un coup. Il se retourna et trouva derrière lui Collins, le capitaine de Leeds, qui grogna à son endroit : « C'est juste le hors-d'œuvre. » Ses paroles étaient à la fois pathétiques et prophétiques. Il aurait fallu un ambassadeur des Nations Unies pour arbitrer le match. Les tacles assassins se succédaient. Rudoyé par Collins, Best ne s'en laissait pas compter. Ainsi, il le chargea pour lui asséner un coup de coude dans les côtes, non sans avoir pris soin de bien retirer ses jambes. Collins était étendu sur la piste cendrée. La réponse fut un tacle à hauteur d'abdomen. Best était toujours en train de se tordre de douleur à terre lorsqu'il vit la silhouette menaçante de Collins au-dessus de lui, le visage tendu et la bouche grande ouverte. On aurait dit une gargouille échappée de la corniche d'une cathédrale à qui on avait enfilé un short. Collins hurla à la cantonade : « Il faudra en remettre une couche, il bouge encore. »

Avec Paddy Crerand et Nobby Stiles, les Mancuniens n'étaient pas non plus des pacifistes. Un tacle de Stiles envoya Collins dans les airs en représailles. Le match était joué sous un vent violent et Best se souvenait avoir vu son bourreau flotter dans l'air comme un sac en plastique. Il avait atterri contre le mur en béton qui encerclait le terrain, au pied duquel il resta avachi. Ce que Collins avait fait à Best, Stiles le fit à Collins : il se pencha et lui hurla toute la haine que ses dents ne pouvaient retenir. « Chaque fois que tu viendras sur notre côté droit et que tu toucheras à George, sale connard, je te ferai la même chose. En plus fort.» Best entendit Collins interpeller l'arbitre et lui demander sa protection, en se tenant le bas du dos : «Vous avez entendu ça ? Il a dit qu'il allait me défoncer à chaque fois que je viendrais sur leur côté droit.» L'arbitre se contenta de le renvoyer d'un petit geste de la main : « Eh bien si j'étais toi, j'arrêterais de venir sur leur côté droit.»

Dans un match où l'on tapait plus dans l'adversaire que dans le ballon, une des rares frappes respectables avait suffi à faire la différence au tableau d'affichage : celle du pied gauche depuis le coin de la surface, à la quatorzième minute, de John Connelly, que Busby avait recruté contre 60 000 livres à Burnley. Ce but était l'un des quatre-vingt-neuf inscrits par United cette saison-là – six de plus que Leeds. Mais, malgré le talent indéniable de sa ligne d'attaque, United avait remporté le titre et exaucé le premier rêve de Best grâce à sa défense, la meilleure du championnat avec trente-neuf buts encaissés en quarante-deux journées. Leeds en avait concédé cinquante-deux. Des statistiques qui avaient fait toute la différence puisque les deux équipes étaient à égalité et n'avaient pu être départagées qu'au goal-average. Au moment de diviser le nombre de buts marqués par celui de buts encaissés, grâce à une différence de 0,686 sur son adversaire, c'est United qui remporta le duel mathématique.

L'avant-dernier match, une victoire 3-1 contre Arsenal à Old Trafford, assurait le titre. Best était habituellement toujours relaxé avant les matchs, dans un état presque comateux. Il était souvent encore en train de se changer ou de lacer ses crampons lorsque l'ordre était intimé aux joueurs d'entrer sur la pelouse. Une heure avant le match, on le trouvait à la buvette proche avec des amis en train de boire du Bovril, le Viandox britannique.

Quand Busby demandait « Où est George ? », quelqu'un était dépêché pour aller le chercher, à un quart d'heure du coup d'envoi. Sachant combien le résultat contre Arsenal comptait pour United en général et Busby en particulier, Best avouerait : « Même moi, je ressentais la pression. » Le nœud dans l'estomac de Best et l'attente palpable de la foule l'avaient conduit à une succession de passes et d'occasions manquées. Denis Law avait une entaille qui avait nécessité sept points de suture sur le genou droit. Il avait versé de l'eau froide avec un tuyau d'arrosage sur son articulation pour l'engourdir et joua avec des bandages si serrés qu'il bougeait comme l'homme de fer-blanc du *Magicien d'Oz*. Sur une jambe, il marqua quand même deux buts. Leeds se déplaçait chez la lanterne rouge Birmingham City et se retrouva très vite mené 3-0. La Stretford End célébrait déjà mais Best, qui gardait un œil sur le tableau d'affichage, était horrifié. Il vit que Leeds avait mis un premier but, puis un second et enfin un troisième. En sortant du terrain, il entendit une voix au milieu de la foule : « Leeds a gagné 4-3. » Ce n'est que lorsque les photographes et les caisses de Moët firent leur entrée dans les vestiaires que Best comprit qu'ils avaient remporté le championnat malgré tout. « Il y avait assez de champagne pour qu'on se baigne tous dedans. »

Busby était ému. Alors que la lutte pour le titre faisait rage, il n'avait pas voulu admettre combien il souhaitait le remporter. « J'aimerais gagner le championnat, mais il y a beaucoup de choses que j'aimerais » était la phrase la plus audacieuse qu'il avait prononcée sur le sujet. Pour Busby, le championnat était un moyen d'arriver à son but, un pas de plus vers son rêve. « Je crois que cette équipe peut atteindre les sommets. Je pense qu'on peut gagner la Coupe des clubs champions. »

Best pensait la même chose. Mais il avait de plus en plus de mal avec la manière dont Busby envisageait les choses pour lui.

Comme si tout avait été scénarisé par les astres, la première saison pleine de George Best correspondait à la dernière apparition de Stanley Matthews en première division. Un « Sorcier du Dribble », alors âgé de 50 ans et tout juste fait Chevalier, laissait sa place à un autre.

Matthews était toujours mince et élancé, et regrettera plus tard avoir rangé les crampons au moins deux ans trop tôt. La longévité de sa carrière, débutée en 1930, reposait selon lui sur un régime bien défini : couché tôt, pas d'alcool, une alimentation presque exclusivement végétarienne et un programme d'entraînement strict qu'il avait conçu lui-même. Les premiers articles sur Best décrivaient quelqu'un de semblable, sobre, qui cherchait toujours à progresser et menait une existence chaste et tranquille. Il était le petit garçon modèle que chaque maman voulait avoir. Un journaliste racontait qu'il avait été reçu à Aycliffe Avenue par un Best en train de jouer aux cartes sur la table de la cuisine et d'écouter de la musique. Il avait rougi quand Mrs Fullaway avait dit devant lui : « C'est un gentil garçon. Aucun souci. Il ne fume pas, il ne boit pas et il mange tout ce que je lui sers. » Best affirmait qu'il n'avait pas de temps pour les filles, mettait son argent à la banque régulièrement – il avait déjà presque 1 000 livres sur son compte d'épargne – et ne sortait pas en boîtes. « Ni twist ni boogie-woogie. »

Le passé est un pays étranger, et les choses y sont bien différentes. Au mitan des années 60, les journaux étaient imprimés en monochrome et l'encre tachait. Il n'y avait que trois chaînes de télévision et la BBC trouvait acceptable de diffuser *The Black and White Minstrel Show*, et ses acteurs grimés en Noirs, sur l'une d'elles. Le prix moyen d'une maison était de 2 500 livres. À moins de deux shillings la pinte de bière, vous pouviez être saoul pour une livre. Il fallait cependant boire vite car les pubs étaient fermés durant la majeure partie de la journée. Être debout en virages coûtait seulement quatre shillings et être assis à une bonne place tout juste le double. Plus de 70 % des hommes et 40 % des femmes fumaient. Il y avait plus de chauffages au bois que d'électriques ou au gaz. Les magasins restaient fermés le jour du Seigneur. Les routes et autoroutes n'étaient pas bouchées par le trafic.

Certains imaginaient le futur comme une simple continuation du présent, où les valeurs morales et sociales des années 50 resteraient les mêmes dans un monde statique et inchangé – à l'exception d'un nouveau gadget à la cuisine de temps en temps. Vu d'aujourd'hui, et particulièrement par ceux nés dans les vingt dernières années du millénaire, la décennie de Best et des Beatles ne semble pas particulièrement glamour ou flamboyante. Mais les Sixties swinguaient et remuèrent toute la société. Le mode de vie de cette génération est à la base du nôtre. Pour Best, c'était un bonheur vertigineux d'être jeune. Les années 60 étaient un Âge d'or, un paradis romantique. La mode, la musique, les comportements, les aspirations : tout changeait. Il y avait les tignasses des Fab Four qui chantaient « Love Me Do » ou « Ticket to Ride ». Les Rolling Stones clamaient leur insatisfaction et les Who leur détermination à mourir avant d'être vieux. Il y avait les mini-jupes de Mary Quant, la silhouette de Twiggy soulignée par ses bottes et les boutiques de Carnaby Street. Le *Time* avait désigné Londres « capitale mondiale *fin de siècle* », en français dans le texte. Cette effervescence échappait à la plupart des villes de province. Mais pas à celle de Best. Manchester était au cœur de la révolution. Les pubs étaient transformés en salles de cabaret. Les nightclubs étaient les endroits où il fallait être vu. Dans ses studios de Cross Street, Granada Television avait créé Granadaland, un complexe entièrement consacré à la réalisation de *soap operas* dans lesquels on ne cachait plus le peuple du Nord ni son accent, longtemps considéré comme trop vulgaire et incompréhensible pour entrer dans les foyers. Une barrière avait sauté. Avant même la beatlemania, les Beatles venaient jouer une fois par semaine dans un programme intitulé *Scene at 6.30*. La BBC retransmettait *Top of the Pops* depuis Manchester. Tous les groupes, tous les acteurs, tous les comiques et tous ceux qui comptaient passaient par le Nord-Ouest.

Ainsi était l'époque, et Best s'en délectait.

Il représentait le futur quand Matthews représentait l'anxiété d'avant-guerre, l'austérité d'après puis les Fifties mornes et sclérosées. Best était un footballeur d'une nouvelle époque et il incarnait la confiance de la jeunesse. Matthews évoquait plutôt les participants de *The Saturday Men*, un reportage télévisé en immersion de 1962 qui montrait le football comme une usine et les joueurs comme des ouvriers.

La caméra est autorisée à pénétrer dans les vestiaires et la salle de réunion de West Bromwich Albion. Même si certaines scènes semblent, avec le recul, répétées à l'avance et que les dialogues sonnent de manière un peu trop artificielle, le film de vingt-six minutes montre parfaitement le football tel qu'il était à l'époque et les incertitudes des joueurs, conscients de la brièveté de leurs carrières. Un manque de condition physique, une lubie du manager ou le mécontentement d'un directeur peuvent signifier la perte de votre salaire et de la maison fournie par le club. L'entraînement se déroule sur un terrain sans herbe, entouré de palissades en bois, d'une parcelle d'arbres sans feuilles et d'une rangée de poteaux téléphoniques. Au loin, on aperçoit des maisons dont la fumée des cheminées se confond aussitôt avec les nuages sombres. Les vestiaires sont carrelés et rudimentaires. La collation consiste en de simples oranges pressées dans des mugs ébréchés. Les douches sont pareilles à celles du carreau de la mine. Il faut se sécher debout sur un vieux journal pour ne pas mouiller le sol. Le manager traîne des pieds pour se rendre dans la salle recouverte de lambris de chêne où l'attend l'ensemble du conseil d'administration. Il est entouré de chauves ou de rondouillards d'un certain âge qui le traitent comme un employé parmi d'autres et lui posent des questions du genre : « Je voudrais savoir comment le gamin s'est débrouillé en ailier gauche. » Le manager tripote son stylo, jette un coup d'œil à ses notes et lâche : « Je recommande d'aligner la même équipe la semaine prochaine. » Les membres du conseil de direction hochent la tête, comme pour donner leur bénédiction. Les joueurs se massent devant la composition, punaisée au tableau d'affichage dans un couloir bien éclairé. Ce qui suit ressemble plus à une engueulade en bonne et due forme qu'à une discussion tactique. Plus à l'aise que face au Board, le manager accuse certains joueurs de « s'être cachés » et se lance dans ce qui se veut un discours harangueur. Sa façon de parler n'a pourtant rien d'originale ou d'entraînante : « Il faut continuer à se battre les gars. [...] Le match n'est pas perdu avant le coup de sifflet final. [...] On n'a pas d'excuses pour abandonner. [...] Ces points sont vitaux. [...] Il faut qu'on soit à fond pendant quatre-vingt-dix minutes. [...] On est tous dans la même galère. » Ceux qu'il a laissés de côté ressemblent à des parents endeuillés devant une tombe ; certains ont l'air au bord des larmes. Comme tous leurs compatriotes qui pointent en arrivant et en repartant du boulot, les joueurs récupèrent leurs salaires dans des enveloppes marron. Le jour du match, les joueurs, en survêtement, arrivent ensemble à pied. Dans le vestiaire, l'un d'eux retire ses dents du haut et met le dentier dans la poche de sa veste avant de faire un claquement de lèvres et d'entrer sur la pelouse. Quand, sur les coups de 16 h 40, la foule aura fini de chanter, chaque joueur repartira dans son quartier. Où personne ne viendra jamais lui rappeler son métier jusqu'au week-end suivant.

Ce que rappelle *The Saturday Men*, c'est que le footballeur est quelqu'un de normal, avec quelques avantages, certes, mais rien d'ostentatoire. Il met de la brillantine dans ses cheveux. Il vit dans la même rue que ses supporters. Sa maison, généralement mitoyenne ou jumelée, est la même que la leur. Il va au stade en bus. La décoration de son salon – le papier peint, les meubles, les imprimés à motifs dorés et les motifs chinois sur le manteau de la cheminée – pourrait être celle de ses voisins.

Les photos « à la maison », posées et convenues, qu'on voyait dans le *Picture Post* ou d'autres hebdomadaires au cours des années 40 et 50, faisaient passer les footballeurs pour des mannequins en vitrine : en chemise blanche et cravate, Nat Lofthouse essuyait la vaisselle avec un torchon à motifs qui semblait aussi perdu dans ces immenses mains que l'avant-centre de Bolton dans sa cuisine ; Billy Wright, le défenseur de Wolverhampton aux plus de cent sélections, lisait devant une cheminée, ses jambes repliées contre sa taille, tandis qu'une logeuse en tablier reprisait ses chaussettes noires sur le canapé derrière lui ; Cliff Bastin, qui restera le meilleur buteur d'Arsenal durant six décennies, tondait le gazon en gilet noir boutonné et en chaussures de ville ; Bobby Robson, alors jeune pépite de Fulham, fixait sa mère du regard tandis qu'elle lui versait de l'eau chaude pour son thé avec une grosse casserole marron. D'autres clichés montraient les footballeurs durant leurs loisirs, au golf ou au tennis : l'attaquant de Sunderland Len Schackelton plaçait la balle sur le tee dans un ample pantalon et le géant gallois repéré par Leeds John Charles s'apprêtait à servir avec une raquette en bois qui ressemblait à une cuillère dans ses mains. Il y avait parfois cette volonté déroutante de rappeler que le football seul ne pouvait nourrir le footballeur : ainsi Tom Finney, la star de Preston, émergeait de sous un évier bouché, une clé à molette de plombier sortant de la poche de son bleu de travail recouvert de graisse. Le plus frappant sur ces tirages en noir et blanc, c'est que tous ont l'air bien plus vieux que leur âge. On donnerait une bonne quarantaine à Lofthouse quand il a à peine atteint la trentaine et les traits de Wright, 26 ans à l'époque, semblent marqués par une décennie supplémentaire. Même Robson n'a pas l'air de l'adolescent de 19 ans qu'il était alors.

Best n'était pas comme ça. Il ne ressemblait à aucun autre footballeur d'avant. Il ressemblait à un chanteur de *Top of the Pops* ou un guitariste de *Ready Steady Go !*. Par rapport à ses prédécesseurs, il vivait dans un monde différent, un monde nouveau, un monde plus frais. Ses vêtements, la longueur de ses cheveux et sa nonchalance devant les objectifs : tout chez lui illustrait le schisme entre le milieu des années 60 et ce qui s'était passé avant. C'était le meilleur moment pour être jeune. Les vieilles conventions disparaissaient à mesure que de nouvelles s'inventaient.

C'est un classique : chaque génération tombe dans le piège de penser qu'elle est infiniment supérieure – plus maligne, plus culottée, plus calée et plus sûre de ce que la vie peut lui apporter – que la précédente. Best pensait la même chose.

Quand il parlait du « bon vieux temps », c'était au mieux ironique, au pire désobligeant. Best n'avait de cesse de répéter qu'il était heureux d'être né en 1946 et non en 1926, car il n'avait plus à se conformer aux usages du « bien dégagé autour des oreilles et sur la nuque » ni au port du blazer officiel du club en toutes circonstances. Quiconque critiquait son apparence ou ses opinions se voyait répondre : « La liberté d'expression a fait son apparition dans le football désormais et j'ai bien peur que les anciens soient tenus de l'accepter. » Pour un post-adolescent, un type de 25 ans est déjà un vieux, comme si des siècles les séparaient. « À 19 ans, en avoir 35 semble si lointain qu'on n'y pense même pas, constatait Best. C'est seulement quand on y arrive qu'on réalise qu'il reste encore des choses à vivre. » Et certains « anciens » dont il parlait alors n'avaient même pas 30 ans. Il avait souscrit deux polices d'assurance pour « ses vieux jours », une période qu'il situait « entre 32 et 40 ans ». Il avait 18 ans et allait sur ses 19. La moyenne d'âge du noyau de l'équipe qui venait de remporter le titre approchait des 28. La plupart d'entre eux, Bobby Charlton et Denis Law compris, avaient une vie paisible et casanière. Pour eux, le samedi soir était l'occasion d'un restaurant avec leur épouse ou de quelques heures devant la télévision après avoir couché les enfants. « Je pensais qu'ils ne m'aimaient pas car aucun d'entre eux ne m'invitait jamais à sortir », racontait Best, pour qui l'engagement et la paternité restaient des notions obscures.

Il s'était constitué un petit cercle d'amis en dehors d'Old Trafford. Il en avait un peu marre d'être trop souvent alpagué par quelqu'un qui voulait parler de football ou lui dire qu'Untel était meilleur que lui. Son groupe était surnommé « The Chaps », ce terme désignant la camaraderie mais aussi cette combinaison d'élégance, de panache et de désinvolture, autant d'attributs qui seyaient à Best, l'épicentre de ce qu'ils appelaient également « Notre Bande ». Tout tournait autour de lui comme les planètes autour du soleil. Il choisissait qui pouvait en être ou pas. Il évitait la plupart des fêtes, qu'il trouvait « ennuyeuses ». Il n'avait jamais cherché à avoir une multitude de bons compagnons. Il aimait que le groupe soit très uni, tous se protégeant les uns les autres. Best ne prenait que des gens qu'il aimait, et jamais pour leur statut social ou pour être vu avec eux. Il y avait Danny Bursk, maigre et frisé, qui bossait dans l'industrie de la fourrure ; Eddie Hindle, VRP pour une marque de vêtements et dont l'imposante carrure lui avait valu le sobriquet de « Train de fret » ; Malcolm Mooney, également dans le chiffon ; Frank Evans, qui allait devenir « El Inglés », le seul matador britannique en Espagne. Best allait même trouver un compère dans la moitié bleu ciel de la ville, lorsque Mike Summerbee signa à Manchester City à l'été 1965. Même s'il n'avait que 22 ans – trois ans de plus que Best –, il avait déjà joué plus de deux cents matchs de championnat avec Swindon. L'arrivée dans une grande agglomération avait été un choc pas évident à digérer pour Summerbee : « À Swindon, tout était fermé à 10 heures du soir. À Manchester, tout était ouvert jusqu'à 5 heures du matin. » La chance avait réuni Summerbee et Best. Summerbee entra dans un café appelé Kardomah sur St Ann's Square – « Imaginez une version bas de gamme de Starbucks », spécifiait-il – et aperçut Best à une table. Le courant passa tout de suite, comme si deux amis d'enfance se retrouvaient. Tous les deux venaient de quartiers difficiles et, comme Summerbee le disait, « on cherchait encore à comprendre le sens de la vie ». Summerbee décrivait leur amitié comme « fraternelle » et pensait que le contact avait été facilité notamment parce qu'aucun des deux ne ressentait le besoin de « parler boutique » : « On ne parlait quasiment jamais de football. Il me demandait comment avait été mon match et je lui demandais comment avait été le sien, et voilà. » L'un pouvait croiser le bus de l'autre quand il rentrait d'un match à l'extérieur le samedi soir. « Il y avait quelque chose de réconfortant dans tout ça, se souvenait Summerbee. On ne se sentait pas seuls à Manchester. »

Le meilleur ami et confident de Best était Malcolm Wagner, d'à peine un an son aîné. Bursk les avait présentés. « Tu fais quoi ? », avait demandé Best après les banalités d'usage. « Je suis coiffeur», avait répondu Wagner, qui était aussi un bon musicien. Il jouait dans un groupe de Manchester, The Whirlwinds, la formation originelle de ce qui allait devenir plus tard 10cc et placerait trois singles en tête des charts au Royaume-Uni, dont le classique «I'm not in love». Leur amitié, entamée par cet échange direct, n'allait jamais se briser. Best se tournait toujours vers Wagner pour un conseil et comptait sur lui pour toute aide pratique. Il était à la fois l'ami que vous aimeriez être et l'ami que vous rêviez d'avoir. La paire allait devenir inséparable.

Tout ce que Best allait vivre plus tard trouvait ses racines dans les mois qui suivirent le titre de United: les soirées, les rencontres et l'alcool – en très petite quantité. Au début, il sirotait une bière de temps en temps, sans plus. Il refusait les pintes gratuites que lui offraient les patrons de pubs et de boîtes, leur opposant un poli: «Je ne bois pas vraiment.» Wagner insisterait plus tard: «On allait au cinéma et puis faire un petit tour au night-club. On ne sortait pas pour picoler à l'époque et George ne buvait pas beaucoup.» Best avait en revanche beaucoup de mal à admettre – contrairement à Stanley Matthews – que le corps humain, en particulier quand il était encore en développement, était fait pour se reposer autant que pour jouer. Les nuits dehors devenaient la norme. «C'était un peu stupide, concédera-t-il. Je vivais vingt-quatre heures par jour et poussais mon corps jusqu'à l'épuisement.»

Le règlement du club indiquait que le couvre-feu à Aycliffe Avenue était fixé à 22 h 30. Il y avait quatorze maisons dans le cul-de-sac, toutes convenablement tenues par, entre autres, un ancien tenancier de bar, un professeur, un imprimeur, un scout des Bolton Wanderers à la retraite et plusieurs retraités. L'un des voisins de Mrs Fullaway était un laveur de vitres, qui rangeait ses échelles à l'arrière de sa maison. C'était très utile pour Best. Il les utilisait pour grimper dans sa chambre – ou en sortir – sans être vu. Les filles faisaient pareil. Steve Fullaway était parfois réveillé par l'une d'elles qui lui donnait un coup sur l'épaule, en pensant que c'était Best. Le laveur de vitres était souvent surpris de retrouver ses échelles à un endroit où il était certain de ne pas les avoir rangées la veille. Best rentrait si souvent tôt le matin que Mrs Fullaway décida de lui donner sa propre clé afin de ne plus être dérangée en plein sommeil. Cette décision était unilatérale : elle n'avait même pas pris soin d'en informer Matt Busby et encore moins de lui demander son approbation, qu'elle n'aurait de toute façon jamais obtenue. Elle ne savait que rarement à quelle heure Best était rentré, mais elle le réveillait toujours à 7 h 30 pour le petit-déjeuner, d'une friction sur le nez, ce qu'il « détestait ».

Busby avait un réseau de renseignements plus efficace que les services secrets. Les informations sur les distractions de ses joueurs et leurs lieux de prédilection remontaient toujours à lui par un coup de téléphone, une lettre ou un petit mot glissé au golf. Il pouvait compter sur un tas d'indics qui le tenaient au courant de qui avait été vu où, quand et avec qui. « Si vous aviez bu un verre de blonde, vous pouviez être sûr qu'il le savait », rapportait Best. Il y avait aussi beaucoup de fausses rumeurs relayées dans le seul but de nuire. Busby en entendait quotidiennement et savait lesquelles écarter et lesquelles ne croire qu'à moitié. Busby prévenait son équipe : « Soyez-en sûrs : si vous faites quelque chose de mal, quelqu'un me le dira. » Il recueillait aussi des preuves par lui-même. Si quelqu'un semblait hagard ou débraillé, il cherchait à savoir pourquoi. Si une petite remarque entendue à l'entraînement ou dans les vestiaires l'alertait, il menait discrètement l'enquête.

Les activités clandestines de Best commençaient à arriver aux oreilles de Busby. La constance des rapports donnait du crédit aux rumeurs. L'alcool n'était pas un problème. Ce qui inquiétait Busby, c'était le temps passé par Best dans des night-clubs quand il aurait été censé se reposer à Aycliffe Avenue. Au début de la saison 1965-66, Busby trouvait Best curieusement apathique. Sa forme alternait entre le tout juste tolérable et l'épouvantable. Best admettait : « Je rentrais sur le terrain fatigué et j'en ressortais lessivé. » Alors qu'il y avait un titre à défendre, Best n'avait marqué qu'une seule fois au cours des huit premières rencontres de championnat. United n'en avait remporté que deux. Busby pensait que la baisse de forme de Best était provisoire et simplement la conséquence de tout le battage autour de lui, comme si la nécessité d'être à la hauteur des louanges le rendait fébrile. À mesure que ses performances empiraient, Busby avait dû se rendre à l'évidence : il y avait une autre raison. Best fut convoqué pour s'expliquer.

Busby ne passait jamais un savon à ses joueurs devant les autres et était convaincu qu'un manager qui faisait ça se rabaissait lui-même et affaiblissait son autorité. « La flagellation en privé est aussi douloureuse et efficace sur la longueur que l'affront public, argumentait-il. Mais elle préserve la dignité publique du coupable. Les punitions en public sont souvent un moyen pour celui qui les inflige de retrouver un peu d'amour-propre. » Le vestiaire des arbitres d'Old Trafford était situé dans le tunnel qui menait au terrain. S'il voulait réprimander quelqu'un, il se tenait là et faisait signe au malheureux de le suivre à l'intérieur. Il demandait avec sollicitude au joueur ce qu'il pensait de sa performance. Cet interrogatoire en douceur persuadait souvent le joueur de reconnaître lui-même ses torts, ce qui revenait à se passer un savon à soi-même. Comme s'il avait cherché à l'impressionner, Busby avait cette fois choisi de convoquer Best dans son bureau, histoire de donner à l'audience un ton aussi solennel que la pièce était spartiate. Deux téléphones trônaient sur le pupitre en chêne foncé. L'imposant fauteuil de Busby était surélevé de quelques centimètres par rapport aux trois chaises qui lui faisaient face. Ses invités avaient littéralement l'impression que Busby les regardait de haut.

Une fois de plus, Busby avait opté pour la pédagogie plutôt que la sommation. Même s'il était furieux à l'intérieur, il ne le montrait pas. Il ne tapait pas sur son bureau ni n'agitait son poing serré à la face de Best. Seuls ses sourcils froncés trahissaient son agacement. Il expliquait à Best ce qu'il devait corriger dans son comportement avec calme mais sans compromission. Il avait l'air épuisé, et c'était la raison pour laquelle il jouait mal. Il sursautait quand il entendait les ragots sur la vie dissolue de Best. Busby avait décidé de lui parler franchement.

« Tu as fait le plus dur, gamin, tu es arrivé au sommet. Y rester est facile si tu ne penses qu'à ça. »

« Évite les parasites. Concentre-toi sur ton travail. Fais attention à ton argent. »

« C'est une saison de Coupe d'Europe. Je veux la gagner. Tu sais à quel point ce trophée est important pour le club, hein ? »

Best n'était pas franchement en position d'atténuer ses torts, et encore moins de tenter d'expliquer que ces sorties lui permettaient d'évacuer la pression. Busby n'aurait pas accepté l'argument. Son point de vue sur cette excuse était clair et net : « Picoler en boîte est une mauvaise façon de réduire le stress. Et même rentrer tard est déjà une mauvaise idée. Ces méthodes font peut-être baisser la tension, mais elles font aussi baisser les performances. Et ça vaut pour tout le monde. »

Un Best contrit écoutait Busby lui dire à quel point il était « con ». Même ses silences étaient pleins de sous-entendus et ses regards désapprobateurs clouaient Best à son siège. Il semblait rapetisser à chaque seconde. Busby l'engueulait et Best le sentait passer. Il promettait que « plus jamais » il ne privilégierait les loisirs au terrain. Il convenait que jouer au football nécessitait beaucoup de sommeil.

Best voyait Busby comme une incarnation de son grand-père George Withers. « C'étaient les mêmes : durs quand il fallait l'être, mais adorables. J'avais des scrupules à les rouler et à les décevoir. » Pour ne pas humilier Best, Busby raconta aux journalistes qu'il avait besoin d'un peu de repos car c'était encore un adolescent fatigué par les exigences d'une saison de championnat. « Il reviendra bien assez vite », affirmait-il. Best mentit lui aussi : « J'ai sans doute été trop gourmand. Je voulais trop le ballon et je n'en faisais pas assez. Je me suis égaré. » Quand son père l'appela pour savoir pourquoi il n'était pas dans l'équipe, Best mentit à nouveau, trop honteux à l'idée qu'il sache la vérité.

Il était indiscutablement le fils de sa mère et s'en sortait toujours avec un brin de malice. En tant que premier enfant, il était souvent traité comme un fils unique. On lui avait tout pardonné jusque-là, il s'attendait donc à ce que cela continue.

Il avait un charme désarmant. « Si j'étais un peu en colère contre lui, il me faisait un large sourire, racontait Mrs Fullaway. Alors, je n'avais plus le cœur à sévir. » Best fit la même chose avec Busby, qui omit d'intégrer la personnalité du bonhomme à l'équation au moment de déterminer la sanction adéquate à ce premier écart. Il pensait que la douche froide d'un bon sermon le ferait rentrer dans le rang. Une approche similaire avait marché dans le passé. Un peu après l'arrivée de Bobby Charlton à Old Trafford, Busby avait entendu qu'il buvait alors qu'il n'avait pas l'âge légal. « Il était très jeune, se rappelait Busby. J'ai envoyé quelqu'un le chercher et je lui ai dit : Si j'apprends que tu bois encore de la bière avant d'être assez vieux, ça va être ta fête. Et croyez-moi : le jour où il a repris un verre, il avait largement l'âge requis. »

Comme beaucoup d'hommes de sa génération, l'agitation des années 60 déconcertait Busby. La décennie était un mystère insondable pour lui. Comme s'il avait été transporté sur une autre planète, à la fois très ressemblante et tellement différente de celle sur laquelle il avait grandi. Il faut dire qu'il y avait de quoi être désarçonné quand on était né sous Édouard VII, à une époque où Herbert Asquith dirigeait le pays en redingote et col de cérémonie. Les voies de la pop culture étaient impénétrables pour Busby, qui ne savait rien des *charts*. Un jour où United s'était retrouvé dans le même hôtel que les Beatles à Londres, il prit Paul McCartney pour Freddie Garrity, le chanteur-clown d'un mètre cinquante du groupe Freddie and the Dreamers. McCartney le corrigea avec politesse : « Nous sommes les Beatles, Mr Busby. »

Busby se fourvoyait au sujet de Best. Il pensait que sous ses fringues à la mode, Best était le même genre de jeunes que Charlton avait été, que le respect de l'autorité ferait son œuvre et qu'un blâme ferait le même effet dans les années 60 que dans les années 50. Il n'arrivait pas à appréhender Best et sa manière de voir les choses. Dans les années suivantes, à mesure que Best devenait ingérable, Busby serait critiqué pour sa patience de saint et pour avoir été trop gentil avec lui.

Il s'en défendrait, évoquerait une « fausse impression ». Mais il ne fait guère de doutes que le traumatisme de Munich avait rendu Busby plus coulant. Avec Best, il s'était contenté de coups de baguette sur les doigts. « Je suppose que j'étais plus doux que je n'aurais dû l'être, avait-il fini par concéder. J'avais perdu les autres gars. Ça m'a sans doute rendu plus indulgent avec ceux que j'ai eus ensuite. »

Best n'allait rater que trois matchs : deux en championnat et un autre en tour préliminaire de Coupe d'Europe. Ce que Busby avait raté, c'était l'occasion de tracer une ligne que Best ne devait plus oser franchir. Il était certain que la patience allait finir par payer.

Cette erreur de jugement allait coûter cher. À l'un comme à l'autre.

CHAPITRE 5
DES BILLETS COMME S'IL EN PLEUVAIT

Dans les années 60, il fallait avoir fait quelque chose d'impressionnant et d'estimable pour devenir connu. Il n'y avait pas d'émissions de téléréalité pour transformer un tocard médiocre et insignifiant en soi-disant personnalité. Les journaux ne faisaient pas monter une mayonnaise avec une coquille vide. La célébrité était un club bien plus select à l'époque et seuls ceux qui avaient à la fois charisme et génie étaient acceptés dans le carré VIP. Mais il était possible d'y être admis du jour au lendemain. Faute de choix, tout le monde regardait la même chose au même moment à la télévision et chaque boîte aux lettres du pays recevait un journal du matin ou du soir. Une seule apparition télévisée ou la moindre interview en pleine page suffisait à rendre votre nom familier dans tous les foyers.

George Best en avait déjà conscience : « L'histoire de ma vie n'aurait pas pu être mieux racontée par un auteur de BD d'aventure. » Mais l'aventure ne faisait que commencer. Et ni lui ni Matt Busby ne s'attendaient à ce qui allait suivre.

Le critique Clive James a écrit que « dès qu'il y a eu des êtres humains, il y a eu de la célébrité ». Il affirmait aussi que « la célébrité était devenue quelque chose de différent » au cours du XXème siècle : « Tout à coup, il y en avait de plus en plus. » Et James avait identifié les années 60 comme la période où la célébrité était devenue une course, puisque l'époque était consciente d'elle-même, en partie grâce à ceux qui étaient devenus célèbres à ce moment-là. Les réputations se construisent normalement par étapes. Il est souvent difficile de déterminer le point de basculement, l'instant exact où s'opère le passage dans une nouvelle dimension. Pas pour Best.

Après le succès instantané du *Pèlerinage de Childe Harold*, le poète Lord Byron écrivait: «Je me suis réveillé un matin et j'ai découvert que j'étais connu.» C'était le 10 mars 1812. Outre le romantisme, c'est le seul point qui lie le poète au footballeur. Car Best s'est aussi réveillé célèbre un beau matin. Et le hasard voulut que ce soit aussi un 10 mars, cent cinquante-quatre ans plus tard, en 1966. Comme Byron, Best s'était retrouvé idolâtré et désiré du jour au lendemain. Comme Byron, il pensait que tout le monde avait sombré dans «la folie pure». Et comme Byron, sa vie ne serait plus jamais totalement la sienne désormais.

Après le titre de Manchester United, il avait commencé à se considérer comme «une star», puisque «tout le monde voulait me parler». Best, Denis Law et Bobby Charlton – généralement dans cet ordre – étaient désignés dans les journaux comme la «Sainte Trinité» du club. Le courrier commençait à affluer pour Best. On lui tendait des cahiers pour signer des autographes. Les fans de passage faisaient claquer le clapet de la boîte aux lettres d'Aycliffe Avenue. C'était un prélude gentillet à la vénération qu'il allait susciter et au tumulte qui en résulterait.

C'était arrivé comme ça.

Une nuit chaude à Lisbonne. Benfica contre Manchester United en quart de finale de la Coupe des clubs champions. Le club portugais, un des géants d'Europe, deux fois vainqueur du trophée, a perdu la finale précédente contre l'Inter Milan. Le félin Eusébio est considéré comme le meilleur joueur du continent. Personne n'a battu Benfica à l'Estádio da Luz en dix-neuf matchs européens. Personne ne s'attend à ce que United rompe la série malgré sa victoire 3-2 au match aller. Le résultat n'était qu'à moitié satisfaisant pour Busby qui le trouvait trop serré pour être vraiment décisif. Deux ans plus tôt, il avait vu son équipe – et sa Sainte Trinité – se faire écraser 5-0 dans la même ville par le Sporting, grand rival du Benfica mais pas aussi grand pour autant. Il revenait donc à Lisbonne avec plus d'espoir que de réelles ambitions.

Best aimait raconter qu'il avait une mémoire photographique de ses plus grands matchs. Il pouvait revoir les images comme si le film défilait devant ses yeux. Et voici ce qu'il voyait. Les supporters portugais frappent sans relâche sur les fenêtres du bus de United, dont les roues tournent lentement quand elles ne s'immobilisent pas carrément à cause des embouteillages. D'autres supporters agitent leurs cinq doigts pour lui rappeler, si besoin est, la déroute infligée par le Sporting, sans douter un seul instant que le Benfica et Eusébio vont surenchérir. D'autres encore tirent sur leurs cheveux et font semblant de les couper avec leur index et leur majeur en guise de ciseaux, pour se moquer de sa tignasse et de ses favoris. L'aigle royal, emblème du Benfica, garde l'entrée du stade avec son bec tranchant et ses serres acérées. Dans les vestiaires, Paddy Crerand donne un grand coup dans un ballon et brise un miroir. Le mot commence à tourner : et si c'était le signe d'une malédiction ? La superstition ne fait qu'ajouter au tracas de la troupe, déjà particulièrement nerveuse. Law fusille Crerand du regard : « Putain mais t'es con ! On n'a plus une chance maintenant. » Busby incite à la prudence et demande de jouer « serré » durant les vingt premières minutes. « Laissez-les courir au début. »

Quand il n'était encore qu'un enfant, Best était fasciné par les duels européens, bien avant qu'une compétition soit organisée. Dickie et Ann Best n'avaient pas de quoi se payer une télé. Un voisin avait laissé Best regarder les matchs amicaux que Stan Cullis, l'entraîneur visionnaire de Wolverhampton, avait organisés au Molineux Stadium contre le Spartak Moscou et le Honvéd, l'équipe qui comptait six des onze Hongrois – dont Puskas – qui avaient brisé la supériorité et l'arrogance des Anglais en les corrigeant 6-3 à Wembley en novembre 1953 puis 7-1 à Budapest six mois plus tard. Sur le petit écran, Best avait vu les maillots en satin des Wolves qui scintillaient et brillaient à la lumière des projecteurs, une rareté à l'époque. L'image était floue et sombre et le faisceau avait fini par se rompre. La diffusion avait malgré tout été une révélation. «J'ai toujours voulu jouer en Europe après avoir vu les Wolves.»

Il était apparu à dix-sept reprises en Coupe d'Europe avant ce match: deux fois en Coupe des coupes, onze fois en Coupe des villes de foire et quatre fois cette saison-là en Coupe des clubs champions lors des tours précédents. Mais rien de ce qu'il avait connu avant n'était comparable à Lisbonne. Et rien de ce qui allait s'y passer n'avait jamais été vécu par un footballeur du Royaume. Il n'y avait plus de suspense à la fin du premier quart d'heure. Alors que United était censé se brider, Best était intenable. Comme Busby le dirait d'un ton pince-sans-rire, Best devait avoir du coton dans les oreilles au moment de sa causerie.

Le film du match est maintenant aussi flou et délavé que l'était la retransmission de ceux des Wolves. Mais aussi altérée soit l'image, rien n'atténuera la performance de Best. Un coup franc tiré depuis la ligne de touche gauche arrive dans la surface. Best est entre deux défenseurs aux maillots clairs trop obnubilés par la trajectoire du ballon nacré pour se soucier de lui. L'éclairage est puissant, chaque joueur projette deux ombres, comme deux aiguilles anthracite qui indiqueraient quatre heures moins vingt. Best entame sa course à l'entrée de la surface et saute avec légèreté en prenant appui sur sa jambe gauche, ce qui lui permet d'armer sa tête alors que le ballon arrive à hauteur du point de penalty. Le gardien, pareil à un croque-mort dans sa tenue sombre, sort de ses six mètres, le poing en avant. Best est déjà en suspension, cinq centimètres au-dessus du joueur qui aurait dû le marquer. Avec son épaule, il prend appui sur la clavicule du défenseur pour monter encore plus haut et propulser le ballon vers le but vide, par-dessus le gardien venu à sa rencontre. On ne jouait que depuis six minutes. Il n'en faudrait que six de plus pour voir le second but, un des plus audacieux qu'il ait inscrits pour United. Harry Gregg lâche le ballon de ses immenses battoirs et le tape au pied, suffisamment fort pour lui faire traverser les trois quarts du chemin jusqu'au but adverse. Seul à la retombée, David Herd aperçoit Best qui arrive et, d'une tête, lui remet dans la course. La défense de Benfica n'est pas en alerte : face à Best, il reste encore quatre joueurs sur le chemin qui mène à la surface de réparation. Un peu trop sûrs de leur affaire, ils observent, aussi vifs que des bovins. Best se retrouve en bonne position en un claquement de doigt. Son but est sublime, l'action cousue de fil d'or. D'une première touche du pied droit, il dérobe le ballon à un premier adversaire persuadé qu'il l'avait déjà en sa possession. D'une seconde, toujours du droit, il parvient à contourner le défenseur qui lui fait front tout en esquivant celui qui court vers lui depuis le côté. D'une troisième, après avoir amené le ballon à toute vitesse dans la surface, il ajuste le gardien sorti à sa rencontre. En une accélération et trois touches de balle, Best a parcouru trente-cinq mètres à la vitesse de l'éclair. Groggy, Benfica concède un troisième but cinq minutes plus tard. La foule n'émet plus qu'un immense hurlement poussé par 75 000 personnes sous le choc. United l'emporte 5-1. Eusébio n'a jamais vu le ballon.

L'éditorialiste à chapeau melon du *Daily Express* Desmond Hackett a écrit que le football britannique avait atteint à Lisbonne un « sommet de l'Everest ». « Appelez-les *Magnificent United* », rajoutait-il. Plus prosaïque, Busby évoquait son « plus grand moment », en référence aux termes « *finest hour* » du discours de Churchill à la Chambre des communes le 18 juin 1940. Après le match, Best est fou de joie mais n'en revient toujours pas. Dans le vestiaire, il regarde tout autour de lui, comme s'il observait la scène de l'extérieur. « J'avais fait quelque chose que personne d'autre ne pouvait faire. À tel point qu'à la fin, j'avais l'impression que c'était quelqu'un d'autre qui était sur le terrain. » Best le décrivait comme « le match qui avait tout changé ». C'est peu de le dire. Un ado complètement exalté l'avait poursuivi avec des ciseaux en lui demandant une mèche de ses cheveux. Sur la plage d'Estoril qui jouxtait l'hôtel de United, les femmes en bikini semblaient hypnotisées et chacun de leurs regards était une invitation tacite. Il était sorti bronzer et s'était retrouvé harcelé par les demandeurs d'autographes. Les journalistes portugais faisaient la queue pour lui parler. On lui donna un exemplaire plié d'*A Bola*, barré d'un gros titre en noir et rouge. Il demanda à ce qu'on lui traduise. « Un Beatles nommé Best écrase Benfica », lui répondit on. La comparaison avec les quatre garçons dans le vent, qui avaient déjà vendu 150 millions de disques à travers le monde, allait lui coller à la peau. Il était désormais « le cinquième Beatles ».

Best se préparait à affronter le crépitement des flashs de tous les photographes qui l'attendaient devant la maison. Dans un stand pour touristes qui vendait des chopes de bière souvenirs, des babioles à mettre sur la cheminée ou d'énormes peluches, il acheta un sombrero à pompons avec les escudos qui restaient dans sa poche arrière. Le vendeur lui dit qu'il ferait tomber toutes les filles avec. Le sombrero était plus large qu'un couvercle de poubelle. Il devait le tenir avec sa main gauche quand il marchait. Dans l'avion, Gregg lui dit de le retirer. « Pose ce truc. Les grands joueurs n'ont pas besoin de ce genre de gadgets. » Gregg avait du mal avec les aspirations de Best. Mike Summerbee et lui s'apprêtaient à ouvrir un magasin. Best l'appelait « la boutique de l'homme extraverti » et disait qu'il voulait « quelque chose qui sorte de l'ordinaire » pour attirer l'attention. C'était une publicité pour lui-même. Il avait le culot de sortir sur le tarmac en portant le sombrero avec une veste en cuir et une paire de lunettes de soleil. Avec l'allure conquérante de celui qui sait qu'il est la principale attraction, où qu'il se trouve.

Dans le monde d'aujourd'hui, où le show-business et la communication ont pris le pas sur la spontanéité et où chaque coup est soigneusement orchestré et vendu au plus offrant, l'utilisation d'un accessoire à deux sous serait une absurdité. Mais on était dans les années 60 et le sombrero était une nouveauté. Une photo illustre la différence vestimentaire entre Best et les autres passagers. Il irradie le tarmac d'une beauté céleste, comme s'il sortait d'une toile préraphaélite et qu'il se laissait porter par le vent. Les hommes d'affaires que l'on distingue à l'arrière-plan n'en apparaissent que plus fades, avec leurs costumes insignifiants et leurs petits trilbies si conformistes sur le crâne. Le *Daily Mirror*, qui tirait alors à plus de cinq millions d'exemplaires par jour, avait mis Best et son sombrero à la fois sur la une et la dernière page. Ses buts étaient passés au journal télévisé et repassés dans l'édition du samedi de *Grandstand*, l'émission de sport de la BBC. Summerbee prenait conscience en marchant dans les rues de Manchester avec Best que le regard du public avait changé. Il voyait le trafic s'interrompre brusquement et les piétons se planter à la seule vue de Best. Des femmes lui envoyaient des baisers. D'autres criaient son nom et lui faisaient un signe de la main. Quelques-unes restaient interdites, la bouche ouverte. « Les vitres des voitures se baissaient, les gens se retournaient pour le regarder en le montrant du doigt, dépeignait Summerbee. Quelque chose de fondamental avait changé. Il était revenu de Lisbonne en superstar. Tout le monde parlait de lui. Tout le monde voulait le rencontrer. Il ne pouvait pas aller quelque part sans être constamment regardé et suivi. C'était à la fois irréel et inquiétant. » L'inauguration de leur magasin en fut une illustration. La boutique de cinq mètres sur cinq était prise d'assaut. Les « clients » prétendaient acheter quelque chose mais n'avaient d'yeux que pour Best, dont il voulait qu'il leur dédicace une photo et à qui ils laissaient des lettres qui disaient toute l'admiration qu'ils avaient pour lui, quand ce n'était pas des déclarations d'amour. Il y avait tellement de badauds qui s'agglutinaient contre la vitrine que Best avait peur qu'elle finisse par céder. Et ils étaient encore plus nombreux à attendre devant la porte une opportunité de se faufiler à l'intérieur.

En une semaine, trois sacs de courrier pas encore ouvert s'entassèrent dans un coin de la chambre de Best chez Mary Fullaway. Deux autres l'attendaient à Old Trafford. Il y en avait encore dans le coffre et sur le siège arrière de sa voiture. Même le large rebord de son sombrero posé au-dessus de son armoire débordait de lettres qu'il déversait parfois sur son lit. Les rotatives ne pouvaient suivre la cadence pour satisfaire l'appétit du public, avide d'informations à son sujet. Busby, tout comme Best d'ailleurs, pensait que cela n'était qu'une passade.

Les chiens aboyaient et la caravane serait bientôt loin, devant la porte de quelqu'un d'autre. Busby ne s'inquiétait donc pas de cette attention. Mais United ne gagna qu'un seul des quatre matchs de championnat qui suivirent. Et Best ne marqua lors d'aucune de ses trois apparitions. Busby ne lui fit malgré tout aucune remarque sur sa boutique ou sur son nouveau statut de héros, vénéré à titre personnel dans un sport d'équipe. La Coupe d'Europe ne pouvait de toute façon échapper à United. Même Best était persuadé que rien ne pourrait arrêter ni lui ni son équipe. Leur adversaire suivant, le Partizan, n'inspirait aucune crainte du côté de Manchester. D'autant que les Belgradois stagnaient en milieu de tableau du championnat yougoslave.

L'auteur et humoriste PG Wodehouse avait un jour écrit que « c'est toujours quand tout va bien que le destin vient frapper par surprise avec un tuyau de plomb ». Best était serein, apaisé. Le tuyau de plomb allait donc le frapper. Il tentait d'ignorer la gêne dans son genou droit, commençait à se raidir et à se bloquer. Des traitements à base de chaud-froid lui permettaient de jouer. « Je tiendrai jusqu'à la fin de la saison », assurait-il à Jimmy Murphy. Un mois après Lisbonne, pendant la demi-finale à Belgrade, son cartilage céda. Il s'allongea sur le dos près de la ligne de but, les mains sur les yeux. La douleur avait traversé son corps comme une lame. United perdit le match aller 2-0 et ne parviendra pas à renverser la vapeur au match retour, incapable d'inscrire le deuxième but qui l'aurait ramené à hauteur de son adversaire. Best avait regardé le retour à la télévision depuis son lit d'hôpital. Il manqua les six dernières semaines de la saison. À Bruxelles, le Real Madrid remporta la finale 2-1 face au Partizan. Jamais de sa vie Best ne changerait d'avis : « On aurait battu le Real. »

Ni l'échec de United, ni son absence pour l'un des moments forts de la saison n'avaient affecté sa popularité. Chaque jour était un nouveau jouet et il avait décidé d'en profiter.

Qui veut récolter doit d'abord semer. Aussi, dès qu'il fut remis sur pied, vers la fin de l'été, George Best s'attela à faire tout ce qu'il fallait pour être vu et entendu. « Ce n'était pas la pudeur qui m'étouffait. »

Il avait tout compris, où aller et que faire pour faire plaisir aux médias. Il avait aussi saisi que toute relation avec eux se basait sur une dépendance mutuelle. L'histoire du sombrero à l'aéroport lui avait permis de voir à quel point il était facile d'attirer la lumière. Il savait s'y prendre et était constamment sous le feu des projecteurs.

« Dans une certaine mesure, j'ai cultivé tout ça, admettait-il. J'aimais être pris en photo. J'aimais voir mon nom dans les journaux. Je ne me prenais pas au sérieux. Je savais ce qui faisait une bonne photo et je savais comment faire la une. » Best avouait même : « Si un photographe m'avait demandé de faire le poirier, je l'aurais sans doute fait. »

Lors de ses deux premières saisons à Old Trafford, il avait poursuivi sa collection d'adolescent en découpant et conservant les coupures de presse et les photographies, qu'il envoyait à son père. Il abandonna quand l'intérêt pour lui tourna à la fixette. Son nom apparaissait si souvent qu'il n'avait plus le temps et la motivation nécessaires pour surveiller tout ce qu'on écrivait à son sujet. Il aurait de toute façon fallu un container pour tout acheminer vers Burren Way. Au moment de choisir la couverture et le poster des différents magazines de football, il s'imposait comme un choix évident. Et rentable. Une belle photo à la une ou sur la double page centrale pouvait faire gonfler les ventes de cinq mille exemplaires. Ses opinions, ainsi que les rumeurs et les commentaires sur son cas, s'étalaient dans les revues musicales comme le *New Musical Express* et *Melody Maker*, les publications politiques ou de société telles *New Society*, le *New Statesman* et *The Listener*, les illustrés pour enfants, les hebdomadaires de mode, de *Vogue* à *Paris Match*, et inondaient le marché des magazines féminins, alors en pleine expansion. Des titres déjà bien établis comme *Woman* ou *Woman's Own* savaient que Best attirait une part non négligeable de leur lectorat, quand bien même le lectorat en question y voyait aussi clair dans la règle du hors-jeu que dans une équation d'Einstein. Même quand

Best ne faisait rien, c'était intéressant. S'il marchait dans la rue, c'était déjà une actualité.

À Old Trafford, il apportait du shampoing et un sèche-cheveux dans les vestiaires à une époque où tout le monde se contentait d'une savonnette et d'une serviette. Tous les matins – à l'exception des jours de match où la veste brodée de l'écusson du club était de rigueur –, ses coéquipiers attendaient de découvrir la tenue que Best avait choisie. Il était parfois aussi bariolé qu'un sapin de Noël. Le propriétaire était une publicité vivante pour son magasin. Dandy comme aucun footballeur avant lui, ce n'était pas son style qui rendait Best cool, mais précisément l'inverse. Il aurait pu porter un sac en toile de jute, il aurait été aussi gracieux que Beau Brummell. Il se changeait parfois trois fois par jour et trouvait toujours quelque chose de nouveau à porter. Malcolm Wagner lui coupait les cheveux presque quotidiennement. Best possédait plus de chemises que Gatsby le Magnifique. Certaines, aussi élaborées qu'une composition florale et hors de prix, n'étaient portées qu'une fois avant d'être jetées. D'autres n'avaient même pas ce privilège : «J'en achète une demi-douzaine par semaine et je les balance parfois sans les avoir mises.» Il préférait les couleurs chaudes et vives – rose et rouge, bleu marine et pourpre, orange ou jaune clair. On l'avait vu avec un pantalon en tartan que les lords écossais n'utilisaient que pour aller chasser. Ou encore avec une jambe rose garance et une rouge foncé. Un troisième, tout aussi tapageur, était jaune citron. Il y avait aussi un jaune fluo, comme si Best craignait de ne pas être vu dans le noir. Cette palette de peintre était la réponse de Best aux costumes classiques du club que United l'avait forcé à porter pendant ses années d'adolescent. Il n'avait pas défié les conventions à l'époque de peur que Matt Busby, toujours en costume ou en pantalon à pinces, l'eût mal pris. «Je portais des choses sobres. Mais maintenant, si je vois un truc chic, je l'achète, sans me soucier de ce que vont en penser les gens.» Il avait un faible pour les pulls épais, cardigans, polos et cols roulés. Il aimait aussi les vestes en pied-de-poule ou avec des bandes verticales, toutes somptueusement doublées. L'une était noir et blanc, comme un tablier de boucher. Il portait aussi ce qu'il appelait sa « tenue de cow-boy » : pantalon à carreaux, grosse ceinture noire et gilet en daim. Il achetait – ou on lui offrait – tellement de fringues que sa chambre chez Mrs Fullaway ressemblait à une boutique pour hommes après le passage d'une tornade. Sa penderie et les tiroirs de sa commode n'ont rapidement plus été en mesure d'accueillir l'ensemble de sa garde-robe. Le surplus était éparpillé sur le tapis jusqu'à ce que Mrs Fullaway fasse un peu de ménage. Ses chemises étaient accrochées ou pliées, posées avec soin sur le lit ou entassées à même le sol. Ses chaussures et ses Chelsea boots étaient enveloppées dans du tissu et conservées dans des boîtes. Mrs Fullaway lui demanda de se débarrasser de certains de ses vêtements car elle ne pouvait pas passer l'aspirateur ou faire la poussière correctement. Best affirma qu'il avait réprimé ses extravagances après avoir ressenti une pointe de culpabilité. « J'ai pensé à mon père et au peu d'argent qu'il gagnait. »

La conception qu'il avait d'une garde-robe réduite ressemblait malgré tout davantage à l'idée que se faisaient ses contemporains du rayon hommes d'un grand magasin. Au moment de faire l'inventaire, on dénombrait vingt pantalons, une quarantaine de chemises, un « tas » de pulls, un pardessus et seulement deux costumes. « Je me sens un peu à l'étroit dans un costume-cravate », disait-il pour expliquer cette réticence à porter des habits formels.

En 1963, Best, nouvel arrivant dans l'équipe première de Manchester United, gagnait 17 livres par semaine – ce qui était déjà quatre fois plus que ce que Stanley Matthews avait touché pour avoir remporté la FA Cup avec Blackpool une décennie auparavant. Trois mois plus tôt, il s'était excusé auprès de ses parents pour ne pas leur avoir envoyé un billet : « J'ai acheté un imper, l'autre est foutu. » En 1966, il aurait pu s'en faire livrer par camions. Son salaire de base était de 125 livres par semaine. Le salaire moyen en Grande-Bretagne était de 1 300 livres par an. Une maison neuve coûtait moins de 3 500 livres. Des bonus étaient également indexés sur le nombre de spectateurs à Old Trafford : une livre en plus si la fréquentation dépassait 35 000 personnes ; 2 au-dessus de 40 000 et 3 passés 45 000. Entre les saisons 1966-67 et 1968-69, l'affluence moyenne tournait autour de 50 000 personnes. Avec les autres primes – de victoire et de classement –, le quotidien de Best ressemblait à une parade en son honneur et au passage de laquelle on aurait lancé de l'argent à la place des confettis. Des billets comme s'il en pleuvait. Son seul tracas consistait à savoir comment les dépenser. Les frais de sa vie d'épicurien étaient largement couverts. Busby pensait que les sommes versées par United correspondaient au « salaire de star » du « nouveau footballeur ». Ce « nouveau footballeur » était pour lui « un homme mondain et malin ». C'était le portrait-robot de Best.

Pensant encore à son père Dickie – et aux amis de son père sur les chantiers navals –, Best compatissait avec tous ceux qui lui renvoyaient sa vie facile et surpayée. Il avait vu des hommes, le dos voûté comme un crochet, traîner des pieds sur le chemin des docks où ils passeraient de longues heures à exécuter leur besogne pénible et monotone, à laquelle seules leurs pensées pouvaient les arracher. Il en avait parfaitement conscience : « Par rapport à ceux qui triment à l'usine, mon salaire est de l'argent facile. Le football n'est pas un métier. » Best avait l'habitude de dire exactement ce qu'il pensait, même si son avis changeait fréquemment, parfois toutes les heures, ce qui laissait souvent sa rhétorique prendre le pas sur son opinion. Il aurait parfois mieux fait de se taire. On prenait certaines de ses sentences pour des déclarations solennelles et éclairées quand elles n'étaient que les réflexions fumeuses d'un jeune homme pressé et encore confus sur sa propre existence. Il assumait son ambition de faire fortune et ne s'interdisait pas d'en parler. À 20 ans, il déclarait : « J'aime imaginer qu'à 25 ans je n'aurai plus besoin de compter sur le football et que je serai suffisamment riche pour ne plus avoir à m'en soucier. » Quand on lui demandait à partir de quand on était « riche », il répondait : « Soixante mille livres ». Au bout de quelques mois, Best réalisa qu'il avait sous-estimé ses gains potentiels. « J'aime l'argent, j'en veux autant que possible, lançait-il avec la candeur d'un enfant. J'aimerais être millionnaire.» Il aurait annoncé qu'il s'apprêtait à épouser un membre de la famille royale qu'il n'aurait pas fait jaser davantage sur l'île. En 1966, la Grande-Bretagne comptait moins de cent millionnaires – qui seraient des milliardaires aujourd'hui. En dévoilant aussi ouvertement une telle ambition, à un si jeune âge qui plus est, il se mettait à dos la partie du pays qui ne s'intéressait pas au foot et qui le trouvait licencieux, arrogant et prétentieux. Sa précocité et son immodestie agaçaient.

Best n'était pas radin. Au contraire. Il n'était jamais à la recherche d'argent. C'est l'argent qui venait à lui, au travers de nombreux contrats de sponsoring, de publicités ou de ses apparitions publiques. Il s'y pliait sans objection et en général sans demander combien ça lui rapporterait.

Mis à part pour les vêtements, quelques bijoux et sa collection de disques, Best n'était pas matérialiste ou ostentatoire. Il n'achetait rien pour briller, les gens étaient plus importants que les biens pour lui. Le seul petit plaisir qu'il s'était accordé était une Jaguar Type E, celle dont Steve McQueen prenait souvent le volant dans les productions hollywoodiennes, ce qui avait grandement contribué à l'attrait de Best pour ce modèle. Avec le fait qu'il soit surnommé «le piège à filles le plus efficace du monde connu». Une Jag en remplaçait une autre. Elles coûtaient toutes plus de 2 500 livres, assez pour acheter trois maisons mitoyennes dans certains quartiers de Manchester. Il les garait le long du trottoir devant chez Mrs Fullaway. «J'en étais fou, raconterait Best, qui ne savait pas comment dépenser sa paye. Si je passais devant un concessionnaire et que je voyais une voiture encore plus belle, je me débarrassais de l'ancienne même si elle n'avait qu'un mois. Je pouvais me le permettre.» Best était assez honnête pour avouer qu'il faisait aussi ça pour cultiver son image de playboy.

Il vérifiait rarement son compte en banque car l'argent en lui-même ne voulait rien dire pour lui. Tant qu'il y avait assez pour acheter ce qu'il souhaitait, Best ne s'inquiétait pas de ses finances. Son attitude vis-à-vis de ses revenus était bien résumée par deux phrases débonnaires : « Je n'ai pas à me préoccuper du coût de quoi que ce soit. Parfois je me dis que je devrais peut-être m'inquiéter un peu plus de ma gestion… »

Quelqu'un d'autre s'en chargeait pour lui.

Ken Stanley était un bourreau de travail qui appartenait à une autre génération que les joueurs qu'il représentait. Il s'entendait bien avec leurs managers qui, comme lui, avaient connu la pauvreté et survécu à la Grande Dépression, les troubles des années 1930 et la Seconde Guerre mondiale. Les gens du métier qui allaient finir par se faire adouber par la Reine – Matt Busby et Alf Ramsey – le considéraient comme dignes de confiance.

Du haut de son bon mètre soixante-dix, Stanley avait des sourcils pointus et son implantation capillaire qui remontait au sommet de son crâne ovale lui donnait l'air plus vieux que son âge. Mais, comme George Best, il mettait un point d'honneur à paraître impeccable en toutes circonstances. Costume sobre, chemise unie, cravate, chaussures noires bien cirées : c'était l'uniforme d'un bon vendeur. Son produit, c'était lui-même, et Stanley se vendait très bien. Il choisissait ses vêtements pour lui donner la contenance qui impressionnerait dans les bureaux où les accords devaient être conclus et dans les salons où les parents des meilleurs espoirs du football britannique devaient être conquis. Il n'appartenait pas aux années 60, mais il avait très bien su les apprivoiser.

En bon businessman, il avait compris le potentiel commercial des footballeurs des Sixties avant eux-mêmes. Il était devenu l'un des premiers et des plus puissants agents sportifs du pays. Il rassemblait les pur-sang dans son écurie.

Né en 1922, aîné d'une famille de neuf enfants, il avait grandi dans un quartier populaire du sud-ouest de Manchester, où les maisons toutes identiques semblaient s'entasser les unes sur les autres. Son talent s'était d'abord exprimé au tennis de table, assez pour le conduire aux Championnats du monde à tout juste 14 ans et pour lui garantir un revenu régulier, quoique modeste. Même s'il lui manquait ce petit truc dont on fait les cracks, il était considéré comme un joueur très complet et un tacticien inventif, qui aurait pu devenir champion du monde si la guerre ne l'avait pas obligé à revoir ses plans. En tant que sportif et impresario à temps partiel, il participait à des exhibitions sportives, faisait des apparitions dans les Butlin's, ces gigantesques complexes de vacances avec parc d'attraction, et assurait le show au même titre que les Harlem Globetrotters ou les troupes de jongleurs. Pendant les années 50, quand les sportifs gagnaient une misère mais jouaient devant une foule immense, Stanley avait compris que l'avenir était à l'autopromotion. Il avait développé une marque d'équipements sportifs, en particulier de battes et de balles, et ouvert des académies de tennis de table dans le nord-ouest de l'Angleterre. Il avait aussi transformé des cinémas abandonnés en terrains de foot en salle.

Sa vie avait changé grâce au magnifique et interminable été 1959. Même en février, déjà, le thermomètre avait atteint les dix-neuf degrés à Londres. De la deuxième semaine de mai à la troisième d'octobre, il avait fait si beau que l'on n'avait pas vu un nuage, à tel point que l'Angleterre s'était mise à redouter une sécheresse. Personne ne voulait rester enfermé à l'intérieur, ce qui signifiait que les tables et les terrains de Stanley restaient inoccupés. Il était désormais manager chez Mitre, petite tannerie de Huddersfield au début du règne de Victoria devenue leader sur le marché grâce à ses innovations techniques. La spécialité de Mitre était ces fameux ballons avec leurs panneaux en bandes de cuir. Son poste allait être la clé qui lui ouvrirait de nombreuses portes. Stanley voyageait sans cesse, rencontrait beaucoup de gens et s'entendait bien avec tout le monde. Il savait tout du moindre gamin appelé dans les diverses sélections de jeunes. « Tout est une question de réseau », affirmait-il.

Bien avant que la Football Association n'accepte sa défaite devant les tribunaux, Stanley avait vu venir la fin du salaire maximum, conscient que la règle était intenable. Il était consterné que les footballeurs qu'il vénérait tant ne soient pas mieux traités que les hommes à la mine ou au chantier. Parce que c'était injuste. Le partage des ressources générées par les clubs était inéquitable et profitait largement aux propriétaires ou aux directeurs, qui s'en mettaient plein les poches. Aussi puissant fût-il, le football ne pouvait pas ignorer les règles qui s'imposaient au reste de la société et demander un traitement de faveur. Dans tous les autres secteurs d'activité, les relations sociales évoluaient, et ce sport ne pouvait pas espérer que ses pratiques féodales demeurent. Les footballeurs étaient des hommes comme les autres, qui avaient moralement et légalement le droit d'être traités de façon honnête sur leur lieu de travail. Ils ne pouvaient pas être discriminés parce qu'ils tapaient dans un ballon. Et ils ne pouvaient pas être considérés comme des moins que rien et voir leurs mouvements et leurs salaires limités par le bon vouloir de leur direction. Stanley savait que la FA serait obligée de céder sur un second point : le syndicat des joueurs ne pourrait plus être ignoré ou diffamé au prétexte qu'il était trop militant et composé d'extrémistes qui incitaient à la révolte. Tout cela allait aboutir à la première vraie réforme qu'ait connue le football professionnel depuis sa légalisation en 1885. À partir de là, le modèle économique serait entièrement réorganisé, les plus grands talents bénéficieraient de conditions bien plus confortables afin d'offrir au public un spectacle toujours plus attrayant. Stanley avait anticipé chacune des conséquences de cette révolution. Car il en était certain : « Le football allait enfin rentrer dans une nouvelle ère. »

Stanley était l'homme qui voyait l'avenir. Il avait flairé une opportunité et décida donc de quitter Mitre pour s'établir comme agent. Il avait obtenu les signatures des meilleurs jeunes qu'il avait repérés : les Anglais Gordon Banks et Alan Ball ainsi que les Écossais Billy McNeill, John Greig et Billy Bremner, soit deux champions du monde, trois vainqueurs de Coupe d'Europe et pas loin de trois cents *caps* à eux cinq. Il travaillait seul et opérait depuis la maison familiale. Son bureau était dans la chambre d'amis et il devait taper lui-même ses lettres car il n'avait pas de quoi payer un secrétariat. La maison vivait au rythme du tac-tac-tac des touches sous ses doigts. L'expansion fut rapide. Au milieu des années 60, ses journées de travail de 16 heures le conduisirent à déménager au dernier étage d'un ancien cabinet d'avocats dans le centre d'Huddersfield. La ville et l'adresse – 19 Railway Street – pouvaient laisser imaginer quelque chose de miteux à ceux qui ne s'y étaient jamais rendus. Mais ses sept pièces avec leurs grandes fenêtres surplombaient St George's Square et sa magnifique architecture géorgienne. Les lambris de son bureau étaient recouverts de livres du sol au plafond. Il prenait place derrière son bureau ministre en acajou, plus long qu'un lit. Sa douzaine d'employés l'appelaient affectueusement Mr Ken.

En tant qu'ancien sportif professionnel, Stanley connaissait les sacrifices nécessaires pour devenir international, les efforts pour conserver ce statut et la charge de travail physique et psychologique qu'il fallait consentir ne serait-ce que pour rester en condition. Il avait lui-même vécu ça, particulièrement la quête quotidienne et fastidieuse d'une perfection impossible à atteindre. Il connaissait le vers de Kipling sur « ces deux menteurs » que sont «Triomphe et Défaite ». Il avait vécu les nuits sans sommeil et le stress avant les grands matchs, il avait traversé des périodes d'incertitude et avait douté de ses capacités. Son expérience lui permettait de s'identifier avec la plus grande sincérité à tous ceux dont il gérait les intérêts. Il avait beaucoup entraîné aussi et mesurait l'importance de la confiance et de la patience dans l'éducation à la vie de professionnel. En discutant avec eux de ce qu'il avait connu et de ce qu'il en avait tiré, Stanley rassurait les parents qui savaient à quel point le bien-être de leur enfant lui tenait à cœur. C'était aussi une figure paternelle pour les jeunes, qui se sentaient à la fois en sécurité et importants.

Soucieux de régler tous les problèmes éthiques, Stanley avait en horreur ceux qu'il décrivait diplomatiquement comme « des types à moitié inconscients trop pressés de convaincre les joueurs de signer des contrats pour réellement garantir leurs intérêts ». Il condamnait ce braconnage à la limite de l'exploitation : « Si vous étiez un footballeur et que vous voyiez cinquante vendeurs à la sauvette vendre des posters, des fanions et des cartes postales avec votre visage dessus sans que vous ne touchiez un seul penny, vous seriez en colère, non ? » Son grand sens moral et sa réputation d'homme de parole lui avaient valu le respect de tous.

Au début, la course aux signatures était aisée. Il n'y avait qu'une poignée d'agents – la plupart à Londres – et aucun n'avait son énergie et sa créativité. Il avait aussi un avantage géographique : « Tous les bons joueurs étaient dans le Nord à l'époque. »

Il défrichait des territoires inconnus. Il était encore rare de voir le visage d'un joueur en tête de gondole dans les magasins ou sur les produits des grandes marques. L'impact du football avait toujours attiré les publicitaires. Mais les cibles se limitaient au public des tribunes populaires ou aux sportifs du dimanche. Dès 1898, quand l'équipement se constituait d'un maillot à col boutonné, d'un short large et flottant et de chaussettes qui remontaient jusqu'aux genoux, l'équipe de Forfar Athletic vantait les mérites d'Elliman's Embrocation, une mixture de massage vendue dans d'énormes pots et dont l'odeur imprégnait tout le vestiaire. Dans les années 30, quand tout le monde tirait frénétiquement sur sa clope en ignorant les effets cancérigènes de la nicotine, Dixie Dean incitait « tous les jeunes footballeurs » à se mettre aux Wix. Stanley Matthews avait été photographié avec le maillot de l'équipe d'Angleterre afin d'assurer la promotion des Craven A, « douces et propres », ce dernier qualificatif étant même souligné d'un trait de stylo. Plus sophistiqué encore, le « Maestro » de Fulham Johnny Haynes, premier joueur à gagner 100 livres par semaine, avait été choisi pour incarner le *Brylcreem Boy*, l'égérie de la marque de brillantine du même nom, succédant ainsi au joueur de cricket Denis Compton. Haynes apparaissait en tenue de soirée et nœud papillon noir, la mèche chatoyante et impeccablement sculptée en forme de vague, sous le slogan « Qui est cet homme du monde ? ».

À mesure que les Sixties trouvaient leur rythme, Stanley voyait de nouveaux horizons s'ouvrir pour sa clientèle, qui selon lui ne pouvait plus se contenter de refourguer de la pommade, des cigarettes bon marché ou du gel pour les cheveux. Stanley pensait que le footballeur moderne ne devait pas être confiné à la promotion des chaussures à crampons ou des ballons. Il avait senti qu'il ne faudrait pas longtemps avant que la télévision ne diffuse un match par semaine, comme cela serait le cas avec *Match of the Day*. Il savait que cela améliorerait la visibilité et donc les émoluments des meilleurs, de la même façon que *Sunday Night at the London Palladium* avait transformé certains chanteurs inconnus en pop stars. Il avait compris les rouages du système et surtout pris conscience que les changements en cours allaient poser les bases d'une nouvelle règle du jeu. Il gardait à l'esprit que dans les années 60 comme lors des décennies précédentes, la plupart des modes seraient éphémères. Mais il avait vite accepté que les attitudes et les valeurs, notamment celles des jeunes, seraient fondamentalement différentes. Et qu'on ne reviendrait jamais en arrière.

Même si l'ancien Premier ministre Harold Macmillan avait déclaré la fin des années 50 comme les meilleures de tous les temps, ce n'était pas la corne d'abondance pour tout le monde, et en particulier pour les petits salaires. Stanley avait malgré tout suivi son instinct. Les données démographiques et son intuition lui faisaient pressentir que les baby-boomers ne seraient pas aussi passifs ou obsédés par leur rang que leurs aînés. Ils s'affirmeraient, auraient leurs propres aspirations et deviendraient un marché à part entière.

Il y avait de nouveaux consommateurs à conquérir, et il connaissait un joueur qui avait tout pour leur plaire.

★ ★ ★

« Gérer George Best est un boulot sans fin », racontait Ken Stanley, qui concédait toutefois que son poulain générait à lui seul 75 % de ses revenus.

Il avait enrôlé Best quand presque personne en dehors d'Old Trafford ne connaissait son existence. Le tuyau était venu de Denis Law, déjà dans l'écurie Stanley, qui avait assuré à son agent qu'il était « exceptionnel, brillant et qu'il avait quelque chose de très spécial ». Stanley n'hésita pas et signa Best l'été même où Busby l'avait fait passer pro.

Après Lisbonne, Best demanda à ce qu'on lui constitue un staff dédié. Trois secrétaires géraient son fan-club. Il recevait cinq mille lettres par semaine. Les ouvrir toutes était un travail à plein temps. Beaucoup d'entre elles arrivaient de l'étranger, notamment d'Extrême-Orient, et l'adresse gribouillée sur l'enveloppe était parfois assez sommaire :

George Best
Footballeur
Quelque part en Angleterre

Best estimait qu'une lettre sur cinq venait d'écoliers qui voulaient une photo dédicacée et lui posaient la même question : comment devenir footballeur professionnel ? D'autres expéditeurs, moins innocents, lui demandaient de l'argent, non sans avoir cherché à l'émouvoir. Leurs histoires larmoyantes parlaient de problèmes familiaux ou de besoins médicaux urgents. Des spéculateurs, escrocs pour la plupart, lui proposaient des combines pour augmenter ses gains et des opportunités de placement exceptionnelles. Certains, plus dérangés, pensaient que Best était une divinité à qui Dieu avait donné des pouvoirs pour soigner la maladie. Ils lui imploraient de guérir le cancer, de faire repousser les membres des mutilés ou de rendre la parole aux muets. Et il y avait toutes les lettres de femmes éprises, dont l'âge variait de l'adolescente à peine pubère à la mère de famille mariée, qui souhaitaient faire plus ample connaissance avec lui. Il y avait des demandes en mariage, des invitations à des soirées ou simplement l'envie d'échanger une correspondance. Les angoissés écrivaient pour un peu de soutien moral, comme si Best était un vieil oncle infaillible qui pouvait les aider à traverser les épreuves. Les collectionneurs le sollicitaient pour un de ses vêtements ou une mèche de cheveux. S'il avait dit oui à cette dernière requête, il aurait été chauve au bout d'un mois. Plus tard, quand Best répondait à ceux qui voulaient un fragment de ses cheveux d'écrire au Village Barber, le salon de Malcolm Wagner, l'afflux avait été tel qu'il avait fallu réquisitionner des apprentis de Manchester United pour les mettre dans les enveloppes. Stanley constatait qu'il ne s'était pas trompé : «Tout le monde voulait quelque chose de George.»

Au début, Stanley devait systématiquement initier et porter lui-même les différents projets de marketing ou de promotion. Les agents n'étaient à l'époque pas empêtrés dans les négociations de transferts et les marques n'étaient pas convaincues de la capacité des footballeurs à faire vendre. La bible de Stanley était *Le Livre Bleu*, l'almanach annuel qui recensait les données sur les entreprises, leurs produits et leurs statistiques. Il compilait et analysait un maximum de données afin de préparer ses argumentaires. Il savait que toute la responsabilité reposait sur lui et qu'il devait livrer du clé en main aux clients susceptibles d'être intéressés. Il devait aussi convaincre les commerciaux qu'associer l'image d'un footballeur à leurs produits pouvait profiter à leur société ou améliorer sa notoriété. Face à des dirigeants sceptiques, il devait faire preuve de patience et de pédagogie. La plupart d'entre eux ne savaient pas faire la différence entre Bobby Charlton et le Charlton Athletic. Stanley écrivait aux journalistes et proposait des histoires qui, tout en intéressant les lecteurs, présentaient ses clients sous un jour favorable. Il montrait ensuite les coupures aux entreprises pour qu'elles aient une idée du potentiel. «Les sociétés ne venaient pas à nous, c'est nous qui allions les chercher. Et il fallait ensuite les convaincre que le football pouvait véritablement aider à leur essor.»

Best changea la dynamique à lui tout seul. Pour mettre en avant l'attractivité commerciale de sa vedette, Stanley avait un gimmick qui faisait souvent mouche : « George pourrait vendre des tapis d'escalier à des gens qui vivent dans un bungalow.» Les tapis d'escalier étaient sans doute la seule chose à laquelle le nom, le visage ou la signature de Best n'étaient pas attachés. « Quand mon téléphone sonnait, se souvenait Stanley, c'était en général parce que quelqu'un voulait George. Désormais, c'est nous qui étions démarchés.» Stanley devait signer et contresigner au nom de Best. Jusqu'en mai 1967 et son vingt et unième anniversaire, il était toujours mineur aux yeux de la loi britannique. Cela énervait Best, qui faisait remarquer: «J'étais assez vieux pour combattre et mourir pour mon pays. Comment pouvais-je être mineur?»

Les choix que Stanley faisaient pour lui étaient payants. Durant la seconde moitié des années 60, aucun sportif britannique ne toucha autant que lui. Pas Ann Jones, la gagnante de Wimbledon en 1969. Pas le golfeur Tony Jacklin, qui remporta le British Open la même année et l'US Open onze mois plus tard. Pas Henry Cooper, le champion de Grande-Bretagne des poids lourds, qui avait combattu deux fois celui qui était encore Cassius Clay. Et aucun de ses contemporains footballeurs – pas même Law et Charlton – n'était dans la même division en termes de revenus ou d'image pour les entreprises. La Coupe du monde 1966 avait consacré Bobby Moore. Sa femme, Tina, faisait la pub pour la sauce Bisto à la télévision alors que le libéro de West Ham présentait les costumes du designer de la Reine, Hardy Amies, vantait les bienfaits de la lotion pour cheveux Vitasil et promouvait l'esprit de camaraderie des pubs anglais dans *Look in at the Local*, spot à la gloire de la franchise, dans lequel on le voyait lancer une fléchette en plein centre de la cible tandis qu'il récitait mécaniquement ses répliques. Kellogg's avait offert 3 000 livres à Moore pour une réclame avant la Coupe du monde 1970. À la même époque, Best s'en voyait proposer 5 000 rien que pour couper le ruban lors de l'inauguration d'un supermarché. Le George Best Annual, mélange de photos en pleine page et d'articles écrits par un nègre, se vendait à 120 000 exemplaires.

En 1968, il avait empoché plus de 100 000 livres. En 1969, ses revenus pouvaient atteindre 5 000 livres par semaine, alors que son salaire de base n'excédait pas les 140 livres hebdomadaires. Best était partout: à la télé, sur les panneaux au bord de la route, en une, en dernière page et à l'intérieur des journaux et des magazines. En plus de la promotion de produits liés au foot –

ballons en plastique, sacs, protège-tibias, chaussures de sport, maillots ou encore poteaux de buts –, il représentait des produits qui touchaient tous les âges ou classes sociales : chewing-gums, saucisses, tartes aux pommes, oranges espagnoles, céréales, œufs, essence, chaussons, chaussures (pour hommes, femmes ou enfants), cravates, puzzles, livres de coloriage, cartes à collectionner, sucettes, bonbons, couvertures, draps, chaussettes, lunettes de soleil et laque. Best ne se contentait pas de vendre des vêtements, il vendait aussi sa propre marque de cintres pour les accrocher. Et il ne vendait pas que ses pulls, il vendait aussi aux habiles de leurs doigts les motifs pour les tricoter à la maison. Il vendait même des pyjamas, alors qu'à la question « Avec quoi dormez-vous ? », il s'était contenté de répondre « La radio », ce qui n'était pas sans rappeler le légendaire « Juste quelques gouttes de Chanel N° 5 » de Marilyn Monroe. Il avait été moins sibyllin à ce sujet auprès de Stanley : « Je ne porte pas de pyjamas. Qui en porte encore aujourd'hui ? »

La croissance continue de la marque Best s'expliquait par la philosophie de Stanley, selon qui les sportifs devaient capitaliser un maximum tant que la situation leur était favorable. Il ne voyait pas ça comme du mercenariat. Le train, comme il l'expliquait, ne passait pas toujours deux fois : « La plupart des hommes d'affaires atteignent le pic de leur productivité à la trentaine. La plupart des sportifs sont au top à 20 ans et quelque et sont proches de la fin à 30. C'est juste du bon sens d'en tirer le plus possible, tant que ça n'empiète pas sur leur activité de joueur. » Cela le confortait dans l'idée que « les footballeurs d'aujourd'hui incarnent le glamour comme les acteurs de cinéma à l'époque ». Il était déconcerté devant l'incapacité de certaines entreprises à saisir le phénomène. « Si vous voulez vendre quelque chose, il n'y a pas plus grand pouvoir d'attraction que les footballeurs dans ce pays », insistait-il, toujours sidéré d'avoir à le répéter.

Stanley savait aussi faire la part des choses. En refusant plus d'offres qu'il n'en acceptait, il montrait qu'il avait des principes. Il avait trois règles fondamentales. Les deux premières étaient :

«Je n'interviens jamais dans le domaine sportif et j'exclus l'hypothèse qu'une opération commerciale puisse mordre sur le temps du club.» La troisième lui garantissait des relations apaisées avec Old Trafford : «J'appelle toujours Matt Busby en premier pour avoir son autorisation concernant la proposition.» Stanley connaissait bien Busby et refusait donc les offres périlleuses ou de mauvais goût. Busby les aurait rejetées. Stanley avait dit non à une société de bookmakers car il ne voulait pas que Best soit lié, même de loin, avec les paris ou les jeux d'argent. Il repoussait les offres des différents producteurs qui voulaient le faire tourner au cinéma ou le pousser à enregistrer des chansons.

Les obligations commerciales de Best devaient être organisées en fonction de ses sorties et non l'inverse. Best refusait les engagements à long terme qui l'auraient contraint, par exemple, à bloquer certains jours chaque mois. Stanley avait dû s'y résoudre : cette liberté était non négociable pour Best. Il ne pouvait pas non plus limiter ses dépenses. «L'argent entrait d'un côté et ressortait de l'autre, confirmait Best. Je ne sais même pas vraiment où il passait.» Best avait l'habitude de dire oui à des petites combines dans lesquelles il investissait parfois plusieurs milliers de livres, et d'en aviser Stanley seulement après coup. «Je disais "ouais, super" et je ne vérifiais jamais ce qu'il advenait de cet argent. J'ai perdu pas mal de cash comme ça.»

Stanley était allé jusqu'à sonner à la porte d'Aycliffe Avenue pour enrôler Mary et Steve Fullaway afin qu'ils expliquent à Best les principes de la microéconomie. «Pouvez-vous lui expliquer que chaque pièce de six pence qu'il donne lui coûte en réalité une livre ?», avait demandé Stanley, exaspéré de n'y être parvenu tout seul. Au début, Best ne portait aucun intérêt aux nouvelles mesures du gouvernement Wilson, qui avait augmenté significativement la pression fiscale sur les hauts revenus. Le message avait fini par l'atteindre à mesure que le taux d'imposition augmentait au fil de la décennie, tant et si bien qu'il demanderait à être payé en liquide pour certaines apparitions. «Par ici la monnaie !», lançait-il, avant de planquer les billets dans des tiroirs ou des placards plutôt que de les mettre à la banque. En rangeant ses chaussettes, Mrs Fullaway tomba un jour sur 30 000 livres en cash. Une nouvelle victoire de Best contre le fisc.

Le fils de Stanley, David, n'avait qu'un an de plus que Best, et les deux garçons avaient développé une certaine complicité. Pour l'avoir plusieurs fois accompagné à des rendez-vous, David Stanley trouvait Best timide et adorablement vulnérable, ce qui ajoutait à sa grâce naturelle. « Mon père pensait que George pouvait charmer le derrière d'un éléphant. Il avait raison. J'ai vu des businessmen butés se mettre à genoux devant lui après qu'il leur eut parlé. S'il était en retard, il s'excusait et trente secondes plus tard tout était oublié. Il avait suffi qu'il leur sourie. »

Pour Best, la serveuse qui apportait le thé était sur le même pied que le directeur de la société. « Il était très humble, toujours courtois et traitait tout le monde avec le même égard. Il était ouvert, avait confiance en l'autre et se voyait comme une personne normale connectée avec les gens normaux », ajoutait David Stanley, qui avait été témoin de son flegme et de sa patience dans des situations où il lui aurait été pardonné de s'agacer. « Si quelqu'un était grossier, il n'était pas grossier en retour. Et il s'efforçait d'ignorer les emmerdeurs. »

Quand Best projetait de prendre congé et qu'il souhaitait s'extraire d'une situation ou mettre fin à une obligation qui avait un peu trop duré à son goût, il utilisait un code mis au point avec ses amis. « OTW », leur glissait-il. C'était un acronyme pour « Over The Wall », ce qui signifiait qu'il était temps de passer « de l'autre côté du mur », le signal pour ce qu'il appelait « la Grande Évasion ».

Mais Best ne pouvait plus s'échapper. Sa célébrité avait pris de telles proportions qu'elle était en train de le faire basculer dans une nouvelle dimension, où il lui serait impossible de reprendre le contrôle des événements.

« C'est à ce moment que la folie a commencé. »

PARTIE II

C'EST SUR LES PRIÈRES EXAUCÉES QU'ON VERSE LE PLUS DE LARMES

CHAPITRE 6
ABEILLES QUI BUTINENT ET BONBONS EN VITRINE

La vie de George Best était une fête perpétuelle à laquelle ni midi ni minuit ne mettait fin, « un putain de manège avec de la musique ».

Il était toujours en effervescence et en avait déjà parfaitement conscience : « Je ne reste jamais à la maison. Je ne peux pas rester assis à ne rien faire, même cinq minutes. Il faut toujours que je bouge. Du mercredi au samedi, c'est l'enfer. Je sais que je ne dois pas sortir et qu'il faut que je sois au lit à onze heures. Mais ça me rend dingue. Le seul truc qui m'empêche de devenir fou, c'est de me rappeler que ce sera la fête dimanche, lundi et mardi. »

Mais plus il était idolâtré, plus les désagréments se multipliaient.

Un joueur d'aujourd'hui est protégé des intrusions. Les rendez-vous sont en général fixés après de longues et minutieuses négociations qui aboutissent à des accords très clairs sur la durée et le protocole. Les interviews ne sont données quasiment que lorsqu'il y a un produit à promouvoir.

Best était ridiculement accessible. Il était parfois dur à trouver car il allait là où son envie – ou l'un de ses potes – le menait. À l'ère pré-téléphone portable, Ken Stanley avait une liste de numéros pour le joindre : ceux de ses clubs et bars préférés, d'amis, d'associés ou de Mary Fullaway. Il fallait procéder par élimination pour lui mettre le grappin dessus. En revanche, il était possible de le croiser dans sa boutique, ou de tomber sur lui quand vous appeliez au magasin, parce qu'il avait décidé de répondre sur un coup de tête ou pour s'occuper. Il n'y avait que deux Fullaway dans l'annuaire téléphonique de Manchester – Mary et son fils aîné, Graham. Les choses restèrent ainsi jusqu'à ce que Mrs Fullaway ne décide de se mettre sur liste rouge afin de préserver sa propre santé mentale. Même si ça ne changeait pas grand-chose. «J'avais beau tout faire pour ne pas donner mon numéro à n'importe qui, il finissait toujours par fuiter», se plaignait Best, régulièrement réveillé au milieu de la nuit par des correspondants anonymes qui raccrochaient dès qu'il avait décroché le combiné. «Je me disais que ça devait être le boss qui vérifiait que tout allait bien», ironisait-il.

Sur le trottoir devant la maison d'Aycliffe Avenue, les fans attendaient par grappes l'arrivée ou le départ de Best. Les plus courageux ouvraient le portail, marchaient sur la petite allée bétonnée et frappaient à la porte. «Ils voulaient toujours voir la chambre de George», avait constaté Mrs Fullaway.

Quand Best roulait dans Manchester, il se retrouvait collé au train par des automobilistes et ne pouvait s'en défaire qu'en grillant des feux rouges. Où qu'il aille, il était harcelé pour un autographe. Il ne pouvait pas manger au restaurant sans être interrompu. Cela avait atteint un tel point qu'il avait fini par ne plus prendre d'entrée. Il choisissait un plat principal et priait pour avoir le temps de le finir avant d'être dérangé. Pour manger un menu complet, Best devait commander l'entrée, le plat et le dessert dans trois endroits différents et courir d'un point à un autre.

Au début, il prenait ce harcèlement permanent comme un compliment. Sa nature affable lui permettait de faire face à l'hystérie de celles et ceux qui voulaient son attention avec un sang-froid stupéfiant. Les réactions qu'il suscitait donnaient parfois lieu à des scènes particulièrement comiques : Best incapable d'ouvrir la porte de sa voiture à cause de la foule autour de lui ; Best incapable de faire trois pas sans qu'un cahier d'autographes ou un bout de papier n'apparaisse devant lui ;

ou Best qui se précipite dans une petite rue ou à l'intérieur d'un magasin afin d'éviter des journalistes ou des fans pour finalement se retrouver nez à nez face à une meute deux fois plus importante.

Il ne pouvait pas aller au cinéma sans arriver en retard et repartir en avance. «J'attendais que le film ait commencé et que la salle soit plongée dans le noir pour aller m'asseoir. Et ensuite je me levais quelques minutes avant la fin et je la regardais debout à côté de la sortie. Je ratais toujours les génériques de début et de fin.» Il ne pouvait pas s'arrêter à un feu rouge sans qu'un supporter ne toque à la fenêtre de sa Jaguar. Il ne pouvait pas aller acheter le journal ou se poser pour boire un verre et espérer rester tranquille. Il n'était pas assis que les piliers de comptoir avaient déjà commencé à lui parler de football.

Le traitement qu'on lui réservait dans les stades était étonnamment gentillet par rapport aux injures primaires et grossières d'aujourd'hui. « Ne le tacle pas, attends qu'il trébuche sur son portefeuille » était la moquerie la plus répandue. Sous leur casquette, d'autres supporters lui rappelaient à leur façon sa passion pour les vêtements et ses cheveux longs: «T'es une grande fille », lui hurlaient-ils, avant de lui demander: « Qu'est-ce que t'as fait de ton sac à main ? » Il était sorti un jour du tunnel d'Anfield en en portant un à son avant-bras gauche, après l'avoir emprunté à une *tea lady*. Une canette de bière vide volait parfois par-dessus le muret et atterrissait à ses pieds. Il attendait un arrêt de jeu pour la prendre et faire semblant de boire avant de la lancer le long du terrain. « On s'attend à être malmené par les supporters adverses, expliquait-il. Mais on apprend vite à les ignorer ou à gérer la situation sans mettre d'huile sur le feu.»

Il fallait aussi composer avec les excentriques, dont les mauvaises intentions lui étaient exposées dans des lettres anonymes et débordant de haine. Stanley avait prévenu Best, le mettant en garde contre la minorité de tordus qui seraient énervés, jaloux, critiques, puritains ou seulement très hostiles à son encontre sans véritable raison. Les messages malveillants qui lui parvenaient étaient souvent rédigés en majuscules et dans des couleurs agressives – en général à l'encre verte ou rouge. Ce courrier empoisonné était son « pire ennemi ». « On a beau savoir que ça vient d'esprits dérangés, ça fait toujours mal », témoignait-il. On lui reprochait d'être répugnant, subversif et un mauvais exemple pour la jeunesse. On lui promettait les flammes de l'enfer. Un correspondant, qui signait Ashton-Under-Lyme – de l'ancien nom d'Ashton-Under-Lyne, faubourg à l'est de Manchester –, postait deux à trois lettres par jour et se plaignait du moindre de ses faits et gestes. Le vieux Best aurait su ignorer ces commentaires et ne s'en serait pas ému. Le jeune Best, en revanche, ne comprenait pas pourquoi il suscitait tant de haine ou ce qui motivait quelqu'un à l'exprimer par écrit. Il avait tenté de faire économiser à ses critiques le prix du papier et du timbre en annonçant : «Toutes mes lettres sont passées au crible. Je ne lis pas les pires. Ça ne sert à rien de me les envoyer.» Elles continuaient d'arriver malgré tout. Certaines étaient envoyées directement à Matt Busby. En croisant les lieux et heures où Best était censé avoir été vu, Busby le retrouvait parfois à deux, voire trois endroits différents en même temps. Un corbeau affirmait l'avoir vu saoul au point de se rouler par terre dans la rue. Un autre racontait qu'il avait perdu de l'argent au casino la nuit précédant un match. Busby ne prenait pas en considération les expéditeurs clairement malveillants et ne vérifiait que les dires de ceux qui, dépassionnés, s'en tenaient aux faits, car il savait que Best obéissait à une règle d'or. Il ne s'éloignait jamais d'Aycliffe Avenue un vendredi soir.

Busby avait l'impression de voir Best dans les journaux tous les jours. Il n'avait pas de stratégie pour gérer une telle situation car il n'y avait jamais été confronté auparavant. Duncan Edwards n'avait pas ouvert de boutique. Bobby Charlton n'était pas mannequin. Denis Law n'était pas dans les pages people. Busby était persuadé que cette frénésie ne durerait qu'un temps. Les gens allaient se lasser et l'intérêt pour lui finirait par se tasser. D'ici là, il répondrait à toutes les accusations contre lui.

Best se défendait avec vigueur : «Vous croyez vraiment que vous me trouveriez en train de courir les boîtes de la ville jusqu'au petit matin avant un match ? Essayez déjà de me trouver un jour dans un pub *après* un match.»

Le séduisant Best découvrait qu'il était en représentation permanente. Où qu'il aille, les femmes suivaient. Si sa Jaguar n'était pas protégée, il la retrouvait couverte de déclarations d'amour griffonnées sur le capot, le coffre et la porte du conducteur. Son coéquipier John Connelly avait fait l'erreur de se garer à côté de la Jag avant de découvrir à son retour que deux douzaines de femmes attendaient Best. «Je ne pouvais pas rentrer dans ma voiture. Celle de George était couverte d'inscriptions et les essuie-glaces bloqués par les petits mots. À partir de ce jour-là, j'ai toujours pris soin de trouver une place le plus loin possible de la sienne.» Ces messages au rouge à lèvres ou à l'eye-liner pouvaient être effacés avec un chiffon humide. Ceux gravés à la lime à ongles ou au stylo à bille nécessitaient un coup de peinture. Best se rendait régulièrement au garage pour ce genre de réparations ou commander de nouvelles jantes qu'on lui avait volées ou endommagées. Une femme s'était étendue sur le capot de la Jag et avait refusé de bouger jusqu'à ce que Best quitte le siège conducteur et vienne l'embrasser sur la joue tandis qu'un bouchon se créait et que le bruit de klaxons résonnait jusque loin dans les rues de Manchester. Quelqu'un avait essayé de lui voler une roue. Quelqu'un avait essayé de piquer le numéro de la porte de Mrs Fullaway avec un tournevis. La logeuse s'était réveillée un matin en découvrant qu'une adolescente avait ouvert la fenêtre du rez-de-chaussée et dormait sur le canapé. Elle avait insisté pour que la jeune fille reparte comme elle était venue, sans y être invitée. D'autres frappaient à la fenêtre pour attirer l'attention de Best. « Des filles appelaient toute la journée, racontait Mrs Fullaway. Quand je répondais, tout ce que j'entendais, c'était des gloussements de gamines. Elles voulaient pouvoir raconter qu'elles avaient parlé à George.»

L'entrée des joueurs à United – une porte en bois rouge – était assiégée après chaque match par des badauds, des chasseurs d'autographes ou des femmes qui voulaient étreindre et embrasser Best. Des demandes de rendez-vous lui étaient glissées dans la poche. Certaines requêtes étaient plus directes. D'autres notaient leur numéro de téléphone au dos de photos d'elles qui les représentaient la moue suggestive, quand elles n'étaient pas légèrement vêtues. Best aimait glisser un mouchoir bordeaux ou blanc dans la poche supérieure de sa veste. Dans la mêlée devant Old Trafford, il lui était systématiquement arraché pour être gardé en souvenir. Best en avait épuisé un plein tiroir avant que l'exaspération ne le pousse à en épingler un à l'intérieur de la poche. Un procédé qui n'avait pas suffi à dissuader ses groupies, qui repartirent avec leur trophée, tout en laissant une déchirure sur sa veste. «J'étais parfois heureux de sortir de là en portant toujours une chemise», se rappelait-il. Les jours de match, il arrivait à Old Trafford en taxi après avoir laissé sa voiture en lieu sûr, et repartait de la même façon.

À Manchester et à Londres, des sosies se faisaient appeler George Best. Un usurpateur conduisait la même Jaguar Type E blanche que lui. Un autre avait abusé de la crédulité d'une femme lors de vacances en Italie. George Best avait reçu une lettre à Old Trafford lui demandant pourquoi «il» ne l'avait pas recontactée : «Tu avais dit qu'il fallait qu'on s'écrive.» Après avoir réalisé qu'elle avait été dupée, Best avait appelé le numéro griffonné sur le coin supérieur de la lettre pour lui dire la vérité. Il n'avait jamais été en vacances en Italie à ce moment-là (c'était en 1967). Une maxime dit que rien n'est plus déplaisant que la bonne fortune des autres. Surtout quand il s'agit de sexe. «Si vous étiez quelqu'un de jaloux, vous ne pouviez pas côtoyer George parce que, où qu'on aille, il était au centre de toutes les attentions, expliquait Mike Summerbee. Ses amis l'acceptaient. Certains étrangers non.» Des maris ou des petits amis l'accusaient d'avoir essayé de leur voler leurs partenaires, et la plupart d'entre elles auraient adoré que ce soit vrai. Best résumait assez bien la situation : «C'était dingue.»

Il ne pouvait pas aller aux toilettes tout seul au cas où un agresseur l'attendrait. Il se souvenait d'une histoire à propos de Bill Shankly. Un type à côté de Shankly à la pissotière avait marqué un temps d'arrêt, s'était tourné pour lui parler et avait pissé sur le pantalon du manager de Liverpool, en lui trempant la jambe droite. Best n'en revenait pas : « On n'imagine pas le nombre de personnes qui viennent vous voir pour vous serrer la main quand vous essayez de pisser. »

Même à 21 ans, Best parlait de son rêve de tout plaquer – un signe précurseur de ses tourments à venir : «Vous avez déjà ressenti l'envie de quitter tout ça ? De filer en douce dans un coin tranquille, en gardant vos pensées pour vous ? Est-ce que les gens vous ont déjà énervé au point d'avoir envie de vous lever et de crier ? J'ai entendu des célébrités se poser ce genre de questions avant et il y a des moments où je vois exactement où elles veulent en venir. »

Le *Sunday Times* avait un jour persuadé George Best d'apparaître dans son magazine en couleurs vêtu seulement d'un bermuda. Il tenait un ballon en cuir contre sa hanche droite. Il était photographié de face et de dos. L'article était intitulé « Le prix du génie ». L'idée était d'illustrer les dommages qu'une carrière dans le football faisait au corps. Une ligne était tracée vers chaque membre et muscle, avec une brève légende. « Cartilage enlevé du genou droit », disait l'une. « Les pieds et les chevilles sont les plus exposés. Best doit maintenant se faire strapper avant chaque match », disait une autre. Ce que le papier ne commentait pas, c'était ces marques sur son cou. Qui, elles, n'étaient pas l'œuvre des défenseurs.

Vers la fin de sa vie, on demanda au Poète lauréat – titre honorifique de poète officiel de la Reine – John Betjeman s'il avait des regrets. « Pas assez de sexe », avait-il répondu. Best ne pourrait jamais se permettre pareille réplique. Avant la fin des années 60, il disait : « Il y a à peu près deux ans, les copains et moi on a calculé avec combien de filles j'étais sorti, et on était arrivé à sept cent cinquante. J'ai dû largement dépasser le millier depuis. » Ceux qui le connaissaient assuraient qu'il n'y avait aucune exagération derrière ces chiffres. « C'était devenu impossible à compter», soufflerait-il plus tard à propos de sa vie à l'horizontale. Dans son *Histoire de ma vie*, Giacomo Casanova consignait cent vingt-deux maîtresses, ce qui le situait plutôt du côté des puceaux sur l'échelle de Best, qui ne voyait rien de mal à quitter une fille à minuit pour en rejoindre une autre «une demi-heure plus tard». Il affirmait avoir couché avec sept femmes en vingt-quatre heures. «Sept chanceuses», plus exactement.

Cela n'avait pas toujours été comme ça. D'ailleurs, au cours de ses jeunes années à Aycliffe Avenue, Mary Fullaway s'était sentie, de son propre aveu, «un peu nerveuse» quand elle avait commencé à noter son intérêt pour les femmes, et leur intérêt pour lui. Elle ne savait pas s'il avait reçu le sermon habituel sur les abeilles, le pistil et le pollen. Effrayée à l'idée qu'il puisse se retrouver dans l'embarras, elle décida de lui expliquer les choses de la vie au cas où lui, ou une fille, «ait des ennuis». «Je pensais que c'était bien d'avoir une petite conversation sur le genre de filles avec qui faire attention», expliquait-elle. Mais son discours n'avait pas duré longtemps: «J'ai vite réalisé qu'il hurlait de rire.» Mrs Fullaway ajoutait à raison que la moitié des femmes de Grande-Bretagne voulait materner Best quand l'autre souhaitait l'épouser. «Le problème, c'est qu'il tombe amoureux trop vite.»

Best se souvenait toujours de ses premiers béguins et de ses tentatives de sortir avec une fille qu'il décrivait comme «le mannequin de l'école». Son petit copain et ses amis l'avaient menacé de lui «défoncer la tronche». Il se souvenait d'autres filles qui se moquaient de lui parce qu'il était trop maigre. Et il se souvenait être tombé amoureux de la copine de Steve Fullaway à qui il avait écrit une lettre car son accent était encore si prononcé qu'il avait eu peur qu'elle ne le comprenne pas. «Quelques jours plus tard, Steve avait récupéré le mot doux. J'étais tellement gêné.» Ce qui n'empêcha pas Best de commencer à la voir malgré tout. «Sa mère travaillait pendant la journée et je me faufilais chez elle. Un jour, elle était rentrée plus tôt alors qu'on était à l'étage.» Best pensait qu'il était parvenu à s'échapper discrètement après avoir enfilé ses habits, descendu les escaliers sur la pointe des pieds et ouvert la porte tout doucement. Il ne savait pas que la mère, qui faisait la vaisselle, l'avait regardé partir. « J'étais persuadé que j'avais été très malin. » Best avait encore du mal à surmonter sa timidité. À 17 ans, il n'avait pas pu trouver le courage d'aborder une fille dans un bowling de Manchester. Best la fixa si intensément pendant quatre heures qu'elle finit par lui demander pourquoi il n'était pas venu lui parler. « On a débuté une liaison passionnée. Je pensais que c'était l'amour de ma vie », se souvenait-il. La relation avait pris fin quand Best était revenu à Aycliffe Avenue après des vacances et avait découvert qu'elle était partie avec un marin. « Ça m'a brisé. Je voulais en finir avec la vie et ne plus jamais aimer. » Il avait changé d'avis très rapidement.

L'essayiste Fay Weldon raconte les conséquences libératrices de la pilule, disponible depuis 1960 en Grande-Bretagne : « Dès le moment où on a pu faire l'amour sans avoir d'enfants, tout le monde a commencé à faire l'amour tout le temps. » Dans le cas de Best, c'était assurément vrai. Il passait la majeure partie de son temps à faire l'amour ou à chercher à le faire, à une époque désormais libérale mais encore misogyne où les femmes étaient des « poupées » ou des « poules ». C'est ainsi qu'on se représentait Best : dévergondé et macho. C'était le play-boy du football. Pour lui, ce n'était pas tant *Match of the Day* que *Mattress of the Day* puisque le matelas était littéralement son terrain de jeu quotidien. Les femmes étaient toujours des Georgie's Girls, un jeu de mots bidon basé sur le titre du film de 1966 *Georgy Girl*. « Le sexe, c'est comme marquer un but. » Il filerait la métaphore jusqu'à expliquer que la course vers le but était comme une érection et que le moment où le ballon faisait trembler les filets avait incontestablement quelque chose de l'orgasme.

Il n'avait pas besoin de séduire. Les femmes venaient à lui, ce qui tombait bien puisqu'il était bien incapable de sortir le baratin du Don Juan sûr de lui. Au début, il parlait lentement et doucement, presque en chuchotant, et ses lèvres bougeaient à peine. Sa tête était souvent baissée, comme s'il avait peur de croiser le regard de son interlocutrice. Il évitait d'engager la conversation avec des inconnues. En fait, il évitait autant que possible les situations où cela pouvait se produire. Quand une pièce était pleine, il se tenait dans un coin. Les formules de drague lui restaient sur le bout de la langue. Summerbee devait toujours parler au nom de Best : « Je lui disais : "Allez, dépêche-toi. Fais ton choix. Il y en a dix dans la file d'attente pour toi. Laquelle t'intéresse ?" Puis j'allais lui parler pendant qu'il attendait derrière moi sans dire un mot. »

Tous les joueurs de Manchester United recevaient un livret en cuir rouge de dix centimètres sur sept et seize pages qui contenait les « Règles d'entraînement et instructions de jeu » du club. Dans cette fine bible figuraient seize commandements, que Matt Busby avait édictés et signés. Cela allait des horaires de travail à la répartition des équipements, en passant par l'adhésion aux conseils diététiques recommandés par le médecin d'Old Trafford et les pénalités possibles en cas d'absence non autorisée à l'entraînement ou encore un avertissement très strict pour dissuader les joueurs de faire venir des amis dans les vestiaires « quel que soit le prétexte ». Des recommandations spécifiques étaient aussi données à propos de la nicotine et de l'alcool. La règle 11 stipulait que « fumer est strictement interdit durant les heures d'entraînement et les joueurs sont chaudement encouragés à réduire leur consommation de tabac au maximum les jours de match ». La règle 13 disait que « tout joueur qui se rend incapable d'accomplir ses devoirs à cause de la boisson ou de toute autre raison sera sévèrement puni ». Si Busby avait jugé nécessaire de coucher tout cela sur papier, c'était pour rappeler à son équipe l'importance des comportements décents et des bonnes mœurs à ses yeux. Mais Best était aussi informé d'une autre règle qui, curieusement, n'apparaissait pas dans le livret. Elle figurait en revanche à son contrat. C'était la clause 5 :

> Le joueur ne peut en aucun cas vivre dans un endroit que les directeurs généraux du club seraient susceptibles de juger inconvenable.

Les joueurs qui n'étaient pas mariés étaient censés « résider » dans des meublés choisis pour eux par le club. La raison était basée sur le principe très condescendant du « bien nourri – bien soigné », comme si un footballeur n'avait pas l'intelligence nécessaire pour se trouver un bon repas ou s'habiller tout seul. Aujourd'hui, cette règle et plus encore l'esprit qui l'habite semblent incroyablement collet monté. Mais Busby, très attaché à la vie de famille, ne voulait pas que les célibataires de l'équipe vivent seuls et risquent l'écart de conduite. Au milieu des années 60, Best et Summerbee étaient pourtant célibataires et libres. « J'ai réalisé que j'étais dans la situation idéale pour séduire, expliquait Best : j'étais sous les feux de la rampe, tout le monde me connaissait et j'avais plein d'argent. »

Summerbee et lui avaient commencé à louer ensemble un deux-pièces qu'ils payaient une misère. L'appartement se situait dans une maison victorienne en brique rouge à Crumpsall, une banlieue du nord de Manchester, et tous les deux s'étaient impliqués dans la décoration d'intérieur. Ils avaient mis un tapis vert à fleurs au sol et trouvé des meubles et des rideaux. Deux peignoirs pendaient à la porte de la salle de bain. L'un était rouge et blanc comme United, l'autre bleu et blanc pour City. L'appartement était devenu un refuge le week-end. Il permettait en particulier de donner à Mrs Fullaway un peu de répit et lui épargnait les allées et venues tard le soir et tôt le matin de son locataire. Il n'y avait qu'une seule chambre, ce qui signifiait que Best et Summerbee devaient fréquemment faire la course pour gagner le droit de l'occuper. « Si tu n'arrivais pas en premier, se souvenait Summerbee, tu dormais sur le canapé. » Ils demandaient aux chauffeurs de taxi de passer par des chemins alambiqués, de multiplier les erreurs de direction volontaires ou les demi-tours afin de cacher la localisation exacte de l'appartement aux femmes qu'ils y ramenaient. Best appréhendait l'idée d'arriver là-bas un matin et de trouver une demi-douzaine de filles qui l'attendraient devant la porte. Il voulait aussi cacher l'existence de l'appartement à Busby. Mais, comme presque tout ce que faisait Best à et autour de Manchester, Busby allait le découvrir. Puisqu'il fallait bien que les graines sauvages soient disséminées quelque part et que, comme il le supposait, Best allait de toute façon bientôt se caser, il n'essaya pas de le persuader de laisser tomber l'appartement. Les journaux étaient de toute façon moins enclins à chercher les poux dans la tête d'un sportif, alors Busby avait peu de chances de découvrir à l'heure du petit déjeuner Best à la une d'un tabloïd faisant une référence salace à son nid d'amour dans une taille de caractères digne d'une déclaration de guerre.

Quand Best ne parvenait pas à ramener une femme dans son lit, il le vivait comme une défaite. Et il avait été vaincu par la comédienne Jane Asher – après sa rupture avec Paul McCartney – et la star de la soul Dusty Springfield – il n'avait pas réalisé qu'elle était lesbienne. Mais on l'avait vu avec des mannequins et des actrices, des reines de beauté et des chanteuses pop. Si toutes ne sont pas passées à la postérité, elles étaient connues dans les années 60. Best s'amourachait vite de femmes qu'il voyait pour la première fois. Ses amis lui demandaient pourquoi il ne se posait pas avec une fille. Il frottait ses pouces et ses index, comme s'il retirait le papier d'un bonbon et disait : « J'aime déplier de nouveaux caramels. » Pas tout à fait la réponse d'un nouveau communiant. Tous les étés, pendant le mois de juin et une partie de juillet, Best allait en Espagne où il trouvait des femmes « qui se jetaient sur moi ». Selon lui, « il n'y avait pas de quoi faire une montagne du sexe. Vous aviez envie de coucher avec une personne, elle en avait envie aussi, c'était tout. Il n'y avait pas à avoir de honte, de culpabilité ou quoi que ce soit. Merci pour tout et on passe à autre chose. C'est terriblement facile. » Avec le recul, Best s'en voudrait d'avoir parlé aussi ouvertement de ses relations et essaierait d'être un peu moins léger dans ses propos : « C'était plus que des coups d'un soir. Ce n'était jamais sordide. »

La libéralisation des mœurs collait parfaitement à sa libido et il ne pouvait résister à l'envie d'ajouter : « J'aime être avec des filles et je ne vois aucun mal à coucher avec le plus d'entre elles possible. » Il aimait le plaisir de la chasse tout autant que la capture. « Celles qui prétendaient n'avoir rien à faire de moi étaient celles qui m'intéressaient le plus.»

Sa première relation sérieuse avait été Jackie Glass, une scénariste de films, qui disait de lui : « Il y a plus de facettes chez George que de panneaux sur un ballon.» Glass était souvent comparée au mannequin Jean Shrimpton. Une comparaison qui ne lui rendait pas justice : elle était bien plus magnifique. L'attraction avait été instantanée. À peine avaient-ils échangé un regard dans cette boîte de nuit qu'il était tombé sous le charme. Lui qui avait d'habitude une peur panique de se lancer sur la piste, étonnamment incapable de bouger en rythme tant la timidité l'inhibait, était allé voir le petit ami de Glass pour lui demander la permission de danser avec elle. C'était son seul espoir de l'avoir pour lui seul. L'imprudent avait fait l'erreur d'accepter. «Tout le monde nous regardait, se souvenait-elle. J'ignorais que personne n'avait vu danser George avant.» Glass décrivait Best comme « quelqu'un de romantique, à sa façon ». Il avait pris le train de Manchester à Londres, où elle vivait, dans le seul but de la convaincre de repartir avec lui. Si le téléphone sonnait à deux heures du matin, elle répondait « Salut George » car elle savait que c'était la seule personne capable de l'appeler à cette heure-là. Assise au cinéma, elle avait vu son nom apparaître à l'écran et s'était rendue dans le bureau du gérant en pensant qu'il s'agissait d'une urgence. «J'avais imaginé les pires catastrophes.» Le directeur lui avait tendu une enveloppe blanche. Il y avait un mot de Best à l'intérieur : «Je t'aime. G.» Quand elle l'avait présenté à ses parents – sa famille vivait près de la boutique de Best –, la mère de Glass ne l'avait pas reconnu. « Que faites-vous dans la vie ? », lui avait-elle demandé. Le père de Glass, par contre, l'avait élevée dans la passion du football en l'amenant voir les Busby Babes dans les années 50. Elle avait prié pour Duncan Edwards après Munich. «J'étais une fan de United.»

Son attirance pour elle n'était pas que physique. Best aimait son intelligence, son indépendance et sa personnalité extravertie. Elle parlait et écrivait français couramment. Elle connaissait le réalisateur Roman Polanski et sa future femme, l'actrice Sharon

Tate. « Elle avait du talent », et cela comptait pour Best. «Vous vous demandiez toujours si une fille sortait avec vous à cause de qui vous étiez, rappelait-il. Quatre-vingt-quinze pour cent d'entre elles voulaient vous connaître parce que vous étiez riche ou célèbre. C'est pour ça que j'aimais bien sortir avec des filles riches ou célèbres. Elles n'avaient pas besoin de vous pour être quelqu'un.» Glass lui ouvrait de nouveaux horizons. Elle lui conseillait des livres, ce qui avait contribué à son goût pour la lecture. Elle l'emmenait à des expositions. Elle lui parlait de films. Best appelait ça son « éducation ». Malgré lui, il lui avait fait découvrir son monde, bien plus chaotique. « Il ne pouvait aller nulle part, vraiment, hallucinait Glass. C'était impossible pour lui de faire spontanément quelque chose d'ordinaire, comme visiter une galerie d'art ou aller dans une librairie. Ou même juste de se pointer quelque part pour prendre un café.»

Elle avait expérimenté la part sombre de cette folie, quand un auditeur malveillant avait appelé une station de radio pour dire qu'elle et Best étaient morts dans un accident de voiture. L'histoire était crédible à cause des antécédents de Best, qui le faisaient passer pour un fou du volant. Cela avait commencé par un choc contre un muret après une mauvaise manipulation de la boîte de vitesse d'un de ses premiers bolides, qu'il avait salement esquinté. Il avait été sanctionné pour excès de vitesse en 1966. Il l'avait encore été en 1967 – ce qui était consigné sur son permis – pour avoir renversé une femme qui s'était fracturé le bassin. À la fin de cette même année, sa Type E, qui avait selon lui dérapé sur du verglas, avait heurté un van en stationnement. Il avait eu des contusions sur le visage et s'était entaillé le genou. La station avait donc diffusé la rumeur non vérifiée, qui s'était répandue dans tout Manchester. Le père de Glass, pris de panique, s'était précipité à la boutique et avait trouvé Best et sa fille sains et saufs, ignorant ce qui se racontait à leur sujet. « Il est arrivé en nous prenant dans ses bras et disant "Merci mon Dieu"», rapportait Glass. Le vieux dicton est vrai : un mensonge peut traverser la moitié du monde avant que la vérité n'ait enfilé ses bottes, ce qui explique pourquoi le *Manchester Evening*

News avait jugé nécessaire de publier un article en pleine page pour confirmer que les échos sur la mort de Best étaient infondés. Sa famille avait été contactée à Belfast avant que le démenti n'arrive. Même après l'article de l'*Evening News*, et les gros titres sur les devantures des marchands de journaux, la rumeur refusait de se dissiper. On l'arrêtait dans la rue et il entendait les gens lui dire : « Je pensais que tu étais mort. »

Glass avait aussi été témoin de l'estime dont jouissait Best. Dans un restaurant de Londres, il avait été très courtoisement approché par un homme aux longs cheveux noirs, les pommettes saillantes et le nez aquilin. Il avait penché la tête et s'était sincèrement excusé de le déranger pendant son repas. « Vous êtes un vrai artiste », avait-il pris soin d'indiquer en prélude à l'inévitable demande d'autographe. Comme toujours, Best avait accepté de signer. Une fois l'homme reparti, Glass demanda :

« Tu sais qui c'était ?

– Bah non.

– Rudolf Noureev. »

George Best ne prévoyait jamais de rendez-vous avec une fille le samedi soir, au cas où Manchester United ait perdu. « Je ne sais pas dans quel état d'esprit je vais être, alors je préfère ne pas prendre le risque. » Best refusait catégoriquement que les femmes parasitent son football, qui restait plus important que ses fréquentations. Tout était subordonné au jeu. Il s'entraînait avec dévotion, toujours prêt à perfectionner ses tirs de loin ou ses corners rentrants, dont la trajectoire finissait à ras du poteau dans le petit filet opposé, avant d'aller parfaire sa technique, seul au milieu du terrain, pendant une demi-heure ou plus. Matt Busby et Jimmy Murphy s'arrêtaient parfois pour le regarder de loin dompter la balle. Dans son maillot encore trop large, les chaussettes toujours baissées, il faisait des jongles sans sembler avoir besoin de se concentrer. Du coup de pied, de l'intérieur ou même du genou, Best gardait la balle en suspension. Puis il la passait au-dessus de sa tête et la reprenait d'une aile de pigeon sans jamais en perdre la maîtrise et la laisser toucher le sol. Il tendait la jambe droite pour augmenter la difficulté, et en faisait de même ensuite avec la gauche. Le bruit sourd de sa chaussure contre le ballon résonnait autour de lui. Busby savait que Best pouvait réussir ça toute la journée et n'importe où, à un coin de rue et accompagné d'un accordéon s'il le fallait. « Je le faisais parce que j'aimais ça, précisait Best. J'aimais avoir le ballon rien que pour moi. » L'exercice était répétitif mais cette routine n'avait jamais laissé place à l'ennui.

Il pensait que les historiens devraient signaler d'un astérisque les années 60 comme l'époque à laquelle « le football était le plus amusant ». Il se foutait des terrains en mauvais état, de l'odeur de la fumée bleue de cigarettes qui descendait des tribunes, et considérait même les tacles de boucher comme une péripétie qui faisait partie du folklore. « L'ambition se résumait à marquer des buts, et même plein, tant qu'à faire. J'étais là pour faire le spectacle. » Le talent était équitablement réparti à travers la première division et, par conséquent, on trouvait (presque) autant de 0-0 en Angleterre que de licornes. Tottenham avait l'avant-centre préféré de Best, l'opportuniste Jimmy Greaves, capable de marquer de fantastiques buts en solitaire ou de surgir de nulle part, comme s'il jaillissait d'une trappe pour frapper à bout portant. Everton avait Alan Ball, qui fatiguait les adversaires par ses déplacements incessants. West Ham avait le toujours très élégant Bobby Moore et l'excellent technicien Martin Peters. Liverpool avait Ian Callaghan, Peter Thompson et le sous-coté Roger Hunt. La rivalité avait à nouveau un sens à Manchester depuis que City s'était restructuré sous Joe Mercer et Malcolm Allison et avait enrôlé Mike Summerbee et Colin Bell. Et il y avait Leeds, où contenir Norman Hunter était à peu près aussi aisé que s'opposer à un boulet de canon lancé à pleine vitesse et où Paul Reaney suivait Best de si près qu'il pouvait voir les veines roses en forme de toiles d'araignée dans le blanc de ses yeux. « Si j'avais décidé d'aller pisser pendant un match, il m'aurait suivi, et vous pouvez être certain qu'il serait revenu avec des éclaboussures sur les pompes. » Best soutenait qu'un esprit de camaraderie régnait alors dans le milieu. Bill Nicholson lui donnait des tapes dans le dos quand il venait à White Hart Lane. Bill Shankly l'accueillait à Anfield en lui promettant dans un grognement rauque : « Eh fiston, te tracasse pas : tu vas perdre aujourd'hui. » Best admirait le brio des Écossais : le milieu des Rangers, de Sunderland puis de Nottingham Jim Baxter, qui se baladait sur le terrain avec l'indolence d'un empereur jusqu'à ce qu'il décide d'envoyer une passe parfaite de soixante-dix mètres ; ou encore Jimmy Johnstone, qui allait là où son instinct le guidait sur la pelouse de Celtic Park, ce qui exigeait en général qu'il ait dribblé tout le monde au moins deux fois.

Les titres aussi étaient bien répartis durant cette décennie. Il y avait eu sept champions différents et autant de vainqueurs de la Cup. Personne n'était vraiment dominateur pendant plus d'une saison. « Tout le monde pouvait battre tout le monde », insistait Best. Pour réintégrer l'ancêtre de la Ligue des champions, il n'y avait pas d'autre solution que de remporter de nouveau le titre. Il n'était alors pas question de grappiller sa place via des tours préliminaires après avoir terminé quatrième. Best était conscient de l'état d'urgence à United, qui se faisait ressentir à travers toutes les composantes du club. L'horloge tournait et Busby ne resterait pas manager éternellement. L'élimination contre le Partizan avait été à ce point douloureuse que Busby n'avait pu cacher son abattement devant ses adjoints, dont Jimmy Murphy : « On ne gagnera jamais la Coupe d'Europe. » Il avait utilisé le « on », mais Busby voulait aussi dire : « Je ne la gagnerai jamais. » Ce mois d'avril 1966 était pourri et ce n'est pas la compétition domestique qui allait atténuer ce défaitisme. Le calendrier de United était surchargé. Neuf matchs étaient programmés en vingt-cinq jours et Busby n'en gagna que deux. Ses joueurs étaient à bout de souffle et avaient perdu de précieux points face à Aston Villa ou West Ham, deux équipes de seconde partie de tableau. United, en lice pour un triplé au début du printemps, allait sortir de la Cup en demi-finale contre Everton et abandonner le championnat à Liverpool, pour dix points au final. « J'étais dévasté », racontait Busby, qui avait pensé prendre sa retraite après une insuffisante quatrième place. Une nouvelle fois, comme cela avait été le cas après Munich, sa femme Jean allait se montrer décisive au moment de l'en dissuader. Ça ne s'était pas joué à grand-chose après tout. Pourquoi abandonner, alors qu'il avait tout le respect de ses gars et que le succès restait largement envisageable? La Coupe du monde allait démarrer. Comment allait-il pouvoir regarder l'épreuve sans trépigner d'impatience de reprendre la compétition? Et une vie avec United ne lui semblait-elle pas préférable à une vie sans? Prétendre le contraire, c'était mentir. Quelque chose d'autre le fit changer d'avis. Une rencontre fortuite, une leçon d'humilité. Busby conduisait jusqu'à Old Trafford quand il s'arrêta devant un passage piéton pour laisser un groupe d'écoliers aveugles passer. «J'étais à ce moment-là abattu à cause de mauvais résultats, racontait-il. Et ces gamins ne pouvaient pas voir et allaient passer leur vie comme ça. Je les regardais et mon désespoir se dissipait. Je me suis dit en moi-même: réfléchis à tes priorités, Matt. Et puis il y a bien quelque chose à faire avec cette histoire de Coupe d'Europe.»

Il prépara donc la saison 1966-67 en autopsiant la précédente comme un médecin légiste. Chaque match était disséqué, toutes les prestations individuelles étaient décortiquées. Le titre était un passage obligatoire sur la route du Graal de sa carrière de manager. «On doit vraiment y aller pour gagner», pressait-il, sans ressentir le besoin de s'expliquer davantage. Qu'aurait-il pu rajouter?

Busby avait intégré qu'il ne pouvait s'attendre à ce que United domine constamment ses adversaires. Vous êtes parfois obligés de perdre, ne serait-ce que par la loi des probabilités. Deux statistiques occupaient ses pensées. United avait marqué quatre-vingt-quatre buts lors de la saison précédente contre soixante-dix-neuf pour Liverpool. Mais la différence entre les deux s'était jouée à l'autre bout du terrain. Liverpool n'avait concédé que trente-quatre buts contre cinquante-neuf pour United, un écart considérable. La solidité de la défense était devenue sa priorité; ce qui impliquait d'éradiquer les erreurs. Il ne voulait pas que cela altère l'élan insouciant avec lequel United allait de l'avant. Il fallait cependant que ses joueurs prennent conscience de ce qu'il appelait, tel un plombier parlant d'une canalisation défectueuse, « des fuites et des infiltrations ». À la mi-septembre, Busby réalisa ce que Best considérait comme son transfert le plus décisif. Il signa le gardien de but de Chelsea Alex Stepney pour 55 000 livres. Best disait de lui : « Il n'était pas spectaculaire. Il faisait juste le boulot. » À partir de là, il était convaincu que personne ne pourrait les arrêter. « Je le savais. Je le sentais. »

Les averses avaient beau succéder au soleil, le pays était plus radieux que jamais. Au comptoir, toutes les conversations de ce 30 juillet tournaient autour de deux chiffres : 4-2, mais aussi de Hurst, Moore, Charlton, Banks, Stiles ou encore d'Alf Ramsey, le chef d'orchestre en survêtement. Le football attirait un nouveau public. Même les gens qui ne s'y intéressaient pas auparavant voulaient regarder, apprendre et débattre. Best avait vu l'Angleterre battre l'Allemagne de l'Ouest sur ce score. Il était assis sur les bancs en bois derrière la loge royale, un programme du match roulé dans ses mains, et rêvait à l'impossible : être aux côtés de ses coéquipiers Charlton et Stiles. Avec lui, il n'y aurait pas eu besoin de prolongations, ni donc d'interminables débats pour savoir si le tir de Geoff Hurst avait franchi entièrement la ligne ou pas. Best pensait qu'il aurait fait tomber les latéraux allemands Höttges et Schnellinger à la renverse. Privé de cette scène, il voulait construire la sienne pour la saison à venir. Best était en phase avec Busby : United avait un championnat à remporter.

De nouveau en pleine possession de ses moyens, Best marqua dix buts en première division pour remporter une seconde médaille de champion le mois de ses 21 ans. United avait remporté le titre avec quatre points d'avance, grâce notamment à une série de vingt matchs sans défaite débutée fin décembre et qui s'était prolongée jusqu'à la fin de la saison. Cette performance avait permis de tenir à distance Nottingham et Tottenham, ses deux dauphins que seul le goal-average avait départagés, à la faveur de Forest.

United avait été resplendissant lors de l'avant-dernier match contre West Ham à Upton Park, alors qu'il ne lui manquait qu'un point pour valider son titre. Arrivé un peu après les autres sur son banc, Busby pensait assister au coup d'envoi donné par les Hammers. Il n'avait pas réalisé que ces derniers étaient en fait en train d'engager après avoir encaissé un but de Bobby Charlton, qui avait laissé le public londonien sans voix. Ceux qui étaient assis à ses côtés étaient persuadés qu'il savait et ne lui firent aucune remarque à ce sujet. À la mi-temps, Busby croyait encore que le score était de 3-0, et non 4-0, et avait exhorté ses joueurs à ne pas faire preuve de suffisance.

Malgré le titre, cette saison 1966-67 est toujours considérée comme une péripétie à laquelle on ne se réfère que pour la forme, le préalable à quelque chose de plus grand, une corvée à expédier. Dans son autobiographie, *Soccer at the Top*, Busby y consacre cinq mots lapidaires, un simple exposé des faits : « *We won the Championship again* », « On a encore gagné le championnat ». Il n'en jubilait pas. Il ne disait même pas, comme s'il invitait les autres à aller jeter un coup d'œil aux chiffres par eux-mêmes, que United n'avait cette fois concédé que quarante-cinq buts, dont quatorze avant qu'il n'installe Stepney dans les cages.

Best plaçait la victoire à West Ham dans le top 6 de ses matchs les plus mémorables avec United. Le 6-1 final symbolisait l'audace de Busby, qui n'avait jamais renié ses principes et son « tout pour l'attaque », comme en attestaient les résultats précédents : la raclée 5-3 contre West Bromwich Albion, les victoires 4-1 et 4-0 contre Burnley et Blackpool, un 5-0 pour écraser Sunderland et cinq autres buts pour enfoncer Leicester City. United avait aussi connu des déroutes : 4-1 sur la pelouse de Forest, 3-1 à Leeds. Best se rendait compte que, même quand Busby les incitait à ne pas trop se découvrir, les joueurs « voulaient toujours marquer plus de buts que n'importe qui ». Avec quatre-vingt-quatre réalisations – contre quatre-vingts pour West Ham –, ils avaient réussi. « C'était spectaculaire et grisant. » Il se souvenait aussi de « l'atmosphère de triomphe » qui entourait United à Upton Park. Une photographie tachée en noir et blanc montre les Mancuniens en train de célébrer. Une brochette de types torse nu ou en t-shirt blanc à col en V. La vapeur des douches brouille la pièce, formant un halo spectral. United est en train de trinquer, les verres à moitié remplis de champagne. Busby avait apporté la première bouteille. Dès qu'elle fut vide, on lui parla de la Coupe d'Europe. Il ne pensait qu'à ça : « Elle était là, au-dessus de nos têtes, brillant comme une étoile. Elle n'attendait que nous. »

Il était déjà concentré sur cette nouvelle quête. Il attendait l'édition 1967-68 avec impatience mais aussi appréhension : c'était maintenant ou jamais. Il pensait toujours à Munich, aux morts et à ce dont on les avait privés. « Je suis sûr que la Coupe d'Europe 1958 était pour nous. Et les suivantes aussi. » Best était convaincu que United allait la gagner pour Busby, et pour lui épargner un plus grand chagrin. Il savait – comme Busby, mais aussi Charlton et Bill Foulkes – que cette saison était un moment charnière. Il imaginait d'autres grandes épopées pour lui, mais pas pour ce United, pas pour ce trio et ses cent vingt-six printemps cumulés. Son envie de remporter le trophée n'avait d'égale que sa volonté de le faire pour eux, pour leur rendre hommage, ainsi qu'à ces hommes qu'il n'avait connus qu'à travers les magazines et les actualités filmées. Plus les tours passaient et plus Best se sentait animé par cette flamme. Il en était convaincu : « On allait la gagner. »

La plupart des épisodes qui ont jalonné le chemin vers la finale sont généralement relégués au second rang quand ce n'est pas directement aux oubliettes. Busby s'attardait rarement dessus, comme s'ils parasitaient l'histoire et qu'il était trop impatient d'en venir au fait, à l'apogée du récit de ce qu'il appelait sa « magnifique obsession », sa quête du « Saint Graal ».

Le tirage au sort avait été clément. Les Maltais d'Hibernians, menu fretin, avaient été battus 4-0 sur l'ensemble des deux manches. Un terrain bosselé en sable et en gravier avait permis aux semi-professionnels d'arracher un 0-0 particulièrement flatteur à domicile. Une victoire 2 à 1 sur le terrain de Sarajevo avait plié l'affaire dès le match aller. C'était la première fois depuis Munich que United avait affrété son propre avion, un BAC 1-11. Les champions de Yougoslavie taclaient au niveau des genoux pour compenser un déficit technique flagrant. Trois Bosniens avaient été avertis, un autre exclu. Best avait essuyé attentat sur attentat et fini couvert de bleus. Passablement agacé, Busby avait déclaré que c'étaient les pires tacles qu'il avait vus de sa vie. Best s'en était toutefois relevé. Une autre équipe de tueurs à gages attendait United en quarts : les Polonais du Górnik Zabrze, dans le bassin minier de Silésie. Le Górnik avait été battu 2-0 à Old Trafford. Pour le retour, Best était parti en expédition derrière le rideau de fer comme un scout à l'aventure en pleine nature. Il avait embarqué de la soupe, un kilo de thé et un réchaud dans son paquetage. « Je ne m'attendais pas à être au Ritz là-bas. » Le match aurait pu ne jamais commencer. Le terrain était recouvert par cinq centimètres d'une neige compacte, sous laquelle se trouvait une plaque de glace. Le vent glacial faisait passer la température largement en dessous de zéro et le grésil se mit à tomber. Les joueurs peinaient à tenir debout sur une surface glissante et traîtresse, qui rendait les contrôles difficiles et empêchait toute subtilité technique. La rudesse du climat compliquait considérablement la tâche des Polonais, obligés de refaire leur retard. Après d'intenses efforts, ils finiraient par inscrire un but au terme d'une action en solitaire à vingt minutes du terme. Avec obstination, United s'accrocha jusqu'au bout. « Je crois que je n'ai jamais eu aussi froid de ma vie », se souvenait Best.

L'ultime obstacle qui séparait Busby de son rêve – si proche qu'il pouvait maintenant presque le toucher – était le Real Madrid. United était passé du congélateur à la fournaise, en ne prenant qu'un but de Best pour seule protection. À Old Trafford, les Madrilènes avaient surveillé Best de si près qu'il pouvait à peine respirer. Mais il lui suffisait d'une occasion. Le Real avait été inexplicablement apathique, le laissant rôder sans marquage au point de penalty. Le défenseur le plus proche était à l'angle des six mètres. Le coup de pétard que Best claqua du gauche fit bomber la partie supérieure des filets comme ceux d'un pêcheur après une grosse prise. Une certaine morosité régnait encore à United. En public, Busby était enthousiaste : « C'est notre année », martelait-il comme s'il en était convaincu. Mais en privé, il faisait part de ses doutes. Il ne savait pas si le but de Best suffirait avant le retour à Bernabéu. Comme il l'avait glissé à Murphy, il incarnait leur « dernière chance ».

En Pologne, Best aurait adoré porter une veste en peau de mouton et une écharpe. À Madrid, il trouve des conditions de jeu étouffantes. Une chaleur tellement suffocante que même lui se sent obligé de lâcher le ballon : « Ce n'était pas une nuit à y aller tout seul. » Busby avait donné les mêmes conseils que d'habitude.

« Restez bien regroupés au début. »

« Trouvez un coéquipier. »

« Jouez sans peur. »

Un match à fort enjeu est toujours stressant et tendu. C'est plus que jamais le cas jusqu'aux treize dernières minutes de la première mi-temps, quand United implose inexplicablement. Le Real marque trois buts et United réussit à en mettre un par hasard, la balle étant poussée au fond par un défenseur espagnol. United sort du terrain la tête basse. Les vestiaires sont aussi animés qu'un salon funéraire. L'importance du manager est peut-être surestimée et ce qu'il dit souvent oublié ou ignoré dès qu'un match démarre ou reprend selon les circonstances. Mais Busby, en voyant les mines déconfites et les corps prostrés, se rend compte que l'avalanche de buts signifie bien plus que la perte de l'avantage : elle est vécue comme une défaite psychologique. United a pris un coup derrière la tête, et l'entrain du Real semble creuser un fossé encore plus grand que le seul but de retard qui sépare les deux équipes sur l'ensemble des deux manches. Sur le chemin des vestiaires, Busby avoue avec pessimisme à Murphy : « Bon, je crois que c'est fini. » Ce qui le retient de sombrer dans l'abattement, c'est la nécessité de paraître fort ainsi qu'un simple calcul mental. Busby n'a jamais été aussi rusé qu'à cet instant-là. Jamais si peu de mots ne pèseraient aussi lourd. Il attend le dernier moment. Ses joueurs s'apprêtent à se traîner jusqu'au terrain quand il leur dit deux phrases :

« N'oubliez pas que vous êtes venus ici avec un but d'avance. Vous n'êtes jamais qu'à un but derrière. »

Le ton – ferme, autoritaire mais aussi calme et rassurant – et le timing font toute la différence. « On broyait du noir et on était désolés, racontait Best. On est ressortis de là trente centimètres plus grands qu'on y était rentrés. » Le Real contribua aussi à sa propre chute, persuadé d'avoir déjà fini son boulot. Les Espagnols ne savent plus s'ils doivent sortir ou attendre ; des espaces se libèrent pour United.

Le reste appartient à la légende de Busby. Comment Nobby Stiles, provoqué par Amancio « El Brujo » Amaro, « le Sorcier », se déchaîne et assène un coup de poing qui envoie la star du Real au tapis, et comment, par miracle, ni l'arbitre ni ses juges de touche ne s'en aperçoivent. Comment David Sadler ramène son équipe à 3-2 à la réception d'une chandelle au second poteau… sans s'en rendre compte : « Je ne savais pas où la balle était passée ! Il y avait 130 000 spectateurs et d'un coup, plus un bruit. Je me suis demandé : il s'est passé un truc ? » Comment l'égalisation qui envoie United à Wembley arrive du pied du plus improbable des buteurs, le vétéran Bill Foulkes, 36 ans, défenseur qui ne s'aventurait jamais dans la surface de réparation à moins qu'un coup de pied arrêté ne l'exige. Personne n'a jamais réussi à s'expliquer ce qui l'avait poussé à dire à Stiles, à un quart d'heure de la fin : « Reste ici, je monte. » L'instinct, peut-être. Une intuition, sans doute. La voix d'un proche depuis l'au-delà, si ça se trouve. Best part dans l'un de ses coups préférés : il longe la ligne de touche avant de faire un petit pont à l'arrière gauche. Quand il lève la tête, son seul coéquipier en soutien est Foulkes, qui recule de trois pas pour se démarquer. Best, qui pense à un mirage dans la chaleur de Madrid, lui envoie une passe à ras de terre. La finition de Foulkes est aussi chirurgicale que celle de Denis Law l'aurait été. Le buteur n'en est jamais revenu : « Tout semblait irréel, comme au ralenti. » Foulkes n'a marqué que sept fois au cours d'une carrière intégralement passée sous le maillot rouge et longue de dix-huit ans et près de sept cents matchs. Ce qui distingue son but le plus important des autres, c'est l'absence de célébration qui suit : Foulkes ne fait pas des bonds de joie d'astronaute. Il ne fait pas la roue ni ne frappe sa poitrine en grognant d'un air de défi. Il ne court même pas dans tous les sens pour que ses coéquipiers aient besoin de l'attraper avant de pouvoir fêter le but. Il se retourne juste vers son propre camp, écartant légèrement ses bras et serrant doucement ses deux poings. Son visage est presque de marbre. Sur le moment, Best n'arrive pas à percer le mystère de cette impassibilité, comme si Foulkes était sous hypnose. Ce n'est que plus tard qu'il comprendra les pensées – et les images – qui ont dû traverser son esprit à cet instant.

Celles d'hommes qui ne vieilliraient jamais, dont les cheveux ne blanchiraient jamais et qui seraient vêtus de rouge. Pour toujours.

CHAPITRE 7
AU COMMENCEMENT ÉTAIT LA FIN

Chaque nuit qui précédait une rencontre, George Best imaginait déjà son match. «Je préparais tout ce que j'allais faire, racontait-il. Puis je partais au stade et je le faisais.»

Il visualisait tout : l'architecture du stade, la foule ondulante qui s'y pressait, le ballon qui lui arrivait. Il entendait le bruit des tribunes et les consignes hurlées par le banc, et même les insultes de ceux qui tentaient de l'intimider. «Tu essaies de le détruire moralement», disait-il de ses adversaires. Pour Best, la préparation psychologique commençait par cette répétition. Relativement rare au moment où il avait commencé à le pratiquer, cet exercice de motivation mentale – une méditation douce qui durait jusqu'à une heure – est désormais répandu chez les athlètes qui ont appris à préparer leur cerveau aussi bien que leur corps pour la compétition. Les entraîneurs modernes sont persuadés que la pensée positive génère de la confiance et améliore la performance. Best avait compris les bénéfices qu'il pouvait en tirer dès le début des années 60. La corrélation entre l'attitude et les résultats était évidente pour lui. Il se voyait lui-même comme les autres le verraient, comme s'il était assis en latérale, et créait une image quasiment parfaite de chacun de ses pas et des mouvements complexes qu'il prévoyait d'exécuter, comme ses torsions du haut du corps et ses brusques changements d'appui. Il visualisait les chemins à prendre et les manières de les emprunter, y compris les plus chevaleresques. Il y avait toujours un dribble et un petit pont, un tir subtil qui faisait trembler les filets puis une belle frappe enroulée de loin qui crucifiait à nouveau le gardien. Il y avait quelque chose de plus élaboré et d'irrésistiblement intelligent aussi – une talonnade impudique, une passe contrôlée du dos ou un coup du sombrero par dessus son adversaire direct. Best se voyait galoper et se retourner pour lui faire au revoir de la main. Il se voyait toujours faire ça tout seul – un homme isolé face à onze autres – car cela lui procurait la sensation d'être invincible. Dans ses batailles remplies de testostérone, Best n'était jamais pris, diminué ou surclassé. Le défenseur était toujours moins malin, laissé sur son côté ou à terre comme un clown avec un nez rouge.

C'est exactement comme ça que Best imaginait la finale de la Coupe d'Europe.

À Wembley, de vieux ennemis l'attendaient : Benfica et Eusébio. Best voyait le stade dans son ensemble, la marche dans l'obscurité du tunnel puis la sortie dans la lumière d'un après-midi de fin mai. Il voyait le terrain, impeccable tapis vert. Il voyait un one-man-show qui éclipsait tous ceux qui l'entouraient. Best faisait toujours tout à fond, et exigeait toujours plus de lui-même. « Je voulais constamment être le meilleur », répétera-t-il souvent. Il ne se contentait pas de reproduire les choses ; il avait le besoin viscéral de faire encore mieux. Il se fixait des défis pour chaque match : marquer d'une certaine distance, passer le ballon entre les jambes d'un adversaire un certain nombre de fois ; le conserver pendant deux minutes, puis trois. Etc. « Je me positionnais de façon à être obligé de faire quelque chose de spécial. » Si Best ne parvenait pas à atteindre un de ses objectifs, il se considérait comme un raté. « J'avais l'impression d'avoir laissé tomber les gens. »

Selon ses standards élevés, la saison 1967-68 dans son ensemble était pour l'instant un échec. Seul un succès en Coupe d'Europe pouvait l'expier.

Il avait été proche d'offrir un nouveau titre de champion à United en marquant vingt-huit buts, tous plus géniaux les uns que les autres, alors que la course au titre se concentrait seulement sur Manchester après que Leeds puis Liverpool eurent tour à tour rendu les armes. Dans les derbys, United avait gagné 2-1 à Maine Road en septembre et City 3-1 à Old Trafford en mars. Avant chacun de ces deux matchs, Best et Mike Summerbee se cherchaient un peu. «Je lui disais de ne pas trop me ridiculiser, souriait Summerbee. Sinon, je ne lui payais pas à boire.» Mais le tournant de la saison avait eu lieu à trois journées de la fin, quand United s'inclina 6-3 sur la pelouse de West Bromwich Albion pendant que City faisait le travail à domicile face à Everton, vaincu 2-0, pour s'emparer de la tête du classement. Déjà largué au goal-average, United avait de toute façon encore perdu lors de la dernière journée, 2-1 contre Sunderland à Old Trafford. City avait fini en beauté en terminant par une victoire spectaculaire 4 à 3 sur Newcastle à St James' Park.

Best et Summerbee avaient fait un pacte avant ce dernier samedi. Celui qui perdrait le championnat paierait le champagne au Manchester's Cabaret Club. Summerbee était en retard et ne s'attendait pas à y retrouver Best, dont la mélancolie était déjà particulièrement sévère les soirs de simple défaite. Il ne mangeait que la moitié du plat que Mary Fullaway lui avait préparé, quand il y touchait, et avait besoin de quarante-huit heures pour se remettre. Alors, après la perte du titre, Summerbee imaginait Best inconsolable et le moral dans les chaussettes. Mais, quand il débarqua à une heure du matin, il trouva Best seul à une table, une bouteille de champagne débouchée dans un seau à glace argenté et deux flûtes devant lui. «Il m'a dit "Bien joué" et on a bu un coup. Il était comme ça. Même s'il était dévasté, il ne pouvait pas me laisser tomber ou gâcher ma soirée.»

Best avait eu un lot de consolation. Il avait remporté le titre de meilleur joueur du championnat – et en était devenu le plus jeune lauréat – avec une avance écrasante et près de 60 % des suffrages. Mais la statuette en argent ne lui suffisait pas. Il voulait ce que Stanley Matthews, Alfredo Di Stefano, Denis Law et Bobby Charlton avaient déjà gagné : le Ballon d'Or. Il savait que s'il gagnait la Coupe d'Europe, il ne serait plus seulement le meilleur joueur de l'île. Il serait le meilleur du continent.

Benfica avait dominé le championnat portugais pour la septième fois en neuf saisons. Six de ses joueurs – Coluna, Graça, Augusto, Torres, Simões et bien sûr Eusébio – connaissaient déjà Wembley pour y avoir perdu la demi-finale de Coupe du monde contre l'Angleterre. Le club leur offrait 1 000 livres par personne pour battre United. Leur route vers Wembley avait cependant été cahoteuse. Au premier tour, le premier amour de Best, Glentoran, avait fait trembler les Lisboètes à The Oval, où Eusébio avait égalisé à quatre minutes de la fin. Le but, qui semblait juste couvrir un peu leur embarras, les avait surtout sauvés après le 0-0 à l'Estádio da Luz – un résultat que le reste de l'Europe avait lu le lendemain matin avec la certitude que les éditeurs avaient laissé passer une coquille dans leur journal. Benfica profitait de la toute nouvelle règle du but à l'extérieur pour se qualifier. Les Portugais enchaînèrent avec une victoire solide, 2-1 en cumulé, contre Saint-Étienne au tour suivant puis une autre plus confortable, 3-0, contre les Hongrois de Vasas. La Juventus ne réussit pas à barrer la route de Londres au Benfica et encaissa elle aussi trois buts sans en rendre un seul. Best regardait ces résultats sans sourciller. « J'étais sûr qu'on allait se balader. »

Il s'imaginait planer sur le match. Il prendrait la balle et ne la rendrait jamais. Il étirerait la défense de Benfica jusqu'à ce qu'elle casse. Il éclipserait et surclasserait Eusébio. Dans le dernier quart d'heure – une fois le résultat acquis –, il exécuterait ses tours les plus ébouriffants. Ce serait un numéro de cabaret, envoûtant et mémorable. Le tout en mondovision, sous les yeux de 200 millions de personnes. À Manchester, les routes seraient presque vides, les rues désertes. Les pubs sans poste de télévision ne serviraient aucune pinte. Le défi dingue que Best s'était fixé ? « Marquer un hat-trick et conquérir Wembley. »

Personne n'est à l'abri d'avoir des pensées farfelues. Le malheur est de les prendre au sérieux. Best attendait trop de lui-même, parce qu'il pensait que la perfection absolue était atteignable et reproductible à l'infini. Évidemment, il n'avait que 22 ans et ignorait encore la différence entre la théorie et la pratique. La sagesse populaire veut que la gloire n'arrive pas du jour au lendemain. L'ascension de Best avait prouvé le contraire. Il était habitué au triomphe et à obtenir tout ce qu'il désirait. Wembley devait être le théâtre de son couronnement.

Tout le monde connaît la suite. Cela n'atténue pas pour autant le retentissement et le sens du match pour une ville, un club, un manager. Jamais finale de Coupe d'Europe n'a comporté une telle intensité dramatique. Il y avait deux équipes de Manchester United à Wembley : celle qui allait jouer et celle qui avait été décimée sur un aérodrome. Chacune comptait à part égale dans l'histoire qui était en train de s'écrire. Les mesquineries et les rivalités historiques étaient mises de côté. Même ceux qui n'aimaient pas le football se retrouvaient pris dans le flot d'émotion et supportaient énergiquement United, comme si une écharpe rouge et blanche avait toujours été pendue dans l'entrée. Il n'était pas nécessaire de comprendre, de suivre ou d'aimer le football pour ressentir de la compassion envers les participants. Le cœur vous montrait le chemin. Durant la quinzaine entre la demi-finale et la finale, Best avait rencontré la bienveillance d'étrangers partout où il allait. « Tout le monde me souhaitait bonne chance », se souvenait-il, conscient du message subliminal présent dans toutes ces attentions.

On rappelait aux vivants leur responsabilité et leur devoir envers les morts. Ils ne pouvaient pas décevoir leurs fantômes et n'oseraient pas perdre par égard pour les survivants qui, comme Best le savait, ne pourraient tolérer une défaite. Il lui semblait que la conjonction des événements – le dixième anniversaire de Munich, la forme dans laquelle il était, l'avantage du terrain – était un bon présage. Il avait la conviction que le résultat, même s'il n'était pas acquis et que la marge restait ténue, semblait écrit, comme si le destin offrait à Matt Busby une maigre consolation pour la cruauté de ses actes précédents.

Battre le Benfica ne clôturerait pas l'histoire pour ceux qui étaient dans l'avion et étaient revenus à la maison changés à jamais. Mais cela signifierait que leur décision de continuer à jouer – quand jouer semblait presque indécent – avait rempli une mission et rendu l'hommage le plus approprié aux morts et à leurs familles.

Le match est globalement ennuyeux. La peur de la défaite inhibe et étouffe. La pellicule est tachetée et couverte de grains. La copie de la BBC est précédée d'une excuse pour les petits problèmes d'image. Quelques secondes sont blanches car le film saute.

La première chose que l'on remarque, c'est l'éclat du soleil en train de se coucher, qui forme à la sortie du tunnel de longues ombres fines comme la flèche d'un clocher sur la pelouse immaculée. Tout le monde semble supporter Manchester United et les bannières ou les drapeaux faits maison créent une immense vague rouge et blanche. Ceux qui n'ont pas de drapeaux tendent une écharpe à rayures entre leurs mains. Certains ont fabriqué des répliques en carton de la coupe, plates comme un décor de théâtre, recouvertes d'aluminium et qui reflètent la lumière. D'autres brandissent un Union Jack acheté à un des vendeurs ambulants de Wembley Way. C'est Wembley tel qu'il était – les grands espaces semi-circulaires derrière chaque but, les photographes en rangs serrés à côté des poteaux, le grillage bas qui entoure la pelouse sans publicités. Les deux tours jumelles trapues s'élèvent au-dessus du rebord de son toit incurvé, les drapeaux au sommet de chacune d'elles flottant à peine. L'événement n'est pas enrobé dans un cérémonial pompeux. Il n'y a pas d'hymnes nationaux, de tapis rouge ou de dignitaires à rencontrer. Les équipes s'alignent l'une à côté de l'autre près du centre du terrain, applaudissant vaguement en direction de la foule qui semble si loin.

Dès que l'on évoque la rencontre, ce sont toujours les mêmes extraits qui reviennent, tels de vieux potes.

Il y a Bobby Charlton qui accourt et s'élève pour reprendre un centre de David Sadler à la $53^{\text{ème}}$ minute. Benfica a sept joueurs dans la surface. Aucun n'est à moins de cinq mètres de Charlton. La balle jaillit de son crâne chauve et luisant et atterrit près du second poteau tandis que le gardien de but, Henrique, suit la trajectoire depuis sa ligne. Comme statufié, il regarde un éclair de cuir pâle passer devant lui.

United 1, Benfica 0

Il y a l'égalisation de Graça à onze minutes de la fin, d'un tir en angle fermé qui frôle Alex Stepney. Les défenseurs de United, hagards et désemparés, restent sans réaction durant près d'une minute avant d'aller chercher le ballon qu'Eusébio a lancé d'une chandelle derrière le but dans l'euphorie.

United 1, Benfica 1

Il y a le raid d'Eusébio dans les derniers instants. Il court derrière un long ballon dans la profondeur, et profite de sa puissance pour rattraper deux défenseurs puis se faufiler entre eux. Encore aujourd'hui, on croit qu'il va marquer. Vous reculez momentanément d'effroi en pensant au but inéluctable et à la douleur qu'il infligera à Busby. Vous voyez la balle finir sa course dans le même coin que le tir de Graça, hors de portée de Stepney. Eusébio s'approche et Stepney sait que le destin de United ne dépend plus que de lui. Trois pensées successives traversent son esprit en deux secondes. D'abord, il s'apprête à plonger dans les pieds d'Eusébio pour l'empêcher de frapper. Ensuite, une fois que la balle retombe au sol, il suppose qu'Eusébio va le lober. C'est ce que ferait Jimmy Greaves dans la même position et il se prépare donc à cela. Enfin, il réalise qu'Eusébio a choisi une option totalement différente. Il va frapper fort. Il va tenter de marquer comme une brute. C'est certain : l'expression sur son visage et la position de son corps ne trompent pas. Stepney recule, juste un peu, par anticipation. Sur son banc, Busby gémit : « Oh non, pas encore », suffisamment clairement pour que ceux qui sont autour de lui entendent chacun de ses mots. Au milieu du terrain, Best, observateur impuissant, est conscient que le temps ralentit – comme si Eusébio bougeait imperceptiblement, que chacun de ses pas durait une minute – et du silence de la foule, qui réprime sans plus y croire l'idée insupportable que United et Busby vont finalement perdre. Puis, enfin, Eusébio tire – et Stepney, comme un hercule de foire arrêtant un boulet de canon, bloque proprement la balle contre sa poitrine. Tout juste le puissant impact de la balle contre sa cage thoracique le fait-il pivoter sur sa gauche. « Je pensais qu'on était finis », admettra Best, qui avait senti un soulagement immense prendre le dessus sur deux autres émotions, la frustration et la culpabilité. Best avait déçu jusque-là. Pas de trace de coup du chapeau. Pas de domination. Pas de dribbles qui attirent l'œil et impressionnent. Le Ballon d'Or n'allait pas s'offrir ainsi.

Alors qu'il supervisait United vers la fin de la saison, le coach de Benfica, Fernando Cabrita, avait vu Best rendre Newcastle fou en marquant un triplé – dont deux penaltys – au cours d'une victoire facile 6-0 à Old Trafford, où Best aurait pu inscrire une demi-douzaine de buts supplémentaires si lui et ses coéquipiers l'avaient voulu. Cabrita s'était aussi assis devant des enregistrements de l'affrontement de 1966, s'était concentré sur Best, et avait prévenu son staff que l'adolescent sur l'écran était encore plus fort maintenant. Dans ses discussions tactiques, il était obsédé par Best. S'il ne pouvait pas être bloqué ou neutralisé, Cabrita savait que Benfica n'avait aucune chance de battre United. Si Best avait trop d'espaces ou commençait à être laissé libre, aucun système ou aucune formation que Cabrita pouvait mettre en place n'était infaillible face à lui. Il avait opté pour la méfiance et l'endiguement plutôt que pour la créativité, et insisté auprès de sa défense pour qu'elle réserve un traitement de faveur à Best. L'intimidation tenait lieu de stratégie, et constituait le mince espoir auquel Cabrita se cramponnait.

Le match était à peine commencé depuis trois minutes que Jacinto, en maillot blanc, crocheta Best par-derrière. Best se retourna et marcha vers son adversaire en le défiant. Jacinto fit semblant de ne pas être concerné, se penchant un peu quand Best s'approcha de lui et sortant son coude pour lui mettre un petit coup menaçant. C'était un avant-goût de ce qui attendait Best pour l'heure et demie à venir. Tout y passait : il était tantôt poussé, tantôt tiré quand il ne recevait pas un coup sournois dans les chevilles et dans les côtes. Cruz lui marcha même sur le visage. Un tacle l'envoya rouler hors du terrain. Un second, après que la chaussure d'un défenseur s'écrasa contre son tibia gauche, le laissa en croix sur le gazon, son maillot bleu de Prusse et son short couverts d'herbe. Un troisième le fit ramper sur le ventre de nouveau. Best se remit debout et gesticula en direction de l'arbitre, lui demandant un peu de protection, voire une sanction. L'arbitre le fixa, impassible, comme pour lui dire avec un haussement d'épaule : « Tu t'attendais à quoi ? » Best, dégoûté, secoua la tête en sachant très bien qu'il était inutile de réclamer plus. La peur de Benfica à son encontre était plus grande que la peur d'une sanction de l'arbitre. Le laxisme de l'officiel permettait de le descendre à loisir. Best ne pouvait pas faire un pas sans prendre un coup. « On ne me laissait aucune chance. »

Avant le match, entre les murs des vestiaires blancs comme ceux d'un hôpital, il ne s'était pas montré aussi nonchalant que d'habitude. Il avait tripoté son équipement, fouillé dans son sac et tapoté du pied sur le sol, ce qu'il ne faisait jamais. Celui qui affirmait n'être jamais nerveux avait fini par le devenir. Son anxiété restait apparente après le coup d'envoi, comme le prouvaient ses grimaces, son menton posé sur sa poitrine, ses signes d'excuse à l'endroit de ses coéquipiers ou ses mains posées sur ses hanches qui trahissaient son agacement, envers lui-même et les autres. Rien ne se passait correctement. La balle partait trop loin à chaque contrôle ; ou il en était privé par un bout du pied, une obstruction flagrante ou une poussette ; ou il était pris au marquage par deux joueurs et devait se résoudre à faire une passe dans l'intérêt de l'équipe. Il n'avait brillé que deux fois dans le temps réglementaire. La première, il s'était créé une demi-occasion en piquant la balle à Cruz, trop lent, avant que Henrique ne sorte de la surface pour dégager au pied. La seconde, il avait gratté le ballon avec ténacité à Simões en dehors de la surface et avait sprinté à l'intérieur. Il aurait exploité ce genre d'occasions en toute autre circonstance mais sa finition avait cette fois été médiocre, avec un tir du mauvais côté du petit filet. Best était mortifié. Il replaça sa chaussette droite en portant une attention démesurée à sa cheville, histoire de ne pas croiser les regards de ceux qui attendaient un centre – ou un but. Puis il repartit en courant lentement.

Il était heureux qu'il y ait des prolongations. « Une opportunité de tout reprendre à zéro. »

La veille de la finale, Matt Busby avait tapé la balle sur la pelouse de Wembley. Il portait une veste grise fermée par le bouton du milieu, une chemise blanche et une cravate étroite. Une paire de Ray-Ban protégeait ses yeux. Les lunettes de soleil lui donnaient un air de vieux membre du Rat Pack ou d'un parrain de la Mafia. Ceux qui l'avaient connu avant la guerre appréciaient le Busby joueur, son port altier et son élégance le ballon marron au pied. Il était possible d'entrapercevoir le Busby de 24 ans à ce moment-là, celui qui était venu à Wembley pour la première fois à l'occasion de la finale de la Cup 1933 avant de la rejouer en 1934. Dans le creuset de ces deux finales – la première perdue, la seconde gagnée –, Busby avait forgé un peu de sa philosophie de manager. En 1933, Manchester City avait commis ce que Busby avait toujours considéré comme une boulette tactique majeure. Les joueurs étaient arrivés une heure et quarante-cinq minutes avant le coup d'envoi et ne savaient pas quoi faire après avoir repéré le stade. Dans les vestiaires faiblement éclairés, certains avaient fumé et d'autres erré comme des âmes en peine tandis qu'ils entendaient les tribunes se remplir au-dessus d'eux. « Toute l'équipe était prête à commencer le match à deux heures et quart, regrettait-il. Chaque seconde qui passait, la tension nerveuse augmentait. On n'était pas préparés pour un match de football comme une équipe normale. » Everton les avait battus 3-0. En 1934, City était à la traîne. « On avait dû attendre les vingt dernières minutes pour que les choses tournent en notre faveur », se souvenait Busby. Portsmouth avait finalement été vaincu 2 buts à 1.

Busby avait tiré des leçons de ces expériences. Relaxe tes joueurs. Choisis tes mots avec précaution pour ne pas trop les ramollir ni les terrifier; l'équilibre entre les deux est subtil. Assure-toi de mettre l'accent sur ce qui arrive, pas sur ce qu'il s'est déjà passé. Busby avait fait ça lors de la demi-finale contre le Real Madrid et avait revigoré United. Il le faisait de nouveau.

Pendant le match, il avait fumé frénétiquement, laissant un amas de mégots à ses pieds; son corps voûté et ses sourcils froncés trahissaient son appréhension. «Je voyais l'équipe se tendre à mesure qu'on se rapprochait du trophée. Après le but de Benfica, je voulais que la fin du temps réglementaire arrive.»

À part les buts, et l'arrêt d'Alex Stepney sur le tir d'Eusébio, il y avait eu peu d'occasions. David Sadler en avait gâché une énorme en se précipitant, avant de taper des mains sur le sol à l'endroit où il avait glissé, comme si une motte était responsable de son tir affreux. Eusébio avait enroulé une frappe de vingt mètres sur la barre. Stepney n'avait pas pu toucher la balle car il ne l'avait pas vue partir ni même traverser les airs avant qu'elle se retrouve au-dessus de sa tête. Il avait juste entendu le claquement sourd qu'elle avait produit en s'écrasant sur la transversale.

Tout cela n'avait plus aucune importance aux yeux de Busby maintenant. Il savait que ce qu'il allait dire – la manière dont il allait le dire – à ses joueurs allait décider du sort de la Coupe. Il devait les convaincre que la demi-heure supplémentaire sur un terrain désormais humide était un test d'endurance qu'ils réussiraient haut la main, et certainement pas une épreuve insurmontable. Il tira sur sa cigarette. Il se redressa et marcha sur le terrain. Il demanda à ses joueurs de rester debout pour ne pas que leurs muscles se raidissent. Busby était habitué aux situations de crise et personne n'avait l'air plus calme et moins perturbé par l'ampleur de la tâche que lui à cet instant. Il s'appuya sur son discours simple et aiguisé, qu'il leur sortit sans tergiverser.

« Ne rendez pas la balle.

Quand vous faites une passe, soyez sûrs qu'elle atteigne votre partenaire.

Jouez votre football.

Continuez de les attaquer.
Ils sont plus fatigués que vous.»

George Best était déterminé à donner à Busby ce qu'il voulait. «Je ne voulais pas penser à ce que je pourrais lui dire si on perdait. Je n'étais pas sûr d'être capable de le regarder dans les yeux et de lui demander pardon.»

Best, qui repensait à son inefficacité et s'en voulait, écoutait ce que Busby disait et savait qu'il avait raison. Benfica était fatigué, mais lui avait de l'énergie à revendre. Après tout, on l'avait empêché de courir. Et si ses mollets lui faisaient mal, c'était uniquement à cause des marques de crampons sur sa peau. Best avait pris sa décision : il partirait au but dès que l'occasion se présenterait. Si on lui marchait à nouveau dessus, il se relèverait sans protester et récupérerait le ballon. Quoi qu'il en coûte, il allait gagner la coupe pour Busby.

Et c'est ce qu'il fit deux minutes plus tard.

Quand on repense à la finale, on repense à Best pendant et après son fabuleux but. Même en le regardant encore et encore, son insolence, son habileté sans effort et son sang-froid continuent d'émerveiller. L'essence d'un tour de magie réussi est toujours la feinte. Quand des pièces ou des cartes à jouer se matérialisent dans les airs et que d'autres choses apparaissent et disparaissent, ce qui nous trompe est une illusion visuelle – la capacité du magicien à détourner l'attention et à embobiner. Best leurrait de la même façon.

Le début de l'action est pourtant des plus prosaïques : une passe en retrait de Shay Brennan pour Stepney puis un long dégagement plein axe qui atterrit dans la moitié de terrain de Benfica. Brian Kidd – qui fête ce jour-là ses 19 ans – gagne son duel aérien et prolonge la course du ballon. Benfica, à court de force, a-t-il oublié la menace que représentait Best ? S'est-il endormi sur ses lauriers après l'avoir si bien contenu ? Best est laissé seul, avec un défenseur et le gardien à battre. Il est à presque trente mètres et trois autres défenseurs reviennent à la charge, paniquant un peu plus à chaque foulée. Best arrive sur le ballon une fraction de seconde avant Cruz, qui lui fait face, et le lui glisse magistralement entre les jambes. Cruz est déboussolé, comme s'il ne savait plus dans quelle direction se tourner ensuite. Il n'y a plus moyen de rattraper Best maintenant. Henrique se précipite loin de sa ligne, par nécessité plus que par choix, et essaie de restreindre les options de Best en lui réduisant les angles. Le gardien avance au point de penalty quand Best – pas pressé et lucide – passe le ballon de son pied droit à son pied gauche. Un minuscule repositionnement de son pied et de son corps lance de fausses indications sur sa destination. Henrique doute, il décide de ne pas choisir, vacillant d'un côté à l'autre sans vouloir s'engager. Best semble le contrôler et pouvoir choisir la direction où il l'enverra. Henrique plonge sur sa gauche au moment précis où Best passe à sa droite avec la fulgurance et la grâce du danseur. Le gardien est toujours à terre quand Best envoie la balle loin de lui. Le filet est à sa merci. Il pense à tirer le meilleur de ce moment – le moment, il en est conscient alors même qu'il est en train de le vivre, qui sera rejoué éternellement. Busby passait son temps à répéter à Best de ne pas dribbler trop de défenseurs. Il voulait que ses dribbles soient réduits au minimum. Mais difficile pour Best de résister à la tentation d'en faire plus que nécessaire, et il se voit toujours – une autre des images qu'il visualise la nuit avant chaque match – passer le gardien, arrêter la balle sur la ligne et s'accroupir pour la pousser au fond de la tête. Il pense à le faire maintenant. «Je me suis juste dégonflé parce que ce casse-pieds s'est relevé trop vite. Ceci dit, le boss en aurait fait une crise cardiaque.»

Best se contente donc de pousser le ballon au fond, du pied gauche. Henrique tente désespérément de revenir, en se jetant alors que le tir franchit la ligne. Il glisse sur sa poitrine et se retrouve pris dans les filets. Best ne le verra pas. Il est déjà parti, le poing droit dressé, dans une course folle et joyeuse.

United 2, Benfica 1

Le but annihile les espoirs de Benfica. Kidd, en renard, porte immédiatement l'estocade de la tête.

United 3, Benfica 1

Ce que Busby a attendu pendant presque une décennie lui est assuré en huit minutes, dévastatrices, dès la première période de la prolongation. Charlton s'offre un doublé d'une superbe frappe sans contrôle sous la barre qui achève les Portugais.

United 4, Benfica 1

« L'espace d'un instant, je n'ai pas compris ce qui s'était passé, racontait Busby, qui essayait de saisir comment ses joueurs avaient pu réaliser pareille folie. Puis le souffle de ce qui m'a paru être des millions de décibels m'a frappé. On avait gagné. Mais ça semblait si soudain après toutes ces années d'attente. »

Best est le dernier joueur de United à toucher le ballon avant le coup de sifflet final. Quand il l'entend, il est trop fatigué pour faire autre chose que lever les deux bras en signe de triomphe modeste. Il y a foule près de la ligne de touche et Busby en émerge en réajustant sa cravate. « Il ne manquait qu'un halo autour de lui. Il avait le visage illuminé, comme sur les images que l'on voit des saints », décrivait Best. Les cernes de Busby étaient humides, ses yeux brillaient.

Dans les vestiaires, Charlton, déshydraté et particulièrement ému, tentait de réprimer ses sanglots et s'asseyait parce qu'il ne pouvait plus tenir debout. Crerand était au bord de l'effondrement lui aussi et avait vomi d'épuisement. Kidd essayait de cacher ses larmes derrière ses mains. Stepney, assis sous sa patère, essayait tant bien que mal de mettre la main sur son paquet de cigarettes quand il commença lui aussi à pleurer, sans savoir pourquoi : « Des grosses larmes de bébé coulaient sur mon visage. » Des geysers de champagne aspergeaient le trophée et ce qui restait était bu directement à la bouteille.

Même s'il le cachait, Best ne ressentait pas la même chose que les autres.

Il éprouvait toujours une sorte de contrecoup à la fin d'un match. Comme s'il ne voulait pas que ça s'arrête. Gamin, il fallait le traîner pour l'arrêter de taper dans son ballon dans la rue ou au parc. Si Best jouait bien, il était déterminé à continuer à jouer. S'il ne jouait pas bien, eh bien il devait jouer jusqu'à ce que cela change. « J'aurais pu continuer à jouer jusqu'à m'effondrer. Et je ressentais ça partout où j'allais.» Même à Wembley. Même quand United avait fini en roue libre, en sachant que Benfica ne pourrait plus revenir, Best voulait que cela se prolonge jusqu'à ce qu'il réalise l'exploit qui marquerait définitivement la finale de son sceau. Il n'avait pas pris le marquage rigoureux de Benfica comme un hommage. Au contraire, il n'en avait retenu que son incapacité à s'en sortir. Il n'y avait pas d'«extase» pour lui après la victoire, juste le sentiment tenace qu'il aurait pu faire beaucoup mieux. Il en avait des «pincements au cœur de regrets», selon ses mots. Best expliquait que c'était à la fois «la plus belle nuit de sa carrière de footballeur» et «l'une des moins satisfaisantes».

Ce qu'il avait fait contre Benfica aurait apporté de la satisfaction pour une vie entière à n'importe qui d'autre. Mais ce qui satisfait les autres ne satisfaisait pas Best. À la fin de l'année, il remporta le Ballon d'Or – ses soixante et un points le plaçant devant les cinquante-trois de Charlton –, grâce notamment à ce but en finale qui fit pencher le vote en sa faveur. Le club vivait l'apogée de son histoire, mais lui, trop mécontent à titre personnel, avait du mal à en jouir pleinement. Il n'y avait aucune raison pour qu'il en soit ainsi. Mais la finale telle qu'il l'avait fantasmée devait être grandiose, dans des proportions totalement absurdes. La réalité ne pouvait que le décevoir. Il disait que sa performance avait été insuffisante. Personne n'arrivait à le convaincre du contraire. Best s'excusait toujours. Quand il revenait sur la finale, chaque adverbe, chaque adjectif n'était là que pour dévaloriser sa propre contribution. Les phrases qu'il utilisait variaient de structures ou de tons – avec toute une gamme allant de la peine aux regrets en passant par l'irritation – mais jamais de contenu. «Je n'ai pas joué aussi bien que j'aurais dû [...] Je n'ai pas été aussi bon que je l'avais été pendant la saison [...] Ce soir-là, je n'ai jamais vraiment été à la hauteur.»

John Aston avait réussi la performance exubérante que Best avait imaginée pour lui-même. Il était rapide et confiant et avait passé – puis passé de nouveau – son arrière latéral Adolfo

Calisto, qui avait vécu une séance de torture en place publique. Aston en avait fait ce qu'il voulait. À un moment, il avait réalisé un modèle de débordement conclu par une passe pour lui-même qu'il récupéra à la faveur d'une accélération de guépard qui cloua Adolfo sur place. La défense de Benfica était si obsédée par Best qu'Aston avait bénéficié de beaucoup plus d'espaces et de latitude. Il avait réalisé le match de sa vie. Aston était si nerveux avant qu'il en avait eu des maux d'estomac dans le bus et avait foncé vers les toilettes sitôt arrivé aux vestiaires : « Je les ai regardées et je me suis soudainement dit qu'un paquet de derrières connus avaient dû s'asseoir là-dessus avec la diarrhée au cours des trente dernières années. » Cette réflexion l'avait fait rire et chassé son anxiété. Best se reprochait de n'avoir été qu'un collaborateur mineur aux côtés d'Aston, et non le virtuose. Il se sentait mis à l'écart et raconterait après coup qu'il ne s'était « pas senti concerné par les effusions de joie et les larmes de bonheur ». « J'étais là, mais ça ne m'appartenait pas. »

Une fois l'adrénaline de la finale envolée, seul restait le vide. Et il ne voyait pas qui aurait décemment pu comprendre cela.

À la lumière de ce qui allait arriver, la réponse de Best à ses émotions confuses comportait une sombre prémonition : « Je suis sorti et je me suis saoulé. »

Jusqu'aux premières heures de la matinée du lendemain, tous les prétextes étaient bons pour ouvrir une nouvelle bouteille de champagne. Personne ne remarquait – ou ne s'inquiétait – de la quantité consommée. La gueule de bois était juste la conséquence du succès. Il n'était pas le seul à qui l'on pardonnait sa beuverie, et c'était légitime dans ces circonstances. Mais Best disait qu'il avait tellement bu qu'il ne se souvenait que de fragments de la finale. Le boulet d'Eusébio, et Stepney qui l'agrippe contre sa poitrine ; son but, même s'il arrivait dans ses rêves que la balle parte si doucement que Henrique avait le temps de l'attraper ; l'échange de maillots avec Simões, le sien qui dégouline de sueur ; l'accolade avec Matt Busby sur le terrain, comme un fils serre son père dans ses bras après une longue absence ; la montée des trente-neuf marches entre Bill Foulkes et Paddy Crerand jusqu'à la Royal Box enveloppée de velours ; Bobby Charlton qui reçoit et soulève le trophée, qui semble si lourd pour son corps exténué ; la lumière éblouissante de la poursuite lors du tour d'honneur et le « Congratulations » de Cliff Richards, chanson nunuche qui insupportait Best, en fond sonore. Mais il ne se souvenait pas d'avoir quitté Wembley ni du banquet qui a suivi au Russell Hotel de Londres. Même en réfléchissant très fort, Best n'arrivait pas à se remémorer la suite des événements, ce qu'il avait fait, où et avec qui. Il avait oublié Busby qui accompagne le Joe Loss Orchestra sur « What a Wonderful World » de Louis Armstrong avant de la chanter pour lui-même toute la soirée ; les parents de Duncan Edwards qui se fraient un chemin jusqu'à la table de Jimmy Murphy pour lui dire : « Duncan disait toujours que United gagnerait la Coupe d'Europe et nous sommes si fiers que vous ayez prouvé qu'il avait raison » ; les mains serrées et les tapes dans le dos ; le reflet de Busby dans les courbes lustrées de la Coupe. Best était amnésique. « Presque tout est vide. Je ne me souviens de rien », confessait-il, honteux que l'épilogue ait été effacé par la boisson.

On sait cependant ce qu'il fit cette nuit-là. Il rangea sa médaille et le maillot souvenir dans son sac, se changea et quitta la réception en douce une fois les formalités expédiées. Un veilleur de nuit lui trouva un taxi, qui le conduisit jusqu'à Chelsea, où se trouvait l'appartement de Jackie Glass. Elle avait regardé le match sur sa petite télé noir et blanc et dansé dans son salon après le but de son petit ami. Il lui avait promis de passer la nuit avec elle, quel que soit le résultat. Il était arrivé après minuit en lui rapportant un cadeau, un sac à main en cotte de maille sur lequel était brodé l'écusson de Benfica qu'Eusébio lui avait offert. « Il semblait terrassé par l'émotion », se souvenait-elle. Les prières de United avaient été exaucées. Mais, comme sainte Thérèse d'Avila l'a écrit, « il y a plus de larmes versées sur les prières exaucées que sur celles qui ne le sont pas ». D'une certaine façon, cette épigramme aurait pu devenir l'épitaphe de United et des vainqueurs de la Coupe des clubs champions 1968. Comme tout le monde, Best pensait que l'histoire allait se souvenir de cette victoire comme la première d'une belle série en Coupe d'Europe. Les possibilités semblaient infinies pour Manchester United et pour lui. « Ça aurait dû être le début de quelque chose de magnifique et de merveilleux », disait Best. Mais avec le recul, il avait fallu se rendre à l'évidence : Wembley avait été « le début de la fin ».

Ses traits, autant que ses pieds, étaient sa chance. Les objectifs aimaient son visage. Mais, ironiquement, l'une des photos de lui les plus poignantes le montre de dos. Il fait demi-tour, son numéro 7 blanc bien visible. Son maillot large recouvre presque tout son short. Ses chaussettes sont baissées. Il lève le bras droit pour faire savoir au monde sa réussite. La regarder permet de voir ce que Best a vu devant lui une demi-seconde après son but à Wembley ce soir-là. Il y a la courbe du virage, la masse informe de la foule, les blocs blancs du tableau d'affichage qui s'apprête à changer, les longues ombres dessinées par les projecteurs, les bandes de pelouse tondues qui convergent vers le point de fuite. Cette photo a capturé le sommet de la carrière de Best, même si personne ne pouvait alors l'imaginer. Aujourd'hui, parce qu'on sait, elle contient la tristesse sous-jacente de quelque chose perdu à tout jamais. Il ne ressentirait plus jamais une telle extase. Il n'y aurait pas de deuxième et de troisième actes. Rien de ce qu'il allait faire ne vaudrait cela. Busby ne gagnerait pas d'autre trophée. Best ne gagnerait pas d'autre médaille.

CHAPITRE 8
CHAUSSURES EN OR, CRAMPONS EN DIAMANT

George Best continuait à aller chercher des filets de cabillaud ou de haddock au *fish and chips* le plus proche d'Aycliffe Avenue pour dîner avec ses amis et Mary Fullaway. Mais dorénavant, il y avait presque toujours sa tête sur le papier journal qui faisait office d'emballage. Depuis Wembley, il était plus célèbre que jamais, que ce soit en tant que footballeur ou en tant que people. Tout ce qu'il faisait se retrouvait à la une. Tout ce qu'il disait était rapporté. Partout où il allait, les gens l'accostaient. «Je mentirais si je disais que je n'aimais pas ça. J'étais pris dans le tourbillon.»

Best avait signé tellement d'autographes qu'il était certain que tous ceux qui le sollicitaient en avaient déjà un. Il en signait désormais deux fois plus. Il y passait « des heures et des heures », après chacune de ses apparitions publiques. « Les organisateurs me disaient d'arrêter de signer, mais j'insistais pour continuer.» Il détestait être arrêté dans la rue mais le tolérait car il ne souhaitait « contrarier personne. Je n'ai jamais refusé, sauf quand on était grossier avec moi.»

Mrs Fullaway continuait de faire office de secrétaire de fortune. Quand elle ne répondait pas au téléphone, elle était sur le palier pour s'occuper des démarcheurs ou des badauds qui frappaient à la porte bleue ou pour recevoir le courrier ainsi que les livres et photos que les fans voulaient faire dédicacer.

Quand il repensait à tous les désagréments qu'il lui avait causés, Best se demandait « comment elle faisait pour tenir. Les gens frappaient à la porte à n'importe quelle heure. Le téléphone n'arrêtait jamais de sonner. Le courrier s'entassait. Les journalistes attendaient dans la rue et piétinaient la pelouse. La moindre de mes allées et venues était un événement. »

Bill Shankly soutenait que la célébrité était le « prix à payer quand on faisait son travail correctement ». Pour Best, l'addition était de plus en plus lourde. Il ne se déplaçait quasiment plus qu'en voiture. Marcher, c'était l'assurance d'être importuné. Les klaxons ne cessaient jamais. Il racontait avoir vu des véhicules « se rentrer dedans » parce que les conducteurs le regardaient et oubliaient de faire attention à la route. « Passer le long d'un arrêt de bus était devenu une épreuve. S'il y avait vingt ou trente personnes qui attendaient, je savais que la moitié me détestait et l'autre m'adorait. Dans le lot, deux ou trois rêvaient de m'en coller une tandis qu'une demi-douzaine voulait un autographe. Deux autres avaient lu un truc à mon sujet et souhaitaient me poser des questions. Tu finis par traverser la rue et faire un long détour plutôt que d'avoir à subir ça. Et ça ne s'arrête jamais… Vous ne pouvez pas imaginer ce que c'est… Dans un film, ça aurait été drôle. Mais dans la vraie vie, c'est assez effrayant. »

Il était impossible de compter le nombre de lettres ou de propositions qu'il recevait. Tel un vampire, il préférait l'obscurité à la lumière du jour. « La nuit, je pouvais me cacher un peu. » Best était à l'écoute de toute offre. Sa présence avait un prix, bien sûr. Un contrat avec le chausseur Stylo lui avait rapporté 20 000 livres plus 5 % du chiffre d'affaires pour chaque paire vendue. « *Best fitting. Best comfort. Best ball control* » : la publicité garantissait « le meilleur ajustement, le meilleur confort, le meilleur contrôle de balle », comme si le talent de Best imprégnait le cuir. Stylo tablait sur deux à trois mille paires vendues au cours de la première année. Ce serait vingt-huit mille. Le seuil des 250 000 livres de chiffre d'affaires fut rapidement franchi, ce qui valut à Best un cadeau de la part du fabricant comblé : « une paire de chaussures en or pour un type en or». Aussi kitsch que soit ce présent, il reflétait l'importance du joueur pour la marque – encore qu'il aurait fallu ajouter des crampons en diamant pour être plus proche de la réalité –, comme pour toutes celles qui contactaient son agent Ken Stanley. C'était notamment le cas de Great Universal Stores, qui rémunérait Best 15 000 livres pour deux après-midi passés à faire le mannequin pour leur catalogue hommes tous les six mois dans un studio encombré et surchauffé. Le catalogue faisait 500 pages, pesait près de deux kilos et proposait d'acheter à crédit tout ou presque, des cocotte-minute aux appareils à fondue en passant par des cendriers, des machines à écrire, des tables gigognes ou des montres en or. Le partenariat de Best avec un catalogue de vente par correspondance semble indigne d'un joueur de son talent et même quasiment humiliant dans le monde d'aujourd'hui où les joueurs sont habillés par Armani, Dolce & Gabbana, Gucci ou Paul Smith dès qu'ils sortent du terrain. Stanley pensait à long terme et Best allait cueillir les fruits de sa clairvoyance. Depuis le début des années 60, l'achat à crédit était entré dans les mœurs britanniques et Great Universal Stores répondait à cette demande. Bien que basée à Manchester, où elle occupait un gigantesque entrepôt victorien à quelques kilomètres d'Old Trafford, l'entreprise comptait plus de 2 500 points de vente dans tout le pays, imprimait son catalogue à trois millions d'exemplaires et son conseil d'administration était considéré par *The Times* comme l'un des dix plus puissants du pays. Le « GUS » passait de mains en mains. On se le prêtait entre amis ou entre voisins. Best était présent dans encore plus de foyers qu'avant. Vêtu de cols pelle à tarte, de vestes croisées unies ou à rayures ou encore de pull-overs, il était l'atout majeur des pages de mode masculine. Le catalogue faisait connaître Best à des publics différents. Il avait beau affirmer n'apprécier « pas plus que ça » ce rôle de mannequin qu'on lui imposait, ce qui sortait de la chambre noire une fois tu le clic-clic des appareils suggérait qu'il était né pour ça.

Le distributeur Tesco, en pleine expansion, lui offrait 500 livres à chaque fois qu'il couperait le ruban d'un nouveau supermarché. L'entreprise avait une centaine d'inaugurations prévues dans tout le pays. Seuls inconvénients, les longs voyages sur l'autoroute et les inaugurations le samedi matin. Best déclina l'offre.

Trop blasé pour consacrer ses efforts à compléter son salaire de footballeur, il ne gagnait pas la moitié de ce qu'il aurait pu. Best vivait au jour le jour, profitait du moment présent, et ne se souciait guère du lendemain. « Je pensais que j'allais vivre comme ça le restant de ma vie », reconnaîtrait-il, ce qui l'incitait à n'en faire à peu près qu'à sa tête au moment d'exécuter un contrat. Ce fut par exemple le cas avec les cosmétiques Fore, qui rémunéraient Best à hauteur de 35 000 livres pour promouvoir leur marque. Le nom même était censé rappeler son sex-appeal (en argot, *phwoar* est une onomatopée évoquant le désir) et plaire aux golfeurs, en référence au *Fore* lancé à l'attention des spectateurs quand la balle arrive dans leur direction. Best ne comprenait pas la référence au golf. Il n'aimait pas jouer au golf. Il n'aimait pas le style des golfeurs.

L'entreprise avait loué un hélicoptère pour transporter George Best et Malcolm Wagner à Londres où ils avaient pris possession des suites qui leur avaient été réservées. Le tournage, un spot publicitaire avec Best entouré d'un escadron de mannequins et, plus surprenant, de lévriers afghans, était prévu à 8 h 30 le lendemain matin, à Hyde Park. « Un peu tôt » selon Best. Comprendre : « Trop tôt pour moi. » Comme on pouvait s'y attendre, il fit la connaissance d'une jeune femme au cours de la soirée et dormit chez elle, délaissant sa suite. Wagner se lança dans un numéro de prestidigitation pour tenter de couvrir son ami devant les pontes de Fore venus le chercher à l'hôtel. Il n'avait pas fait illusion bien longtemps.

« Où est-il ? », s'étrangla le directeur général de Fore, qui avait très vite compris que Best était en train de leur poser un lapin.

« Dans sa chambre », répondit Wagner tout en cherchant un moyen de retrouver sa trace.

« Retrouvez-le ou je lui colle un procès. »

Wagner réussit à trouver le numéro de l'appartement où Best avait découché. Après une longue série de sonneries, Wagner eut enfin une réponse, celle qu'il craignait. « Je ne veux pas être dérangé. Prends mes affaires dans ma chambre. Je rentre à Manchester. » Les représentants de Fore étaient assez proches de Wagner pour entendre tout ce qu'il racontait. Pour ménager la chèvre et le chou, il devait rester vague : « J'arrive dans un moment. » Wagner avait besoin d'expliquer à Fore que Best devait être chouchouté plutôt qu'intimidé, et que lui seul pouvait chouchouter son ami correctement. Wagner prit ensuite la direction de Chelsea en taxi, en tête d'un convoi composé des Rolls-Royce, Bentley et Jaguar des membres du conseil d'administration, dans une scène digne des films burlesques du début du siècle, à laquelle il ne manquait que l'air de piano désopilant. Il trouva finalement Best devant la télé, les pieds sur la table, comme n'importe quel type monté à la capitale avec un pote et qui a réussi à passer la nuit avec une Londonienne. « On rentre à la maison ? », demanda Best, décontracté. Wagner réussit à le convaincre de rester. Pourquoi laisser les top models toutes seules ? Pourquoi ne pas aller y « faire un saut » ? Best pensait que Fore lui en voudrait pour sa disparition et il n'avait pas envie de se faire sermonner par de vieux grincheux en costume qu'il ne connaissait pas. « Une fois qu'on se pointera, tout se passera bien », lui assura Wagner. Best débarqua à Hyde Park avec cinq heures de retard. La lumière commençait à faiblir et le script original devait être modifié pour s'adapter aux contraintes de l'horloge. Les responsables de Fore étaient tendus, redoutant le pire. Un jour entier de tournage allait être gâché, et avec lui les salaires des mannequins, photographes, cameramen et autres techniciens. C'était pourtant dans ce genre de situation que Best savait sortir le grand jeu. Le critique Kenneth Tynan avait une théorie sur l'aisance des acteurs vedettes, et Best possédait incontestablement ce truc. La façon de marcher, le regard, le sourire : tout était parfait dès la première prise. On n'avait usé qu'une minute trente de bobine quand le réalisateur cria « Coupez ! ». Les pontes de Fore se tapèrent dans le dos. Best repartit à Manchester dans la foulée.

L'anecdote est révélatrice. Best était insouciant et ingérable, mais il pouvait se le permettre. Aussi s'ennuyait-il très vite, et il n'avait pas attendu d'être une star pour dévoiler ce trait de caractère. « Il n'était jamais fatigué et l'entraînement ne l'occupait que quelques heures par jour, rapportait Steve Fullaway à propos du George Best adolescent. Il venait me voir au travail et regardait par-dessus mon épaule pendant que je bossais. Il faisait ça parce qu'il n'avait rien d'autre à faire. » Tant que Manchester United était sur la pente ascendante et que le football pratiqué était alléchant, Best était stimulé et l'ennui atténué. Quand, après Benfica, cela a commencé à tourner au vinaigre, il commença à montrer les premiers symptômes du comportement autodestructeur qui allait le ravager plus tard.

Ce que Best imaginait comme le début d'un âge d'or pour United (il se voyait rejoindre le Real Madrid et ses six trophées au palmarès de la Coupe d'Europe) allait en réalité devenir une litanie de saisons tourmentées.

Le triomphe de Wembley n'avait pas quinze jours que Matt Busby était fait chevalier à l'occasion de l'anniversaire de la Reine, aux côtés de vingt-neuf autres noms moins connus du grand public. La liste comprenait des industriels et des entrepreneurs, un professeur d'histoire, des avocats et un élu local. S'il ne rechignait pas à jouer la carte populiste, le Premier ministre Harold Wilson ne succombait que rarement aux paillettes, même si l'Ordre de l'Empire britannique attribué aux Beatles en 1965 avait été une exception notable. Seuls quelques vieux aigris de la haute société jalousaient cette reconnaissance envers Busby. Alf Ramsey avait été fait chevalier pour avoir gagné une Coupe du monde. Busby, c'était largement admis, méritait la même récompense. Wilson ne faisait qu'exprimer l'opinion du pays.

Busby était à United ce que Lord Reith, le fondateur de la BBC, avait été à la chaîne publique. Il semblait irremplaçable.

Le Board ne voulait pas qu'il parte et espérait naïvement que le statu quo demeure à jamais. Busby était désormais au sommet du football européen et chevalier de son royaume : avec le recul, il n'y avait pas meilleur moment pour se retirer.

Sitôt la coupe gagnée, Bobby Charlton s'était rendu compte de la fatigue de Busby et des ravages que Munich avait causés sur son visage et son corps de seulement 59 ans : « On aurait dit un vieillard. » David Sadler pensait la même chose et utilisait presque les mêmes mots : « Le boss avait l'air très vieux, ce qui n'était pas le cas avant. » Sadler allait même plus loin et se rappelait s'être interrogé en regardant Busby lors du banquet au Russell Hotel : « Je me suis demandé ce qu'il pourrait faire ensuite, s'il avait un objectif, même avec un titre à conserver. » Charlton et Sadler s'apercevaient de ce que peu d'autres voyaient. Busby était usé, mentalement, émotionnellement, physiquement. Mais Busby avait l'impression de ne pas avoir le droit d'arrêter alors même qu'il en avait très envie. Il savait que tous les autres – supporters, dirigeants, joueurs – souhaitaient qu'il continue et qu'il se batte pour garder la coupe à Old Trafford dans un dernier baroud d'honneur. En tant que gardien de l'âme et de l'esprit du club, poursuivre sa mission était une obligation solennelle, même s'il sentait qu'il ne possédait plus la force ou la rigueur nécessaires pour un boulot qui lui avait déjà tant demandé.

L'équipe vieillissait avec Busby. Charlton et Shay Brennan avaient 31 ans, Paddy Crerand 29, Bill Foulkes était à cinq mois de son trente-septième anniversaire. Comme Crerand le confessait, « quelques-uns d'entre nous avaient dépassé leur date de péremption. Des changements étaient nécessaires. » Puisqu'il avait toujours préféré élever les talents plutôt que les acheter, Busby ne pouvait pas s'appuyer sur un réseau de recrutement. Trouver et signer le prochain George Best était plus difficile maintenant dans un marché plus compétitif. Busby acceptait l'idée qu'il faille construire un « United différent ». Il savait aussi que quelqu'un d'autre allait devoir le faire, et qu'il n'avait pas de noms à souffler à ses supérieurs. Le meilleur candidat,

Jock Stein, était sous contrat au Celtic. Ron Greenwood était lié à West Ham. Don Revie n'avait alors gagné qu'un seul trophée – la League Cup – et son approche du football était incompatible avec les préceptes de Busby. Les managers prometteurs comme Brian Clough à Derby et Dave Sexton à Chelsea devaient encore faire leurs preuves. Seulement soixante-treize jours séparaient la fin de la saison du début de la nouvelle. Même si Busby s'était retiré à ce moment-là, United n'aurait jamais eu le temps d'organiser une passation de pouvoir réussie. Entre le choix, les négociations et la nomination, le processus était impossible à caser dans un laps de temps aussi court. Alors Busby continua.

Au moins, il ne trahissait pas ceux qui, en gagnant la Coupe d'Europe, avaient été loyaux envers lui. « La loyauté, c'est répondre à la loyauté de la même façon », disait-il. Pour lui, cela signifiait « être humain ». Best fronçait ses sourcils d'un air narquois quand il racontait à quel point « il était sentimental et s'attachait aux joueurs lorsqu'il n'aurait pas dû ». Busby n'avait fait que des changements à la marge, en se convainquant lui-même – mais personne d'autre – que son équipe avait encore neuf mois dans les jambes. Avec une belle part de l'argent que la victoire de Wembley avait rapporté, il signa l'ailier Willie Morgan de Burnley pour 117 000 livres. Soit quatre mille livres de plus que ce qu'il avait fallu investir pour l'ensemble du onze de Wembley. Ses rivaux essayaient de singer le style et les postures de Best, même s'ils ne restaient que des pâles copies car personne ne pouvait reproduire ce dont lui était capable. Morgan n'avait qu'un point commun avec Best : ses longs cheveux noirs. Best était péremptoire : « Il ne boxait pas dans notre catégorie. »

En revenant pour la préparation d'avant-saison, Best avait immédiatement senti que United était repu. Le sommet avait été atteint. Les souhaits de Busby avaient été exaucés. « Je devinais ce qui allait se passer, se souvenait Best. Je sentais que tout le monde poussait un soupir de soulagement en se disant : "La Coupe d'Europe, c'était notre rêve, c'est pour cela qu'on s'est battus pendant des années, en particulier après Munich."» Il avait entendu des joueurs parler de Wembley comme de « la fin » alors que lui était toujours avide de titres. « Pour moi, ce n'était même pas le début. Je commençais à peine à m'échauffer. J'avais faim. Il me restait encore sept années avant d'atteindre mon top.» Il concluait d'un air désolé : «Vous pouviez presque entendre le souffle d'énergie et d'ambition quitter le club. Tout le monde parlait déjà du bon vieux temps, comme si c'était fini.»

De fait, c'était fini.

La saison 1968-69 ne fut que tristesse. « Quelque chose manquait. Il n'y avait plus l'étincelle. Je ramais.» Pendant de longues semaines, on aurait dit que des imposteurs avaient enfilé des maillots de United et pris la place des joueurs professionnels. Entre le début d'octobre et la mi-janvier, Busby ne gagna que trois matchs de première division sur quinze. «Alors qu'avant je ne pensais jamais que quelqu'un pouvait nous battre, j'en suis vite arrivé à un point où j'avais peur de sortir sur la pelouse parce que je savais que tôt ou tard une bonne équipe comme Leeds allait nous coller une raclée », racontait Best. Il en arrivait même à considérer – et c'était injuste – United comme « une des pires équipes » à avoir remporté la Coupe d'Europe jusque-là. Il envisageait un avenir radieux, mais à la seule condition que Busby investisse encore et encore pour permettre à United de devenir plus grand que le Real ne l'avait été. « Le déclin est inexorable si on n'achète pas de nouveaux joueurs », répétait-il. Il ne faudrait pas douze mois pour lui donner raison.

Les deux manches de la Coupe intercontinentale contre les Argentins d'Estudiantes allaient mettre à jour l'état de détresse et de tension dans lequel se trouvait Best. Ce n'était pas du football, mais des batailles rangées avec un ballon au milieu. Busby aurait dû se renseigner avant d'accepter le défi. Le Celtic, champion d'Europe un an plus tôt, s'était rendu en Amérique du Sud pour affronter le Racing, une autre équipe argentine. Le match d'appui, organisé sur terrain neutre à Montevideo, s'était transformé en véritable foutoir. Six joueurs avaient été exclus, dont quatre pour le Celtic. C'était une compétition sordide. Brian Glanville, dans le *Sunday Times*, avait parlé d'une « horrible abomination ». Mais Busby s'était laissé tenter : il voulait que United devienne officiellement la meilleure équipe du monde.

Le résumé des « meilleurs » moments ne montre pas que des tacles interdits aux moins de 18 ans et des coups bas. On y voit aussi Best impuissant sous la pression adverse au sein d'une équipe en pleine déliquescence. Le match n'est qu'un échantillon mais il raconte tout de sa saison : le sentiment d'inutilité ; les mouvements d'humeur qui en découlent ; le besoin de se faire justice lui-même et les conséquences disciplinaires. Les Argentins rivalisaient de brutalité et de vice. «Tu te prenais un tacle et ton adversaire t'ébouriffait les cheveux dans ce qui ressemblait de loin à un petit geste amical, racontait Best. Puis d'un coup il te tirait les cheveux et tu avais l'impression qu'on te scalpait. Ou il faisait semblant de te prendre par la taille pour te rentrer les doigts dans la chair, ce qui donnait la sensation de se faire attaquer par des crabes tueurs.» Crachats, coups de coude ou coups de tête agrémentaient la panoplie. « Si tu gardais trop la balle, tu risquais ta vie.» Au moindre tacle, les joueurs d'Estudiantes roulaient en se tordant de douleur, comme de mauvais acteurs en train de surjouer la mort. L'équipe de La Plata avait exceptionnellement reçu à Buenos Aires, où elle l'avait emporté 1 à 0 dans une Bombonera qui portait pour le coup assez mal son nom, puisque cette bonbonnière-là ne renfermait aucune douceur. Plus proche de la réalité, Glanville avait décrit une « fosse aux ours » quand le *Daily Mirror* évoquait « le fourneau du football ». Les locaux, qui avaient en tête l'affreux quart de finale de Coupe du monde 1966, à la fin duquel Alf Ramsey avait qualifié les Argentins d'« animaux », exprimèrent leur fureur contre Nobby Stiles, baptisé « El Bandido ». Il faut dire que le programme du match le présentait comme un « assassin », un joueur « brutal, mal intentionné et méchant ». « La classe, putain ! », s'était marré Stiles, qui finira évidemment expulsé, une issue aussi prévisible que la fin d'une tragédie grecque. Stiles avait protesté après avoir été signalé hors-jeu à tort – une décision bizarrement prise par l'arbitre alors que son juge de touche n'avait pas levé son drapeau. « Il est aveugle », lança Stiles à Charlton, qui lui avait adressé la passe. Ayant entendu la remarque, l'arbitre lui demanda de la répéter. Alors Stiles se retourna de nouveau vers Charlton : « Et il est sourd en plus… » Best avait choisi d'en sortir vivant et en un seul morceau. « Je ne me risquais pas au duel quand c'était du 50-50. Je m'écartais juste du chemin. » Il en voulait au club et à Busby. « On n'aurait jamais dû aller là-bas. C'était débile. »

La deuxième partie de ce film d'horreur se déroula sous le ciel pluvieux d'une soirée d'octobre à Old Trafford. D'entrée, Best se retrouva par terre alors que le ballon était à dix mètres. Peu après, un coup de crampons vicieux dans les tibias le fit valdinguer dans les airs sur son aile. Il ne dut ensuite qu'à un bon réflexe de ne pas se retrouver la poitrine ouverte par un pied adverse. Le passage à tabac continuait sous les yeux des arbitres, totalement indifférents. Best était balancé dans les panneaux publicitaires, cisaillé aux chevilles, aux cuisses et aux mollets. United contraint au nul 1-1 à une minute du terme, ce qui ne lui laissait plus aucun espoir de remporter le trophée, Best arriva à saturation. Le coupable en chef, Hugo Medina, lui asséna un coup en plein visage – un geste qui s'ajoutait à une liste déjà longue de méfaits commis en à peine cinq minutes – avant de venir lui proférer des menaces à l'oreille. Œil pour œil, dent pour dent. Best explosa et adressa un crochet du droit à Medina sans même le regarder. Les deux joueurs furent expulsés. Best n'attendit même pas que l'arbitre lui indique la sortie pour rejoindre les vestiaires. Il partit de son propre chef. C'était un portrait vivant de désolation, avec une expression entre la tristesse dévorante et la colère, qui trahissait sa perplexité : comment le sort avait-il pu si soudainement tourner le dos à United comme à lui-même ?

Seule la défense du titre européen offrait une chance de rédemption. United avait atteint les demi-finales en grande partie grâce à un tirage au sort favorable, qui leur opposa les Irlandais de Waterford au premier tour, les Belges d'Anderlecht au deuxième et les Autrichiens du Rapid de Vienne en quarts. Aucun de ces David ne possédait ni la fronde ni la pierre qui leur aurait permis de tuer Goliath, même en petite forme. L'AC Milan, autrement plus impressionnant, attendait United en demies. Le résultat tient parfois à rien. Deux petits centimètres, un débat pour savoir si oui ou non le but est rentré, et tout est perdu. United devait combler le retard de sa défaite 2 à 0 en Italie au match aller. Au retour, Best – qui d'autre ? – décala au bout d'un slalom vertigineux Charlton, qui catapulta l'offrande au fond des filets à vingt minutes de la fin. United attaquait le Milan avec une vigueur retrouvée, convaincu que l'égalisation était arrivée quand Denis Law frappa. Il ne faisait aucun doute pour Best que le défenseur qui avait repoussé le tir l'avait fait de la main ; il était tout aussi sûr que la balle avait franchi la ligne. L'arbitre décida que l'intervention était licite et que la trajectoire avait été interrompue à temps. Il écarta les protestations d'un revers de la main. La confrontation était perdue. L'élan était rompu.

Best avait l'habitude de collectionner les trophées. Ils étaient venus si facilement à lui qu'il les prenait pour acquis. Jusqu'alors, la saison 1965-66 était la seule dont il était ressorti bredouille. Il constatait que les aspirations auxquelles pouvait désormais prétendre United ne correspondaient plus vraiment aux siennes. «Vu le tour que ça prend, je ne suis pas prêt de regagner quelque chose.» Il ne croyait pas si bien dire.

Le parcours de United en championnat était affligeant et l'équipe termina à une pitoyable onzième place, séparée par un gouffre de vingt-cinq points de Leeds, le champion. Best broyait du noir après une succession de défaites contre des adversaires de rang largement inférieur tels Burnley, Southampton et Ipswich. Les affluences baissaient. Plus de 61 000 spectateurs étaient venus à Old Trafford pour le premier match de la saison. Ils étaient moins de 37 000 pour voir United écraser les Queens Park Rangers 8-1 début mars, rare réminiscence de leur superbe. Busby avait commis une erreur en restant à son poste et finit par se rendre à l'évidence. C'est ainsi qu'il avoua à ses joueurs, juste avant d'officialiser avec quatre mois d'avance son départ à la retraite en fin de saison: «Je deviens trop vieux pour ça. Il est temps pour moi de laisser la place.»

Danny Blanchflower, le plus érudit des footballeurs-devenus-journalistes de sa génération, pensait avoir tout vu du football jusqu'à ce qu'il se laisse cueillir par l'émerveillement le jour où il vit pour la première fois George Best, alors que celui-ci n'était encore qu'un adolescent. Témoin de l'effet que Best faisait sur la foule, il avait posé deux questions pertinentes: pourrait-il constamment répondre aux folles attentes du public à son égard? Avait-il la carapace pour résister à tant de pression? Blanchflower ajoutait alors une observation de mauvais augure: « Il est difficile de croire qu'un seul garçon puisse être béni par autant de talent sans que le destin ne prenne une revanche rapide sur lui.» Blanchflower pensait à une blessure. Avec son allure de feu follet et la façon dont il énervait les défenseurs, c'était comme si Best demandait à prendre des coups. Et si, comme le titre d'un célèbre roman allemand[4] le proclame, le gardien est angoissé au moment du penalty, alors un joueur comme Best avait forcément une peur secrète qu'un tacle lui casse la jambe ou lui rompe les ligaments, volontairement ou par accident. Il faut noter que Best mentionnait fréquemment l'hypothèse dans une rubrique qu'un nègre écrivait pour lui: «Je peux me casser la jambe au prochain match et tout serait fini. Mais si tu vis avec cette hantise, tu ne traverses plus jamais la route.» Best concédait malgré tout une certaine angoisse. « Le risque physique te plonge parfois dans de sombres pensées. Tu ressens un frisson qui te parcourt l'échine. Jouer comme je joue implique une bataille psychologique perpétuelle. Faut croire que je suis vif d'esprit... »

4. *L'Angoisse du gardien de but au moment du penalty*, de Peter Handke, publié en 1970 et adapté au cinéma par Wim Wenders en 1972.

Parfois, les victoires viennent à bout des vainqueurs. Mais ni Best ni Blanchflower n'envisageaient pareil destin du côté d'Old Trafford. Après la Coupe d'Europe, les deux voyaient Manchester United tout écraser sans s'arrêter. Et Blanchflower imaginait Best assurer cette période de domination à lui tout seul. Best aussi, cela va sans dire. Il comprenait pourquoi Matt Busby avait voulu rester une saison de plus ; il comprenait aussi pourquoi il avait choisi de rendre publique sa décision de partir au milieu de celle-ci. Il n'enviait pas à Busby ce petit plaisir. Best s'en voulait néanmoins d'être trop réservé. Il ne s'était pas senti légitime de dire tout haut ce qu'il pensait tout bas alors qu'il avait très vite perçu l'apathie généralisée au sein d'un club incapable de gérer l'après-Wembley et d'anticiper le futur, ce qui aurait des conséquences « tragiques » pour lui. À plusieurs reprises, il avait pensé demander un entretien à Busby. Il était presque allé le voir à la mi-août quand United n'avait gagné que deux de ses cinq premières rencontres ; il avait encore pensé à le faire à la fin de l'automne après une série de nuls et de défaites ; il avait pris comme résolution du Nouvel An de toquer à la porte de son bureau dès la première semaine de janvier. À chaque fois, Best s'en dissuada. « Qui j'étais pour dire au plus grand club du monde que quelque chose ne tournait pas rond dans son fonctionnement ? Qui j'étais pour rentrer dans la salle du Board ? Je n'étais qu'un gamin. »

Les résultats de United empiraient et Busby ne recrutait toujours pas. Alors Best avait pris conscience qu'on ne comptait que sur lui pour entamer une nouvelle ère et que la charge était disproportionnée pour ses seules épaules. Ce qui l'inquiétait d'autant plus, c'est qu'il avait imaginé Busby – ou son successeur – façonner une équipe autour de lui, afin de laisser s'épanouir ses talents de soliste. Sauf qu'il semblait désormais que United ne comptait plus que sur ses exploits solitaires, comme s'ils pouvaient suffire à faire une équipe. Si United voulait de nouveau avoir du succès, cela ne tenait qu'à Best. « Je n'étais pas assez vieux pour assumer ça. Si j'avais eu trois ou quatre ans de plus, ça aurait été différent. À 22 ans, je ne voulais pas me retrouver responsable de tout et pour tous. Je voulais juste profiter.» Mais Best ne profitait de rien. Les dix-neuf buts qu'il avait marqués en championnat ne pouvaient pas empêcher le glissement vers le pessimisme et l'envol de l'espoir. Ces statistiques n'étaient qu'une victoire à la Pyrrhus si elles ne rapportaient pas de trophées. Se battre pour ne pas être plus mal classé ne lui procurait aucune joie. Ses buts devaient servir une plus grande cause. «Je ne me voyais pas jubiler. Je ne ressentais pas la même satisfaction que lors des cinq ou six saisons précédentes. Quelque chose me rongeait de l'intérieur. La situation m'obsédait et je ruminais les problèmes jusqu'à l'écœurement. C'était le seul moyen de me les sortir de la tête.»

Enfant, Best avait adoré Blanchflower, et c'était notamment une des raisons pour lesquelles il en était devenu proche. Best prenait toujours les appels de Blanchflower et discutait avec lui après les matchs. Selon son compatriote, le Best privé était bien plus fragile que le personnage public. «Vous pouviez le voir dans son regard. Il disait un truc – qu'il allait bien – mais ses yeux vous racontaient tout autre chose.» Sur le terrain, les spectateurs voyaient un type cool, serein, tout en contrôle, à la limite de l'insouciance. « Ce que j'ai vu lors des saisons qui ont suivi Wembley, c'est quelqu'un de torturé », expliquait Blanchflower. Les aspirations de Best étaient devenues ses névroses : le besoin d'être supérieur sur le terrain ; la nécessité de toujours gagner ; et, par-dessus tout, la peur de laisser tomber les autres en cas d'échec des deux points précédents.

« Un génie est quelqu'un de différent de nous autres », disait Blanchflower dans une adaptation de la réponse d'Ernest Hemingway à Francis Scott Fitzgerald à propos des riches. Le coach de Manchester City Malcolm Allison expliquait à la même époque les difficultés de travailler avec l'un d'entre eux. Pour Allison, cela nécessitait une extrême minutie. « La chose la plus difficile pour un joueur star est de maintenir ses qualités de star avec constance, disait-il. Les joueurs moyens sont faciles à coacher car un coach sait exactement ce dont ils sont capables. Quand ils sont sur le chemin de la gloire, en revanche, bonjour les maux de tête. Tant que c'est nouveau, tous les défis sont excitants et ils sont prêts à affronter chaque situation. Mais une fois qu'ils deviennent des stars, vos problèmes commencent. Le marquage est plus serré, les adversaires se préparent en fonction et tout d'un coup le jeu devient plus dur. Vous devez alors parvenir à stimuler leur enthousiasme et continuer à les faire travailler.» Les propos d'Allison pouvaient être interprétés de trois façons : comme un avertissement à United ; comme un résumé de la carrière de Best jusqu'ici ; ou comme une prédiction de ce qui allait suivre. Chacune d'entre elles allait se révéler correcte. Allison disait du football : « Ce jeu est comme l'amour. Vous devez souffrir pour en profiter.» Les doutes d'Allison reposaient sur la capacité de Best à accepter que la souffrance vaille encore le coup. Tout comme Blanchflower avait parfaitement diagnostiqué la personnalité de Best, Allison avait anticipé sa réaction face à la marée qui allait se retourner contre son équipe.

Le bonheur et l'équilibre de Best étaient basés sur la réussite, et il ne s'attendait pas à autre chose que de voir United filer sur l'autoroute de la gloire. Il voulait aussi que le public quitte le stade en parlant uniquement de quelque chose que lui, et lui seul, était capable de faire : un exploit dont on discuterait sur le chemin de la maison, autour d'une pinte au pub, le reste du week-end et de nouveau le lundi au travail. « Je me voyais comme un *entertainer*. J'avais l'impression de laisser tomber les gens si je ne faisais pas le spectacle et je m'en voulais.»

Célébrité et tranquillité font rarement bon ménage. Mais il gérait plutôt bien sa notoriété jusqu'à ce que l'édifice construit par Busby commence à se fissurer et à s'effondrer parce que personne n'en prenait soin. Best allait en payer le prix dans les années qui suivraient, même si ces conséquences tenaient évidemment à sa personnalité et à son tempérament. Avec les mauvais résultats, il commençait à s'évaporer et, à Londres, Jackie Glass recevait de plus en plus régulièrement des coups de fil de Busby qui lui demandait poliment si elle savait où Best se trouvait.

« Personne n'était assez fort pour maintenir l'équipe à flot après la Coupe d'Europe, insistait Best. Tout semblait s'effondrer.»

Le changement avait trop tardé. « C'était un désastre, sur toute la ligne. »

La succession bâclée de Busby avait matérialisé le début de la fin. Il avait échoué à préparer un candidat et à l'établir sans équivoque et par avance comme son numéro deux. Les cent cinq jours qui séparaient l'annonce de sa retraite en janvier 1969 et celle de son remplacement à la mi-avril avaient fait naître des fantasmes qui ne seraient jamais assouvis. Quand Busby prit enfin sa décision, il fit à nouveau un mauvais choix en désignant Wilf McGuinness. Quitte à refiler son costume, autant trouver quelqu'un qui fasse la même taille. Surtout quand on est un colosse.

McGuinness n'avait que 31 ans et était un Mancunien dévoué à la fois à United et à Busby. Ancien milieu de terrain, il avait joué aux côtés de Duncan Edwards et de ceux qui avaient vécu Munich ou y étaient morts. Avec les Babes de 1956-57, il avait remporté le titre de champion. Il avait aussi obtenu deux sélections en équipe d'Angleterre. Mais sa carrière prometteuse s'était fracassée avec le tibia et le péroné de sa jambe droite après un tacle anodin. Le bruit des os qui craquent terrorisait encore ceux qui étaient là ce jour-là. Busby avait recruté McGuinness dans son staff car il le considérait comme un type intelligent. Il l'avait recommandé à Alf Ramsey, qui réorganisait à l'époque son staff. McGuinness s'était rapidement vu confier les sélections de jeunes de l'équipe d'Angleterre et avait vu passer Harry Redknapp, Tommy Smith, Ron Harris ou Peter Osgood. En 1966, Ramsey, particulièrement impressionné, lui avait demandé de travailler à ses côtés lors de la préparation de la Coupe du monde et lui avait promis : « Si on va en finale – et on va y aller – tu seras là. » Sa parole valait contrat. McGuinness avait sa place réservée dans le bus qui allait amener les finalistes à Wembley et une autre dans le stade. À la fin de cet après-midi de soleil et d'averses, de joie et de controverse, Ramsey s'assura que McGuinness était dans les vestiaires quand le trophée passa de joueur en joueur. Au banquet de la victoire du soir, il s'assit à la droite du manager après que Ramsey eut donné comme instructions de lui garder une assiette. Il s'apprêtait à franchir une nouvelle étape en prenant en charge l'équipe d'Angleterre des moins de 23 ans. À Old Trafford, McGuinness était passé de coach des jeunes à celui de la réserve. Pour son retour à Wembley à l'occasion de la finale de la Coupe d'Europe, il s'était porté volontaire pour préparer les équipements. Best ne voyait pas en quoi tout cela suggérait qu'il puisse faire un remplaçant à la mesure de Busby.

Aucun manager sur l'île ne tenait la comparaison avec Busby, sa Coupe d'Europe, ses six championnats et ses deux Cups. Mais à mesure que les spéculations sur l'identité de son remplaçant s'intensifiaient, Best tenait de plus en plus pour acquis que quelqu'un de sa stature allait être embauché. La promotion de McGuinness le déçut. Il ne le voyait pas comme un futur Busby. Et les quelques fois où il avait eu affaire à lui par le passé n'étaient pas de nature à le rassurer non plus. En public, il restait ambigu au sujet de McGuinness. « Il y a eu une époque où je le regardais avec suspicion, racontait Best. Quand j'étais plus jeune, j'avais l'impression qu'il caftait à chaque fois que je faisais quelque chose de mal. » Best se plaignait que McGuinness « lui avait fait vivre quelques entraînements difficiles » mais aussi « qu'il passait son temps à me faire chier avec mes soi-disant virées nocturnes et ma réputation dans certains quartiers ». Entre les critiques, Best glissait quelques mots apaisants. « Je réalise maintenant que c'était un vrai homme de United, disait-il comme s'il s'était converti sur le chemin de Damas. Un homme qui pensait que le club était plus grand que tous les individus qui le constituaient, et qu'il faisait ce qu'il faisait dans mon intérêt. » Best ajoutait que McGuinness était « totalement dévoué » et qu'il avait « un profond respect pour lui », ce qui, à l'heure des nominations, avait l'avantage d'être suffisamment neutre et pas trop engageant. Il avait tout de même soufflé deux phrases prophétiques : « J'ai eu des frictions avec lui dans le passé. Et il y en aura peut-être dans le futur. » Avant de finir sur une note plus clémente : « J'exagère un peu, mais celui qui prenait le poste acceptait le pire job du pays, le plus impossible et le moins gratifiant. Si on me l'avait proposé, j'aurais dit non. »

Cela faisait au moins six mois que Busby avait décidé de consacrer McGuinness. Mais McGuinness – coté à 6 contre 1 chez les bookmakers – ne l'avait su que la veille de la conférence de presse. Busby était venu le voir. «Wilf, demain, habille-toi bien, mets un costume cravate.» McGuinness avait d'abord été trop circonspect pour demander pourquoi. Puis il s'exclama soudain : « Oh ! Très bien. »

Il venait de comprendre.

Dans une sorte de mariage arrangé, McGuinness fut intronisé coach principal, une combine défensive destinée à le protéger contre une partie du stress de la prise de contrôle. Il serait responsable du physique, de la tactique et de ses compositions d'équipe. Busby s'occuperait des transferts, des salaires et de la discipline et parlerait au nom du club. «Je suis là pour t'aider», lui dit Busby, ce qui l'embrouilla au lieu de clarifier les choses, car cela laissait de nombreuses « zones d'ombre » selon les mots de McGuinness. «Je ne savais pas exactement ce qu'il voulait que je fasse », expliquerait-il. La première accusation à laquelle dut faire face McGuinness était d'avoir dit oui à un boulot pour lequel il n'était pas qualifié. Mais comment aurait-il pu dire non ? Cette opportunité n'allait peut-être plus jamais se présenter à lui. Il est impossible de ne pas avoir un peu de compassion. Busby avait dit vouloir préserver « le modèle et la continuité ». S'il voulait qu'un protégé fasse cela – et façonner le genre de communautés de vestiaire qui avaient permis aux passations de pouvoir de Liverpool d'être aussi réussies dans les années 70 et 80 –, il aurait dû lui donner les clés. McGuinness aurait dû être derrière l'épaule de Busby tout au long de la saison 1968-69 afin d'asseoir sa position et de légitimer sa promotion, d'en faire une évolution naturelle. Alors que quand elle arriva, elle fut reçue comme un semi-choc. Assis à côté de Busby et habillé comme un businessman dans sa chemise blanche sur laquelle tombait sa cravate bien serrée – celle qu'il portait déjà pour la Coupe d'Europe –, McGuinness devait vite répondre à trois questions fondamentales devant les caméras de télévision et le parterre de journalistes. Ces questions, Best se les posait aussi.

Était-il trop jeune et trop inexpérimenté pour s'en sortir avec des champions d'Europe ?

Comment pouvait-il devenir le patron de joueurs dont il avait longtemps été l'égal – dans le meilleur des cas ?

Avait-il suffisamment de charisme, d'autorité et de rigueur pour ce job ?

Même avec le plus d'indulgence possible, difficile de ne pas considérer cet épisode comme un échec de Busby. Il demandait à un type qui n'avait jamais dirigé à haut niveau, qui plus est l'un des clubs les plus prestigieux de la planète, de réussir là où lui-même ne se sentait plus capable de le faire. Si on est méchant, c'est comme si Busby – qui s'était taillé un rôle sur mesure et restait incontournable – avait décidé de commander par procuration. Cela aurait été plus compliqué avec quelqu'un de l'extérieur mais Busby était de toute façon toujours méfiant envers ceux qui ne faisaient pas partie de la famille United. Parmi ses hommes de confiance, seul McGuinness remplissait le cahier des charges très précis que Busby avait élaboré. Il voulait un homme « d'une trentaine d'années ou un peu plus vieux, mais pas au-delà de 45 ans ». Jimmy Murphy avait alors 59 ans (et ne voulait quoi qu'il arrive pas du poste), Jack Crompton et John Aston senior avaient tous deux 48 ans. « Il doit avoir de l'expérience parce qu'on n'est pas en position d'expérimenter, ajoutait Busby. Et il doit déjà avoir prouvé en tant que leader qui impose le respect. » McGuinness, qui touchait 80 livres par semaine, allait rapidement découvrir que Best, Denis Law et Bobby Charlton gagnaient plus que lui, un problème que Busby aurait dû résoudre en amont. Busby avait aussi conservé le plus grand bureau. Il était comme un roi qui acceptait d'abdiquer sans descendre de son trône.

Comme tous ceux qui se voient confier la tâche ingrate de succéder à une légende, McGuinness était écrasé par sa mission avant même qu'elle ne commence. Il était passionné, dévoué et incontestablement talentueux, mais il lui manquait l'expérience. À ce moment-là et dans ces circonstances, il n'avait aucune chance. Le job aurait été trop grand pour la majorité des gens.

Il l'était certainement pour lui. Il se retrouvait dans l'ombre de Busby. Alors qu'il était « un des gars » la veille, il aurait fallu qu'il soit le boss le lendemain, un cap qu'il ne parviendrait jamais à franchir. Cette promotion sans transition n'avait pas permis à McGuinness et aux joueurs de digérer ce changement de statut. McGuinness aurait dû conserver une certaine distance entre lui et son équipe. Mais il était l'instigateur de certaines plaisanteries et blagues de vestiaires, qui pouvaient désormais être mal interprétées et prises comme une critique, une plainte ou un message subliminal. Best confirmait ce malaise : « Puisqu'il tenait désormais les rênes, cela suscitait parfois de la rancune chez certains. » D'une manière générale, « il était difficile de le voir comme le boss ou de recevoir des ordres de sa part. Quelques joueurs ne voulaient pas ou n'étaient pas prêts à se donner à 100 % pour lui. »

Quand on n'est pas préparé, il faut apprendre sur le tas. Inévitablement, McGuinness se trompa souvent, ce qui ne fit qu'aggraver les erreurs que Busby avait déjà faites. Ainsi choisit-il inexplicablement de ne pas suffisamment s'en remettre à la science de Murphy, qui avait pourtant été son mentor avant de devenir son ami. Murphy se retrouvait sur la touche et vivait mal ce rejet. Sans compter que McGuinness avait été obligé de le déloger de son bureau pour s'y installer. Le début de la saison 1969-70 fut un calvaire pour United qui ne gagna pas un seul des six premiers matchs de championnat. Bizarrerie du calendrier anglais, les Mancuniens avaient rencontré Everton, le futur champion, deux fois en l'espace d'une semaine, pour autant de défaites. United s'inclina 2-0 à la maison puis 3-0 à Goodison Park. Une gifle en partie éclipsée par la décision de McGuinness de faire le déplacement sans Charlton ni Law. « Quand j'ai annoncé mon équipe, c'est comme si j'avais largué une bombe atomique. » Si McGuinness s'était passé de Law parce qu'il pensait qu'il ressentait une douleur à l'aine, il avait écarté Charlton pour des raisons tactiques. McGuinness admettra plus tard que laisser Charlton à la maison était « irréfléchi » et pastichera délibérément la citation d'Oscar Wilde pour se châtier d'être allé trop loin[5]. « Perdre un footballeur de classe mondiale, c'est de la négligence. En perdre deux… Ce n'est même pas la peine d'y penser. » McGuinness se souvenait avoir été « pratiquement crucifié » par la presse qui interpréta son message comme une crise d'autoritarisme, du genre : « Je vais vous montrer qui est le chef ». S'il était légitime que les journalistes se posent la question, ils faisaient fausse route. La vérité, c'est que McGuinness, désespéré, essayait juste de gagner un match.

Il n'y avait pas que le manager qui avait changé : tout était bouleversé. Et c'est cela qui contrariait Best.

Un an et demi à peine après avoir gagné la Coupe d'Europe, il voyait déjà cette époque comme le temps de l'innocence. « Le club avait quelque chose de spécial », disait-il à propos du milieu des années 60. L'époque où Busby enfilait un survêtement écarlate et une vieille paire de chaussures pour l'entraînement lui manquait. « À cause de son âge, il ne courait plus beaucoup. Il nous rejoignait pour les matchs à sept. Quand la balle lui arrivait, il la passait à quelqu'un. C'était des petits trucs, mais dans ces moments-là on se sentait vraiment proches de lui. » Il aimait quand, après l'entraînement, lui et les autres – en général Charlton, Law, Nobby Stiles, Paddy Crerand et Shay Brennan – se réunissaient dans une cuisine au-dessus des bureaux. « On allait là-bas tous les jours prendre une tasse de thé, s'asseoir et discuter. » Ces petites réunions informelles appartenaient au passé elles aussi. Best voyait l'équipe de United voler en éclats et des clans se former. « Un par un, ils se brouillaient. » Voilà comment il décrivait la scène :

« Les joueurs allaient par groupes de deux ou trois et parlaient dans le dos des autres, ce que je n'avais jamais connu. Je l'avais vu avec l'équipe d'avant la nôtre, quand elle avait commencé à se briser. Je ne m'en étais pas rendu compte à l'époque parce que j'étais trop jeune. Ça arrive aux équipes dont les joueurs sont habitués à un certain succès qui soudain n'est plus là. »

---

5. « Perdre un parent, ce n'est pas de chance. En perdre deux, c'est de la négligence », *L'Importance d'être Constant.*

Il y avait des disputes à l'entraînement et des «jérémiades à propos de tout et n'importe quoi». En déplacement, il fallait tirer au sort pour savoir qui partagerait sa chambre avec qui. «Je trouvais incroyable d'en arriver à ce point-là, vraiment. Il y avait trois ou quatre joueurs qui disaient: "J'espère que je ne tomberai pas avec lui."» Best partageait auparavant toujours sa chambre avec David Sadler, et il continuait de le faire. «On était peinards tous les deux.»

L'équipe sentait le renfermé. Best tentait de se convaincre que les choses allaient s'améliorer, sans trop y croire. En réaction à la raclée infligée par Everton – et au fait que United avait pris onze buts en quatre matchs –, McGuinness paya 80 000 livres à Arsenal pour le défenseur central écossais Ian Ure. Ou plus précisément, Busby le persuada de faire cet investissement alors même que McGuinness était loin d'être convaincu. Best n'en revenait pas. Il se changeait parfois avec les jeunes ou la réserve. Dans les vestiaires, on lui demandait ce qu'il pensait de l'arrivée de Ure. «Pas du bien», répondait-il. À l'entraînement, il mettait un point d'honneur à aller le défier balle au pied pour lui faire un petit pont. Quand Ure se retournait, Best faisait de même et lui repassait le ballon entre les jambes. C'était sa façon de montrer ce qu'il pensait du défenseur. L'équipe manquait de profondeur et les rares éclaircies n'étaient qu'éphémères renouveaux et faux départs. À un inattendu enchaînement de deux victoires succédait une série de nuls ou de défaites. Aucun virage n'était négocié correctement.

Busby insistait sur le fait qu'il n'interférait jamais avec l'équipe. Il n'était certainement pas autoritaire ou dictatorial envers McGuinness, qui résumait leur relation ainsi: «Il était bienveillant, mais je ne voulais pas donner l'impression de courir vers lui dès qu'il fallait prendre une décision.» Mais McGuinness concédait qu'il aurait dû se montrer plus ferme afin de reprendre le chéquier à Busby. Sachant que United n'était plus aussi bien armé qu'avant, McGuinness avait lutté, sans succès, pour s'attacher les services du prometteur Malcolm Macdonald, buteur au torse bombé et aux jambes arquées, finalement parti à Luton.

Il avait aussi coché les noms du latéral d'Ipswich Mick Mills et du libéro de Sunderland Colin Todd, pas loin d'être aussi brillant que Bobby Moore dans la lecture du jeu. Busby avait bloqué les approches pour Mills et Todd, qu'il considérait « trop chers ». Il ne se rendait pas compte des nouvelles réalités du marché. Les prix explosaient et les transactions à six chiffres devenaient la norme. Un mois avant le début de la première saison de McGuinness, Leeds avait versé 166 000 livres à Leicester City pour l'attaquant Allan Clarke, un record. Un mois après la fin de la saison, les Spurs en dépensaient 200 000 pour faire venir Martin Peters de West Ham. Même Derby, fraîchement promu sous la houlette de Brian Clough, dépensait de bon cœur 100 000 livres pour l'international gallois Terry Hennessey, de Nottingham Forest. Et c'est finalement Clough qui obtiendrait la signature de Todd, contre 175 000 livres. Busby croyait que les joueurs des années 70 étaient toujours disponibles aux tarifs des années 50.

Comme si succéder à Busby n'était pas une mission suffisante, McGuinness devait aussi maintenir le style de jeu chatoyant qui faisait la réputation de United pour convaincre les observateurs. La tête haute, toujours ; le dos rond, jamais. La victoire n'en était vraiment une que si elle avait été une expérience artistique. McGuinness manquait de panache au goût de Best. Il trouvait son approche trop pragmatique en comparaison de la pureté des consignes de Busby : « Sortez et amusez-vous. » Une équipe qui s'était principalement concentrée sur elle-même pendant sept ans devait maintenant penser aussi à l'adversaire. McGuinness se servait d'un tableau avec des disques magnétiques pour disposer ses formations et parler de tactique. Cela avait beau être une méthode moderne, Best avait l'impression que cela revenait à expliquer aux Beatles comment composer une chanson. Il le prenait comme une insulte. Best pensait que McGuinness avait été corrompu par l'influence de Ramsey, quand lui trouvait cette équipe championne du monde « un peu trop conservatrice » à son goût. Les flèches et diagrammes ondulés que McGuinness dessinait l'ennuyaient à mourir. «Tout le monde avait un rôle bien spécifique sur le terrain, contrairement à l'époque de Sir Matt », réprouvait Best. Parfois, racontait-il, une main espiègle faisait glisser un disque hors du terrain ou en rajoutait un. En pleine causerie, McGuinness se rendait compte qu'il parlait d'une équipe de dix ou douze joueurs. Les passages du briefing qui étaient censés le concerner entraient par une oreille et ressortaient par l'autre aussi sec. Best jouait comme il le sentait. Ce décorum l'agaçait mais il faisait avec en ignorant tout simplement les instructions. Que pouvait dire McGuinness d'une telle insubordination si elle conduisait à un but ou à sa construction ? Pour les autres, le comportement de Best pouvait sembler arrogant, mutin voire destructeur. Pour Best, qui ne voyait pas le problème, la fin justifiait les moyens.

Best camouflait un combat intérieur. Il regardait autour de lui et voyait l'équipe se déliter chaque jour un peu plus. Ce n'était plus le United qu'il connaissait. Ce n'était plus le Old Trafford d'avant. « La famille », comme il appelait le club, se déchirait. Il aurait voulu prendre la parole. Au lieu de quoi il prenait ses désirs pour des réalités, persuadé qu'un beau matin il débarquerait et que tout roulerait à nouveau. Alors il déclamait son envie de jouer une décennie de plus à Old Trafford. « Les gens me demandent ce qu'il me reste : tu as tout gagné, tout fait. Ils suggèrent qu'à partir de maintenant ce sera forcément pire. Ils doivent plaisanter. »

Ses mots rassuraient. Mais pendant qu'il disait exactement ce qu'il fallait dire, il avait commencé à faire tout ce qu'il ne fallait pas faire.

CHAPITRE 9
ET LE TROPHÉE SERA POSTHUME

Tout le monde croit que l'alcool a eu raison de George Best. C'est faux. C'est le football qui l'a détruit.

Incroyablement déterminé, Best était animé par un furieux esprit de compétition qui le conduisait aux extrêmes. Il ne concevait rien d'autre que d'être le meilleur joueur au sein de la meilleure équipe. Peu importe le domaine, il ne tolérait pas la défaite. À Manchester United, il courait plus vite, gardait la balle plus longtemps, s'entraînait plus dur et passait plus de défenseurs que n'importe qui d'autre. En dehors des terrains, il fallait aussi qu'il gagne tout, que ce soit aux cartes, aux dominos ou pour faire tournoyer les sous-bocks depuis le rebord de la table avant de les plaquer dans le bon sens. Il insistait pour que les parties continuent jusqu'à ce qu'il ressorte vainqueur, quitte à ce qu'elles soient interminables. Il gardait ses amis éveillés jusqu'au petit matin s'il le fallait. Question de fierté. Perdre était une faiblesse. Un tel caractère – et le comportement qui l'accompagnait – rendait impossible d'envisager ne serait-ce que l'idée de la défaite, fût-elle à la régulière.

Ni Best ni ses proches ne pouvaient situer le moment précis où il se mit à chercher dans la boisson le remède aux défaites sur le terrain. «Vers 1970, 1971», supposait-il. Les dates coïncident avec le début de ce sinistre hiver, quand United abandonna définitivement sa suprématie et que la médiocrité devint la norme. Best ne pouvait pas supporter ça. Il ne supportait pas non plus d'être regardé comme le seul capable de réanimer le club.

Les addictions vous consument à feu doux. Elles exécutent leurs basses œuvres en catimini. Rien de flagrant dans l'attitude ou l'apparence de Best n'avait trahi son problème, qui n'en serait donc pas officiellement un avant un petit bout de temps. Il faut dire que sa bonne constitution lui permettait de continuer à s'entraîner avec vigueur. Bill Shankly répétait qu'on pouvait « voir la santé pétiller dans ses yeux » et Jimmy Murphy le considérait comme le « joueur le plus courageux que j'ai jamais vu à l'entraînement ». Il éliminait facilement l'alcool. Il marquait toujours. Il restait George le magnifique, avec son teint superbe et son corps sculpté. Les excès ne laissaient presque pas de traces sur son visage et la petite bedaine lui était encore épargnée. Et si de fines marbrures intriguantes apparaissaient, il les dissimulait sous une barbe. Les premières phases de cette lente et longue descente aux enfers avaient été franchies sans que personne ne s'en aperçoive. Mais le gamin qui sirotait un panaché avec Mary Fullaway après le bingo du dimanche avait depuis longtemps développé un goût pour quelque chose de plus fort.

Il avait pris sa première cuite à la fin du printemps 1964. Les juniors de United avaient été conviés à un tournoi organisé par les amateurs des Blue Stars Zurich. Même s'il avait joué trente et un matchs au cours des cinq mois précédents – un de plus que sur l'ensemble de la saison précédente –, Best avait été envoyé en Suisse, car toutes les victoires étaient bonnes à prendre pour United. La Youth Cup revêtait par exemple une importance capitale aux yeux de Busby et Murphy. Pas seulement parce qu'elle leur servait de laboratoire – « l'équipe jeune en fait des hommes », disait Murphy – mais aussi pour les lauriers. Les Babes avaient connu leur baptême du feu ainsi. Busby n'avait aucun scrupule à y aligner des joueurs de l'équipe première, comme Best, même si cela ne respectait pas vraiment l'esprit de la compétition et rajoutait une surcharge de travail aux garçons concernés. Avec Best, United venait de gagner la Youth Cup un mois plus tôt. Plus de 50 000 spectateurs avaient assisté aux deux matchs contre Manchester City en demi-finale avant que Swindon Town ne soit balayé en finale 5 à 2 sur l'ensemble des deux manches. Busby voulait maintenant que ses vainqueurs de la Youth Cup lui rapportent une autre pièce d'argenterie. Best, lui, voulait se détendre.

Par un chaud après-midi, il accompagna John Fitzpatrick, David Farrar et Eddie Harrop dans un bar. Le puceau du gosier descendit trois pintes de blonde pour préserver les apparences. C'était gazeux, c'était fort et ça laissait un goût âpre sur la langue. Il commença à se sentir dans les vapes, comme si son cerveau était un tourniquet que quelqu'un faisait tourner doucement. L'air frais ne fit qu'accentuer cette sensation. Le visage de Best était plus blanc que le lait. Un chauffeur de taxi refusa tout d'abord de prendre sa course de peur qu'il ne soit malade dans la voiture. Best dut descendre la vitre arrière pour sortir sa tête en cas d'urgence. À peine capable de mettre un pied devant l'autre sans vaciller, il n'avait pu franchir les portes de l'hôtel qu'avec l'aide de ses coéquipiers qui le soutenaient par les épaules. Busby et Murphy étaient assis à la fenêtre du café d'en face pour surveiller les allées et venues des joueurs. Même à distance, Busby s'aperçut que Best n'était pas en état de marcher tout seul. Mais boire un verre ou deux était un rite de passage pour les jeunes de son âge, et Busby laissa couler. De retour dans sa chambre, Best, l'estomac en vrac et secoué de haut-le-cœur, avait fini par vomir dans la cuvette des toilettes. « J'avais l'impression de mourir. » Fitzpatrick, qui avait oublié de demander la clé de sa chambre à la réception, s'allongea dans la baignoire. « Je n'avais qu'une seule angoisse, c'était d'entendre frapper à la porte et de me retrouver nez à nez avec le boss en train de me fixer », racontait Best. Farrar, comme Harrop, se portait comme un charme. « On était plus costauds et puis on avait l'habitude de boire. Mais George, lui, avait passé la nuit à gerber. » Le lendemain matin, il avait fallu secouer Best, enroulé dans la couverture de son lit, pour le réveiller. « Il faut qu'on aille s'entraîner », lui dit John Aston. Best ouvrit un œil et, d'une voix d'outre-tombe, répondit : « Certains d'entre nous ont besoin de s'entraîner. » Rien n'altérait désormais sa confiance en lui.

Après coup, Best fit comme tout le monde la promesse de « ne plus jamais boire ». Il n'était pas un grand fan de bière – il se contentait généralement d'une blonde avec quelques gouttes de citron vert – car cela le ballonnait. Au bout d'un an, il s'était mis à la vodka-limonade. La vodka ne chargeait pas son haleine. Si quelqu'un était assez fouineur pour poser la question, Best pouvait mentir pour éviter d'être dénoncé à Busby : « C'est de la limonade. » C'était crédible. Boire avait à l'époque une fonction pratique. Après un verre, Best ne se sentait plus aussi timide. Chaque gorgée renforçait son courage. Lors des premières années de sa célébrité, Best n'était pas dérangé par les regards des badauds dans la rue – « C'était un sentiment merveilleux » – mais il détestait se retrouver dans un endroit inconnu où il ne connaissait pas un chat. L'alcool le libérait. «Après un verre, je me lâchais suffisamment pour aller discuter avec une personne ou deux.»

Au milieu des années 60, Mike Summerbee et lui avaient établi leur routine du samedi soir. Tout commençait par un repas dans un restaurant italien, Arturo's, où Busby et Joe Mercer dînaient avec leurs femmes. À une autre table, Best et Summerbee jouaient les professionnels raisonnables et ne sirotaient que des boissons sans alcool, avant de s'exfiltrer vers un univers dont les standards correspondaient davantage à leurs aspirations de jeunes hommes en quête de distractions. « On allait toujours les voir pour les saluer et montrer que nous étions de parfaits gentlemen, racontait Summerbee. Les épouses nous disaient toujours de faire attention à nous, et on leur promettait que oui. Les managers savaient où on allait et pourquoi on y allait, mais ils s'en foutaient tant qu'on était en état de s'entraîner le lundi matin. » La tournée des pubs et clubs qui suivait commençait toujours dans des endroits chics pour se finir dans un bar clandestin qui servait encore après l'heure légale. L'un des points de chute préférés de Best et Summerbee était un tripot situé à Moss Side, dans un hôtel appelé le Clifton Grange, et qui appartenait à Philomena Lynott, la mère de Phil Lynott, futur chanteur du groupe Thin Lizzy. La maison victorienne était surnommée «The Biz», en référence au show-business, même si la clientèle était surtout constituée d'acteurs, de danseurs et de chanteurs de cabaret. Philomena, qui avait ouvert l'établissement en 1966, était vite devenue «Tante Phyllis» pour Best, qui se sentait comme à la maison et aimait qu'elle écoute tout ce qui lui passait par la tête.

On arrivait au Biz par la porte de secours. Il fallait taper à la porte et attendre que «Tante Phyllis» ouvre le judas pour voir qui voulait entrer. Vous étiez ensuite « enregistrés » par un véritable résident de l'hôtel afin de contourner la loi. À l'intérieur, les fauteuils et les banquettes étaient énormes et confortables, avec des ficus et de petites fougères en pots au milieu. D'épais rideaux violets pendaient aux fenêtres et obstruaient totalement la lumière du jour. Comme il n'y avait pas d'horloge au mur, les heures passaient sans que l'on sache s'il faisait toujours nuit ou si le soleil brillait. Et ça ne préoccupait personne. « Quand on ouvrait ces rideaux, se souvenait Summerbee, il pouvait être dix heures et demie ou onze heures du matin.» Les buveurs se mettaient à cligner des yeux, aveuglés par la lumière. Philomena préparait de l'*Irish stew* dans de grandes gamelles marron, et servait son ragoût soit en repas de fin de nuit voire en guise de petit-déjeuner copieux à midi. Quand Best arrivait d'une salle de jeu, il tendait directement ses gains à Philomena – « un gros paquet de billets froissés », se souvenait-elle – dans une enveloppe qu'elle gardait à l'abri jusqu'à ce qu'il reparte. Elle avait acheté un Ludo, une variante des petits chevaux à laquelle Best jouait tout le temps. « Il aimait l'ambiance et la convivialité qu'il trouvait chez nous. Avec les habitués, on formait une grande famille. Et on aimait tous George.» Elle allait déposer ses sous à la banque, dans la même agence que Busby, qui tirait toujours son chapeau au moment de la saluer. «Je me suis toujours demandé s'il savait que j'étais en partie responsable des nuits blanches de son meilleur joueur.»

En 1967, Best trouva un autre pub suffisamment obscur et miteux pour être à son goût. « C'était *Coronation Street* », disait-il en référence au *soap* dont la plupart des scènes se déroulent dans un pub. Avec ses briques brun orangé, le Brown Bull était un autre modèle d'architecture victorienne. Il faisait l'angle de Chapel Street à Salford, à côté des arches de la voie ferrée, pas loin de sa boutique. L'immeuble tremblait à chaque fois qu'un train passait. L'extérieur – en tout cas la partie supérieure – avait de la gueule avec ses fenêtres à guillotine et ses colonnes corinthiennes miniatures. Sous le toit presque plat, les fines lettres de son nom s'étalaient sur une soixantaine de centimètres de hauteur et couraient au-dessus des sept fenêtres du deuxième étage. L'intérieur, cependant, était typique des bistrots mal famés dépeints dans les feuilletons pour ménagères : des portes battantes, le sol qui collait à cause de la bière renversée, un long comptoir, des tables en chêne et des murs autrefois jaune et blanc brunis par la nicotine. Best l'aimait comme ça. Il l'aimait même pour ça. Le tenancier, Billy Barr, était un ancien GI qui parlait avec l'accent traînant du Texas. En moins d'un mois, le Brown Bull était passé de bouge paumé pour VRP de passage à repaire branché des soirées mancuniennes, sans changer de décor. Le simple patronage de Best avait suffi. Le bouche-à-oreille autour du pub, que Best avait d'abord envisagé comme une cachette, avait à ce point fonctionné que Barr était obligé de filtrer à l'entrée. Le Brown Bull n'était pas loin des studios Granada et allait très vite attirer les grands noms et les starlettes qui y tournaient. Cet établissement, qui n'était jamais fermé pour Best, Busby le détestait. D'abord parce qu'il avait beaucoup de mal avec son nom : le « taureau marron » devenait dans sa bouche tantôt une vache noire, tantôt un veau rose. Mais surtout parce que Best en avait fait sa deuxième maison, où il buvait au milieu d'amis et d'autres qui voulaient à tout prix le devenir. Il décrivait le Brown Bull comme un « asile de fous ». À sa décharge, il faut dire qu'on y passait son temps à jouer ou à se lancer des défis comme soulever une chaise avec une seule jambe, se faire passer un tabouret de mains en mains allongé sur le sol, faire des pompes au milieu de la salle, sauter au milieu de couteaux, s'arroser avec le robinet à soda, organiser des concours de bras de fer ou un foot entre les tables. Il y avait aussi un jeu de carte, les Valets : le premier qui tirait un valet devait commander un verre, ce qui consistait en général à demander à Barr un mélange d'alcools forts. Certains de ses cocktails, avec du brandy, du whisky, du Bacardi ou de la vodka, auraient assommé un cheval. La personne qui tirait le valet suivant devait le goûter. Celui qui tombait sur le troisième le buvait cul sec. Le quatrième payait. Barr, trop heureux de la clientèle que Best avait ramenée dans son rade, lui avait fait faire un double des clés pour le remercier. Best se servait ce qu'il voulait quand il voulait. Il couchait parfois dans une des chambres libres à l'étage, se réveillant sous les regards des passagers des bus à impériale parce qu'il avait oublié de tirer les rideaux. « La fête durait toute la nuit », racontait Best. « C'était vraiment devenu une institution. Les gens faisaient la queue devant tous les soirs ou presque. » Vingt ans plus tard, il concéderait quand même : « Le temps que j'ai passé là-bas a sûrement fait plus de mal à ma carrière que n'importe quel autre facteur. »

La culture de la boisson était bien établie dans le football. Peu de gens imaginaient que cela pouvait être mauvais pour un joueur de siffler quelques pintes le jeudi soir puisqu'il restait un jour et demi à l'organisme pour éliminer avant le coup d'envoi du match. En 1904, le capitaine de Tottenham J. L. Jones écrivait que la bière était « un élément indispensable du régime alimentaire », et qu'il ne fallait donc en aucun cas l'en bannir. Une quinzaine d'années plus tard, c'est l'attaquant écossais de Newcastle Hughie Gallagher qui serait accusé d'être saoul sur le terrain. Tommy Lawton racontait en riant comment l'équipe d'Angleterre d'après-guerre faisait le mur et se faufilait hors de l'hôtel par la fenêtre des toilettes la veille d'un match international pour aller au bar. À la mi-temps de la finale de la Cup 1950, Denis Compton avala une lampée de whisky avant de remporter le trophée avec Arsenal. Et au début et au milieu des années 60, les Glasgow Rangers autorisaient Jim Baxter à picoler dans un hôtel et à y laisser une ardoise que le club réglait chaque semaine sans ergoter, tandis que Bobby Moore prévenait ses adversaires du lieu où il passerait la soirée d'après-match avec ses coéquipiers pour qu'ils les rejoignent. Que Best boive était donc un non-événement, même si les quantités qu'il ingurgitait le plongeaient régulièrement dans un trou noir.

Il y avait toutefois eu des signes avant-coureurs des excès à venir et de la complaisance qui allait les accompagner.

Treize jours seulement avant la finale de la Coupe d'Europe, Best avait reçu son trophée de «Joueur de l'année» en Angleterre. Il enquilla les vodkas et finit tard dans la nuit sur le podium d'un night-club à danser entouré de charmantes choristes, sa statuette dans les bras. «Je ne voulais surtout pas la lâcher.» Une fois arrivé chez l'élue du soir, Best était si saoul qu'il essaya de se déshabiller sans poser le trophée. Quand il comprit qu'il était impossible d'enlever son pantalon en restant debout, il décida de s'asseoir sur le lit. Selon ses propres aveux, il le rata «d'un bon mètre» avant de heurter le sol dans un grand fracas. Il n'avait pas lâché la statuette. La fille était déjà déshabillée. Elle était en train de se brosser les cheveux devant un miroir et se retourna pour le regarder avec dédain. «Tu parles d'un joueur de l'année…» Best s'endormit immédiatement. Le matin suivant, alors que la pluie tombait à seaux sur Londres, il se recroquevilla dans l'embrasure d'une porte pour attendre un taxi et somnola de nouveau en serrant contre lui sa statuette, enveloppée dans du papier kraft. Un policier le tira de son sommeil. Le bref échange qui suivit était à la fois comique et profondément tragique au regard de ceux, plus sinistres, qu'il aurait avec les forces de l'ordre dans les années 70.

«Que faites-vous ici?

– Je suis le Joueur de l'année.

– Nom de Dieu, qu'est-ce que c'est que ça?

– Mon trophée.

– Montrez-le-moi.

1. *« Best avait hérité du sobriquet de "Beatles à la gueule d'ange", une trouvaille du* Daily Express, *qui l'avait également décrit comme "gamin dans une équipe d'hommes".»* (Highbury, Arsenal – Manchester United, 28 novembre 1964)

2. *« Les Best étaient une famille de presbytériens pratiquants, sympathiques et consciencieux, qui faisait l'unanimité dans le voisinage. »* Avec ses parents, Dickie et Ann, et ses sœurs, les jumelles Julie et Grace (Burren Way, octobre 1966)

3. *« Sur la photo de Best, âgé d'à peine un an et demi, que Dickie avait prise avec son Kodak dans la rue devant la maison de ses grands-parents maternels en 1947, […] le joueur qu'il va devenir est déjà là. Sens de l'équilibre, port de tête parfait, position du corps idéale. La balle est sous son contrôle. »*

4. *« Mrs Fullaway faisait de son mieux pour le remplumer. Le matin, il mangeait du bacon et des œufs, le soir un steak et des patates. Il avalait des toasts trop grillés car il pensait que le carbone lui donnerait plus d'énergie. »* (Aycliffe Avenue, janvier 1972)

2

3

4

5

5. *« Ron Harris, le 6 de Chelsea, l'un des défenseurs les plus craints d'Angleterre, a assisté au one-man-show à genoux. Il se relève quand Best, lui, se prosterne pour recevoir l'ovation de la foule. »* (Stamford Bridge, Chelsea - Manchester United, 25 novembre 1967)

6. *« Contenir Norman Hunter était à peu près aussi aisé que s'opposer à un boulet de canon lancé à pleine vitesse. »* (Demi-finale de la FA Cup, Leeds - Manchester United, 25 mai 1968)

7. *« Ce qui me faisait vibrer, c'était de penser que je pourrais faire se lever 50 000 personnes et leur faire chanter mon nom. »* (Old Trafford, Manchester United - Derby County, septembre 1972)

8. *« Si quelqu'un disait que c'était impossible de passer quatre adversaires, j'essayais d'en passer cinq. »* (Craven Cottage, Fulham - Manchester United, 5 septembre 1964)

6

7

7

9. *« Il eut le culot de sortir sur le tarmac en portant le sombrero, avec l'allure conquérante de celui qui sait qu'il est la principale attraction, où qu'il se trouve. »* (MARS 1966)

10. *« J'ai fait construire Che Sera pour être sûr d'avoir un endroit où m'éloigner du football. »* (AOÛT 1973)

11. *« Best appelait son magasin "la boutique de l'homme extraverti" et disait qu'il voulait "quelque chose qui sorte de l'ordinaire" pour attirer l'attention. »* (MARS 1970)

12. *« Une poussée de fièvre ostentatoire l'avait incité à troquer sa Jaguar pour une Rolls-Royce blanche. Il en voulait une depuis que les Bee Gees lui avaient fait faire le tour de Manchester dans la leur. »* (DUBLIN, 18 AOÛT 1970)

13. *« Une paire de chaussures en or pour un type en or. »* (OCTOBRE 1969)

14. *« Si on m'avait donné le choix entre les plus belles femmes du monde et remporter la Coupe d'Europe tous les deux ans, j'aurais fait vœu de chasteté. »* (Avec Alex Stepney, 1968)

15. *« À la fin de l'année 1968, il remporta le Ballon d'Or, grâce notamment à son but en finale de la Coupe d'Europe. Le club vivait l'apogée de son histoire, mais lui, trop mécontent à titre personnel, avait du mal à en jouir pleinement. »* (Max Urbini, Bobby Charlton, George Best, Matt Busby et Denis Law)

16. *« Le seul moyen que Busby avait de rendre hommage aux disparus, c'était de bâtir une nouvelle équipe. Une équipe qui pourrait gagner la Coupe d'Europe. »* (1968)

17. *« Le seul petit plaisir qu'il s'était accordé était une Jaguar Type E, celle dont Steve McQueen prenait souvent le volant, ce qui avait grandement contribué à l'attrait de Best pour ce modèle. Avec le fait qu'il soit surnommé "le piège à filles le plus efficace du monde connu". »* (1969)

18. *« Les filles étaient en général toutes les mêmes : blondes avec des longues jambes. »* (OCTOBRE 1966)

19. *« Il est assis sur une chaise métallique avec un dossier en bois, près de la fenêtre de sa chambre. Il porte un débardeur et un short à fleurs. Son pied gauche est posé sur un ballon usé. Sa main droite tient une flûte de champagne. La lumière tombe sur lui et Best a l'air négligé, comme s'il transitait entre deux beuveries et s'administrait quelques bulles en guise de remontant. »* (Marbella, 21 mai 1972)

20. *« De toute ma vie, Manchester United est le seul club pour lequel j'ai vraiment eu envie de jouer. »* (Demi-finale de la FA Cup, Leeds – Manchester United, 25 mai 1968)

(Best déballe le paquet et révèle le très reconnaissable footballeur en argent sur un socle)

– Joli. Mais si j'étais vous, je retournerais à mon hôtel, sinon vous allez choper une pneumonie et le trophée sera posthume.»

Dès le début de la saison 1969-70, des indices laissaient penser que la vie de Best commençait à partir en vrille.

Les raisons de ses convocations dans le bureau de Sir Matt Busby étaient aussi prévisibles que le discours que chacun tenait à l'autre. Les reproches, les aveux et les conséquences avaient un air de *déjà-vu*. Les mêmes thèmes – les heures de sortie de Best, ses fréquentations, le temps consacré à ses engagements publicitaires – étaient débattus et redébattus et jamais résolus. À chaque fois Best s'excusait, l'air contrit. Il sortait généralement la parade de l'« imbécile » et assurait avoir retenu la leçon. Les promesses succédaient aux promesses, qu'on aurait pu considérer sans lendemain si seulement il y avait cru un jour. «Je m'asseyais devant lui et je hochais la tête», admettait Best. Busby pensait que tout avait été arrangé à l'amiable. Jusqu'à ce qu'il découvre que son protégé avait récidivé.

Les autres joueurs craignaient Busby. Paddy Crerand faisait remarquer qu'il blâmait sans jamais hausser le ton. L'idée qu'il se faisait de sa fonction ne tolérait pas qu'il sorte de ses gonds, car le faire aurait été un affront à sa dignité et à son sang-froid. Busby n'avait pas besoin de crier pour faire passer un message. Il pouvait blesser d'un mouvement de tête ou d'un regard, ce qui suffisait à glacer la personne à qui ils étaient adressés. «Vous aviez toujours honte de prendre un savon par un homme comme lui, insistait Crerand. Il ne vous rabaissait pas, il ne vous humiliait pas, mais il savait vous faire comprendre que vous aviez déconné.» Avec Best, son mentor avait tout essayé, de la persuasion à la punition, y compris les retenues de salaire. Il lui avait montré une tendresse inconditionnelle. Il s'était laissé aller à la colère incendiaire. Il avait tenté de le prendre par les sentiments ou même de lui faire peur. Busby avait aussi prêché les joies du mariage avec le zèle d'un évangéliste.

Il voulait que ses joueurs trouvent vite une femme, construisent une maison et y installent le landau dans l'entrée. Busby pensait que Best avait besoin d'une fille bien. Best pensait évidemment qu'il lui en fallait plusieurs. Busby était convaincu qu'une épouse pouvait apprivoiser l'oiseau de nuit. Mike Summerbee s'était marié l'été d'avant, avec son meilleur pote pour témoin. Best n'avait pu s'empêcher de plaisanter avant le début du service. « L'église était dans le parc national de Peak District, racontait Summerbee. Avant la cérémonie, il m'a fait sortir par une porte de derrière, m'a montré un mur au loin et m'a dit : "Tu vois là-bas ? Tu peux courir, sauter par-dessus et te libérer. On ne te rattrapera jamais." » Busby espérait que Best allait suivre l'exemple. «Tu as rencontré une fille spéciale ? », lui demandait-il régulièrement. Best, qui avait rompu avec Jackie Glass, lui répondait qu'il n'osait pas se marier, « de peur de tomber amoureux d'une demoiselle d'honneur ». Il déclarait aussi, en tant qu'homme libre le plus couru du pays : «Je suis un célibataire endurci.» Mais Best avait déjà évoqué le mariage avec Glass. « Un peu après qu'on a commencé à sortir ensemble, il a introduit le sujet dans la discussion, révélait-elle. Comme on ne se connaissait que depuis quelques semaines, je croyais qu'il blaguait. Dès qu'il en parlait, en disant qu'on aurait de beaux bébés tous les deux, j'étais gênée. J'en rigolais et je ne lui répondais jamais franchement. Je sortais juste de l'adolescence et George avait 21 ans. On était des bébés nous aussi.»

Best portait une chaîne en or autour du cou. Pour leur premier Noël ensemble, Glass lui offrit une médaille en or sur laquelle elle avait fait graver «Yes», sa réponse à sa proposition. Ils ont finalement « pris leurs distances », selon Glass, même si Best avait essayé de lui faire à nouveau la cour. En vain. «J'ai résisté à George quand il a essayé de nous remettre ensemble. Pas parce que je ne le voulais pas, mais parce que je savais que ça ne pouvait pas marcher et que je n'envisageais pas de futur pour nous. Ce n'était pas le genre d'homme à éconduire les filles et je n'étais pas le genre de femme à fermer les yeux.» Un détail avait fini de décrédibiliser Best. Il avait acheté deux autres médailles en or, une pour Malcolm Wagner, l'autre pour Danny Bursk, et les avait fait graver à l'identique. C'était un moyen clair, bien que peu orthodoxe, d'envoyer un message aux femmes qu'ils croisaient. «Yes», ils étaient disponibles.

Pour Ken Stanley, Best avait atteint le point où «il pouvait aller n'importe où et faire ce qu'il voulait». Stanley pensait – à juste titre – que Best était devenu si influent qu'il aurait pu appeler le maire de Manchester sur un coup de tête et lui demander: «Ferme la ville pendant dix minutes, le temps que je réfléchisse.» «Le maire l'aurait fait sans hésitation.» Best se servit de ce pouvoir pour une cause moins ambitieuse. Il sollicita un journal danois afin qu'il cherche pour lui une femme mystérieuse, une femme qui lui avait demandé un autographe avant un match amical de début de saison à Copenhague. Il leur avait donné un portrait-robot: une blonde aux yeux bleus et aux longues jambes. La description correspondait à 95 % de ses aspirantes et sans doute à 96 % des Danoises de moins de 25 ans. Le journal avait publié un appel à témoins et envoyé à Best quatre photos qui leur étaient revenues. Il la reconnut immédiatement. Elle s'appelait Eva Haraldsted, elle avait 21 ans. La suite allait rendre fou Busby. Best la contacta grâce à l'adresse qui était jointe à la photo. Huit jours après l'avoir rencontrée, il parlait publiquement de grand amour et de mariage. Les tabloïds annonçaient leurs fiançailles. Elle était photographiée à Aycliff Avenue en train d'aider Mrs Fullaway à faire la vaisselle. Trois mois plus tard, l'idylle était finie. Dans les deux semaines, Best était assigné en justice pour rupture de promesse, un délit anachronique de la *Common Law* hérité du Moyen-Âge. Une fois de plus, il était en tort. Il avait raconté à un journal que la romance était «terminée» avant de prévenir Haraldsted. Cette nuit-là, Best était «silencieux et préoccupé» jusqu'à ce qu'il lui confesse qu'il voulait rompre. Il avait finalement payé 500 livres pour régler l'affaire en dehors des prétoires. Une solution suggérée par ses avocats après qu'il eut déclaré dans un premier temps qu'il «se débarrasserait» de ses biens pour l'empêcher d'avoir

« quoi que ce soit », une réaction excessive et absurde à une situation dans laquelle il s'était mis tout seul. « J'étais tombé amoureux d'une paire de seins. Ça aurait pu arriver à n'importe qui. » Ce que Best envisageait comme une « passade » l'avait totalement dépassé par manque de maturité, une sentence que Busby lui répétait souvent quand il le recevait dans son bureau. Comme tout le monde, Busby avait appris l'histoire quand elle s'était retrouvée à la une du journal qu'il avait déplié à l'heure du petit-déjeuner. Comme tout le monde, il était tombé des nues. « Je me suis rendu aux terrains aussi vite que j'ai pu », se souvenait-il. La remarque évidente de Busby – « Qu'est-ce que tu croyais, tu ne la connais même pas » – fut contrée par la réplique encore plus implacable de Best : « C'est vous qui m'avez dit de me marier. »

Busby savait que Best avait entretenu une relation avec une femme mariée. Il désapprouvait cela et le lui avait fait savoir. Ce qu'il ne savait pas en revanche, c'est que cette femme était tombée enceinte et qu'elle avait accouché de l'enfant de Best – une fille – cette même année. Pour le bien de son mariage et de l'enfant, la mère avait demandé à Best de ne pas contacter sa fille. Il avait accepté à contrecœur et avait toujours tenu sa promesse. Best aimait les enfants, sans pour autant envisager de devenir père à 23 ans. L'être devenu, sans pouvoir voir son bébé, l'avait salement remué. Busby voyait qu'il était perturbé, mais il n'imaginait pas à quel point.

D'autres embrouilles allaient suivre. Best séduisit la seconde femme de l'avocat George Carman, l'un des membres les plus éminents du barreau dans le nord du pays, et qui deviendrait plus tard l'un des avocats les plus connus d'Angleterre après avoir défendu avec succès le chef du Parti libéral Jeremy Thorpe, accusé de conspiration de meurtre. Par la suite, il permettra aussi à Tom Cruise ou Elton John d'obtenir des dommages et intérêts pour diffamation. Une succession d'événements improbables avait conduit Best dans le lit de Mrs Carman. Carman avait été embauché pour défendre Paddy Crerand, accusé, suite à un incident devant une boîte, de coups et blessures sur le nouveau petit ami de Haraldsted et deux autres hommes, dont l'un avait eu la mâchoire cassée. Tout était parti de l'idée de génie qu'avait eue Best de réclamer au disc-jockey de passer et repasser « Get Back », une blague potache à l'intention de Haraldsted, pour lui signifier qu'elle « retourne d'où elle vient », au Danemark en l'occurrence. Son copain, accompagné de son frère et d'un ami, avait voulu lui faire payer. Crerand avait fait comme sur le terrain : il avait protégé Best. Ce dernier avait donc été appelé à la barre en tant que principal témoin de la défense. Pour être sûr que Best soit bien présent à l'audience, Carman avait trouvé judicieux de l'inviter à dormir dans une chambre d'amis la nuit précédant le procès. Ce soir-là, Carman, Best et Malcolm Wagner étaient sortis boire des coups. Et ils étaient rentrés bourrés. Carman s'était endormi sur le canapé. Best était monté à l'étage et avait dormi avec Mrs Carman. À 3 heures du matin, il appela Wagner pour lui avouer son forfait. Si Carman le découvrait, refuserait-il de défendre Crerand ? Rien dans l'attitude de l'avocat ne suggéra qu'il savait quoi que ce soit, et Crerand fut acquitté. Mais les choses ne s'étaient pas arrêtées là. Carman avait représenté Best dans une autre affaire deux ans plus tard. En parallèle, Best entretenait une liaison avec sa femme. Elle avait cette fois duré plusieurs mois et eu raison du mariage des Carman. Que Best ne s'encombre même plus de garer sa Jag ailleurs que devant le domicile conjugal avait dû jouer. Le cocu avait contacté une figure de la pègre locale pour lui demander de casser les jambes de l'impudent. Peine perdue : le gangster adorait Best. Il expliqua à Carman qu'il ne s'immisçait pas dans les affaires domestiques. Avant de lui faire comprendre que s'il devait arriver quelque chose à Best, il savait désormais où trouver le responsable. Et que là, en revanche, il s'en occuperait.

Best vivait sa première phase d'autodestruction. Il passait son temps à baiser ou à faire de la merde, quand ce n'était pas les deux à la fois. En repensant à certaines liaisons, il admettait être « stupéfait » que personne ne lui « ait fait la peau ».

Comme nombre de célébrités avant lui et après lui, Best se plaignait de la manie des médias de fourrer leur nez partout et de brûler les idoles. « Dès que vous étiez sur ce piédestal, quelqu'un voulait vous en faire chuter. » Jusque-là, seuls ses coupes de cheveux ou ses choix vestimentaires lui avaient valu d'être l'objet de médisances. Mais désormais, il devait faire face à des critiques autrement plus féroces. « Vers la fin des années 60, les journaux voulaient me traîner dans la boue. Ils commençaient à harceler mes amis et ma famille en quête de nouveaux scandales. Ils creusaient et creusaient jusqu'à tomber sur quelque chose. Si j'avais fait tout ce qu'ils avaient raconté, j'aurais été Superman. Parfois, j'étais à six endroits en même temps avec six femmes différentes. »

Best avait besoin de grandir. En dehors du terrain, la mauvaise publicité autour de la rupture de sa promesse avait entaché sa réputation. Sur le terrain, il s'agaçait car Manchester United ne gagnait pas. Le déclin lent et inexorable de son club le rendait malade, d'autant plus qu'il avait l'impression que tout le monde s'en foutait. Quand il était fauché, Best se lamentait désormais systématiquement, comme s'il réclamait l'immunité. Quand un coéquipier faisait une erreur, il rouspétait plus vite et plus fort qu'avant. Quand un match tournait en défaveur de United, il s'évertuait à faire la différence tout seul dans son coin. Il ne lâchait plus son ballon, même s'il voyait quelqu'un en meilleure position, persuadé que l'attaque échouerait s'il n'était pas à la barre.

Au cours de ses premières années chez les professionnels, Best ne contestait que rarement les décisions d'arbitrage. Mais depuis, c'était devenu une habitude. Début décembre, United avait perdu 2-1 contre City à Maine Road en demi-finale de League Cup sur un penalty concédé en toute fin de match. Pour Best, c'était très clair : Francis Lee avait plongé pour duper l'arbitre, Jack Taylor. Il continua de se plaindre après le coup de sifflet final, et Taylor refusa de discuter. Pour avoir son attention, Best tapa le ballon qu'il tenait dans ses mains. La Football Association le condamna à une suspension de vingt-huit jours et à une amende de 100 livres – une broutille pour lui – pour avoir avili et jeté le discrédit sur le jeu. La durée de sa suspension était en revanche une vraie punition et il faisait peu de doute que ce qu'il était, et surtout ce qu'il était devenu, avait alourdi sa peine. Les journaux lui reprochaient d'être un piètre exemple pour cette jeunesse si influençable qui le vénérait. On l'accusait d'être un enfant gâté qui passait son temps à se plaindre, au détriment de son propre bien-être et de celui de son équipe.

Sans lui, United se mit à gagner, ce qui ne manqua pas de susciter le débat. Celui-ci s'articulait autour de trois questions : l'équipe avait-elle besoin de Best ? La superstar rendait-elle impossible la bonne harmonie sur le terrain ? Wilf McGuinness ne devrait-il pas s'en passer ? McGuinness rejeta ces hypothèses d'un revers de la main, arguant qu'elles étaient fantaisistes, au même titre que les critiques envers Best n'étaient que sensationnalisme. Dès la fin de la suspension, il le rappela pour un cinquième tour de Cup à Northampton.

Une photo prise dans la salle du Board de Manchester United en 1963 montre Best à 17 ans en train de polir la Cup que United venait de remporter. C'est déjà une *fashion victim* : il porte un cardigan rouge foncé à rayures blanches encore plus éclatant que le papier peint à motifs qui recouvre la pièce. Le trophée brille tellement que l'imposant flash du photographe se reflète à l'endroit précis où est inscrit « THE FOOTBALL ASSOCIATION CHALLENGE CUP », juste au-dessus de ces poignées d'amour en argent qui caractérisent l'œuvre du designer Fattorini and Sons, conçue dans son atelier de Bradford trois ans avant le début de la Grande Guerre. Si Best avait été choisi pour apparaître sur le cliché, c'est parce qu'il incarnait un Manchester United qui n'avait pas fini de triompher. Lui-même en était persuadé.

La Cup avait une grande importance à l'époque. Clou de la saison, la finale était un événement romantique, un jour attendu et célébré au cours duquel les commémorations et les cérémonies traditionnelles avaient une portée quasi religieuse. Best avait suivi avec avidité les finales de la fin des années 50 et du début des années 60 à la télé. Aston Villa puis Bolton avaient battu United, Wolverhampton avait mis une raclée à Blackburn et Tottenham et son capitaine Danny Blanchflower avaient balayé Leicester pour s'offrir un doublé retentissant. Ces samedis soir, ses amis et lui se réunissaient au bout de Burren Way et rejouaient le match. « C'était moi qui devais marquer le but de la victoire. Et je ne rentrais pas tant que je ne l'avais pas fait. »

Best adorait le faste et les rituels de Wembley et la splendeur de la Cup : la classe de la fanfare, les chanteurs de la chorale avec un œil sur leurs petites partitions blanches, les premières notes de « Abide With Me », le tapis rouge, les costumes et les équipements neufs que les équipes portaient pour l'occasion. C'était le match que personne ne ratait, y compris ceux qui ne regardaient le foot qu'une ou deux fois par an. De la semaine qui précédait jusqu'à la fin des célébrations qui suivaient, toute l'Angleterre n'avait d'yeux que pour les deux équipes. Best voulait la médaille des vainqueurs. Il voulait se réveiller un lendemain de finale et voir les gros titres des journaux célébrer ses exploits de la veille.

Il s'imaginait souvent à Wembley pour une finale de Cup. Dans son rêve éveillé, United menait de deux buts. Il restait moins de vingt minutes à jouer. Il avait son conte de fées à lui, son fantasme footballistique ultime. Quand il le décrivait, il parlait même de lui à la troisième personne.

« George Best s'apprête à produire la plus grande prouesse technique jamais réalisée par un joueur de football. Par milliers, les supporters de Manchester United chantent la victoire qui ne peut pas leur échapper. La Cup retourne à Manchester… C'est le moment de s'amuser. »

Pour Best, s'amuser signifiait contrôler un dégagement de soixante-dix mètres du gardien en plaquant directement le ballon contre le sol avec ses fesses. « Imaginez la clameur de la foule devant une telle virtuosité. La virtuosité insolente d'un joueur qui fait ce qu'il veut du ballon. » Best se voyait refuser de faire une passe. Il entendait Denis Law l'engueuler. « Arrête de faire le mariole ! », le prévient Law, menaçant. Best l'ignore. « C'est Wembley. Il y a la Reine, les caméras. Et des millions de personnes qui regardent le match. Je pars sur le côté gauche en jonglant avec mes cuisses. La balle ne touche jamais le sol.» Dans les dernières minutes, United obtient un penalty. Il va le tirer, évidemment. Best se met dans la peau de chaque spectateur. Tous se demandent ce que le «showman» va inventer cette fois. Faire une talonnade? La réponse, il l'annonce lui-même, fanfaron, en hurlant au gardien: «Elle va rentrer en tapant la barre.» Et elle rentre. En tapant la barre. L'outrage ne le rassasie pas. Il en veut encore. Un centre arrive devant le but. Seul Best peut l'atteindre. «Il est parfait pour ma tête», insiste-t-il. Mais il ne met pas la tête. «Défiant les lois de la physique, je fais une vrille et je reprends la balle de volée pour l'envoyer au fond.» Il persistait à dire que tout était possible: «Tout ça, je l'ai déjà fait à l'entraînement.»

La Cup le galvanisait. Il attendait avec impatience d'envoyer des billets pour la finale à ses parents. Leurs sièges seraient près de la Royal Box. Chaque saison où il ne pouvait pas le faire, il avait l'impression de les avoir trahis.

Best avait perdu la demi-finale en 1964. West Ham avait battu 3-1 un United fatigué sur une pelouse d'Hillsborough tellement détrempée après une pluie torrentielle que Best avait l'impression de s'enfoncer à chaque pas. Il n'avait que 17 ans à l'époque et cette défaite ne le toucha pas autant que d'autres qui suivraient. Best pensait qu'il aurait d'autres occasions de la gagner. Il perdit encore en 1965. Après un match engagé mais sans but contre Leeds, toujours dans la boue de Sheffield, United s'était incliné 1-0 lors du *replay*, cette fois à Nottingham. Best s'était encore consolé en pensant aux jours meilleurs qui viendraient. Matt Busby avait déjà remporté la FA Cup deux fois et avait atteint deux autres finales. Il allait forcément finir par réussir le *hat-trick*, se disait Best, qui allait pourtant manquer une troisième chance au printemps suivant. Absent à cause de son cartilage endommagé qui lui avait valu une opération, il n'avait pu prendre part à la demi-finale contre Everton à Burnden Park, le stade de Bolton. Sans lui, United fut une nouvelle fois recalé aux portes de Wembley, après une défaite

1-0, et Best vit Everton soulever la Cup sur un minuscule téléviseur portable que les infirmières avaient apporté dans sa chambre d'hôpital sur un chariot roulant. « Ça m'a donné encore plus envie de la gagner.» Mais Best savait dorénavant que, malgré tout l'amour qu'il lui portait, la Cup ne lui ferait pas de cadeaux.

Il continuait à espérer, convaincu que 1970 serait différent. Exclus de la lutte pour le titre en championnat et sans Coupe d'Europe pour les stimuler, les joueurs de United n'avaient plus que Wembley comme objectif. Au cœur d'une saison morose, c'était la seule chose qui motivait Best désormais. Mais c'était encore plus crucial pour McGuinness : la Cup devait être son bouclier face aux critiques, alors que sa légitimité et ses compétences étaient au mieux remises en cause, au pire moquées, y compris en interne.

Cinq ans à peine après avoir quitté l'élite, Northampton avait connu une chute vertigineuse et végétait désormais en quatrième division. La ville avait succombé à la fièvre de la Cup. Les maisons se paraient de bordeaux, la couleur emblématique du club. Les drapeaux pendaient aux fenêtres. Les vitrines des magasins étaient décorées avec des photographies en couleur des joueurs de l'équipe locale et des reproductions en carton de la coupe. Un boucher avait même offert des steaks aux joueurs. Le prix du ticket avait doublé – de une à deux livres –, mais personne n'aurait refusé de payer de peur de rater ça. Les footballeurs partageaient leur terrain avec le Northamptonshire Cricket Club. C'était l'un des deux seuls stades des quatre divisions professionnelles avec seulement trois tribunes. Il avait donc fallu en monter une supplémentaire pour l'occasion. Les outsiders y croyaient dur comme fer. Toutes les conditions étaient réunies pour créer la surprise. Le terrain semblait avoir été labouré par un tracteur et des seaux de sable avaient été versés dans les ornières pour tenter de l'aplanir. Le peu d'herbe qu'il restait avait du mal à se remettre des gelées de fin janvier et début février. C'était un terrain pour chevaux de trait. Le vent soufflait au point d'incliner les poteaux de corner presque à l'horizontale ; Northampton comptait bien en tirer parti pour balancer de longs ballons devant et pilonner son adversaire.

Best a toujours considéré ce match comme « un sommet absolu et définitif » de sa carrière. Car, ajoutait-il, « les buts venaient tout seuls ». Il disait que les six qu'il avait marqués – pour une victoire 8-2 – avaient été comme « un cri de colère » contre la Football Association et les sceptiques.

Best avait tellement travaillé pour préparer son retour qu'il avait fini par s'effondrer à l'entraînement. Il insistait aussi sur un point : il savait que « quelque chose de spécial » allait lui arriver cet après-midi-là. C'était de l'esbroufe, une légende qu'il servirait a posteriori. Dans la réalité, il était terrifié de ce qui l'attendait dehors, terrifié que tout se passe mal, que United se fasse ridiculiser par une équipe de rang inférieur et qu'il en soit tenu pour responsable. Il imaginait les gros titres qui le condamneraient. Assis contre le mur blanc du vestiaire exigu, Best écoutait le piétinement des spectateurs dans la tribune en bois au-dessus de lui. De grands sacs de courrier, fermés par des cordelettes pour ne pas déborder, étaient posés dans les couloirs. Ils étaient remplis de lettres qui lui étaient destinées, envoyées « À l'attention du County Ground ». Les expéditeurs ne savaient même pas si Best jouerait quand ils les avaient postées. Northampton ne le savait pas non plus. Son nom ne figurait d'ailleurs pas sur le programme du match.

Sur YouTube, les vidéos de son exploit ce jour-là tournent en boucle. Il marque son premier but à la 27ème minute et le dernier à la 87ème. L'ouverture du score est une simple tête au second poteau. Il décolle comme un oiseau surpris par un coup de feu pour la placer. Sur le deuxième, à la réception d'une superbe passe en profondeur, il esquive le gardien d'un subtil contrôle orienté et n'a plus qu'à pousser la balle dans les filets. Le coup du chapeau intervient en seconde mi-temps. Celui-là est moins élégant, inscrit à bout portant après une première tentative repoussée du genou par un défenseur. Best ne montre aucune émotion. Il a le regard vide, comme s'il ne tirait aucun plaisir à marquer, comme si tout ce qu'il voulait faire avait déjà été accompli. Idem après le quatrième – une tête plongeante – et le cinquième, un tir croisé après avoir pris de vitesse toute la défense. Il décoche un sourire énigmatique, du genre « pas de quoi en faire tout un plat ». Il se souvenait du silence du County Ground après chacun de ses buts. « Je prenais un plaisir énorme à écouter ce silence, le silence des supporters ahuris. » Le bijou de la demi-douzaine est le sixième. Tous ceux qui le regardent ressentent de la pitié pour Kim Book, le gardien, frère de Tony, capitaine de Manchester City. Best n'a eu à éviter qu'un tacle – une formalité – quand il se retrouve en face-à-face avec Book. Il a une idée très précise de la façon dont il va exploiter l'occasion. Il sait de combien de temps et d'espace il dispose. Il connaît la position de chaque défenseur à proximité. Book est forcé de sortir à sa rencontre. C'est un duel déséquilibré et il le perd. Salement. On entendrait presque les pensées de Book : où va-t-il aller ? Comment va-t-il me battre ? Best se tortille et semble armer un extérieur du droit pour finalement laisser le ballon rouler jusqu'à son pied gauche. Trop tard : Book s'est déjà livré. Il plonge sur sa gauche, le mauvais choix. Ses genoux tremblants semblent s'être effondrés sous le poids de son corps, comme si les articulations en avaient été retirées. Best pousse la balle au fond des filets pendant que Book, comme Henrique en finale de la Coupe d'Europe, est au sol et le regarde. On dirait qu'il lui demande de l'aider à se relever. Après avoir marqué, Best, sa manche et son short blanc recouverts de boue, va s'appuyer sur le poteau gauche, presque l'étreindre. Il est à bout de souffle. Son manque de condition physique l'a rattrapé.

Les gros titres du lendemain étaient tout trouvés. Ils faisaient référence à l'expression utilisée pour les coups de bâtons donnés aux gamins turbulents, généralement sur les fesses :

SIX OF THE BEST

Il avait épaté la galerie pour la saison. Pour le reste, George Best se conterait de quelques coups d'éclat sporadiques. Son corps était las. Son esprit aussi.

Manchester United ne remporta que trois matchs après Northampton, en comptant le quart de finale contre Middlesbrough. À chaque défaite ou match nul, Best, dépité, repensait à ce passé pas si lointain qui semblait pourtant à des années-lumière, à ce United au sommet de sa gloire, à ces victoires acquises sans forcer quand désormais il fallait souffrir pour perdre. Tout était corvée. L'équipe n'avait plus le niveau et le manager paraissait incapable d'y remédier.

Best commençait à penser que Wilf McGuinness le fliquait. Il le regardait comme le Big Brother d'Orwell regarde Winston Smith. « Ce qui me saoulait, c'est qu'il était obsédé par l'idée de me surveiller. J'étais célibataire et j'avais ma petite réputation avec les filles, ce qui ne devait pas aider un manager à dormir sur ses deux oreilles. Dès qu'on était à l'extérieur, il me marquait à la culotte. Je ne sais pas ce que ça pouvait lui foutre. » Best se sentait enfermé, ce qui lui donnait encore plus envie de se rebeller, sans se soucier des conséquences. Il avait mis McGuinness dans l'embarras – et lui avec par la même occasion – avant la demi-finale de Cup contre Leeds. En agissant de la sorte, il savait très bien qu'il sapait l'autorité du boss.

United et Leeds s'étaient séparés dos à dos après un premier match nul et vierge à Hillsborough. Le jour du *replay* à Villa Park, Best traînaillait à l'hôtel, à côté de Birmingham. Il avait commencé à jouer aux cartes mais avait fini par se lasser. Il avait regardé la télévision mais cela l'avait exaspéré. « Je m'ennuyais à mourir », disait-il comme pour s'excuser de la suite. Son regard dans le vague se posa sur une femme mariée, « chic et sûre d'elle, avec des jambes magnifiques » selon ses propres termes. Elle lisait le roman d'espionnage de John Le Carré *Une petite ville en Allemagne* en prétendant ne pas remarquer Best, ou ne pas le reconnaître. Quand ils se croisèrent dans les escaliers, cependant, Best lui dit bonjour et elle lui demanda s'il pouvait signer une photographie qui se trouvait – opportunément – dans sa chambre. Best promit de lui rendre visite après le repas d'avant-match. Il essaya de ne pas avoir l'air trop pressé d'en finir, soucieux que McGuinness ne suspecte quoi que ce soit.

« C'était dur de rester à table. Je n'avais qu'une seule idée en tête. » Mais McGuinness était plus malin que Best ne voulait bien le croire. « Il n'y avait pas non plus besoin d'être Hercule Poirot pour deviner ce qui se tramait », tempèrerait plus tard McGuinness, qui avait évidemment repéré le petit manège de Best.

À peine Best était-il entré dans la chambre que McGuinness se tenait déjà derrière la porte, en compagnie du portier de l'hôtel et de son passe-partout. « Je ne l'ai jamais vu aussi énervé », disait Best. Le manager lui ordonna de regagner immédiatement sa chambre. « J'étais fou, se souvenait McGuinness. Il se foutait de moi, il ne voulait pas ouvrir. » Alors qu'il s'attendait à se faire pourrir en public, Best vit McGuinness se volatiliser dans les escaliers, direction le bar. Il se pencha à la rampe et l'entendit commander un whisky. « Il était en sueur », rapportait Best, qui était attendu dans le bus une heure plus tard. « J'ai fait demi-tour et je suis retourné dans la chambre de la femme. J'ai sauté sur le lit et je lui ai fait l'amour. Une fois que c'était fini, j'ai juste dit : "Désolé, je dois filer, j'ai une demi-finale à jouer." »

Best n'avait jamais compris pourquoi quelqu'un comme Mohamed Ali refusait de faire l'amour durant les six semaines qui précédaient un combat. « Je ne crois pas à ces inepties comme quoi ça affecte vos performances sur le terrain. » Il n'y a aucune preuve – physiologique ou psychologique – qui suggère que le sexe avant une compétition est mauvais. Certaines études de médecine du sport suggèrent que cela pourrait être bénéfique aux sportifs car cela stimule la production de testostérone, qui augmente l'agressivité. Le batifolage de Best avant le match de Leeds aurait pu ne pas avoir d'effet et servir d'exemple dans les revues scientifiques. Pour cela, il aurait fallu que sa prestation soit à la hauteur. Or, il avait été catastrophique. « J'ai joué comme une merde », concédait-il bien volontiers. Il avait raté une superbe opportunité d'emmener United et ses parents à Wembley. En toute fin de match, Best s'était retrouvé libre et avait tenté de foncer en direction du but. La balle s'était plantée dans la boue et Best était tombé dessus, la tête la première. « J'étais étendu là en espérant que le terrain s'ouvre et m'enterre.» Après un nouveau 0-0, Leeds remportera le second match d'appui un but à rien.

Ce n'était pas un incident isolé. À Londres, Best avait rencontré une femme devant un restaurant. Il lui avait réservé une chambre dans l'hôtel de l'équipe et avait quitté la sienne pour la rejoindre. Alors qu'il était quasiment en train de piquer un sprint à travers les couloirs, il tomba sur McGuinness, posté devant une fenêtre près des ascenseurs. «J'ai failli lui foncer dedans», rigolait Best, obligé de revenir sur ses pas en espérant que la voie serait bientôt libre. Dix minutes plus tard, il emprunta le même chemin en essayant de ne pas se faire repérer. McGuinness n'avait pas bougé. Une heure plus tard, il était toujours là. «Je crois qu'il a passé sa nuit à faire des rondes devant ma porte», se navrait Best qui avait passé sa soirée à appeler son rencard pour lui promettre qu'il arrivait bientôt. Il put finalement rejoindre la chambre de la jeune fille le lendemain matin pendant le petit-déjeuner. Curieusement, elle n'avait plus du tout envie de coucher avec lui.

À chaque fois, Best était bon pour un tour dans le bureau de Matt Busby. «J'y passais plus de temps que lui», plaisantait-il. Une seule fois, Busby avait autorisé Best à faire voyager une femme qu'il venait juste de rencontrer avec l'équipe. United venait de remporter le championnat 1967 et Busby était tellement content qu'il aurait sans doute accepté que Best embarque une troupe de danseuses de cabaret. Désormais, tous deux parlaient de sexe, sans toutefois jamais citer le mot. Tout en euphémismes.

Quand il s'agissait de défendre Best, Busby ressortait l'un des plus grands poncifs du football: «Les joueurs sont aussi faillibles et vulnérables que nous autres. Les footballeurs sont de simples mortels avec des faiblesses de simples mortels.» Ce qui ne l'empêchait pas de ruiner sa santé mentale à tenter de corriger celles de Best. «Il m'a parlé calmement; il m'a crié dessus; il m'a suspendu; il m'a mis des amendes; il m'a embrassé, énumérait Best. Il a fait tout ce qui était humainement possible.» Busby ne pouvait cependant pas exercer un contrôle permanent sur Best. « Je n'allais pas vivre avec lui vingt-quatre heures par jour », s'exclamait-il en haussant les épaules. C'était aussi une façon de reconnaître, à demi-mot, qu'il avait échoué dans toutes ses tentatives.

Les managers doivent être sans pitié quand il le faut. Par le passé, Busby l'avait été. D'autres, qu'il considérait comme des activistes ou simplement dissipés, avaient subi ses foudres. Parmi eux se trouvait Johnny Morris. Dès 1949, il avait vendu son inter droit, pourtant l'un des chouchous du public, à Derby pour la coquette somme de 25 000 livres, record mondial à l'époque. Morris, à 24 ans, était le plus jeune des vainqueurs de la FA Cup 1948. Il avait défié Busby sur la question des salaires et des primes, mais aussi sur la tactique. Au Cliff, le centre d'entraînement, Busby avait suggéré que l'on teste un mur à cinq joueurs, après que United eut encaissé le samedi précédent un coup franc avec seulement quatre hommes face au tireur. Morris ne croyait pas du tout en cette solution et l'avait ostensiblement fait savoir. Busby, qui ne goûtait guère aux remises en cause de son autorité, avait commis l'erreur de l'inviter à mettre sa théorie à l'épreuve. Morris se fit un malin plaisir de loger le ballon dans la lucarne. L'inimitié entre les deux hommes trouverait rapidement un écho. Alors que Morris ne réussissait pas à retrouver sa place suite à une blessure, il commença à s'entraîner de façon dilettante. Busby lui fit remarquer et Morris s'en alla, sourd à l'avertissement de Busby qui lui indiquait que s'il franchissait les limites du terrain, jamais plus il ne foulerait la pelouse d'Old Trafford. « Il fallait qu'il parte », avait tranché Busby. Il était donc parti.

Il y avait deux différences essentielles entre Morris et Best. D'abord, Morris était remplaçable. Busby savait que United pouvait réussir sans lui. Il ne pouvait en revanche pas se passer de Best. Ensuite, Busby n'avait jamais trouvé de terrain d'entente avec Morris. « J'ai essayé tous les angles d'attaque. Je l'ai tyrannisé, je l'ai flatté… Je n'arrivais pas à m'en sortir avec lui. » Best était différent. Il inspirait un amour paternel et authentique à Busby, qui se référait souvent au « garçon derrière l'homme » pour expliquer combien Best était impressionnable. « Tous les pères du monde savent que leurs garçons les déçoivent, disait-il à propos de l'entêtement de Best. Mais un homme n'abandonne pas des enfants qui l'aiment comme il les aime. » Les pères ne comprennent cependant pas toujours leurs fils. Best avouait que Busby « ne pouvait pas s'identifier » à sa célébrité, ses vêtements ou son style de vie et « ne pouvait pas venir lui donner le bon conseil ». Mais sa relation particulière avec Busby et son statut d'indéboulonnable lui offraient plus de marge de manœuvre et de mansuétude que n'importe qui d'autre. Il était pardonné, excusé et apaisé. Busby espérait toujours que Best ait une révélation et change ses habitudes. C'est pourquoi il faisait en tant qu'homme ce qu'il n'aurait jamais fait en tant que manager. Avec Best, il restait bloqué sur des tactiques qui ne marchaient pas.

CHAPITRE 10
COMME UN POISSON DANS SON BOCAL

Tout le monde veut un jour une maison à soi. George Best comme les autres. La superstar ne pouvait pas rester indéfiniment chez sa logeuse, avec sa Jaguar garée devant une maison qui avait dû coûter deux fois moins cher. Et Matt Busby avait tacitement reconnu qu'il ne pouvait plus jouer les pères surprotecteurs qui imposaient où il fallait vivre ou non.

Toutes les icônes de la pop culture des Sixties s'étaient acheté un manoir. John Lennon avait troqué Kenwood, sa maison de vingt-deux pièces à Weybridge, au sud de Londres, pour les trente hectares de la propriété georgienne de Tittenhurst Park, tout près de la très chic banlieue Ascot, à l'est de la capitale. Mick Jagger possédait Stargroves, un manoir avec des tourelles et une allée plus longue qu'une autoroute. Même Bobby Moore habitait une demeure du XVIIème dont le grand escalier semblait, selon sa femme Tina, « sortir tout droit d'*Autant en emporte le vent.* »

Les *pop stars* avaient des majordomes et des chefs qui leur cuisinaient des plats exotiques. Best avait toujours Mrs Fullaway, qui lui préparait de la tourte aux pommes de terre, des spaghettis à la bolognaise ou son plat préféré, le steak Diane, assaisonné aux échalotes, à la sauce Worcestershire et au brandy. À Aycliffe Avenue, la chambre de Best était plus petite que le dressing de Lennon ou Jagger. Il dormait dans un lit une place, dans des draps en coton plutôt qu'en soie et les recouvrait d'un édredon jaune canari. Il regardait la télévision dans le salon – il avait acheté à Mrs Fullaway un poste en couleurs – et écoutait de la musique sur le tourne-disque. Assis sur le canapé, il dessinait des formes abstraites dans des cadres en bois. Mrs Fullaway continuait à le gâter. « Qu'est-ce que vous disiez, Mrs F ? Vous me demandiez si je voulais une tasse de thé ? » Et elle partait lancer la bouilloire. Mais Best ne considérait pas cette hospitalité comme un dû et se comporta toujours en gentleman avec Mrs Fullaway. Il ne jurait jamais devant elle et n'invitait personne sans lui demander sa permission.

Même si Aycliffe Avenue était son camp de base – il y gardait ses vêtements, son argent et tout ce qu'il possédait –, Best vagabondait. Il préférait la bohème et menait une vie totalement décousue. « Il changeait de lit plus souvent qu'un représentant de commerce », témoignait le présentateur vedette Michael Parkinson, devenu l'un de ses proches. Il lui arrivait de prendre une chambre d'hôtel au retour d'une soirée, quand il ne finissait pas la nuit chez quelqu'un d'autre.

La vie à Chorlton-cum-Hardy devenait trop hostile, car tout le monde savait où le trouver, à commencer par les journalistes. Et comme Aycliffe Avenue était une impasse, la maison pouvait très vite se retrouver assiégée par les photographes et les groupies enfiévrées. Les rideaux du salon étaient presque toujours tirés. Le téléphone était débranché. À part si l'on attendait quelqu'un, il fallait ignorer les toc-toc à la porte. Best avait une combine toute bête pour sortir en douce. Il commandait deux taxis à cinq ou dix minutes d'intervalle. Quand le premier arrivait, Steve Fullaway, qui faisait la même taille et le même poids, mettait un duffle-coat sur sa tête baissée et se faufilait jusqu'à la voiture. « J'espérais au moins que quelques journalistes allaient me suivre pour que George puisse sortir. »

Finalement, pour le bien de tout le monde, Best décida de déménager. Quitter Aycliffe Avenue était un déchirement. C'était comme dire au revoir à Burren Way une seconde fois. Mrs Fullaway lui avait fait un signe de la main comme sa mère l'avait fait. Best disait de Busby qu'il « était honnête avec vous » en partant du principe que « vous auriez la courtoisie d'être honnête » en retour. Mais pour contourner l'embêtante clause 5 de son contrat, Best dut raconter un bobard. Il lui dit que ses parents viendraient vivre avec lui. « Un jour. » Il était resté vague quant à l'échelle de temps. Best prétendait dire la vérité. Busby faisait semblant de le croire. Le compromis évitait une discussion qu'aucun des deux ne voulait avoir. Best aimait son père et sa mère. Mais il était comme tous ces fils au début de la vingtaine qui ont quitté le nid depuis longtemps et qui savent qu'ils n'y retourneront jamais. Il tenait à son indépendance et ne voulait pas être surveillé. L'idée même de dire à ses parents le samedi soir qu'il ne rentrerait sûrement pas avant le dimanche après-midi l'effrayait. Et qu'aurait-il raconté à sa mère au sujet des femmes qui venaient, restaient un peu et qu'il ne revoyait plus jamais ? Le sexe était une autre addiction de Best. Plus il en avait, plus il en voulait. L'apparence était un critère dans le choix de ses partenaires. Mais pas l'essentiel. « Les filles les mieux ne ressemblent pas toutes à des mannequins, vous savez », avouait-il. Avec ses parents dans la chambre en face de la sienne, comment aurait-il pu conserver sa réputation de don Juan ? Busby se consolait en se disant que devenir propriétaire pourrait peut-être le faire grandir un peu. Il n'avait pas idée du type de maison que Best avait à l'esprit.

L'architecte Frazer Crane avait conçu The Village, un lotissement de plus de mille mètres carrés en plein centre de Manchester, composé essentiellement d'entrepôts à l'abandon retapés. Le quartier était vendu comme le Carnaby Street du Nord. L'Edwardia, la deuxième boutique de Best, sur laquelle s'étalait son nom en lettres capitales, était l'une des attractions de The Village.

Au début, Best s'imaginait s'installer confortablement dans une maison de campagne ou un cottage en pierre avec des roses autour de la porte d'entrée. Il avait trois impératifs : de l'intimité, une table de billard et une baignoire encastrée. Crane le persuada qu'un homme moderne devait avoir une maison moderne, qu'elle devait être créative, dernier cri et sur mesure, à son image. Best s'était laissé séduire par l'exubérance de Crane et oublia instantanément le charme rustique et suranné des poutres et de la chaume. L'architecte avait raison : une maison futuriste collait bien plus à son image de play-boy en pleine ascension. Une fois encore, il allait créer la tendance plutôt que de la suivre. Best acheta 2 000 mètres carrés à Bramhall, au sud de Manchester. Le terrain avait un temps abrité un cottage du XVIIIème siècle appelé Wren's Nest, dont un verger de pommiers était le vestige. Le site offrait une vue panoramique sur la chaîne des Pennines et ses coteaux vert et marron. Durant l'année qu'avaient duré les travaux, Best avait, de son propre aveu, « passé beaucoup de temps à essayer de comprendre les plans ». Sitôt après son emménagement, au milieu de l'année 1970, la création de Crane – une construction en briques, carreaux et verre d'influence scandinave, sur plusieurs niveaux, avec toit plat – allait devenir l'un des principaux sujets de conversation en Grande-Bretagne. Au début de 1971, le magazine *House and Garden* la présentait sous le titre « MR BEST BUILDS HIS DREAM HOUSE », en référence au film de 1948 *Un million clé en main, « Mr. Blandings builds his Dream House »* en version originale, dans lequel Cary Grant et Myrna Loy se font construire la maison de leurs rêves avant que ne leur arrivent mille péripéties. L'article évoquait « la maison de célibataire la plus spectaculaire d'Europe ». Même le *Times*, pourtant peu enclin à couvrir les actualités mondaines, y avait consacré une demi-page. La plume du reporter était restée très snob, car personne ne savait si l'élite du pays serait fascinée et amusée par la demeure ou la trouverait effroyablement vulgaire. « Que se passe-t-il, interrogeait le papier, quand un footballeur de 23 ans décide de commander sa première maison à un cabinet d'architectes ? »

Voici ce qu'il se passa. Pour à peu près 36 000 livres – plus de sept fois le prix moyen d'une propriété –, Best avait deux chambres à coucher, un salon en L de cent mètres carrés avec des fenêtres de douze mètres de large aux vitres sans tain, une salle de jeux immense, une cuisine linéaire fonctionnelle, un bar avec une tireuse à bière et une cave à vin, un escalier en acier inoxydable et marbre sicilien et le chauffage au sol. Une kyrielle de gadgets électroniques étaient installés un peu partout. Tout était contrôlable à distance : les rideaux, la chaîne hi-fi, la radio, la porte du garage, etc. Une télécommande permettait de faire descendre la télévision dans une fausse cheminée en carreaux blancs. Tout cela semblait tout droit sorti d'un futur fantasmatique pour les familles de la *working class*, alors que beaucoup de foyers n'avaient pas encore le téléphone, que la télé en couleurs était un luxe et le lave-vaisselle un objet de science-fiction.

Dans une explication aussi pédante qu'alambiquée, Crane racontait qu'il avait cherché à « retranscrire les performances de Best à travers le design de la maison ». Peu importe le sens exact de ce charabia prétentieux ; le propriétaire des lieux, lui, tenait absolument à ce qu'aucun invité ne puisse s'imaginer qu'il était chez un footballeur. Rien ne trahissait sa profession et Best avait tout fait pour qu'il en soit ainsi. Il n'y avait pas de photos de lui sur le terrain, pas de maillots encadrés, pas de trophées. À Aycliffe Avenue, Mrs Fullaway, par peur des cambrioleurs, avait emballé ses médailles dans un sac-poubelle noir qu'elle avait caché sous le lit. Best décida de tout envoyer à ses parents et acheta à sa mère un meuble pour les ranger. De grosses roses rouges aux tiges émeraude étaient peintes sur la vitre. « J'ai fait construire cette maison pour être sûr d'avoir un endroit où m'éloigner du football, disait Best. À l'intérieur, je ne voulais rien qui ait un rapport, même lointain, avec le football. » D'ailleurs, il n'y avait presque rien à l'intérieur. Les pièces ressemblaient à des toiles de Hopper ou Hammershoi tant elles reflétaient la quiétude et l'introspection. L'objectif était la simplicité, l'ordre et l'harmonie. Le minimalisme était la clé. Il avait opté pour des canapés et des chaises noirs et carrés, ainsi que des tapis d'Axminster couleur camel. « J'ai voulu des murs blancs et beaucoup de couleurs unies chaudes, comme du bordeaux, du vert foncé, du bleu nuit, expliquait-il à l'époque.

Je ne supporte plus les couleurs vives, type vert citron, rose ou violet. Ma vie est suffisamment agitée et bruyante. Quand je rentre, je veux que ce soit calme et apaisant.»

Best n'avait pas pour habitude de faire étalage de sa fortune ou de s'en vanter. Mais il en avait parcouru du chemin depuis le logement social de Cregagh Estate jusqu'ici. Il avait grandi dans un coin où posséder sa maison était un rêve inabordable. Ceux qui allaient travailler tous les jours au chantier naval ne pouvaient se le permettre, à moins d'épargner durant deux vies. Quand il regardait autour de lui dans son salon et que son regard se perdait à l'horizon à travers les fenêtres immenses, il repensait à cela et ressentait de la fierté et de la satisfaction. C'était un signe tangible de réussite. La maison disait à tous qu'il avait du succès. Best pensait vraiment qu'il commençait une nouvelle vie et laissait derrière lui les problèmes qui l'avaient torturé dans un passé récent. La maison allait l'aider à gérer la pression liée au football car il pourrait s'en isoler et se ressourcer. Il allait apprendre à monter à cheval. Il allait s'acheter un chien. Il allait écrire une autobiographie et sa publication déclencherait une déflagration dans tout le Royaume. Il allait passer « beaucoup de temps seul ». Best voyait la maison comme son « refuge » d'ermite, son « palais ». Il ajoutait : « Ça va être le début d'une nouvelle vie pour moi. Je n'aurai plus besoin de sortir parce que j'aurai quelque part où rester.»

Tout n'était pas rose dans son petit coin de paradis. Le premier problème était la baignoire. Elle était assez grande – deux mètres cinquante sur deux – pour accueillir toute l'équipe de Manchester United et un ou deux adversaires. Mais la pression était si faible qu'elle mettait plus de deux heures à se remplir. Il arrivait que les robinets se mettent à couler tout seuls, pour ne s'arrêter qu'une fois la mosaïque de carreaux italiens noyée sous plusieurs centimètres d'eau. Il recevait parfois des petites décharges électriques en touchant les poignées de porte à cause des tapis en nylon. La table de billard était trop longue pour la salle de jeux et il était impossible de jouer avec une queue normale depuis l'un des côtés. La fiabilité de l'électronique n'était pas à la hauteur de l'ambition technologique. Les gadgets se détraquaient souvent. Partout où il pouvait y avoir un éventuel risque de défaillance, vous pouviez être certain qu'il y aurait une défaillance. Pendant des heures, au cours desquelles Best avait l'impression d'être l'objet d'une immense farce, la porte du garage s'ouvrait et se refermait sans discontinuer, comme une bouche géante, les lampes s'allumaient et s'éteignaient et la télévision descendait et remontait dans la cheminée. « C'était dingue », hallucinait-il. Dès qu'un avion passait un peu trop bas au-dessus de la maison, le signal de son radar menaçait de brouiller tous les appareils électriques.

Best était tellement fier de son intérieur qu'il ouvrait sa porte à tous les journalistes qui le lui demandaient. Il leur faisait la visite complète. Il posait dehors, debout sur la petite terrasse qui surplombait le bassin d'ornement dans lequel nageaient les poissons. Il posait dedans, confortablement affalé dans son canapé ou glissant une tranche de pain dans le toaster de sa cuisine. Il autorisa *News of the World* à lancer un concours afin que les lecteurs choisissent le nom de la propriété. L'idée n'était pas du meilleur goût, mais la proposition qui allait l'emporter collait on ne peut mieux à la façon dont Best appréhendait la vie. Alors ce serait « Che Sera ».

Best pensait qu'on le laisserait tranquille à présent. Mais toute cette publicité, qu'il avait bien cherchée, avait suscité un incroyable élan de fascination. Le public ne voulait plus seulement lire des articles sur Che Sera, il voulait aussi la voir. Il n'y avait pas de portes, de murs ou de clôtures pour le protéger de ceux qui osaient pénétrer sur le domaine. Au bout de quelques semaines, il voulait de nouveau déménager. Son intimité était bien mieux préservée à Aycliffe Avenue.

Bien avant qu'elle ne soit construite, Best se voyait comme « une espèce de spécimen dans un bocal ». Une fois à l'intérieur, c'est exactement ce qu'il était devenu. C'était un animal de zoo et les gens arrivaient, seuls ou en groupe, pour le voir. Ils traversaient son jardin et grimpaient les escaliers de la véranda, se posaient quelques instants au bord du bassin, comme si Che Sera était un monument touristique. Certains volaient les poissons, mettant les plus gros dans des aquariums et les petits dans des pots à confiture. «J'en avais deux cents, à la fin il devait en rester trois ou quatre.» Les plus culottés coupaient un peu de gazon en souvenir ou essayaient de l'apercevoir à travers les fenêtres, laissant des traces de doigt et de buée. Une photo montre une femme, avec un foulard, un imperméable beige et des talons hauts, dans cette position. Elle ne pouvait pas voir Best, mais lui la voyait, elle et tous les autres qui faisaient la queue derrière en attendant leur tour pour avoir le privilège de faire une visière avec leurs mains et de rester quelques instants bouche bée. Il se rappelait leurs yeux écarquillés et leurs nez écrasés contre la vitre. Best se tenait parfois à quelques centimètres et leur faisait des doigts d'honneur en grimaçant lui-même. Le pire, c'était le week-end. Tous les dimanches, un bus plein de touristes venait cracher sa fumée noire avant de se garer près de la maison. Certains pique-niquaient sur la pelouse de Best et y laissaient leurs papiers gras et leurs bouteilles. «J'ai pensé à mettre un stand pour vendre du thé, des sandwiches et des hot-dogs», ironisait Best, qui avait pris l'habitude de ne plus rentrer avant la nuit. Certains jours, il ne pouvait entrer ou sortir de chez lui que sous escorte policière.

Les architectes étaient unanimes pour dire que l'œuvre de Crane était « un chef-d'œuvre de modernisme ». Le grand public était moins flatteur. La vue ou l'évocation de la maison suscitaient sarcasmes et dégoût. Le design ambitieux de Crane était trop en avance sur son temps pour être apprécié à sa juste valeur. Les carreaux blancs et brillants des façades symbolisaient la différence entre les matériaux contemporains et les briques rouges des maisons victoriennes du nord-ouest construites à l'époque où les cheminées couvertes de suie des usines en avaient fait une puissance économique de l'industrie et du textile. Ils cristallisaient à eux seuls le scepticisme généralisé. Le verdict de la ménagère et de son mari était sans appel : ces carreaux donnaient à Che Sera des allures de toilettes publiques géantes. Pour appuyer le propos, un détracteur du voisinage laissait son chien pisser contre le mur. On raillait les « goûts de chiottes » de Best et sa maison avait été rebaptisée « le petit coin de George ». « Non seulement les gens faisaient comme chez eux, mais derrière ils se répandaient dans les journaux pour dire tout le mal qu'ils pensaient de l'endroit. Sympa. »

Les rois sont toujours sensibles aux critiques. Mais Best subissait une quantité démesurée de vitupérations. Il était épié, examiné et jugé par tout le monde. Et les désapprobateurs ne faisaient pas tous dans la dentelle.

Best recevait des lettres anonymes écrites par des hommes qui lui promettaient de « défoncer ses fenêtres ». D'autres allaient plus loin. « On menaçait de faire exploser la maison. Je me demande quelle mentalité il faut avoir pour écrire une lettre aussi dure et ne pas avoir le courage de la signer. Je n'ai jamais vraiment compris ce que ces lâches attendaient. Est-ce qu'ils s'assoient et m'imaginent trembler de peur, fondre en larmes ou je ne sais quoi ? J'aurais aimé en rencontrer un pour savoir ce qui lui passait par la tête. À condition qu'il arrive encore à parler après avoir pris une droite, évidemment. »

Dans la rue, Best commençait à rencontrer de l'hostilité. Certaines provocations étaient si scabreuses que seule la jalousie pouvait les expliquer. Il était intensément et méchamment fixé du regard par des inconnus qui essayaient de lui faire péter les plombs. Certains le défiaient de les frapper. Où qu'il aille, il y avait un risque de se retrouver entraîné dans une rixe. « C'est presque impossible de se détendre, témoignait Best. Être fixé, on s'y fait. Mais il y avait aussi beaucoup de regards noirs, haineux. Qu'est-ce que j'avais bien pu leur faire, sérieux ? »

Il développait : « Je ne pouvais aller nulle part ni rien faire sans que des types me regardent de travers et essaient de lancer une baston. Ils venaient et voulaient se battre parce qu'un ami d'un ami leur avait dit que j'avais regardé leur femme un soir en boîte. Ils me bousculaient dans le bar et m'accusaient de foutre le bordel. » Ses performances avec Manchester United servaient aussi parfois de prétexte. « Ils attendaient que j'aie fait une erreur sur le terrain et là, c'était parti : rase ta barbe, coupe tes cheveux… Ils me disaient tout et n'importe quoi, comme s'ils voulaient décider de qui je devais être. Jésus Christ avait bien une barbe et des cheveux longs, ils n'avaient jamais envisagé de le changer pour autant. Je ne suis pas parano, mais ils avaient l'air de tous s'en prendre à moi. Je suis devenu tellement nerveux que je vérifie encore par-dessus mon épaule que personne ne me suit ou ne me regarde.» Les plus vils, c'étaient ceux qui lui crachaient sur les pieds ou même au visage. «Même aller prendre un café devenait une épreuve.»

Soudain, la définition de Sartre lui paraissait plus claire : l'enfer, c'était les autres. Si la sonnette de la porte retentissait à Che Sera, il jetait d'abord un coup d'œil derrière les rideaux avant d'aller ouvrir. S'il avait besoin de faire des courses, il envoyait quelqu'un. Quand il était invité quelque part, il devait réfléchir à un itinéraire pour s'y rendre et revenir sans être importuné et suivi par les journalistes. Il appelait un policier compréhensif pour l'escorter et lui permettre de dépasser la vitesse autorisée. Si une voiture tentait de le suivre, l'agent, qui roulait dans les limites légales, l'arrêtait pour verbaliser le contrevenant.

Best n'allait que dans des lieux qu'il estimait sûrs et où le propriétaire ou l'organisateur pouvait lui trouver un coin discret pour se cacher, car la moindre rencontre fortuite avec un mec bourré pouvait partir en vrille.

Best commençait à se sentir claustrophobe. Il avait de plus en plus de mal à masquer sa souffrance. Il évoquait ce besoin de sortir de «cette cocotte-minute dans laquelle je vivais, je jouais, je dormais et je respirais».

Il retournait manger chez Mrs Fullaway au moins une fois par semaine, heureux de retrouver Aycliffe Avenue exactement comme il l'avait quittée, comme s'il était parti une heure plus tôt. Elle et sa maison étaient deux des rares éléments stables de sa vie. «Il peut venir quand il veut, avait déclaré Mrs Fullaway quand il avait fait ses bagages. Il sait qu'il est le bienvenu et qu'il y aura toujours une tasse de thé pour lui.» Best continuait de louer son ancienne chambre – 30 livres par semaine – pour remercier sa logeuse de sa loyauté, de sa gentillesse et de son amour. Il voulait que Mrs Fullaway prenne sa retraite plutôt que de prendre un nouveau pensionnaire. «Vous en avez fait assez, insistait-il. C'est le moment de prendre du bon temps.» À table, il avait été frappé par l'ironie de la situation : il retrouvait un havre de paix car celui qu'il avait choisi semblait déjà menaçant. Malcolm Wagner avait essayé de dissuader Best de construire Che Sera. Il venait d'acheter une maison neuve à Salford et lui avait suggéré de prendre celle d'à côté. « On pourrait même faire poser une porte pour qu'elles communiquent ! s'emballait-il. Tu auras de la compagnie quand tu voudras voir du monde et de l'intimité quand tu voudras être tranquille.» Best avait suggéré à Wagner que ce soit plutôt lui qui vienne vivre chez lui.

Il possédait tous les luxes et les privilèges dont un homme pouvait rêver, tout ce que les autres désiraient et enviaient le plus. L'adoration, sur le terrain et en dehors ; les femmes, qui le regardaient comme s'il sortait des pages de *Vogue* ou *Playboy* ; les clubs sélects et les bars ; les voitures de sports ; les fringues ; l'argent, suffisamment pour payer n'importe quoi en cash. Best avait un autre don : «Je sais très bien masquer mes émotions.» Il cultivait à merveille cette apparence cool et nonchalante. Pour les étrangers, qui ne connaissaient Best qu'à travers ce qu'ils en avaient vu à la télé ou dans les journaux, il avait l'image du garçon détaché et paisible. Il était l'incarnation du jouisseur désinvolte.

La réalité était toute autre.

Malgré son image de marque, les boutiques étaient en péril (il en avait lancé une troisième, Rogue, juste après avoir coupé le ruban de l'Edwardia). Il fallait prendre une décision : soit les vendre, soit investir davantage pour les sauver, ce qui nécessitait un important apport de capital. Ken Stanley avait mis le nez dans la comptabilité et découvert que le manque d'investissement personnel et un mauvais management expliquaient en grande partie ces pertes. Le rachat des magasins n'avait pas traîné, et le repreneur avait obtenu de garder le nom de Best sur la devanture et son visage en tête de gondole.

Une poussée de fièvre ostentatoire l'avait incité à troquer sa Jaguar pour une Rolls-Royce blanche. Il en voulait une depuis que les Bee Gees lui avaient fait faire le tour de Manchester dans la leur. Les Jag n'étaient plus si rares dans les rues de la ville. Vous aviez en revanche autant de chances d'y croiser une Rolls blanche qu'un chameau sur Market Street. Best ne pouvait aller nulle part sans être immédiatement repéré. Il la revendit au bout de trois mois, plus cher qu'il ne l'avait payée, uniquement parce que son nom figurait sur la carte grise.

Il se plaignait de son absence de vie privée, et s'indignait: «Jusqu'à ce que j'arrive, la presse ne s'intéressait pas à ce que les footballeurs faisaient en dehors du terrain. J'ai été le premier joueur à me retrouver aussi bien dans les premières que les dernières pages.» Il n'y a aucun doute sur la véracité de cette affirmation. Mais Best oubliait sans doute un peu vite sa propre complicité. Il avait été consentant, et même volontaire pour se mettre en scène. Il avait joué le jeu et ne pouvait plus quitter la partie. Une anecdote, a priori anodine, illustre parfaitement le propos. Best avait un jour déclaré à un reporter qu'il avait dû brièvement interrompre ses vacances à Majorque pour faire l'aller-retour à Manchester spécialement pour que Wagner puisse lui couper les cheveux. «Je ne veux pas que quelqu'un d'autre s'en occupe. Vous savez, le soleil est difficilement supportable quand on a les cheveux longs.» Quand on lui demanda combien avait coûté la coupe de cheveux, il répondit: «Avec le vol, 56 pounds, 12 shillings et 6 pence.» C'était à l'été 1966. L'économie était dans un état tellement désastreux que le gouvernement travailliste, tout juste réélu, allait annoncer un gel des salaires et des prix pour le semestre à venir. Difficile de savoir si le journaliste avait compris que Best plaisantait et utilisé l'information quand même ou s'il avait tout gobé. Mais en allant aussi loin, Best laissait penser aux médias que rien n'était hors limite puisqu'il se fichait de tout, à commencer par ce qu'on écrivait sur lui. Les éditeurs comprirent aussi rapidement qu'envoyer une journaliste à sa boutique était la garantie d'avoir une bonne citation dans le journal du lendemain. Même si Best n'était pas là, un ami pouvait lui passer un coup de fil et deux phrases suffisaient à le faire rappliquer :

« Une journaliste veut te voir. »

« Oui, elle est plutôt pas mal. »

Les jours où il n'y avait pas grand-chose à raconter, la presse pouvait compter sur son ange gardien. Les journaux dépêchaient des reporters vers Best pour voir s'il n'y avait pas moyen de rapporter une histoire intéressante, ou même à moitié. Il ne pouvait maintenant plus les tenir à distance.

Il était tout le temps dehors. La perspective de retourner à la captivité solitaire de Che Sera lui faisait trop horreur pour être seulement envisagée. « Ma vie devenait folle. » Il vivait en cavale.

« Un homme peut craquer de mille façons », écrivait Francis Scott Fitzgerald, dont la propre ruine provoqua son effondrement physique et spirituel. Il en serait de même pour George Best.

Les symptômes qu'il manifestait, furtivement au début puis de plus en plus intensément au fil du temps, lui vaudraient aujourd'hui d'être diagnostiqué comme dépressif clinique. Il était constamment agité. Il se levait tôt le matin ou au milieu de la nuit. Il ne prenait plus de plaisir pour des choses qui avaient été son stimulus, à commencer par le football. Il ne parvenait plus à cacher sa colère et son ressentiment. Puis il y avait l'alcool. Les excès laissaient insidieusement place à la dépendance. Chaque cas de dépression est différent. Il n'y a presque jamais une cause unique à l'origine mais plutôt une accumulation d'événements et de soucis, souvent enracinés dans des changements ou des pertes. Best faisait le deuil de son équipe autrefois flamboyante et plongeait dans l'échec et le néant avec Manchester United. « Au lieu de bien tourner autour de moi, l'équipe dépendait maintenant de moi, répétait-il. Je manquais de maturité et je n'avais pas les épaules pour assumer ça. » Il était dévoué à United. Il ne pouvait pas prétendre que les mauvais résultats du club ne le préoccupaient pas. « On était de pire en pire. Ça allait si mal que je ne voulais même plus me lever le matin. On perdait et je ressentais un grand vide. »

Il s'était convaincu que sa nouvelle maison changerait tout. Il avait vite réalisé que c'était insensé, et certainement pas un endroit pour construire une vie. Elle symbolisait le malaise plus profond qui l'affectait. « C'était un désastre. Je redoutais d'être chez moi. J'étais prisonnier.»

Un autre sujet – et non des moindres – le tourmentait : ses parents. La pression qu'il subissait rejaillissait sur leur vie, en particulier celle de sa mère Ann. « Le pire, disait-il à propos de ses déboires, c'est que vous entraînez tout le monde avec vous.»

C'est Dickie Best qui, le premier, lui avait enseigné le football. En voyant son fils taper dans un ballon, le père avait instantanément compris qu'il se passait quelque chose d'extraordinaire. La photo de Best, âgé d'à peine un an et demi, qu'il avait prise avec son Kodak dans la rue devant la maison de ses grands-parents maternels en 1947, n'a rien de celles qu'on trouve habituellement dans les albums de famille. Impossible de tourner la page machinalement sans s'y arrêter. On y voit un bébé, mais le Best qu'il va devenir est déjà là. Il répétait toujours : « Ce qui fait le grand joueur, c'est son sens de l'équilibre. Sans ça, vous ne pouvez rien faire.» Le cliché révèle qu'il le possédait à la naissance. Le port de tête est parfait, la position du corps idéale. La balle est sous son contrôle. Vous l'imaginez facilement continuer sa course le long du trottoir bien après que la pellicule soit terminée. Dickie lui dirait de s'entraîner encore et encore. Il ne le pressait pas, n'exigerait rien. Il se contentait de l'encourager. « Je pouvais avoir marqué cinq ou six buts ou avoir été bidon, il ne me disait jamais "tu as été brillant" ou "tu as été nul". Il savait que je savais.»

Best restait cependant un fils à maman. Et elle l'idolâtrait en retour. À Old Trafford, Ann portait fièrement un tailleur-pantalon rouge à motifs blancs, un badge de United accroché au revers gauche. Quand les Best eurent leur premier téléphone, elle insista pour qu'il soit rouge également.

« J'étais plus proche d'elle », admettait-il. Il savait qu'ils se ressemblaient à bien des égards. Le rapport de Best à sa mère serait analysé et décortiqué plus que n'importe quelle autre relation qu'il avait pu avoir quand, dans les années 70, ils sombreraient simultanément dans l'alcoolisme. Ann avait été abstinente jusqu'à ses 44 ans. Elle avait bu son premier verre en 1967 – un Pimm's limonade –, au moment où son fils était en train de devenir une superstar.

La célébrité peut vite se transformer en fardeau pour ceux qui la vivent par procuration. Ann, une femme discrète, se retrouvait sous les feux des projecteurs contre son gré. Tant que tout allait bien, elle s'en était accommodée. C'était devenu une torture quand le vent avait commencé à tourner. « Ça me touchait encore plus que je ne l'imaginais », soupirait-il. Ses deux sœurs aînées pensaient que le mal-être de leur mère était aussi lié à la ménopause, même si on n'évoquait que rarement ce genre de sujet à l'époque.

Si Best savait que sa mère avait commencé à boire, il ignorait dans quelle proportion. « Je pensais qu'elle se servait un verre de vin ou deux. » Avant de se rendre compte à quel point elle était dépendante, Best avait même annoncé qu'il voulait acheter un pub de campagne que ses parents pourraient tenir. Le *fish and chips* qu'il leur avait acheté dans un premier temps venait d'être revendu ; le pub semblait une suite logique. Le doute s'immisça dans son esprit en juin 1970, à l'occasion d'une fête organisée à Burren Way pour célébrer les noces d'argent de ses parents. Best avait remarqué que sa mère quittait la pièce à intervalles réguliers pour aller boire toute seule, ce qu'elle nierait formellement alors même qu'elle revenait à chaque fois un peu plus éméchée. Les buveurs ont tellement l'habitude de mentir qu'ils finissent par se duper eux-mêmes quant à l'intensité et la fréquence de leur consommation. Ils ont aussi souvent tendance à surestimer leur capacité à en dissimuler les effets. Best n'avait pas formellement identifié le problème de sa mère, pas plus qu'il n'avait cerné le sien. Ce n'est qu'au cours de l'année suivante, quand, une fois installé à Che Sera, il prit le temps de faire le point, qu'il fit le lien entre ce qui lui arrivait et ce qui arrivait à sa mère. « L'alcool la rongeait et j'étais certain que tout était entièrement de ma faute. »

La curiosité à son sujet avait d'abord viré au harcèlement, puis carrément à l'intrusion. Dans les magasins, à l'arrêt de bus, dans les bars, partout Ann entendait des horreurs sur son fils, des mots qui avaient un effet toxique sur elle comme sur lui. L'inventaire de ses défauts s'était poursuivi jusque dans des toilettes pour dames, où l'une d'elles avait lancé un dévastateur « Je trouve que c'est une honte pour l'Irlande » avant de continuer sa tirade. Après trente secondes à écouter l'accusatrice, Ann avait eu une réaction qui ne lui ressemblait pas : elle l'avait giflée. Dans un pub, un homme lui avait sorti tout un couplet sur « ce petit prétentieux de Best » avant de repartir sans savoir que c'était sa mère. « J'ai appris à me mordre la langue », expliquait-elle, en référence à l'incident précédent. Best racontait que si un inconnu lui demandait si elle était bien « la mère de George Best », elle répondait toujours par la négative. Les Best n'avaient jamais cherché à capitaliser ou exploiter leur nom et refusaient de lui réclamer de l'argent – « Ils pensaient que cela revenait à mendier, ce qui est ridicule », disait Best – et évitaient de mentionner leurs problèmes. Ce n'est qu'en lisant le journal qu'il découvrit que son père avait pris part à une grève de sept semaines, ce qui avait considérablement réduit les revenus du foyer. « Pourquoi tu ne me l'as pas dit ? », demanda-t-il. « On ne voulait pas te déranger », répondit son père. Si sa mère avait participé à une publicité dans laquelle Best promouvait des saucisses, c'était uniquement par obligation. Le tournage s'était déroulé dans une cuisine presque aussi grande que le rez-de-chaussée tout entier de Burren Way. Il avait le seul rôle parlant, un slogan sans imagination qui jouait sur son nom pour vanter le produit. Ann avait détesté l'expérience. Chacune des prises où il fallait se forcer à sourire était un calvaire. Et il y en avait eu une bonne douzaine.

Elle n'avait aucune envie de répondre aux questions des reporters qui débarquaient à l'improviste ou des grappes de journalistes qui saccageaient le gazon devant la maison ; et d'ailleurs elle n'y répondait pas. Souvent, elle devait se frayer un chemin à travers les curieux pour parcourir les cinq mètres qui séparaient le portail du seuil de l'entrée. Quand Best faisait les gros titres pour de mauvaises raisons, elle tirait les stores vénitiens et ignorait ceux qui frappaient à la porte, les demandes de réactions et même le bruit de la boîte aux lettres. Quand il rentrait, sa famille l'apprenait souvent de la bouche des journalistes qui, prévenus qu'il avait embarqué dans un vol pour Belfast, sonnaient à la porte pour savoir s'il était arrivé. La maison était assiégée. « Ça fourmillait devant la porte », se souvenait-elle. Dickie s'occupait de répondre aux sollicitations des journalistes qui voulaient une déclaration. Pour elle, c'était un supplice, elle ne supportait plus cet envahissement. Un jour, elle avait passé un savon à l'un d'eux. Par malheur, elle avait bu. Il avait frappé à la porte jusqu'à ce qu'elle craque. Mais une fois sur le pas de la porte, son traditionnel *« No comment »* avait laissé place à une bordée d'injures. «Vous n'êtes qu'une ivrogne et tout le monde le sait, lui balança le scribouillard. Sans des gens comme moi, George n'en serait pas là où il est aujourd'hui.» L'idée grotesque selon laquelle son fils devait sa carrière aux journalistes ne lui inspira que davantage de mépris. « Sans des gens comme George, vous seriez au chômage.»

Il existait un théorème de Best : pour chaque papier positif publié à son sujet, il y en avait deux dégueulasses. Et ils ne manquaient jamais de briser le cœur de sa mère. Il avait essayé de la persuader de ne pas les lire ou, quand c'était trop tard, de ne pas croire ce qui était écrit. «Je savais que ça lui faisait mal, que ça la tuait.» Best tressaillait quand il la revoyait mettre en cause ses talents de mère, comme si elle en avait manqué, avant de le défendre. «Je me dis parfois que j'aurais pu mieux conseiller George à certains moments. Je ne sais pas si ça aurait changé quelque chose. On est qui on est. Je ne sais pas si quelqu'un d'autre aurait mieux géré la situation avec autant d'argent et toutes ces possibilités qui s'offraient à lui.» Ann pensait qu'il avait besoin d'une femme : «Je suis sûre que c'est la base de la plupart de ses problèmes. Il fréquente plein de filles mais je ne parle pas de celles-là. Je parle d'une fille ordinaire, avec les pieds sur terre, qui pourrait lui faire à manger et prendre soin de lui.»

Elle voulait que sa femme soit une amie pour lui, quelqu'un à qui il puisse ouvrir son cœur. La mère avait alors identifié le problème qui rendait tous les autres si durs à résoudre. «Il était incapable de se confier à qui que ce soit.»

Quand il repenserait à sa période Che Sera, George Best se décrirait comme un «Irlandais solitaire et perturbé qui n'arrivait pas à savoir ce qu'il voulait faire de sa vie». Il ajoutait: «J'étais fatigué de tout. Et de tout le monde.»

Il se trouvait à un carrefour, à la fois personnel et professionnel. Le problème, c'est qu'il n'avait aucune idée de la direction à suivre. «Le football pour moi, c'était Noël tous les samedis.» Le gamin qui se couchait le vendredi soir en imaginant ce qu'il allait pouvoir inventer le lendemain après-midi approchait de son vingt-cinquième anniversaire. «Et je ne pensais plus aux matchs du tout.» Ken Stanley lui suggéra de ralentir et de limiter ses sorties. «Je ne veux pas. Je ne veux pas vivre comme tout le monde», lui répondit Best. Il s'était enfermé dans une routine: picoler, sortir jusqu'au petit matin. Et les incidents, les conneries et toute la mauvaise publicité qui allait avec. Best était convaincu qu'il pourrait boire tant qu'il voulait sans mettre en péril sa santé ou sa carrière. «Au lieu de boire six ou sept verres, j'en buvais dix, puis douze», reconnaissait-il. Tous ses problèmes étaient des conséquences directes de sa surconsommation d'alcool. Rien n'arrivait à le persuader de s'arrêter. Best, proche du point de rupture, avait déjà franchi la frontière qui séparait la clairvoyance de la bêtise.

La ponctualité devenait source de conflit. Les horaires étaient systématiquement sujets à négociation. Best faisait attendre tout le monde, sans discrimination. Il arrivait en retard à ses rendez-vous et ses obligations commerciales, qui l'ulcéraient de plus en plus. «Je me mettais dans de sacrés états. Il y a des moments où je ne savais même plus où j'étais censé aller.» David Stanley passait le plus clair de son temps à essayer de localiser Best, qui ne répondait pas au téléphone et n'ouvrait pas la porte. Pour le trouver, il était parfois obligé de partir en expédition à travers la ville.

Sa barbe s'épaississait, soi-disant par « paresse ». Il disait ne pas vouloir se raser deux fois par jour. Sa pilosité faciale était en fait là pour cacher les marques et les taches que l'alcool laissait sur sa peau. Un membre du Board de Manchester United demanda un jour à Busby : « Quand est-ce que vous allez lui demander de raser cette barbe ? » Busby, qui avait deviné pourquoi Best la laissait pousser, avait fait diversion : « Si vous pouvez me garantir qu'il jouera mieux sans sa barbe, elle sera rasée demain. »

Si seulement Best avait été capable de parler de son problème et des raisons qui le poussaient à boire. Si seulement il ne s'était pas renfermé dès qu'il s'agissait d'évoquer ses émotions. Il disait qu'il n'avait « pas besoin tant que ça des autres » et qu'il n'était « pas du genre à s'épancher ». Qu'elles en soient les causes ou les conséquences, ces affirmations ne faisaient qu'en confirmer une autre : « J'ai tendance à garder mes pensées et mes inquiétudes pour moi. » Plus révélateur encore, il confessait avoir du mal à être proche des gens. « Ou plutôt je ne trouve pas ça facile de les laisser être proches de moi. En fait, je me sens mal à l'aise dès que je m'implique trop. »

Mike Summerbee savait que son ami était du genre solitaire, et Best précisait même qu'il était déjà « un peu comme ça » gamin. « Je n'ai jamais appelé quelqu'un pour lui demander un conseil, ce qui est, je suppose, quelque chose de triste à avouer. Je me suis toujours dit que je pouvais résoudre mes problèmes sans déranger personne. Je préférais de loin m'asseoir tout seul et déprimer plutôt que parler à quelqu'un. » Il aimait sa propre compagnie pour le silence qu'elle lui garantissait. « Pour moi, il n'y a rien de pire que quelqu'un qui pense qu'il doit parler pendant deux ou trois heures. » Il lui arrivait parfois de disparaître tout un après-midi. « J'allais dans des endroits que je connaissais bien. » Au bout d'un quart d'heure, quelqu'un venait le voir : « Qu'est-ce que vous faites tout seul ? » Il se retrouvait face à un dilemme. « Je ne pouvais pas tourner le dos et dire que je voulais être tranquille, expliquait-il. Sinon quoi ? J'aurais été un connard, malpoli et asocial qui ne voulait pas parler aux gens ? Alors je finissais par écouter leurs problèmes. Dès qu'un gars avait fini, un autre le remplaçait.»

La crainte d'être exploité le poussait à rester sur ses gardes dès qu'il nouait une relation. La défiance devenait un réflexe de base. Il inspectait le visage et essayait de décrypter les motivations qui se cachaient dans les yeux. On lui demandait d'investir dans un projet ou d'en soutenir un autre. Ou il était invité à une cérémonie dont le succès dépendait uniquement de sa présence. Quand on lui présentait quelqu'un, Best se posait deux questions : cette personne a-t-elle quelque chose à gagner de ma compagnie ? S'intéresse-t-elle à moi en tant que personne ou en tant que célébrité ? Il n'était pas toujours bon pour distinguer le vrai du faux. Évaluer la sincérité de ses interlocuteurs avait fini par l'épuiser. «Je ne saurai jamais qui voulait George et qui voulait le footballeur.» La complexité de sa situation n'allait pas sans ses contradictions. Best avait du mal à dire non. Il voulait plaire. Il ne repoussait pas les offres tout de suite mais ne les honorait pas dans les faits. Quand on lui demandait de faire une apparition publique, il répondait « oui » car accepter était plus facile que refuser sur l'instant. Cela lui évitait cinq minutes ou plus de supplications et de palabres pour lui faire comprendre à quel point sa présence à un événement était capitale. La réponse de Best semblait si sincère que tous ceux qui avaient besoin de lui repartaient convaincus qu'un accord irrévocable avait été conclu. Les affiches étaient imprimées, les billets vendus et les espaces publicitaires réservés. Comme l'ami de Best Malcolm Mooney l'avait dit un jour : « Il mentait magnifiquement bien.» Il admettait dire souvent une chose en pensant son contraire. « Parfois, j'acceptais trois sollicitations qui avaient lieu au même moment dans trois villes différentes », souriait Best qui finissait en général par n'aller nulle part, et sans prévenir personne, avant de donner des explications que tout le monde prenait pour ce qu'elles étaient : des foutaises. La plupart de ses discussions commençaient par des excuses. À ne pas vouloir les affronter, ses problèmes – comme ceux de United – ne faisaient que s'aggraver. Il vivait dans le déni, comme s'il attendait benoîtement que les choses se tassent. Tout en sachant au fond de lui que ce ne serait pas le cas.

« Je m'asseyais, je buvais quelques verres et les soucis disparaissaient un peu. Le lendemain, c'était dix fois pire. »

PARTIE III

PERSONNE NE SAIT CE QUE C'EST QU'ÊTRE MOI

CHAPITRE 11
À LA RECHERCHE DU BALLON ORANGE

Avec le recul vient la sagesse. George Best aurait dû se préparer à changer de cap dès qu'il avait appris la retraite de Matt Busby. Au lieu de faire construire Che Sera et de rester à Manchester United, il aurait dû partir à l'étranger. Il avait fini par l'admettre : « Je pense effectivement que ça aurait été une bonne chose de quitter le pays quelque temps pour aller jouer ailleurs. » Il allait même plus loin, ajoutant qu'il aurait dû demander à être transféré et « fuir au plus vite ».

Ce n'étaient pas les offres qui manquaient. Le Real Madrid, à la recherche du nouveau Di Stefano et d'un second Puskas, était très intéressé. Mais à l'époque, Best avait du mal à se résoudre à partir pour la capitale du régime franquiste. La Juventus, qui courait après le *Scudetto* depuis 1967, était prête à faire ses cartons à sa place. John Charles, trois fois champion avec la Vieille Dame, le lui avait fait savoir lui-même. « Ça va te revigorer. » En outre, Charles avait été très clair : sa paye à United, c'était de l'argent de poche à côté de ce qu'il toucherait là-bas. La Juventus, financée par Fiat, louait gratuitement un appartement à Charles, en plus de lui avoir fourni une voiture de sport flambant neuve et des costumes et chemises taillés sur mesure. Il s'était également acheté une villa du XVIIème siècle avec vue splendide sur la vallée du Pô. Dans les rues, Charles était traité comme un membre de la famille royale : « Je n'avais quasiment jamais d'argent sur moi parce que personne ne me laissait payer pour quoi que ce soit. Tout m'était offert.» Charles expliqua également à Best qu'il serait marqué de tellement près en Italie que, lorsqu'il jouerait n'importe où ailleurs, le terrain lui paraîtrait deux fois plus grand. Dans son esprit, Best ne pouvait que tirer profit d'une telle expérience, que ce soit au niveau sportif ou pour élargir ses horizons. Enfin, pour le rassurer, il lui rappela qu'il pouvait tout à fait revenir au pays après une saison ou deux, comme l'avait fait Denis Law dix ans plus tôt, et reprendre sa carrière à Manchester.

Le Corbusier avait décrit Turin comme «la ville entourée du plus beau site naturel au monde». Mais pas assez beau pour Best, apparemment. Et, comme il le dit à Charles, les défenseurs de Serie A étaient du genre à vous retirer les ligaments sans anesthésie. De plus, Best ne parlait aucune langue étrangère et n'avait pas spécialement envie d'apprendre. Et puis les Italiens étaient trop puritains vis-à-vis de l'alcool à son goût. Les joueurs ne juraient que par la modération. Un verre de vin, OK. Une bouteille, sûrement pas.

Johan Cruyff, lui, était convaincu que Best aurait dû aller en Hollande. Que ce soit au niveau des clubs ou de l'équipe nationale, le football néerlandais était en pleine renaissance. Feyenoord avait remporté la Coupe d'Europe en 1970. L'Ajax de Cruyff s'apprêtait à remporter les trois suivantes. «Pour un joueur comme George, le style de jeu de l'Ajax était un don du ciel. Il aurait dû jouer pour nous, déclara Cruyff. C'était l'idéal pour lui.»

Mais United était son club et Manchester était sa ville. Les fondations de Che Sera étaient déjà posées et très vite la maison avait pris forme. «Jamais je n'ai rêvé de jouer ailleurs», déclarait-il, prisonnier volontaire d'Old Trafford après avoir signé un contrat de sept ans. Best accepta les conditions de United, 170 livres par mois, sans même essayer de négocier, sans savoir que Denis Law et Bobby Charlton, les autres membres de la Sainte Trinité, gagnaient plus que lui. Il signa donc, en dépit d'un mauvais pressentiment. «Je faisais tout ce que je voulais.

C'était parfait. Et puis tout d'un coup, j'ai eu l'impression que tout ça allait disparaître. C'était un sentiment profond et douloureux. Je voyais mon échec et ma perte… Si on m'avait donné le choix entre les plus belles femmes du monde et remporter la Coupe d'Europe tous les deux ans, j'aurais fait vœu de chasteté. Tout ce que je voulais, c'était qu'on soit le meilleur club du pays tant que j'étais là. Mais je devenais de plus en plus sceptique.»

Au début de la saison 1970-71, *Inside Football* dit tout haut ce que beaucoup pensaient tout bas. L'hebdomadaire évoquait «le destin tragique d'un génie» et insistait sur le fait que Best se trouvait à «un tournant» de sa carrière. Il n'était «plus à la hauteur», comme un Shakespeare réduit au rôle de souffleur ou un Caruso devenu choriste des Petits chanteurs à la croix de bois. À la question «Quel est son problème?», une piste de réflexion était donnée: «Peut-être a-t-il l'impression de ne plus rien avoir à gagner.» L'article présageait une «chute abyssale» si Best refusait de se reprendre en main. C'était à la fois un excellent résumé de sa situation à l'époque, mais également une œuvre d'anticipation d'une rare clairvoyance. Les prédictions n'allaient pas tarder à se réaliser.

Wilf McGuinness passa d'entraîneur principal à manager. Best ne voyait qu'une seule issue à cette promotion: le licenciement. Pendant que certains imaginaient United se battre pour le titre, lui pensait que le club aurait déjà énormément de mal à s'extirper de la deuxième moitié du classement. Avoir raison ne le rendit pas moins amer.

Après treize journées, l'équipe n'avait remporté que trois victoires. Un piètre total qui n'était pourtant pas si mal payé au regard de ses prestations plus insipides les unes que les autres. Le titre était hors de portée avant même que les arbres ne perdent leurs premières feuilles. Au mois de décembre, Aston Villa, qui connaissait l'une des pires périodes de son histoire et évoluait en troisième division, sortit United en demi-finale de League Cup. Après un piteux match nul un partout à Old Trafford, les Mancuniens s'étaient inclinés 2-1 au retour à Villa Park. Cette défaite, catastrophique pour McGuinness, avait eu lieu l'avant-veille de Noël. Trois jours plus tard, Busby l'avait convoqué dans son bureau. Et comme le disait Best, qui parlait en connaissance de cause, « ce n'était jamais pour nous offrir des chocolats ». Jamais McGuinness n'oubliera les mots prononcés par Busby ce jour-là. Il lui jeta un regard sombre, comme un docteur sur le point d'annoncer le pire des pronostics vitaux, et lui dit : « Les dirigeants m'ont demandé de reprendre l'équipe. » United pointait à la dix-septième place. McGuinness était en état de choc. United était sa vie. Ce métier, son rêve. Busby, son idole. La femme de McGuinness attendait leur troisième enfant. « J'étais démoralisé, dévasté et profondément blessé, tant sur le plan personnel que professionnel », déclarera-t-il par la suite. McGuinness péta un plomb. À la recherche d'une bouteille de whisky dans la salle du Board, il ne trouva que du sherry et en but plusieurs verres. Puis il se mit à se taper la tête contre le mur. « Ça faisait sacrément mal. » Busby admit plus tard que la véritable cause de l'échec de McGuinness était probablement « sa gestion des joueurs avec qui il avait grandi », observant également que « les jeunes soldats promus vice-caporaux se retrouvaient souvent dans l'embarras ». Il reconnut ensuite : « C'était notre faute, on n'aurait pas dû choisir Wilf. » Toute l'hypocrisie de cette phrase se situe dans l'usage du pluriel. Busby se cachait derrière la responsabilité collective alors qu'il n'y avait pas réellement de hiérarchie à Old Trafford. Le véritable pouvoir, c'était lui. Busby finit même par admettre ce que Best avait toujours su : « Je pense également qu'il n'avait à l'époque pas assez d'expérience pour gérer l'équipe et en tirer le meilleur. »

L'alcool commençait à prendre plus de place que le football dans la vie de Best. Il manqua le train qui emmenait l'équipe pour un match à Tottenham. Il manqua l'entraînement le jour de Noël. Busby avait souvent la faiblesse de penser que Best était toujours celui qu'il avait connu à 17 ans, avec ses yeux de biche et sa silhouette frêle. « Il faut que j'ouvre les yeux et que je prenne conscience que c'est un adulte. » Il tenta la méthode douce. « Je pense que George est à deux doigts de devenir le meilleur joueur du monde. Et si je ne le mets pas premier, c'est uniquement pour éviter qu'il ne s'endorme sur ses lauriers.» Ses intentions étaient plus claires dans la suite de son discours. «Le truc avec George, c'est qu'il marche à l'affectif et au défi», ajouta-t-il pour expliquer toutes ces cajoleries déguisées. Au moins, Busby était passé à l'action rapidement. Mais il avait sous-estimé l'ampleur du désarroi de Best. Busby pensait qu'en réglant ses problèmes sur le terrain, Best pourrait se débarrasser de ses problèmes en dehors. Cruelle erreur de diagnostic.

Pendant huit jours, au mois de janvier 1971, Best se donna en spectacle de la pire des manières. Telle une pièce du théâtre de l'absurde, c'était à la fois drôle et terriblement pathétique.

Les sanctions disciplinaires se multipliaient. Il avait été exclu lors d'un match international contre l'Écosse en avril de l'année précédente pour avoir lancé une motte de terre sur l'arbitre. En club, il avait récolté trois cartons pour contestation en moins de douze mois ; un total ridicule au regard des standards actuels, mais à l'époque pareil outrage valait lapidation publique. Best attendait sa convocation par la commission de discipline de la fédération depuis qu'il avait été averti une quatrième fois pour un tacle légèrement en retard sur Glyn Pardoe, mais qui avait brisé la jambe du défenseur central de Manchester City en deux endroits. L'arbitre, placé à moins de dix mètres de l'action, n'avait même pas arrêté le jeu ni sorti de carton, jusqu'à ce que les joueurs de City l'implorent d'aller en discuter avec son juge de touche, dont le champ de vision était de toute façon obstrué par le dos de Pardoe. Lorsque le derby fut diffusé à la télévision le lendemain après-midi, l'entraîneur de City, Malcolm Allison, et Jimmy Hill, consultant de *The Big Match*, avaient convenu que Best n'y était pas allé pour faire mal. Cependant, la blessure de Pardoe était tellement grave qu'elle altéra sa circulation sanguine et que les chirurgiens envisagèrent un temps l'amputation. Allison expliqua que Best était «manifestement bouleversé» après l'incident. Allison l'avait été également. «Sur le coup, je ne sais pas ce que j'aurais pu lui faire. Il ne valait mieux pas que je le croise et encore moins que j'aille lui parler.» Certains journaux évoquèrent un «tacle assassin». Dans le week-end, la vitrine de sa boutique fut fracassée par une brique. Un acte de vandalisme dont Best présuma qu'il avait été commis par un supporter de City, en guise de vengeance.

Entre l'état de Pardoe, la détresse de United et la déchéance de Best, cette audience à la FA avait un parfum de scandale. Best, conscient de ce qui l'attendait, se saoula la veille au soir et était encore trop embrumé pour arriver à l'heure à Lancaster Gate. Le train quitta Manchester sans lui. Busby réussit à convaincre la FA de décaler l'audience, prévue à midi, à 16 h 30. Best arriva avec une demi-heure d'avance. Il vomit dans un coin de l'ascenseur, mais avait au moins pris soin de ne pas éclabousser les chaussures de Busby. Il s'en tira avec une amende de 250 livres et une suspension de six semaines avec sursis. De cette affaire allait en découler une autre, bien plus ridicule encore. Busby décida d'écarter Best du groupe pour le match du samedi suivant face à Chelsea après qu'il ne s'était pas présenté à l'entraînement, sans fournir ni excuse ni explications. Sauf qu'il ne réussit pas à lui mettre la main dessus avant le match pour l'en informer. Il dut donc appeler Malcolm Wagner pour que celui-ci lui fasse passer le message. Alors qu'il était censé faire le voyage avec l'équipe pour montrer un front uni, Best manqua encore une fois le train pour Londres. Sans réfléchir, il se rendit à l'aéroport de Manchester, prit un vol pour Londres et finit par passer la soirée à Islington, dans l'appartement d'une de ses petites amies, l'actrice Sinead Cusack, plutôt que d'aller à Stamford Bridge. «Je ne savais pas vraiment ce que je faisais, ni pourquoi, dit-il après qu'on eut découvert ce qui s'était passé. J'étais tellement paumé que je voulais juste m'échapper quelques jours… Passer quelques jours tranquille… Au bout du compte, j'ai surtout manqué de courage, je crois.»

Le samedi après-midi, les yeux rivés sur l'émission *Grandstand* en attendant le résultat du match, il tremblait comme une feuille. La victoire 2-1 de United face à Chelsea mettait fin à une série de dix matchs sans victoire des Mancuniens. «Tous les spécialistes se sont mis à dire que l'équipe était meilleure sans moi.» Mais la seule chose dont tout le monde parlait, c'était l'attitude de Best envers Busby. Les journalistes avaient fini par retrouver sa trace et, le dimanche après-midi, ils étaient tous sur le trottoir devant chez Sinead Cusack, accompagnés d'une foule de gamins surexcités. Best était pris en otage à l'intérieur. La farce avait fait les choux gras de la presse.

Pendant ce temps-là, dans l'appartement, caché derrière les rideaux en dentelles, Best s'apitoyait sur son sort. Selon Cusack, il était «très inquiet» et «profondément triste», bien qu'elle ait admis ne pas comprendre quels étaient exactement ses problèmes. Les caméras arrivèrent, les lumières artificielles embrasant le crépuscule hivernal. Dans une scène absolument surréaliste, Best et Cusack se retrouvèrent à regarder sur petit écran des images de ce qui se déroulait sur leur perron, diffusées lors du journal de 21 heures de la BBC. Des fans déchaînés, armés de cahiers et de papiers qu'ils espéraient faire signer, réussirent à pénétrer dans l'immeuble après que le verrou de la porte principale eut cédé. La cage d'escalier était pleine à craquer. Pris dans la cohue, les plus jeunes criaient. Pendant qu'on tambourinait à la porte de l'appartement, la police, qui avait dû mobiliser une voiture et un camion, arriva pour repousser les importuns. Un journaliste réussit à traverser la foule déchaînée. «Juste quelques mots», vocoféra-t-il, tentant de couvrir le vacarme. Best apparut, vêtu d'un pull à col roulé bleu et d'un élégant pantalon noir. «La seule chose que vous allez avoir, c'est un nez cassé. Barrez-vous.»

Cette histoire montre bien à quel point le moindre de ses faits et gestes suscitait un intérêt à la fois disproportionné et empreint d'un certain voyeurisme. «Ce serait arrivé au Prince Charles, ça aurait fait moins de bruit», certifiait Best. Un obscur député écossais, membre du Parti conservateur, déposa à la Chambre des communes une *Early Day Motion*, ces motions d'une seule phrase qui n'ont pas vocation à être votées et portent sur les sujets les plus divers, du plus léger au plus grave: «*That the Best is the enemy of the good*».

Le mieux est l'ennemi du bien. La référence potache au vers de Voltaire lui avait valu de vives critiques de la part des journaux d'opposition. L'élu se défendit en invoquant l'humour celte et sa volonté de poser une question sérieuse sur l'engouement qui entourait le football et les footballeurs dans notre société. Force est de constater que personne n'a encore jamais trouvé la réponse. Un autre député anonyme demanda pourquoi la police devait mobiliser de tels moyens financiers et humains pour la protection du seul George Best. Même *The Times* prit part au débat. Jamais le journal n'avait consacré une telle place au cas Best. Ce jour-là, l'histoire d'un footballeur ayant « disparu » deux jours chez l'une de ses maîtresses partageait la une avec un sujet sur l'échec de la stratégie économique du Gouvernement et un autre sur la situation des partis communistes à travers le monde. Sous le titre « Le prince de l'indiscipline », l'article dépeignait avec amertume une « triste époque pour les amoureux du jeu ». L'auteur, anonyme, s'attelait ensuite à un exercice de grandiloquence en six cents mots. Parmi les « aspects déplaisants », expliquait-il d'un ton moralisateur, figurait « l'indiscipline de beaucoup de stars une fois sorties des terrains ». Le nom de Best n'était mentionné qu'à la toute fin. Mais il était très clair qu'il était le principal responsable de la décadence du football britannique.

« Un bon joueur peut désormais devenir riche assez rapidement. La majorité de son argent provient sûrement des entreprises qu'il possède, dans lesquelles il investit, ou des produits qu'il promeut. Il peut même tremper dans le show-business, avec toutes les tentations et opportunités que cela comporte. De quoi affecter la capacité du joueur à garder le sens des réalités et son amour du jeu, et le rendre incontrôlable pour son club. Un club qui l'a lancé, mais duquel il ne dépend plus une fois sur orbite, que ce soit financièrement ou pour sa notoriété. »

L'accusateur prononça sa sentence, puis passa à autre chose. Les autres grands titres n'étaient pas plus cléments. « Quel était le véritable niveau de George Best ? » se demandait l'un, qui employait délibérément le passé afin de suggérer que sa carrière était terminée. « Héros ou vaurien ? » interrogeait un autre. « Ses chevilles rentrent-elles toujours dans ses chaussures dorées ? » ironisait un troisième. Chaque aspect de sa vie était ponctué d'un point d'interrogation. À Belfast, sa mère, acculée par les journalistes sur le pas de sa porte, répétait à l'envi que la fuite était le seul moyen pour son fils d'échapper à ses angoisses, en espérant que quelqu'un repérerait les signaux de détresse. À Manchester, Busby déclara qu'il avait envisagé de signaler Best comme porté disparu et qu'il se sentait « terriblement déçu ». « George sait qu'il peut me faire confiance. Je pensais que c'était réciproque. »

Le compte rendu de ce qui se passa ensuite dans le bureau de Busby ne vaut pas tant pour ce qui s'y est dit ni même pour la sanction – deux semaines de mise à pied – que pour l'analyse du comportement de Best. Les photos publiées, qui le montrent, penaud, assis à côté de Busby, révèlent parfaitement sa personnalité troublée et toutes les contradictions qui l'habitent. Best sourit parfois. Puis son visage se fige d'un coup. Il a la mine sombre, comme s'il était sous traitement ou qu'il avait besoin de plusieurs nuits de sommeil. Son regard est vide, ses yeux vitreux. Il a l'air affreusement seul et fixe le sol ou le plafond. Il attend que ça se passe. Ni lui ni Busby n'ont parlé de ce qu'ils ont dit lors de cette réunion qui dura une heure. C'était « privé et personnel » selon Busby. C'était « quelque chose dont je ne peux parler qu'avec le boss » avait déclaré Best. Avant de proclamer que seules « des raisons liées au football », et plus particulièrement à son rôle au sein de l'équipe, se trouvaient à l'origine du problème. Il oserait même affirmer qu'il y avait une part de stratégie derrière sa folle escapade jusqu'à l'appartement de Cusack, car elle avait forcé cette confrontation avec Busby. Comme si son manager était soudainement devenu distant et incompréhensif. Sur le moment, personne ne releva l'absurdité de cette hypothèse. Mais il aurait fallu manquer totalement de lucidité pour tomber dans le panneau. Michael Parkinson croisa Best à Manchester et remarqua qu'il était « pâle et fatigué ».

Parkinson continua : « Je lui ai dit franchement que je ne gobais pas son histoire et que je croyais qu'il y avait quelque chose d'autre, quelque chose de plus profond et inquiétant. » Best essayait toujours de sauver les apparences. « Il n'y a rien du tout », répondit-il en hochant la tête à Parkinson. « Tu me connais, qu'est-ce qui est plus important pour moi que le football ? », lança-t-il par pure rhétorique. Parkinson faisait remarquer que les semaines de Best, en apparence si glamour et enviables, étaient en réalité structurées comme « un rituel auquel il se soumettait avec l'enthousiasme d'un chien savant ». Ce que tout le monde ignorait, c'est que Best s'était effondré en sanglots dans le bureau de Busby en déballant tous ses problèmes : sa maison, l'équipe, ses entreprises, son ennui, sa mère, ses doutes. « Ces larmes étaient réelles, assurait Busby. George ne plaisantait pas. Il était bouleversé parce qu'il m'avait trahi. »

Best avait besoin d'être restreint, guidé, conseillé et de s'infliger une certaine discipline dans ses journées. Un tel accompagnement n'existait que rarement à l'époque, et certainement pas pour un footballeur comme Best. Aucun club ne proposait ce genre de soutien, car la société en était encore au Moyen-Âge par rapport à la reconnaissance et au traitement des traumatismes psychologiques, de la dépression mais aussi de l'alcoolisme. Busby était issu d'une génération de stoïques. Vous raccommodiez ce qui n'allait pas. Vous ne vous plaigniez pas. Vous régliez vos problèmes vous-même. Et vous ne parliez que rarement de vos sentiments. Busby n'était pas équipé pour jouer les psychiatres amateurs. Il envoya donc Best chez un professionnel. « Je crois que tu devrais aller voir quelqu'un pour parler », lui dit-il, en évitant d'utiliser le terme de « psy » pour que cela ne soit pas trop intimidant. Best lui répondit d'un ton pince-sans-rire : « Vous devez être fou si vous pensez que j'ai besoin de voir un psy. » Il alla au rendez-vous et prétendit ne pas comprendre l'intérêt des questions sur son passé pour régler ses problèmes actuels. Best se souvenait avoir été fixé par une paire de lunettes foncées. Le psychiatre notait ses pensées sur un calepin et Best, qui faisait semblant de ne pas écouter, comptait les pois sur le papier peint. « À un moment, je me suis dit que c'était n'importe quoi. J'étais assis là, à être interrogé par un connard payé une fortune qui allait expliquer au club tout ce que tout le monde savait déjà : que j'étais con comme un balai. Alors j'ai éclaté de rire. Il m'a regardé d'une drôle de façon et a griffonné sur son cahier. » Quand Best y repensait, il avait l'impression d'avoir été l'objet d'une mascarade et, à défaut d'illumination, il en était ressorti avec de la rancune. « J'étais furieux. Ils m'ont envoyé chez un psy parce qu'ils pensaient que j'étais un malade mental », disait-il. Il refusait toujours une aide médicale. Le club ne le força pas à continuer les séances.

Le casse-tête pour United, c'était de trouver une solution à un problème pour lequel il n'existait aucun exemple dans le milieu. On naviguait à vue. Busby faisait ce qu'il pouvait. Il soufflait des instructions à Best, pendant ou après les entraînements, et lui imposait des petits défis – passer tel adversaire, tenter telle trajectoire – pour le sortir de sa léthargie.

United n'avait gagné que cinq matchs de première division sous McGuinness. Busby en remporta onze autres, ce qui propulsa l'équipe à une honorable huitième place. Best n'avait marqué que six buts lors de la première moitié du championnat. Avec Busby sur le banc, son attitude avait changé. Il en inscrivit douze de plus, priant pour que chacun d'eux puisse convaincre Busby de rester à la tête de l'équipe un an ou deux encore avant de choisir un nouveau successeur.

« Vous savez que je veux que vous restiez », dit Best à Busby lors du dernier mois de la saison.

« Il faut quelqu'un de plus jeune pour ce boulot. » La réponse l'avait navré, mais pas vraiment étonné.

Sa série de buts avait donné à Best la confiance de demander à Busby une reconnaissance tangible. Il demanda à être nommé capitaine à la place de Bobby Charlton. « Ce n'était pas de l'arrogance, insistait-il. Je montrais que j'étais devenu raisonnable. »

Son argumentaire – « L'équipe a besoin de se reconstruire et elle doit être reconstruite autour de moi » – s'écroula lorsque

Busby lui répondit, laconique : «Tu n'es pas assez responsable.» Il n'y avait pas le moindre indice dans le passé récent de Best qui appuyait cette promesse lancée de but en blanc – «Nommez-moi capitaine et je serai responsable.» Plus tard, en repensant à son aberrante requête, et à la position intenable dans laquelle elle plaçait Busby, Best admettrait : « C'est vrai que ce n'était pas une proposition évidente à accepter.» Pour Busby, elle était surtout impossible à mettre en place. Cela aurait été une humiliation pour Charlton. La place n'était pas libre et, en la revendiquant, Best ne faisait que prouver son incapacité à être un leader. Ce que sa réaction face au refus de Busby ne fit que confirmer.

Il oublia la pureté de son intention originelle, qui était censée profiter à United autant qu'à lui. Best n'interpréta pas le message de Busby – ne pas être impatient, évoluer sur le plan émotionnel – comme un conseil positif et avisé. Il le prit comme un désaveu et interpréta ce rejet à sa façon : « Si on estimait que je n'étais pas fait pour les responsabilités, c'était sûrement qu'on attendait de moi que je sois irresponsable.»

Il avait donc trouvé le prétexte pour faire n'importe quoi. «J'étais un rebelle.»

Il se comparait à James Dean et poussait le ridicule jusqu'à le crier sur tous les toits, quand bien même il n'avait pas la moindre idée de ce contre quoi il était supposé se rebeller. Best admirait « l'esprit aventurier » de Dean et le fait qu'« il ne laissait à personne le soin de lui dicter ses pas ». Il omettait un détail crucial : si Dean avait choisi de vivre vite et libre, il en était mort prématurément, ne laissant derrière lui que de belles images sur lesquelles on le voyait broyer du noir. Comme Dean, Best s'imaginait éternellement jeune. Très tôt déjà, il évoquait une mort paisible, comme une sorte de félicité. « Je ne peux pas m'imaginer atteindre quarante ans, racontait-il. Je pense que je préfère mourir avant d'être si vieux, sereinement, dans mon sommeil.»

Il affirmait qu'il était possible de «jouer bien et vivre bien», sans accepter qu'une chandelle qui brûle par les deux bouts ne pouvait diffuser sa jolie lumière très longtemps. «Je sortais tous les soirs pour boire. Je ne pensais pas que ça me rattraperait. Je pouvais être totalement torché et ça n'avait pas d'importance. Je gérais plutôt bien la gueule de bois à l'époque.»

Le plus remarquable dans la carrière de Best, c'est peut-être la façon dont il a réussi pendant si longtemps à distiller de la magie sur le terrain quand tout se désagrégeait en dehors. Il pouvait être saoul, ça pouvait être le chaos dans sa vie, il était toujours capable de faire des choses avec le ballon que personne ne savait faire, ou alors de les faire mieux.

En Grande-Bretagne, personne ne lui arrivait à la cheville. Ailleurs, Pelé avait déjà 31 ans et ne jouerait plus de Coupe du monde après avoir remporté sa troisième au Mexique en 1970. Eusébio approchait de la trentaine, ses genoux commençaient à siffler et son apogée était derrière lui. Best voyait Johan Cruyff, d'un an son cadet, comme son principal rival. Cruyff avait fait ses débuts avec l'Ajax quinze mois seulement après la première apparition de Best sous le maillot de Manchester United. La similitude était aussi physique : ils étaient tous les deux maigres, le visage émacié, les jambes élancées. Cruyff avait plus de qualités techniques que quiconque n'aurait osé espérer en avoir sans remercier chaque matin Dieu de sa générosité. À l'exception de Best et Pelé, évidemment. Comme Best, Cruyff avait su s'imposer, remportant rapidement un titre de champion, puis un deuxième. L'année où Best avait marqué six buts contre Northampton, Cruyff avait fait la même chose contre AZ'67 Alkmaar. Lui aussi était capable de se planter au beau milieu du terrain en plein match et de conserver le ballon comme bon lui semblait pour le seul plaisir de la provocation. Best se voyait dans Cruyff comme dans un miroir. En juin 1971, Best avait regardé Cruyff remporter la Coupe d'Europe sur la télé d'un bar de Majorque. Les Grecs du Panathinaïkos avaient été submergés par le football total de l'Ajax. La finale se déroulait à Wembley. Best était envieux. Pas des énormes qualités de Cruyff, qu'il admirait, ni de Cruyff lui-même, dont il appréciait la compagnie. Il regrettait seulement de ne pas y être. Ça aurait dû être United contre l'Ajax, Best contre Cruyff. Après Wembley, Cruyff remporta le Ballon d'Or, comme Best en 1968. Cruyff était considéré comme le plus fin des footballeurs contemporains, ce que Best réfutait. Il n'était pas inférieur à Cruyff. Tout ce que Cruyff faisait, il pouvait le faire mieux, et tout seul, malgré la faiblesse de l'équipe autour de lui. United ne pouvait pas lutter avec l'Ajax. Mais Best savait qu'il pouvait lutter avec Cruyff.

Les joueurs du XXIème siècle ne mesurent pas leur chance. Chaque seconde jouée en Premier League est filmée et archivée. Tous les buts et toutes les actions notables sont diffusés et rediffusés, captés sous tous les angles par vingt-quatre caméras auxquelles rien n'échappe. Ceux qui jouaient à l'époque de Best n'avaient droit qu'aux résumés de *Match of the Day* ou aux programmes régionaux d'ITV le dimanche après-midi, et le magnétoscope n'était encore qu'un prototype. Le bouche-à-oreille et les comptes rendus étaient les seuls moyens de conserver la mémoire des buts. Une légende raconte qu'un jour, en tribune de presse, un jeune reporter s'était penché vers son voisin après que Best eut marqué un nouveau but qui défiait les lois de la science pour lui demander s'il avait noté la minute. L'autre, qui avait plus de bouteille, lui avait répondu : « Ne t'occupe pas de la minute, gamin. Note juste la date. » Selon celui qui racontait, le but en question n'était jamais le même, le stade non plus d'ailleurs. Mais qu'elle soit avérée ou non, cette histoire mettait en lumière un fait indiscutable : chaque but de Best était unique, et il ne choisissait jamais la solution de facilité. Il était plus chanceux que les autres car la télévision lui réservait un certain traitement de faveur. Dans les derniers jours du mandat de Wilf McGuinness, il inscrivit un but splendide qui allait faire le tour de l'Europe.

Un photographe de mode avait été autorisé à accéder à Old Trafford afin de shooter Best dans le vif du sujet pour une expo qui comprenait aussi des photos plus classiques, sur lesquelles il posait « en civil ». Le photographe avait choisi un match contre

Chelsea. Quelques jours plus tard, Best lui demanda s'il avait ce qu'il voulait. « Oh ! J'ai plein de photos de toi. Des centaines, en fait. Mais il y a toujours ce mec en bleu, le 6, qui ne veut pas te lâcher. » Le 6 bleu, c'était Ron Harris, l'un des défenseurs les plus craints d'Angleterre durant les deux décennies qu'il passa à Chelsea. Ce fameux but, Best l'avait marqué au cours d'un match de League Cup. Et s'il est exceptionnel, c'est surtout pour la manière dont il se joua de Harris.

L'action part de John Aston, qui remonte la balle à toute allure jusqu'à la ligne médiane avant de lancer Best d'une passe du gauche dans la profondeur. Il reste encore quarante bons mètres à parcourir et deux défenseurs à éliminer. Un joueur ordinaire aurait laissé tomber. Mais Best a trop de feu dans les jambes et trop de technique dans les pieds. À peine deux touches de balle et Harris est déjà là pour essayer de couper sa trajectoire de son tacle caractéristique, cette glissade énergique avec une jambe au sol pour le ballon, une autre en l'air pour le bonhomme. Harris est certain qu'il va remporter le duel. Au lieu de quoi il se retrouve étendu de tout son long sur le terrain, non sans avoir touché le talon de Best. Best chancelle légèrement au moment de l'impact avant de se redresser, tel un équilibriste sur son fil. Peter Bonetti, le gardien, est campé sur ses six mètres, les pieds dans la boue, et hésite entre aller à la rencontre de Best ou le laisser venir. Il attend que Best dévoile son jeu. Il ne va pas être déçu. Quand on regarde la vidéo, toutes les probabilités sont contre Best jusqu'au dernier moment. Bonetti est à trois mètres de lui. Un autre défenseur, Marvin Hinton, déboule sur sa droite. L'espace se réduit considérablement. Best est imperturbable, comme si, au milieu des clameurs et sans aucun allié alentour, il atteignait l'apogée de la sérénité. Il va emmener la balle où il veut, personne ne peut l'arrêter. D'une feinte, il oblige Bonetti à se coucher. Hinton se fait avoir lui aussi. Lancé comme un boulet, il dépasse Best puis son propre gardien. Il a à peine le temps de se retourner pour tenter de protéger la cage, une mission qu'il est désormais le dernier à pouvoir assumer alors que Bonetti, à quatre pattes, cherche à se relever, ainsi que ce qui lui reste de dignité. En deux battements de cœur, Best passe du point de penalty à l'entrée des six mètres. Il assure le coup d'un plat du pied qui vient se loger entre le poteau le plus proche et Hinton, témoin impuissant de la scène. Harris regarde lui aussi. Il a assisté au one-man-show à genoux. Il se relève quand Best, lui, se prosterne pour recevoir l'ovation de la foule. De sa tentative de tacle, Harris dira seulement : « Si je l'avais attrapé, j'aurais pris perpète. » L'action de Best avait été intégrée au générique de *Grandstand*, que Harris regardait sur la télévision de l'hôtel à chaque fois que Chelsea jouait à l'extérieur. « Et tous les samedis, j'étais sûr que j'allais l'avoir. »

La saison suivante, le jeu de Best avait été plus romantique encore. Son *hat-trick* contre West Ham, pulvérisé à Old Trafford, marqua les esprits. Son deuxième but aurait mérité des éloges à lui seul. À la suite d'un corner devant la Stretford End, la défense de West Ham essaie tant bien que mal de se dégager. Le ballon sort péniblement des six mètres, dans lesquels sont comprimés une dizaine de joueurs, dont six Hammers dans leur tenue ciel et grenat. Parmi eux, Bobby Moore semble n'être qu'un spectateur angoissé. La balle s'élève haut dans les airs avant de retomber près de Best, qui pivote sans jamais la quitter des yeux, la laisse rebondir, recule d'un pas et frappe du gauche avant de tomber sur le dos. La combinaison de la surface de contact – entre le cou-de-pied et l'extérieur – et de son équilibre précaire donne au ballon une trajectoire bombée et imprévisible, qui trompe le gardien et trois défenseurs plantés sur la ligne avant de faire vibrer la barre qui retient les filets au fond de la cage. Mais le troisième est encore plus beau. C'est un chef-d'œuvre de destruction de sept secondes qui commence au drapeau de corner. Les défenseurs ont beau être prévenus, ils ne voient pas comment Best peut leur faire mal de sa position. Il va leur montrer. Il part à l'aventure comme s'il était le seul à avoir vu le chemin. Le premier défenseur écarte ses bras et tend la jambe pour tenter de se rapprocher ; son optimisme fait long feu : Best est déjà dans son dos, reparti vers l'extérieur en un éclair. L'autre revient malgré tout mais cette fois Best lui fait l'intérieur d'un crochet du gauche qui lui permet de rentrer dans la surface. Moore jaillit alors depuis la ligne des six mètres où il était posté. Best accélère. Il contourne le libéro de l'équipe d'Angleterre aussi facilement qu'un cône en plastique à l'entraînement. Il est à douze mètres de la cage quand il arme son pied droit. À cette distance, c'est une arme mortelle.

Il avait aussi éclaboussé de toute sa classe The Dell, le stade de Southampton, où les tribunes étaient si proches du terrain, comme au théâtre, qu'on avait l'impression que le public pouvait à tout moment verser sur la pelouse. Certains spectateurs avaient d'ailleurs fait la queue dès 9 heures du matin pour le voir. Best y réalisa un nouveau coup du chapeau. Le premier et le troisième but sont inscrits de la tête à bout portant. Le second, en revanche, est sublime dans son exécution. Un centre puissant à ras de terre arrive de la gauche dans la surface bondée. Il trouve fortuitement Best, qui doit à la fois éviter un tacle crampons en avant de John McGrath et conserver le ballon. C'est comme regarder Fred Astaire faire des claquettes dans une cabine téléphonique. Il passe le dernier défenseur d'un subtil mouvement du bassin avant de placer son tir d'un plat du pied sans fioriture mais toujours avec grâce, d'une caresse vers le coin opposé.

Il y eut aussi LE but que l'on montre dès qu'une compilation des meilleurs moments de sa carrière est diffusée. C'était contre Sheffield United. Des chercheurs ont un jour proposé à des grands maîtres d'échecs une série de tests cognitifs et de perception. Une étude du mouvement de leurs yeux a dévoilé qu'ils regardaient les bords des carrés plus souvent qu'un joueur moyen. En somme, ils voient un plateau différent de celui de leurs adversaires. Ils sont aussi capables de superposer dans leur esprit d'autres situations et d'autres parties, ce qui leur permet de voir le mouvement à faire au plus vite. C'était la même chose avec Best. À cela près qu'il savait improviser et ne réprimait rien.

On peut voir le but contre Sheffield United d'un seul bloc : une action rapide où la balle va d'un six mètres à l'autre.

Mais si vous le regardez attentivement, il se décompose en seize petits tableaux.

Il y a ce dégagement d'Alex Stepney à la 84ème minute, et ce ballon qui quitte la surface de réparation ombragée pour s'envoler dans le ciel d'automne ensoleillé qui éclaire le reste du terrain.

Il y a Old Trafford tel qu'il était avant que dix millions de livres ne soient injectées pour le rénover.

Il y a cette balle blanche qui s'élève puis entame la phase descendante de sa courbe.

Il y a ce coup de tête d'Alan Gowling, libre de tout marquage, qui transmet à Best, dix mètres plus loin.

Il y a le contrôle aérien de Best, qui est déjà dans le sens du but quand la balle retombe au sol.

Il y a ces deux défenseurs qui hésitent à l'attaquer si haut, car ils savent que le terrain perdu ici ne serait jamais reconquis ensuite.

Il y a donc ce même mauvais choix qu'ils vont faire tous les deux sans se concerter, celui de courir vers leur but, chacun ayant estimé que Best ne pouvait pas marquer en partant d'aussi loin.

Il y a l'accélération de Best, qui s'engouffre dans l'espace – et le dos des défenseurs.

Il y a l'assurance fabuleuse qui se dégage de cette course, entamée au pas le temps que tout le monde se mette en position, avant de passer de la première à la cinquième vitesse en un pas et demi.

Il y a ce mouvement de hanches qui lui permet de passer un joueur puis un second.

Il y a son entrée dans la surface de réparation, et encore deux autres joueurs dans le vent.

Il y a l'erreur d'interprétation des défenseurs qui pensent que Best a été suffisamment excentré et que l'angle est maintenant trop fermé.

Il y a le fait que Best est très bien où il est, car c'est justement ici qu'il avait l'intention de venir depuis le début.

Il y a le gardien qui sort, les mains en l'air comme s'il se rendait, et qui plonge vers son premier poteau alors que Best croise son tir d'une pichenette qui passe par-dessus sa hanche.

Puis il y a la balle qui tape le poteau opposé et entre dans le but.

Quand le ballon franchit la ligne, il y a six joueurs de Sheffield United dans l'angle de la caméra. Best est le seul Mancunien.

Pris un par un, tous ses buts sont remarquables. Si on prend en compte les circonstances, ils deviennent carrément des exploits surhumains. Entre deux matchs, sa dépression et sa solitude empiraient, au point que Best était devenu « une foutue épave » selon ses propres mots. Des conseils psychiatriques et les réprimandes d'un médecin auraient peut-être encore pu le persuader de limiter sa consommation d'alcool. Le besoin de boire ne s'était pas encore transformé en dépendance totale. Il avait l'habitude des nuits agitées, mais elles étaient désormais la norme.

Manchester, qui lui semblait au départ infiniment grand, se réduisait désormais à quelques rues. Il étouffait dans cette ville qui commençait à lui sortir par les yeux et où tout n'était plus que ragots, hypocrisie et règlements de compte. Best connaissait tous les clubs de Manchester et toutes les femmes qui les fréquentaient.

Pour sortir de Manchester, il partit à Londres dès qu'il le pouvait et n'en revenait que tard le soir. Quand il en revenait. Longtemps fervent lecteur de la presse, il n'ouvrait plus un journal. «Tout ce que j'y trouvais, c'était des mauvaises nouvelles.» Il entendait les gens se plaindre : «J'en ai marre de lire des trucs sur George Best.» Il avait envie de leur répondre : «J'en ai marre de lire des trucs sur moi aussi ! Si j'avais dû lire tous les jours des trucs sur quelqu'un d'autre, ça m'aurait rendu fou. J'aurais fini par le détester.» Il ne supportait pas de se voir à la télé. «Je ne me reconnais plus.» Il allait jusqu'à dire, comme s'il était sorti de son enveloppe corporelle : « Mais qui est ce George Best dont tout le monde parle ? Est-ce que c'est moi ? Ou bien est-ce un autre type, un type que les gens s'accaparent comme s'il était leur chose, un type qui se balade avec un masque qui me ressemblerait vaguement ? »

Best pensait à la façon dont les choses auraient pu tourner si, comme Denis Law, il s'était marié tôt et avait fondé une famille. Il avait vu comment Law séparait avec brio sa carrière de sa vie privée. Il le voyait quitter tranquillement l'entraînement, heureux de rentrer à la maison. « J'enviais ça, disait Best. Parfois, j'entendais les autres parler de leurs familles et je me sentais un peu exclu. » Il planait quand même une certaine ambiguïté sur ces déclarations. Best ne pouvait pas être comme Law. Il avait raconté à Michael Parkinson deux anecdotes révélatrices du genre de relations brèves qu'il entretenait, certaines si brèves que les coups d'un soir étaient parfois des coups d'une heure. Dans la première, une femme frappait à la porte de Che Sera en disant que sa voiture était en panne et demandait si elle pouvait appeler le dépanneur. Quand celui-ci arriva, ils étaient en train de faire l'amour dans le couloir. Dans la seconde, il avait rencontré une femme le vendredi et l'avait suivie chez elle. Il n'en sortirait que le lundi matin. « Trois jours juste à faire l'amour et à manger alors que tout le monde dehors se démenait pour me retrouver. » De retour à Old Trafford, le club avait dû inventer une histoire pour expliquer sa disparition. Best leur demanda de raconter qu'il avait « une petite grippe ». Le lendemain, tous les journaux titraient à peu près tous la même chose : « Best de retour. Il a passé le week-end au lit avec une petite grippe. » Cet après-midi-là, il reçut un télégramme.

Roses are red
Violets are blue
I've never been called
A touch of the 'flu

C'était la femme avec qui il avait passé trois jours qui reprenait là les deux premiers vers de ce poème naïf pour les amoureux (« Les roses sont rouges, les violettes sont bleues ») et personnalisait la fin, comme le veut la règle : « Jamais on ne m'avait appelée Petite grippe ». Best éclata de rire.

Il ne pouvait pas plus se caser qu'il ne pouvait battre des bras et s'envoler jusqu'à la lune. Il voulait avoir toutes les femmes qui l'attiraient, pas être un mari amoureux qui rentrerait à la maison tous les soirs pour raconter sa journée. Prétendre le contraire, c'était revendiquer un idéal qui n'était de toute évidence pas le sien. «Je me cherchais encore», analysait-il. La bagatelle ne nécessitait pas de grands sentiments. Parkinson se souvenait de l'anecdote d'une femme qui avait rencontré Best à une soirée. «Elle m'a dit qu'elle voulait essayer de mettre George dans son lit. Elle lui a parlé pendant une demi-heure. Puis une autre fille est arrivée et les a interrompus. Elle s'est présentée et a simplement demandé : "Tu veux baiser ?" Il s'est excusé et est parti avec elle.»

Best utilisait parfois la maison de Parkison au bord de la Tamise comme un abri. «Il téléphonait et me demandait s'il pouvait venir. Je raccrochais et je comptais jusqu'à dix. Le téléphone sonnait de nouveau et il rajoutait : "J'ai oublié de demander : je peux amener une fille avec moi ?" Les filles étaient en général toutes les mêmes : blondes avec des longues jambes.» Best n'oubliait jamais d'apporter un sac de ballons en cadeau pour les fils de Parkinson. «Il allait toujours jouer avec eux dehors.» À l'école maternelle, quand sa maîtresse lui avait demandé ce qu'il avait fait durant son week-end, le cadet avait répondu : «J'ai joué au football avec George Best.» L'enseignante n'avait pas simplement eu du mal à le croire ; elle ne l'avait pas cru du tout. Il avait fini au coin.

Il serait un peu trop simpliste de dire que Best n'en pouvait plus d'être Best. Il corroborait toutefois l'hypothèse d'un profond mal-être en parlant de lui à la troisième personne. «J'étais George Best, que ça me plaise ou non, et où que j'aille, cette créature appelée George Best, footballeur superstar, venait avec moi. Je commençais à détester ma vie. Je haïssais le poids que j'étais pour moi-même. Les gens parlaient de moi devant moi, comme si je n'étais pas là. C'est comme s'ils parlaient de quelqu'un d'autre. Quelqu'un qui n'aurait pas été dans la pièce. Être le moi que j'étais censé être, c'était un travail d'acteur.

Je faisais semblant d'être moi. J'avais l'impression de regarder un monstre à la télévision qui me ressemblait et parlait comme moi mais qui n'était pas moi du tout.»

Le plus usant, c'était d'être à la hauteur de l'idée préconçue que les gens avaient de lui. Il se cachait derrière une façade qu'il avait créée et commençait à développer une double identité. Il disait qu'il y avait deux George Best. Le Best privé était toujours timide, toujours sensible, toujours peu sûr de lui et parfois nerveux. Cette timidité était parfois si inhibante qu'il n'osait pas appeler un restaurant pour réserver une table. Lors d'une fête chez Parkinson, les célébrités présentes, parmi lesquelles les acteurs Michael Caine et Sarah Miles, voulaient discuter avec Best. Il avait battu en retraite dans le jardin pour jouer au football avec les enfants, ce qui lui permettait d'éviter les adultes. L'autre Best était confiant et extraverti – et donc plus conforme au portrait dressé dans les pages people. « La boisson a changé ma personnalité, exposait-il. Les gens étaient trop contents de boire avec George Best. Qui étais-je pour les décevoir ? Il ne me fallait pas beaucoup de verres pour devenir le George Best avec qui ils voulaient boire. L'autre ne les aurait pas intéressés tant que ça.» Il allait plus loin et livrait une confidence qui prouvait à quel point sa vie était devenue un spectacle. «Vous êtes coincé par le mythe. Le George Best privé sera toujours différent de sa version publique. Dans une certaine mesure, il en a même toujours été ainsi : il fallait que je joue un rôle pour les autres, ne serait-ce que pour me protéger. Je détestais ne pas être moi-même mais c'était nécessaire. J'ai appris très vite qu'il fallait être un bon acteur.» Il le faisait comme un automate, ses actions étaient préprogrammées.

Grand amateur de cinéma, l'un de ses films préférés des années 60 était *Charlie Bubbles*. Il voyait un parallèle direct entre sa propre vie et le scénario. Albert Finney, né à Salford, interprétait le rôle-titre, celui d'un écrivain connu et reconnu qu'un concours de circonstances renvoie dans sa ville, Manchester. Bubbles vient d'un milieu modeste et ordinaire dans lequel il est parfois réticent à retourner. Comme Best, il a tout ce qu'il a toujours désiré : de l'argent à volonté, une Rolls-Royce, une maison moderne avec la vidéosurveillance et plus de pièces que nécessaire, du temps pour faire ce qu'il veut et une file d'attente de femmes prêtes à se donner à lui. Mais – et c'est là que Best trouvait la comparaison troublante – Bubbles n'est pas satisfait, ni même vaguement heureux. Comme Best le disait de lui-même : «Vous avez l'argent. Vous avez la gloire. Vous avez des femmes magnifiques. Qu'est-ce que vous voulez de plus ? Quelqu'un à qui parler.» Bubbles semble seul même dans la foule. On pouvait dire la même chose de Best. Sans parler du fait que la célébrité de Bubbles lui pèse et le déroute, l'entraînant dans une quête de sens et d'accomplissement. Pour combler le vide, il cherche la gratification immédiate. Pour arrêter de s'ennuyer, il se met délibérément dans des situations chaotiques et commence à boire. Pour essayer de stimuler son enthousiasme, il est sans cesse en mouvement.

Dans une scène du début du film, Bubbles décroche alors que ses comptables et ses conseillers financiers lui parlent de dividendes, de niches fiscales et des mouvements de son argent entre des banques et des fonds offshore. Il plonge dans une semi-transe mais ses quelques mouvements de tête ou des lèvres laissent à penser à ses interlocuteurs qu'il prête attention à leurs propos. Best utilisait la même technique. «J'allais dans des réunions de business où ils parlaient "d'exploiter mon potentiel commercial" et toutes ces conneries. Je me passais des chansons dans la tête et je refaisais les matchs où j'avais brillé. Ils pensaient que j'écoutais mais je n'avais pas entendu un mot de ce qu'ils avaient raconté.»

Un personnage dit à un moment à Bubbles : « C'est le moment de grandir et d'affronter la réalité.» Une phrase (ou une de ses variantes) que Best avait entendue un nombre incalculable de fois de la bouche de Busby ou d'autres. Dans une autre scène, un personnage questionne Bubbles à propos du harcèlement médiatique (le visage porcin d'un reporter est collé à la fenêtre de la cuisine et le supplie de lui accorder une interview) :

«Ta vie n'est plus vraiment la tienne, c'est ça ?» Celle-là aussi aurait pu être écrite pour lui.

Best se languissait d'une vie normale : «Je peux avoir presque tout ce que je veux. Mais je me dis que j'aimerais être un type ordinaire.» Et il rajoutait : «Ma vie me contrôle. Mais moi je veux contrôler ma vie.»

Des déclarations qui expliquent pourquoi son moment préféré du film était la fin. Bubbles se réveille, triste et de mauvais poil, et n'aspire plus qu'à s'éloigner de tout et de tout le monde. Il tire les rideaux de la chambre du cottage où il se trouve et voit une montgolfière, sans personne autour, attachée dans un champ. Le tissu nervuré de l'enveloppe est d'un orange très vif, comme une citrouille, et donne l'impression que deux soleils se sont levés ce matin-là. Sans un mot, Bubbles sort du cottage à grandes enjambées et s'approche du ballon, en sachant déjà ce qu'il va faire. Il monte dans la nacelle en osier et commence à détacher les cordes et à jeter les sacs de sable au sol. Le ballon s'élève lentement dans le ciel bleu et flotte parmi les nuages avant de n'être plus qu'un point. Cette idée faisait fantasmer Best : «Je pensais souvent à m'évader comme ça, partir quelque part où personne ne me retrouverait.»

Une photo montre Best assis près de la fenêtre de son salon à Che Sera. Elle est prise de telle manière que la lumière semble anormalement forte, comme si elle l'entourait, pareille à une couronne solaire un jour d'éclipse. Les bras pliés, il a l'air pensif et regarde au loin.

On jurerait qu'il scrute l'horizon à la recherche d'un ballon orange.

CHAPITRE 12
CAR SEPT FOIS LE JUSTE TOMBE, ET IL SE RELÈVE

Ken Stanley en avait vu des anciennes vedettes balayer le sol, servir des pintes ou quémander une aide financière. Il ne voulait pas que cela arrive à George Best.

« Réfléchis à ce que sera le football quand il sera vraiment devenu universel, lui disait-il pour le faire réagir. Pense au potentiel de l'Amérique. Imagine chaque enfant d'Afrique avec un maillot et un ballon. Pense à la Chine, au Japon, à tout l'Extrême-Orient. Il y a des milliards de gens là-bas, George. Dans pas longtemps, ils te regarderont à la télé à Pékin et à Calcutta. »

Best s'en foutait et n'écoutait pas. De toute façon, s'il n'arrivait pas à sortir du lit pour un rendez-vous à Stockport, comment diable aurait-il pu être à l'heure à Pékin ?

« Il avait encore la cote, rappelait Stanley. On croulait sous les offres. » L'agent devait jouer la montre avec les sponsors potentiels le temps que Best daigne lui accorder un quart d'heure pour en discuter. Ce qui n'arrivait pas souvent. « Il était du genre à recevoir une lettre du 10 Downing Street et à ne pas l'ouvrir. Il n'aurait même pas pris la peine de répondre au Premier ministre. »

Best n'était pas davantage concerné par le début de la saison 1971-72. Il admettait avoir été « pourri » par le succès : « Si vous dites à un gamin de quinze ans : "Tu vas jouer pour le club de tes rêves, vivre de ta passion et en sept ans tu auras remporté deux titres de champion, une Youth Cup, la Coupe d'Europe, un Ballon d'Or, le trophée de joueur de l'année, etc.", la plupart vous auraient dit: "C'est tout ce qu'il me fallait, merci." C'est ce que j'ai fait.»

Sir Matt Busby avait prévenu Best que Manchester United nommerait un « homme plus jeune » pour remplacer Wilf McGuinness. Une fois de plus, Best attendait un nom prestigieux, comme Jock Stein, qui n'avait que 48 ans. Best avait beaucoup d'estime pour Stein, en tant que manager mais aussi en tant qu'homme, et c'était réciproque. Alors qu'on l'interrogeait sur Best, Stein avait évoqué un « extraterrestre », aux qualités individuelles hors normes. Si Stein débarquait à Old Trafford, Best savait qu'il retrouverait le chemin de la gloire, et United avec lui. Stein n'avait pas besoin de se construire une réputation. Il en avait déjà une. Lui ne serait pas écrasé par le poids de l'histoire de United puisqu'il avait déjà écrit celle du Celtic. Depuis qu'il en avait pris les rênes, en 1965, il avait remporté plus de trophées nationaux – six titres de champion d'Écosse, quatre coupes d'Écosse et cinq League Cups – que United sur la même période. Lui aussi avait gagné la Coupe d'Europe, un an avant United, sauf qu'il était retourné en finale entre-temps. C'était exactement le genre de boss pour lequel Best voulait jouer. Il disait de lui que c'était « un grand bonhomme et un homme bon ». Il serait arrivé dans le vestiaire avec son charisme et son autorité. « Il était celui qui se rapprochait le plus de Sir Matt, ajoutait Best. Pas seulement pour son amour du football, mais aussi dans la façon de gérer les hommes et sa vision du football.»

Busby avait essayé de recruter Stein. Les deux hommes avaient négocié dans le plus grand secret sur le siège arrière de la Mercedes de Busby, dans une station-service à mi-distance entre Manchester et Liverpool. Mais sa fidélité à Glasgow – et la réticence de sa femme à quitter la ville – était trop forte, malgré les flatteries de Busby et les efforts financiers que United était prêt à consentir pour lui. Busby, pas convaincu par l'argument de la famille qu'il ne voulait pas forcer à déménager, était certain que Stein s'était servi de ces discussions pour obtenir une augmentation de ses dirigeants. On ne sait pas si ses soupçons étaient fondés, toujours est-il que le Celtic s'était bel et bien aligné pour s'assurer que son manager ne partirait pas.

Avec Stein, les deux saisons et demie qui allaient suivre auraient été différentes pour Best. Le reste de sa vie aussi, probablement. La piste privilégiée tombée à l'eau, les noms habituels revinrent dans la presse et les couloirs d'Old Trafford. Parmi eux, celui de Dave Sexton, option rejetée en 1969 avant la nomination de Wilf McGuinness, et qui avait gagné depuis la Cup et la Coupe d'Europe des vainqueurs de coupe avec Chelsea. Busby avait cette fois tenté de lui mettre le grappin dessus mais s'était fait rembarrer par les dirigeants londoniens. Il recruta donc un outsider, Frank O'Farrell, qui figurait à peine sur les tablettes des bookmakers. Six ans plus tôt, il entraînait Weymouth, chez les amateurs. Il avait depuis fait monter Torquay de quatrième en troisième division puis Leicester de deuxième en première, et seule la maladresse de ses attaquants l'avait empêché de décrocher la Cup 1969 aux dépens de Manchester City. O'Farrell avait 43 ans, était intelligent, poli et charmant. Il avait des cheveux noirs de jais, la raie sur le côté, des costumes en laine et des chaussures bien cirées. Il ressemblait à un directeur d'une banque de province. Le Board avait autorisé Busby à négocier les termes de son contrat lui-même. Il lui offrit tout d'abord 12 000 livres par an et des bonus. Plus tard, O'Farrell découvrirait que Busby avait essayé de l'embaucher au rabais. Ses dirigeants lui avaient en effet débloqué une enveloppe de 15 000 livres. « Notre collaboration n'avait pas commencé que nos rapports étaient déjà biaisés, racontait O'Farrell. Quelque chose clochait et Matt savait que je savais qu'il avait essayé de me gruger. » Ce mauvais départ ne s'était pas arrangé quand O'Farrell découvrit que Busby occupait toujours le bureau qui aurait dû lui revenir. « Je lui ai dit que j'étais désolé, mais qu'il devait partir. » O'Farrell savait qu'il ne se facilitait pas la tâche, alors qu'il avait déjà conscience de se trouver en terrain miné au milieu d'une cour dévouée à Busby : « Certains avaient eu beaucoup de mal à cacher leur perplexité quand ils avaient appris ma nomination. » D'autres, ajoutait-il, l'avaient exhorté de ne pas accepter le job.

Il avait été choqué par l'état de délabrement général. Les problèmes dont Wilf McGuinness avait hérité étaient toujours là : une équipe vieillissante et une réticence générale à accepter le changement. « Les joueurs de United avaient une mentalité particulière, expliquait O'Farrell. Je me souviens d'une phrase qu'ils employaient tout le temps : "Allons jouer au football." C'était un concept assez vague. J'entendais aussi : "Si on peut en mettre un, on peut en mettre quatre." Ils se voyaient comme des esprits libres et leur philosophie les rendait assez hermétiques aux évolutions tactiques et au football moderne en général. »

Best disait de McGuinness qu'il « n'avait pas la moindre chance » de réussir. Il pensait la même chose pour O'Farrell. Les deux devaient « faire des miracles ». O'Farrell sentait planer sur lui l'ombre de Busby, dont la présence imprégnait chaque recoin d'Old Trafford. Best voyait très que la situation était intenable pour les successeurs de Busby. « Je l'appelais boss, disait-il en parlant de Busby. Et tout le monde faisait pareil. Peu importait qui était le manager, qui entraînait ou qui était aux manettes, il restait le boss. » Selon Best, il était « difficile de dire » s'il était encore aux commandes. Avant de conclure : « En tout cas, ça n'arrangeait rien. »

O'Farrell hissa rapidement United au sommet du classement. Peu avant la mi-saison, son équipe comptait cinq points d'avance sur ses dauphins, Derby, Manchester City et Leeds. O'Farrell ne se faisait pourtant aucune illusion. Il savait que cette première place était flatteuse, et qu'il ne la devait qu'à Best. « Sur certains matchs, on était assurément une *one-man team*, reconnaissait O'Farrell. S'il n'était pas à 100 %, ce n'était pas grave : il retenait toute l'attention des défenseurs et les autres avaient plus d'espaces à exploiter. » Il avait inscrit onze buts en dix journées entre fin août et fin octobre, ce qui était plutôt pas mal pour quelqu'un qui n'avait plus le cœur à ça.

Déjà, O'Farrell recevait des coups de fil au milieu de la nuit pour lui annoncer de sales nouvelles : Best est en boîte, Best a trop bu, Best ne veut pas rentrer chez lui. Il y avait des raisons à cela. Best savait qu'il ne pourrait pas éternellement porter l'équipe à bout de bras et ça l'angoissait encore plus. Il souffrait aussi physiquement. Un hématome sur le tibia l'handicapait beaucoup. Ses genoux étaient si raides et douloureux qu'il ne pouvait jouer certains matchs qu'après avoir reçu des injections de cortisone. Son genou droit était également gonflé à cause d'une poche de liquide qui l'empêchait de le tendre complètement. Ses cuisses et le bas de son dos lui faisaient mal. Il avait joué avec les deux chevilles enflées. Là aussi une injection avait été nécessaire pour lui permettre d'enfiler ses chaussettes sans souffrir le martyre.

Un artiste ne doit jamais cesser de s'entraîner à exercer son art. Mais Best commençait à traîner les pieds. Il se demandait si le plaisir que lui apportait le football valait toutes les contraintes et commençait à appréhender l'idée de s'entraîner ou même de jouer. « J'avais fini par me dire que je n'allais pas y aller, que je resterais au lit. » Best avait embauché la belle-fille de Mary Fullaway, Olga, en tant que gouvernante de Che Sera. Surprise de le trouver dans sa chambre alors qu'il aurait dû être en train de se préparer, Olga téléphona à Mrs Fullaway pour lui demander conseil. « Il ne veut pas aller à l'entraînement. Qu'est-ce que je dois faire ? » Best avait beau se mettre dans des états lamentables à force de boire, il restait inflexible sur un point : il ne touchait pas aux drogues, quelles qu'elles soient – il ne fumait pas non plus d'ailleurs. Il ne comprenait pas pourquoi quelqu'un pouvait sniffer ou se piquer pour se défoncer. « Je ne vois pas comment on peut vouloir se faire ça à soi-même », commentait-il, sans se rendre compte de la portée ironique de son indignation. Il évitait même les médicaments, et n'aurait volontiers poussé la porte d'une pharmacie que pour y chercher quelque chose qui l'aurait aidé à dormir. Or il avait découvert qu'il n'existait pas de traitement médical contre l'insomnie. Alors, comme aucune pilule ou potion n'était efficace, même en augmentant les doses, Best traînait dehors jusqu'aux premières heures du jour puisqu'il n'avait aucune raison de rentrer si c'était pour rester éveillé allongé dans l'obscurité de sa chambre.

Et ça continuait : à une nuit harassante succédait la difficulté à s'arracher de ses draps une fois couché. « Un cercle vicieux », soupirait Best, qui admettait boire pour « oublier » des choses. À commencer par le football.

« Je ne voyais aucune issue à cette situation. C'était un cauchemar. »

* * *

La vision de Belfast durant les Troubles – une « ville qui se décomposait » – avait profondément affecté George Best, qui aimait rencontrer et échanger avec ses compatriotes. Il avait un jour accompagné son père dans un *social club* fréquenté à la fois par des protestants et des catholiques. Il racontait qu'il avait vu des hommes des deux confessions « rire, plaisanter, chanter et boire ensemble », et repensait à ce qu'il se passait dehors. « Dix mètres devant l'entrée, il y avait six ou sept policiers avec des gilets pare-balles et des mitraillettes, plus les patrouilles de l'armée », expliquait-il. À l'intérieur, les sociétaires « ne montraient aucun signe de peur. C'est peut-être ça qui était le plus effrayant. Vous voyez comment ça affecte les gens. Ils essayent de rire pour évacuer. Mais au fond ça les tue. »

Enfant de l'East Belfast, un quartier principalement protestant, il était impossible pour Best d'ignorer le schisme religieux, de prétendre qu'il n'existait pas ou qu'il n'avait aucune importance. Cela faisait partie du quotidien. Les Best étaient presbytériens. Dickie était membre de l'Ordre d'Orange et appartenait aussi à la Royal Black Preceptory, une fraternité protestante. Lors de l'anniversaire de la bataille de la Boyne, le 12 juillet, son fils avait eu l'insigne honneur de tenir l'une des bannières, juste derrière les joueurs de cornemuse ou de tambour en veste rouge et les autres membres de la fanfare, qui portaient les traditionnels écharpes, colliers et chapeaux melons noirs. La parade fascinait plus le jeune Best que sa signification religieuse. Il voyait les célébrations de Boyne comme une fête, qui se terminait avec des gâteaux. Il allait à l'église le dimanche pour faire plaisir à ses parents et grands-parents. Les divisions, profondes et complexes, entre protestants et catholiques ne l'intéressaient pas. La preuve, il supportait le club catholique de Glentoran, pour la simple et bonne raison que son grand-père paternel habitait à quelques pas des grilles de The Oval.

Son école protestante, Grosvenor High, était à la limite d'une zone catholique. Il en portait l'écusson sur son blazer. À l'arrêt de bus, des bandes de jeunes catholiques lui couraient après et essayaient de lui piquer sa casquette, son écharpe ou ses livres. On le traitait de *« Proddy*[6] *bastard »* et lui braillait des *« Fenians*[7]*! »* en retour. « Mais on ne se lançait que des mots, rien de plus. » Il subissait le même traitement sur les terrains catholiques lorsqu'il jouait un match scolaire sous le maillot d'une équipe protestante. Les spectateurs les plus zélés brandissaient des bâtons ou apportaient des casseroles, affirmant qu'elles étaient remplies d'eau bouillante. Les catholiques subissaient le même traitement sur les terrains protestants. Mais la tension sous-jacente entre les confessions et ses différentes manifestations n'ont jamais suscité chez Best une quelconque forme de haine envers les catholiques. Pas plus que l'hostilité et les bastons n'en avaient fait un bigot. Il ne choisissait pas non plus ses amis en fonction de leur religion et se foutait de savoir où ils priaient et en qui ou en quoi ils croyaient. Ça lui paraissait inconcevable. « Je n'en veux à personne a priori. Je ne comprends même pas comment c'est possible. Je n'ai rien contre les catholiques. » Il n'avait qu'une seule religion, c'était le football.

La « haine totale » qui nourrissait le conflit, ainsi qu'il la décrivait, l'anéantissait. Depuis le début des affrontements, il n'y voyait aucun sens ni aucune issue. Il avait suivi l'escalade

---

6. « Protestant », en argot.
7. Terme désignant les nationalistes irlandais.

des émeutes, des attentats à la bombe et des morts. Il avait vu les barricades, les barbelés, les voitures blindées, les recherches de corps et les slogans sectaires tagués sur les murs. Sa petite sœur Julie lui avait dit un jour : « George, ne reviens pas à la maison s'il te plaît, ils tirent sur les gens ici. » C'était le conseil d'une gamine de 5 ans. Un de ses cousins allait plus tard être tué par balle à 16 ans, victime innocente des tirs croisés, alors qu'il venait de laisser sa petite amie à l'arrêt de bus. Une balle de l'armée l'avait touché dans le dos. Best était convaincu que le conflit avait contribué à l'alcoolisme de sa mère. « À Belfast, beaucoup de gens buvaient pour oublier. »

Quelques années plus tard, après avoir traversé la ville en voiture, il dépeindrait ce sinistre tableau : « Des maisons barricadées ; des briques et des planches clouées aux fenêtres ; une rue de quarante ou cinquante maisons et peut-être seulement un ou deux vieux qui restaient car ils habitaient là depuis si longtemps qu'ils n'en bougeraient plus. Coincés entre la désolation, la crasse et la misère. » Il disait que le centre-ville, qu'il voyait autrefois comme « un pays merveilleux », ressemblait désormais à un immense camp de prisonniers.

Alors que le conflit n'en finissait pas, il avait eu cette analyse : « Ça dure depuis si longtemps maintenant que je suis sûr que la plupart des gens ne savent même plus pourquoi ils se battent. Et, là-dessus, la criminalité s'est développée, parce que les types savent qu'ils pourront toujours profiter de la situation pour se sortir d'affaire. Beaucoup sont juste des truands, sans aucun intérêt ni idéal politique. Ils exploitent la situation pour dissimuler des meurtres crapuleux voire assouvir leur désir de violence. Et ils l'aggravent par la même occasion. »

Les Troubles avaient forcé certains de ses amis d'enfance à quitter Belfast. « J'ai perdu contact avec absolument tous mes potes d'enfance, se lamentait-il. C'est ce qu'il me manque en fait. J'aimerais avoir quelqu'un avec qui je pourrais parler de nos souvenirs d'école et de cette époque. »

À chacune de ses apparitions publiques en Irlande, au Nord comme au Sud, il attirait les foules. Il avait un jour participé à une banale inauguration d'une société de construction. « C'était la venue du Messie. Il y avait des milliers de personnes. Tous les habitants avaient déserté leurs maisons pour venir : des gamins qui ne m'avaient probablement jamais vu jouer, des petits vieux qui n'avaient jamais dû regarder un match de foot de leur vie. » Best savait ce qu'il représentait aux yeux des Irlandais : « Ils ont presque l'impression que je leur appartiens, mais dans le bon sens du terme. Je fais partie de leur vie et il en sera toujours ainsi. C'est ce qu'ils ressentent et ce que je ressens. Je suis leur fils, vraiment. »

Best disait ne pas avoir peur quand il se rendait à Belfast. Ça avait en revanche été le cas en Angleterre. On était en octobre 1971. La police de Manchester avait reçu un appel téléphonique, soi-disant de l'IRA. L'homme au bout du fil affirmait que s'il jouait contre Newcastle à St James' Park, Best se ferait tirer dessus. « C'est peut-être un canular, lui dit un policier qui tentait vainement d'avoir l'air rassurant. Mais on ne peut pas prendre le risque. » Le messager avait été précis, les informations qu'il avait données semblaient crédibles et la configuration de St James' Park était favorable à un tireur. Il y avait des positions privilégiées en face de la tribune principale – des fenêtres à guillotine et un toit suffisamment bas – depuis lesquelles un sniper aurait pu le viser à distance. Best avait lu *Chacal*, le roman de Frederick Forsyth sur l'attentat du Petit-Clamart et la tentative d'assassinat du général de Gaulle. Il s'imaginait en joue.

Sur le coup, il ne s'était pas tout de suite inquiété de son propre cas. « J'ai immédiatement pensé à mes parents. » Il savait qu'il ne pourrait pas les protéger des gros titres. Il savait que sa mère, en particulier, serait folle d'inquiétude. Il lui épargnait un maximum de contrariétés, et ne lui avait par exemple jamais parlé de toutes les lettres de haine qu'il recevait. Cela l'aurait anéantie.

Best avait l'habitude des lettres anonymes, sans motivations politiques ou religieuses, qui lui promettaient une jambe cassée – ou les deux – ou un tabassage. Elles étaient formulées avec de vagues généralités, sans date ni lieu précis. Best en concluait que les auteurs étaient des supporters adverses, illettrés et déséquilibrés. Une fois seulement par le passé la police avait pris la déclaration d'intention suffisamment au sérieux pour lui donner quelques conseils ainsi qu'une escorte jusqu'à son domicile. Best était allé assister à un jubilé à Burnden Park, le stade de Bolton, où des officiers l'avaient prévenu que quelqu'un avait menacé de le tuer après le match. Best avait téléphoné à Malcolm Wagner et lui avait demandé de venir le chercher pour le ramener, sans lui expliquer pourquoi. Wagner était arrivé et avait trouvé Best qui l'attendait dans le vestibule de l'entrée principale. « Il a sauté à l'intérieur et on a démarré avec des voitures de police de chaque côté, racontait Wagner. Je lui ai demandé ce qu'il se passait et il m'a juste regardé en souriant et m'a dit : "Ne t'inquiète pas, c'est juste un type qui a dit qu'il allait me tuer." »

Best ne pouvait pas prendre à la légère une possible implication de l'IRA. Une rumeur disait qu'il avait fait un don de 3 000 livres au Parti unioniste démocratique, que le révérend Ian Paisley était en train de lancer. L'idée était absurde pour ceux qui le connaissaient. Best était très clair : il ne se mêlait pas de politique. Certes, un mois avant la menace de mort, il n'avait pu s'empêcher de demander, lors d'un contrôle des passeports à Moscou : « Vous interdisez les livres ici ? » Et cela avant de déclarer qu'il avait deux romans de Soljenitsyne dans sa valise. Mais il parlait rarement du conflit nord-irlandais afin d'éviter les problèmes, à lui et à sa famille. Ce n'est qu'en privé qu'il essayait d'exprimer une opinion pertinente sur le sujet, même si tout n'était pas clair dans son esprit. « Il faut comprendre certains points de vue des deux côtés. Je pense que si je n'étais pas parti pour gagner ma vie ailleurs, j'aurais été plus impliqué. Je ne sais pas si j'aurais choisi un camp. J'aurais peut-être essayé de le faire de façon plus personnelle. Mais à cause de qui je suis, aussi bizarre que ça puisse paraître, j'ai l'impression que ce serait injuste de retourner là-bas et de prendre position. » Best sous-entendait que l'éloignement le discréditait et l'empêchait de prendre une part active dans le processus de paix. Il ajoutait néanmoins : « Je pense faire quelque chose pour y mettre fin. Ou au moins calmer le jeu. Si j'étais intéressé par la politique, je suis sûr que je pourrais aller là-bas et faire à peu près ce que je veux grâce à l'image que les Irlandais ont de moi. »

Best ne s'était jamais considéré comme une cible potentielle. Les enfants catholiques n'avaient pas arrêté de jouer à être George Best après avoir découvert qu'il était protestant. Dans les parcs ou sur les terrains vagues, les petits catholiques se prenaient pour lui, chantaient son nom et supportaient United car il y jouait. Dans son livre *Whose Side Are You On ?*, une étude sur le sport et le conflit nord-irlandais, Teddy Jamieson décrivait les choses ainsi : « En Irlande du Nord, que vous soyez Orange ou Vert, vous pouvez toujours être rouge. » Paddy Crerand avait vu des images d'enfants qui s'envoyaient des pierres par-dessus un mur séparant des zones catholiques et protestantes. De chaque côté, il y avait un maillot rouge frappé de l'écusson du club. On ne pouvait pas les rater. Avant qu'il ne parte pour Manchester, Best avait été mis en garde sur ses chances de réussite là-bas à cause de la rumeur qui disait que, puisque Busby était un fervent catholique, United traitait les protestants comme des citoyens de seconde zone. C'était absurde. « Il n'y a jamais eu la moindre discrimination, assurait Best. Le boss voulait juste savoir si vous saviez jouer au football ou non. » Quand Best enfilait le maillot vert émeraude de la sélection nationale, le football devenait aussi pour quelques heures le seul sujet de préoccupation du peuple d'Irlande du Nord. Sans Best, l'équipe était juste une de ces petites nations qui essayait de boxer dans la catégorie du dessus. Avec lui, elle était respectée.

Il conservait toujours la rancune de ne pas avoir été choisi dans les équipes de jeunes. Un sélectionneur vivait pourtant dans le quartier de Cregagh mais, comme beaucoup d'autres, il l'avait refusé car trop chétif. La fédération d'Irlande du Nord n'avait jamais pensé à lui pour la sélection jusqu'à ce que Jimmy Murphy discute avec un des membres du comité dans un hall d'hôtel.

«Vous devriez appeler ce gars. Il a presque dix-huit ans et il est merveilleux.

– Merci. On devrait peut-être lui faire jouer un match avec les Espoirs pour voir ce qu'il a dans le ventre.

– En Espoirs ? Vous plaisantez ? Je peux vous dire que s'il était Gallois, il y a déjà un moment qu'il serait en sélection.»

Le ponte de la fédération ne savait même pas que Best avait déjà joué avec les Espoirs, à deux reprises, en 1962.

Sur le terrain détrempé du Vetch Field de Swansea, Best avait finalement, après seize petites apparitions en première division, honoré sa première cape contre le Pays de Galles en avril 1964, à une époque où l'équipe était en pleine transition. Seuls quelques quart-de-finalistes de la Coupe du monde 1958 en Suède étaient encore là.

Avec Best, l'Irlande du Nord avait failli se hisser parmi les seize qualifiés pour la Coupe du monde 1966 – une défaite en Suisse s'était révélée fatale – ainsi que pour l'édition suivante au Mexique, quatre ans plus tard. Best suscitait tellement d'attente que les discussions d'avant-match tournaient uniquement autour de son état de forme. Ses absences, notamment après la défaite en Russie dans un match de groupe fin 1969, étaient vécues comme des mini-drames nationaux. Or, il lui arrivait de ne pas répondre à plusieurs convocations d'affilée, principalement parce que United était réticent à le lâcher pour des matchs en milieu de semaine. Alors le club lui trouvait une blessure et priait la fédération nord-irlandaise de l'excuser. Jouer pour sa sélection était selon lui « une récréation », car « personne ne s'attendait vraiment à ce qu'on fasse des résultats ». Best arrivait parfois en retard et à moitié en forme, parfois même un peu moins. « Ne le taclez pas pendant l'entraînement », avait intimé le sélectionneur Billy Bingham avant un entraînement alors que Best n'était pas à 100 %. «Te fais pas de souci Billy, avait répondu le capitaine Terry Neill. Pour le blesser, faudrait déjà qu'on arrive à l'attraper.» Les autres joueurs voulaient

Best sur la feuille de match, à n'importe quelle condition. Dave Clements, qui prendrait la tête de la sélection pour un bail de onze matchs au milieu des années 1970, se souvenait : « George était souvent absent pour la première séance d'entraînement. On ne savait pas s'il allait se pointer ou pas. Billy nous réunissait et nous demandait : "Je peux faire l'équipe maintenant ou attendre de voir si George arrive. Vous en pensez quoi ?" On lui disait toujours de lui laisser vingt-quatre heures de plus. Tout le monde comprenait, George était un cas particulier. »

Et Best n'était pas un ingrat. En contrepartie de ces concessions, il avait rendu à l'Irlande du Nord quelques moments de grâce absolue. En octobre 1967 au Windsor Park, Best avait réalisé contre l'Écosse une performance si exquise que tous ceux qui avaient eu la chance d'avoir un billet pour le match l'ont conservé comme s'il leur avait permis de décrocher le gros lot. Parmi eux, de nombreux pères de famille qui, sans y tenir particulièrement, s'étaient retrouvés là à la demande de leurs filles, qui les avaient convaincus de les emmener voir Best. « À elles seules, elles pourraient remplir le stade », affirmait un porte-parole de la fédération nord-irlandaise presque six mois avant la rencontre.

Les rares extraits disponibles confirment tout ce qui a pu être dit à propos de la prestation de Best cet après-midi-là. Certaines anecdotes étaient si extravagantes qu'elles semblaient sortir tout droit d'une taverne, où les effets du houblon distordent la réalité comme si on la regardait à travers le fond d'une pinte vide. Ainsi romancé par les témoins, même les plus sobres, l'événement ressemblait un peu trop à un mythe pour être la réalité. Pourtant, tout était vrai. Best avait rendu fous les Écossais. Le score, 1-0, ne reflétait que très partiellement la correction qu'il leur avait infligée sur le terrain. « On n'en avait pris qu'un mais on aurait dû en prendre cinq », soutenait Tommy Gemmell, qui avait eu Best au marquage en première mi-temps. À la fin du match, on se demande même comment le latéral du Celtic et ses coéquipiers arrivent encore à marcher droit dans le tunnel après avoir été réduits à l'état de toupies quatre-vingt-dix minutes durant. Le résumé est en noir et blanc, Best en Technicolor. Tous les autres ne sont que de simples figurants, à l'exception du gardien de l'Écosse Ronnie Simpson. « C'était lui contre moi », résumait Best, qu'on voit sur la vidéo tirer dans n'importe quelle position et depuis n'importe quel angle.

Les entraîneurs disposent aujourd'hui de statistiques et de tableaux scientifiques comme autant de parchemins sacrés. Cela donne parfois au jeu un aspect froidement mécanique, où les chiffres et les pourcentages expliquent tout. Malgré tout, ces données auraient permis de mesurer à quel point Best était dominant. À condition que l'ordinateur ait la capacité de toutes les assimiler. Le chronométrage de sa possession individuelle n'aurait jamais été égalé. C'était comme s'il avait emmené son propre ballon et ne laissait personne d'autre jouer avec. Contre l'Écosse, il l'avait gardé si longtemps que ses adversaires ne semblaient l'avoir touché que pour le lui rendre. Sur les images, on dirait plutôt qu'ils sont en train de faire le Tour de France en rétropédalage. « Je n'arrivais pas à m'approcher de lui, poursuivait Gemmell. C'était comme courir après le vent. J'ai essayé de le plaquer, de lui faire des croche-pieds, de le frapper. Rien ne marchait. »

La légende raconte que Gemmell aurait imploré l'autre latéral, Eddie McCreadie, de permuter à la mi-temps. « Va te faire foutre », lui aurait-il répondu. Les Écossais avaient en fait décidé à la pause d'essayer d'éteindre Best en amont, de couper les transmissions pour le sevrer de ballons. Gemmell devait aussi le prendre en individuelle. Best décida alors de s'adapter et de basculer sur l'autre aile. Gemmell le regarda traverser le terrain, fit signe à McCreadie et lui hurla, sans jeu de mots : *« Best of fucking luck. »* Mais McCreadie n'aurait pas plus de chance et serait passé à la moulinette tout pareil. Il y a ce moment d'éternité. Best, le long de la ligne de touche, évite un premier tacle puis replie ses membres comme un couteau suisse pour en esquiver un second avant de centrer. Tout s'est passé en un éclair. Il y a aussi cette longue chevauchée.

Il prend la balle à quarante mètres des cages, danse la gigue entre deux milieux, met un premier défenseur dans le zig, un second dans le zag. Au fil de l'action, sa foulée s'allonge, langoureuse. Il est évidemment à l'origine du but de la victoire. Après avoir joué un une-deux au niveau de la ligne médiane, tout près du drapeau qui la délimite à l'époque, il déborde sur la droite et centre pour Clements, qui marque de l'intérieur de la surface. Le buteur n'était pas dupe : « Il a battu l'Écosse tout seul. On participait quand il avait besoin de nous, c'est-à-dire pas souvent. » Dans les vestiaires, après la rencontre, tout le monde était heureux et déchaîné. Tout le monde, sauf Best. Comme s'il était déçu que le match soit fini, il se doucha, s'essuya et se rhabilla sans un mot. Il n'avait même pas l'air spécialement satisfait de sa performance. Dans *The Scotsman*, John Rafferty écrivit que « l'exhibition de Best incitait à abandonner le langage formel et l'objectivité journalistique pour entrer dans la sphère de la poésie, bien plus appropriée ». Le verdict de Danny Blanchflower était plus simple : « Le jeu de ce garçon me remplit de bonheur. Si seulement il avait été là pour la Coupe du monde 1958... »

L'ovation que Best reçut fit vibrer Windsor Park comme s'il y avait un tremblement de terre. Le stade trembla à nouveau lors de la réception de l'Angleterre, match resté célèbre pour une séquence de vingt-cinq secondes, en couleurs cette fois. Gordon Banks, en maillot jaune, tente tout d'abord de relancer le ballon depuis l'entrée de sa surface avec sa main droite. Best bloque cette option. Banks décide donc de taper au pied et s'écarte sur la gauche pour se donner un peu d'espace. Il bouge sur la pointe des pieds, comme un boxeur bloqué dans un coin du ring. Banks ne sait pas que Best a étudié ses dégagements. Il a remarqué que Banks lançait la balle plus haut que la plupart des gardiens avant de la reprendre de volée. Cette fois encore, il ne déroge pas à la règle. Best n'attendait que ça. Il se penche en arrière et, la jambe gauche tendue, subtilise la balle en suspension et lobe Banks, déboussolé. Les deux hommes se précipitent vers le but vide. Il n'y a cependant jamais le moindre doute sur l'identité de celui qui remportera le sprint. Avec un pas et demi d'avance, Best pousse le ballon de la tête dans les filets. Banks essaye vainement de l'atteindre – et vainement d'atteindre Best aussi. Le gardien anglais plonge et atterrit à côté de son poteau gauche. Il se relève aussitôt et se tourne vers l'arbitre pour lui réclamer quelque chose, sans savoir exactement quoi. La règle du pied haut n'existe pas, celle qui interdit de gêner le dégagement du gardien non plus. Mais l'arbitre n'a jamais rien vu de semblable auparavant. Pour cette raison, il décide que Best a contrevenu à une loi du jeu et siffle faute, bien que Banks n'ait pas été taclé, poussé ou maltraité de quelque façon que ce soit. Déjà convaincu que son but était valable, Best allait ressentir encore plus fort le sentiment d'injustice quand Allan Clarke donnerait la victoire à l'Angleterre à dix minutes de la fin. « Personne ne me persuadera jamais que ce but ne devait pas compter. Mais bon, nous ne sommes que l'Irlande du Nord. »

Plus tard, après avoir beaucoup lu sur l'histoire de son pays, il deviendrait favorable à une Irlande unie. Mais, dès 1970, il avait appelé de ses vœux la formation d'une équipe de tous les Irlandais « uniquement pour des raisons footballistiques », afin de « partir à la conquête du monde ». À cette époque, seules seize équipes participaient à la Coupe du monde. L'Irlande du Nord, même si elle était passée près, n'y était jamais parvenue avec lui. Best disait que jouer pour son pays restait malgré tout « très fort émotionnellement ». On lui posait souvent la question : « N'auriez-vous pas aimé naître ailleurs ? » Ailleurs, c'était en Angleterre. Best répondait toujours la même chose : « Non. »

Il ne comprenait donc pas pourquoi certains de ses propres concitoyens voulaient lui tirer dessus. Il ne les voyait que comme des « marginaux », indépendants de toute organisation, parti politique ou quoi que ce soit.

Frank O'Farrell accorda à Best la possibilité de déclarer forfait pour le match à Newcastle. Il refusa. « Pas question de laisser gagner la personne qui m'a menacé. Comment ça se serait passé ensuite ? Si je ne jouais pas, on m'aurait menacé pour le match suivant puis encore celui d'après.»

La veille, Best avait pris son dîner dans sa chambre d'hôtel, dont la porte était gardée par deux policiers en civil qui avaient tiré les rideaux et lui avaient ordonné de rester loin de la fenêtre. Même le serveur et son chariot de nourriture avaient été inspectés avant de passer la porte. «J'étais effrayé», avouait Best. Son anxiété augmenta encore quand des détectives lui apprirent que le bus de l'équipe avait été forcé et visité. Il avait naturellement fait le lien avec la menace de mort, bien qu'aucun élément n'accréditât cette thèse. Sur la route de St James' Park, il occupait un siège côté couloir, encadré par ses gardes du corps. Il avait monté les douze marches de pierre entre le bus et le stade avec deux policiers en imper noir devant lui et deux autres derrière. Un officier en uniforme et képi sur un cheval blanc tenait à distance la foule, presque silencieuse, massée sur le parking pour l'apercevoir. Ceux qui avaient attendu ne virent rien d'autre que le dos de son costume et les talons de ses chaussures impeccablement cirées. Près de quarante policiers étaient déjà stationnés sur la piste cendrée autour du terrain, devant l'entrée et dans le tunnel ainsi qu'à la porte des vestiaires. Des officiers en civil se tenaient en tribunes. Mais, bizarrement, les spectateurs n'avaient pas été fouillés aux tourniquets.

Sur le terrain, Best avait décidé que le mouvement perpétuel serait l'option la plus sûre. «Je n'ai jamais arrêté de bouger, racontait-il. Même quand un blessé était au sol et que le jeu s'arrêtait, je continuais de courir. Et j'ai couru dans le tunnel à la mi-temps et à la fin du match.» Ni le bruit des tribunes ni le cours normal du match ne pouvaient lui faire oublier qu'une balle lui avait été promise. Cela ne l'empêcha pas pour autant de marquer le seul but du match, à la 46ème minute. «Personne n'a souhaité me prendre dans ses bras.»

Il quitta St James' Park selon les mêmes procédures que celles qu'il avait suivies pour y rentrer. Des voitures escortaient le bus jusqu'à Manchester, les forces de police changeant à chaque frontière de comté. Les Troubles le suivaient jusque dans son propre salon. Che Sera devait être protégée aussi. La police était garée dans son allée et des détectives l'avaient accompagné à l'entraînement toute la semaine suivante.

Il y avait eu une autre alerte un peu plus tard, après que deux hommes à l'accent irlandais avaient importuné une femme qui marchait dans le quartier avant de lui demander la direction de la maison. Ils n'avaient pas l'air de supporters venus pour faire du tourisme. La femme affirmait qu'un des hommes portait un long paquet fin, qu'elle présumait contenir un fusil. Dans les jours qui suivirent le match de Newcastle, Best reçut fréquemment des appels sans que personne ne parle au bout du fil. Il avait fini par débrancher son téléphone et s'était demandé comment son correspondant avait pu obtenir son numéro, pourtant sur liste rouge. Un autre avertissement sérieux était venu de Belfast, où Best devait jouer contre l'Espagne pour un match de qualification au championnat d'Europe. Pour les journaux, c'était devenu « le match de la peur ». Si Best venait, affirmaient-ils, il ne verrait jamais plus Manchester car il serait poignardé dans le dos. La menace avait été envoyée par courrier au *Manchester Evening News*. Best voulait jouer car il pensait qu'une victoire pourrait « recouvrir les cendres de toute cette agitation politico-religieuse ». United avait pris la décision de le retenir avant même que la FIFA ne décide d'annuler le match, repoussé au début de l'année suivante et organisé sur un terrain neutre, au Boothferry Park de Hull. Windsor Park n'accueillit plus de matchs internationaux avant 1975.

Difficile d'imaginer qui avait intérêt à tuer Best. L'idée était à la fois ridicule et contre-productive. Sa présence unifiait le pays. Si l'IRA, ou une autre organisation politique, l'avait blessé, cela aurait ému bien au-delà des frontières des quartiers protestants. Ces menaces ne semblent pas tenir debout non plus d'un point de vue logistique. Pour viser Best depuis l'extérieur de St James' Park et s'évader ensuite, il aurait fallu un tireur d'élite. Et quel genre d'assassins se seraient pointés sans connaître le chemin et sans avoir reconnu le terrain au préalable, pour s'apercevoir au final qu'ils obtiendraient peu d'indications à travers une vitre sans tain ? Pas les plus compétents, a priori.

Mais le climat qui régnait à Belfast et dans toute la Grande-Bretagne pendant ces semaines-là donnait toutefois du crédit à un attentat contre Best. La situation était particulièrement tendue en Irlande du Nord. La répression avait commencé, 342 personnes avaient été arrêtées. Un premier soldat britannique venait d'être abattu. L'armée avait tué deux civils catholiques. Le début de la saison du championnat irlandais avait été reporté. Le gouvernement conservateur d'Edward Heath avait envoyé 1 500 soldats supplémentaires à Belfast le même mois où Best devait affronter la menace du sniper. L'armée avait désamorcé une bombe de 150 kilos retrouvée dans le hall de l'Europa Hotel avant de trouver encore 225 kilos d'explosifs dissimulés dans un bidon de lait caché près de la frontière. Huit heures seulement avant que Best n'arrive à St James' Park, les troupes avaient tué trois hommes dans des échanges de coups de feu à Newry.

Le *Daily Express* publiait tous les vendredis un édito de Best, généralement écrit par un nègre. L'édition du 12 novembre 1971 prouve à quel point il était bouleversé et en colère. Il avait écrit l'article lui-même, au stylo à bille noir, sur quatre feuilles d'un cahier à spirales. En le tendant à son nègre, Best lui avait dit : « Je ne sais pas s'ils trouveront ça assez bon pour le publier. » Six passages sont barrés mais l'écriture de Best est nette et assurée. Son *I* majuscule ressemble à un 9 et les barres des *y* ou des *p* sont si régulières qu'on jurerait qu'elles ont été tracées à la règle. La structure de chacun des dix-huit paragraphes est précise et cohérente, comme s'il avait longtemps mûri sa réflexion et qu'enfin il se déchargeait d'un poids. Les éditeurs n'y avaient apporté que deux corrections grammaticales mineures avant d'envoyer le texte à l'imprimerie. « Vous êtes-vous déjà demandé, écrivait-il, pourquoi quelqu'un pourrait vous détester assez pour vous tuer ? J'y ai beaucoup pensé cette semaine après que quelques déséquilibrés ont décidé de m'abattre. » Best ne répondait pas à sa propre question.

L'avoir posée d'entrée indiquait malgré tout combien le sujet l'avait ébranlé. La mort l'avait épargné, mais elle n'avait pas fini de l'entêter.

Personne ne mesurait les dégâts que cela avait causés sur lui ni ne percevait les symptômes de son état dépressif profond. « Passé un certain stade, la pression devient ingérable. Je ne suis pas une machine. » Son caractère solitaire ne l'aidait pas non plus à lutter contre ses démons. Best avait la sensation que personne, et surtout pas à Old Trafford, ne comprenait vraiment ce qu'il pensait et ce qu'il ressentait, ni à quel point le quotidien était devenu une épreuve.

Best avait un jour laissé un mot à Jackie Glass sur lequel il avait écrit : « Personne ne me connaît. » Une formule qu'il jurerait plus tard avoir écrite comme ça, sans y réfléchir, même s'il concédait que, « d'une certaine façon, c'était vrai ». Une variante de cette phrase était apparue dans *Sports Illustrated*, à une époque où le magazine américain ne couvrait que rarement le « soccer », pour lequel ses lecteurs n'avaient qu'un intérêt très relatif. Mais l'histoire d'un sportif pris dans un conflit politique et religieux, ainsi que son aura et l'image qu'il véhiculait auprès du public, avaient largement de quoi captiver. Le journaliste envoyé à Manchester était parti à la pêche aux informations avant que Best, plus accommodant que jamais, ne l'autorise à venir à Che Sera. Un court passage ressort de l'article : « Personne ne sait ce que c'est qu'être moi ». Toute cette solitude qu'il ressentait, et qui ne cessait de croître, était contenue dans ces quelques mots.

This Is Your Life n'avait rien évoqué de tout ça quand Best avait été l'invité quelques semaines après les menaces de mort – qui n'avaient pas été mentionnées non plus. Prévu depuis des mois, le show, mielleux et complaisant, se voulait une célébration. Selon le principe de l'émission, le présentateur Eamonn Andrews tournait rapidement les pages du grand livre rouge, censé être celui de sa vie, et de vieilles connaissances surgissaient : Bob Bishop, Bud McFarlane, Mary Fullaway, Eric McMordie, etc. Best était assis, impassible, les jambes croisées, comme s'il pensait déjà à ce qu'il n'admettrait que dix ans plus tard.

« Le titre était faux. L'émission aurait dû s'appeler *This Was Your Life*. Ça, ce n'était plus ma vie. »

À son crédit, Frank O'Farrell, comme Matt Busby et Wilf McGuinness avant lui, a essayé de comprendre George Best.

En janvier 1972, Best avait dit à O'Farrell : « Je ne sais pas si ma famille est encore en sécurité à Belfast. » O'Farrell lui promit spontanément d'aller voir les dirigeants et d'explorer la possibilité d'acheter une maison à Manchester que son père et sa mère pourraient louer au club. O'Farrell imaginait alors que Best irait vivre avec eux, ce qui résoudrait deux problèmes : la vulnérabilité de ses parents à Belfast et le manque de stabilité de Best à Che Sera. Comme toujours quand il était sur la sellette, Best avait dit oui, histoire de fuir les explications et le conflit. Afin de garder le plan secret, O'Farrell se rendit à Dublin sous le prétexte de voir un match et prit un train pour rencontrer Ann et Dickie, d'accord sur le principe mais plus évasifs quant aux modalités.

Quand O'Farrell rentra à Manchester, il découvrit que Best avait raté presque une semaine d'entraînement. Il avait appelé le club en disant qu'il devait faire face à un « problème familial » avec ses parents. Un bon mensonge doit toujours contenir une part de vérité. Les dirigeants de United savaient pour les problèmes d'alcool de sa mère, du coup personne ne demanda davantage d'explications. Sauf que Best n'était pas au courant du voyage d'O'Farrell à Burren Way, et n'avait pas eu la présence d'esprit de mettre ses parents dans la confidence, ni de vérifier si le club avait découvert la supercherie.

« George Best se volatilise » ; « Best manque encore à l'appel » ; « Où est George ? » : suggérer sa disparition était un tel gage de succès que les gros titres ne s'embarrassaient pas de la vérité. Il n'avait pas quitté Che Sera, ni même son lit. Tous les soirs, il se promettait qu'il serait à l'entraînement le lendemain matin. Et tous les matins, il se rendait compte qu'il était « incapable d'affronter ça». Ken Stanley avait essayé de lui parler par l'entrebâillement d'une porte. Best l'avait refermée. Il refusait d'entendre raison. «Je ne veux pas être aidé, je veux être compris», maintenait-il. Comme il l'avait fait après l'épisode du week-end chez Sinead Cusack, Best tenta de donner un sens à son comportement. Ainsi, il forçait O'Farrell à le sortir de l'équipe afin que sa détresse et son état psychologique deviennent publics. Il avait besoin de secours, même s'il ne le concédait que du bout des lèvres. «Peut-être que je me mettais dans des situations compliquées juste pour qu'on prenne à ma place les décisions que j'étais incapable de prendre.» Le «peut-être» était là pour la forme.

O'Farrell avait un principe: «Fais ce qui est juste, même si tu dois en subir les conséquences.» Il ne voulait pas laisser Best en dehors de son équipe. United jouait Wolverhampton à Old Trafford et, sans victoire depuis un mois, devait à tout prix gagner. Mais O'Farrell ne pouvait pas faire comme si de rien n'était. Il punit donc Best, et se punit donc lui aussi par la même occasion. United perdit encore, 3-1. Best n'était même pas dans les tribunes. Il s'était envolé pour Londres où il avait passé la soirée dans un club. Il était revenu en train, caché dans un compartiment première classe, les rideaux fermés.

À sa nomination, O'Farrell avait demandé la liste des salaires de ses joueurs. Il avait découvert que Bobby Charlton et Denis Law étaient encore mieux payés que Best. Considérant que c'était injuste, il en avait fait le plus haut salaire du club. Il avait été augmenté à 225 livres par semaine. Mais Best, qui avait finalement abandonné l'idée de rendre sa dépression publique, annonça que la raison de son absence concernait un différend financier. United «profitait» de lui, affirmait-il comme un travailleur en grève qui a jeté ses outils à terre. Best disait valoir 1 000 livres par semaine. O'Farrell ne chercha pas à l'accabler. Il ne mordit pas à l'appât et ne se défendit pas en faisant fuiter la hausse de salaire qui lui avait déjà été accordée. Le Board ne voulait pas se mettre à dos son atout numéro un et Matt Busby accepta d'être encore clément avec l'élève qui revenait de l'école buissonnière. Best reçut une amende de 350 livres, perdit son jour de repos pour cinq semaines et devait s'entraîner l'après-midi en plus du matin. Un compromis de façade destiné à mettre un terme à l'affaire, avec la certitude qu'il ferait la une des journaux. Best dut en outre quitter Che Sera et retourner dans sa chambre chez Mary Fullaway. O'Farrell disait que Best était un « garçon seul » et opta pour le pardon chrétien, en citant la Bible et les Proverbes 24:16.

Car sept fois le juste tombe, et il se relève.

Les plus cyniques disaient qu'il suffisait en général d'une seule soirée à Best pour tomber sept fois.

L'idée de le faire dormir de nouveau chez Mrs Fullaway était aussi dénuée de sens qu'irréalisable, mais Mrs Fullaway était heureuse de le voir. Elle ne pouvait pas vivre sans rien faire. Après le départ de Best, elle avait accepté un travail à mi-temps chez un marchand de journaux pour s'occuper. Le changement de routine n'avait pas été évident. « C'était si calme, se lamentait-elle presque. Le téléphone ne sonnait plus toutes les dix minutes. »

Best était photographié assis sur son vieux lit, une tasse de thé à la main, avec Mrs Fullaway tout sourire à côté de lui. « Pour moi, c'est toujours un petit garçon, toujours cet écolier maladivement timide et introverti que j'ai connu à 15 ans, disait-elle. Comme il a eu la vie plutôt facile, avec tout qui lui réussissait, il n'a pas eu le temps de mûrir. Quand il fait face à un problème, il se laisse souvent submerger. Je vois toujours quand George est déprimé. Il est calme et se réfugie dans sa coquille. » Elle avait identifié ce qui l'avait poussé à sécher les entraînements. « Après avoir raté le premier jour, je sais qu'il trouvait cela trop difficile de se relever et de faire face à ses responsabilités. » Une analyse juste, doublée d'une promesse : « Je le sortirai du lit moi-même tous les matins. » Qu'il manque un entraînement ou même qu'il s'y rende en retard étaient les seules choses qui la mettaient en colère contre lui. Mrs Fullaway ajoutait quelque chose de crucial : « Il a beaucoup de fréquentations, mais très peu de vrais amis. Parfois, je n'arrive pas à distinguer les fiables des girouettes.» Le bref aperçu qu'elle donne du comportement et des humeurs de son locataire, mais aussi l'interprétation de ses attitudes, indiquent clairement qu'elle connaissait mieux Best que tous ses managers, Busby compris.

Best était inquiet pour Mrs Fullaway et particulièrement énervé de ce qu'elle subissait. Elle commençait en effet à recevoir des lettres qui l'accusaient de vivre à son crochet et de profiter de sa notoriété. Il trouvait ces attaques « obscènes » et s'en voulait de lui infliger ça.

Les décisions que United avait prises à son encontre n'étaient que faux-semblants et duperie. Best donnait le change pour coller au plan de communication mais continuait à mener sa vie et retournait à Che Sera quand ça lui chantait. Malgré l'entrain qu'il mettait à la raconter partout, l'histoire du garçon ravi de retrouver sa « bonne vieille piaule » et qui n'attend plus que de « rentrer à la maison à six heures pour partager un bon repas » ne résistait pas à une enquête un tout petit peu approfondie. «Je dormais ici et là. Je ne savais pas vraiment où je voulais être », racontait Best. Sa consommation d'alcool avait augmenté au cours des six mois précédents. Il était devenu un *binge drinker*, quelqu'un, expliquait-il, qui buvait des quantités industrielles dans un laps de temps réduit. « C'était la solution de facilité.» L'exercice ne tolérait pas le verre à moitié plein, toujours à une ou deux gorgées d'être vide. Il en fallait toujours un autre à disposition. Pendant un minuscule instant, cela lui apportait une intense sensation de satisfaction et de légèreté. Tennessee Williams, qui connaissait plutôt bien son sujet, appelait cela « le Click ». Une onomatopée pour décrire ce sentiment d'abandon, ce moment grisant où suffisamment d'alcool a coulé pour rendre le reste insignifiant. Dans l'heure qui suit le Click, le buveur se trouve plus clairvoyant que jamais, comme si Dieu, tel un opticien, avait réajusté ses lentilles pour l'aider à mieux saisir le sens de la vie. Le plaisir fugace du Click s'accompagne toutefois de plusieurs inconvénients. Pour l'atteindre, une certaine quantité d'alcool doit être absorbée par le système. Mais comme le corps apprend à la tolérer, il en faut toujours plus pour obtenir le même effet. Le Click a aussi une conséquence à laquelle il est impossible d'échapper, une violente chute libre qui ne s'achève que dans la déception et la morosité. Ce qui implique la deuxième conséquence : la tentation absurde de repartir à sa recherche. C'est ainsi que le buveur boit, et qu'il boit de plus en plus. Que ferait-il d'autre d'ailleurs ? Best avait une réponse : « Quand tu bois, il n'y a plus que ça qui importe. »

Best n'avait pas non plus à payer ses verres. L'argent n'était certes pas un problème, mais trouver systématiquement quelqu'un prêt à vous offrir un verre n'arrangeait rien. Même au comptoir, il voulait être le meilleur. Il buvait comme s'il y avait une médaille au bout. « Je n'aimais pas l'idée que quelqu'un puisse boire plus que moi, racontait-il. Donc j'étais généralement le dernier à partir. Il ne faut pas croire que ça marchait si facilement – ni toujours droit, du coup. Si mes potes avaient bu vingt pintes, il fallait que j'en boive vingt et une. S'ils rentraient à quatre heures du matin, je devais rentrer à quatre heures et demie. » Pour un pari, il avait tombé une bouteille de vodka. Quand il n'en pouvait plus, il se mettait les doigts au fond de la gorge pour vomir ce qu'il avait déjà ingurgité, afin de pouvoir boire de nouveau. Best se réveillait souvent avec ses vêtements de la veille. Ses black-out empiraient et il lui arrivait d'oublier des week-ends entiers. Il demandait : « Où j'ai été ? Qui j'ai croisé ? Qu'est-ce qu'il s'est passé ? » Et ça le faisait presque marrer. Comme ceux qui l'entouraient, Best supposait que ce n'était pas si grave. « On en plaisantait entre nous. Quand tu n'arrives plus à te souvenir où tu as garé ta voiture, tout le monde rigole. »

Une beuverie en entraînait une autre et Best semblait capable de faire une grosse connerie à tout moment. « Les gens étaient un prétexte, la boisson devenait ma principale compagnie. Physiquement et mentalement, j'avais dépassé mes limites. » Il passait une grande partie de la nuit à picoler, « jusqu'à quatre ou cinq heures ». Il se souvenait que David

Sadler, qui avait aussi vécu chez Mrs Fullaway, lui avait un jour demandé : « Mais pourquoi tu t'infliges ça ? Pense à ta santé. » Il n'avait pas su trouver les mots pour le rassurer.

Au sein d'une équipe qui perdait, Best essayait tant bien que mal de faire illusion, mais donnait surtout l'impression qu'un sosie jouait à sa place. Il avait passé onze matchs sans marquer. Son mode de vie le rattrapait et les statistiques étaient impitoyables : il avait inscrit quatorze buts en championnat entre août et fin novembre, seulement quatre ensuite. United avait terminé huitième, dix points derrière le nouveau champion, le Derby County de Brian Clough. Clough, dont Busby avait écarté la candidature avant de choisir O'Farrell et qui en gardait une rancune tenace. Le jeune loup, alors âgé de 37 ans, jubilait : ce titre consacrait sa méthode et son arrogance, deux critères qui avaient poussé Busby à le rayer de la liste des prétendants. C'était même l'une des premières choses auxquelles Clough avait pensé au moment de son triomphe : « Qu'est-ce qu'il en dit maintenant l'autre casse-pieds ? »

À trois mois de la fin de la saison 1971-72, Best annonça avec fracas son désir d'aller voir ailleurs. « Je suis dégoûté de ce qu'est devenu United. Suffisamment dégoûté pour demander un transfert. Je pourrais aller n'importe où pour gagner des titres. » C'est le niveau de l'équipe qui avait motivé son choix. « On n'est pas bons. On ne va nulle part. Je pourrais vous faire la liste de tous les trucs qui ne vont pas. On me critique quand je ne fais pas la différence, mais si ce n'est pas moi qui la fais, alors c'est qui ? » Best reconnaissait qu'il y avait une forme d'égoïsme dans sa réflexion, mais estimait qu'elle était légitime : « Pourquoi moi je n'aurais pas le droit de gagner et de remporter des trophées après tout ? » Il n'avait pas l'impression de choisir la solution de facilité. Non, ce qui lui aurait facilité la vie, c'est que les choses se soient passées différemment. Comme prévu. « On avait tout pour réussir. On aurait dû tout gagner. »

Best était nostalgique des conversations à bâtons rompus qu'il avait avec Jimmy Murphy autour d'une tasse de thé. Il y avait quelque chose de rassurant dans la façon dont Murphy l'écoutait, sans jamais le juger, comme un vieux samaritain. «Tu as un problème ?», lui demandait Murphy, qui laissait volontairement un blanc le temps que Best trouve ses mots. Il avait la technique pour lui tirer les vers du nez en douceur. Murphy avait été poussé à la retraite en 1971, après s'être vu offrir une indemnité ridicule de 20 000 livres et un job de recruteur à 25 livres la semaine. Best vivait mal son absence et pensait que United avait laissé partir un peu de son âme avec lui.

Sans prendre le soin de prévenir O'Farrell, qui s'était pourtant montré particulièrement bienveillant à son égard jusqu'ici, Best était allé voir Busby, en privé, afin de lui faire part de tous ses griefs et de la détresse dans laquelle tout ça le plongeait. Tout y était passé : la nécessité de faire venir plus vite de nouveaux joueurs, le besoin de renouveau tactique ou encore sa sensation de profonde inutilité. «J'ai envie de tout laisser tomber.» Busby ne put lui promettre que tout allait s'arranger. Son petit sourire en disait long, et Best était reparti avec une seule certitude : Busby et lui étaient sur la même longueur d'onde. Il attendait des changements radicaux qui n'arriveraient jamais. De loin, il semblait négliger le football à cause de ses excès et de son comportement autodestructeur. C'était l'inverse, Best était instable parce que le football le préoccupait trop. Il savait bien que la conséquence n'arrangerait pas la cause, mais continuait malgré tout de boire plus que de raison. L'alcool était son seul moyen de surmonter son affliction. Quand il était saoul, il réussissait au moins à se convaincre que la situation allait s'améliorer. Quand il était sobre, il se rendait compte que ce n'était qu'une illusion. Alors, il buvait de nouveau. «J'en avais ma claque d'essayer d'expliquer ce qui n'allait pas et de sentir que rien n'avait été fait. Donc je remettais ça… »

Il était allé voir O'Farrell, pour réitérer sa demande d'augmentation à 1 000 livres hebdomadaires, mais aussi pour demander que United rachète Che Sera. Il avait besoin de cet argent car il envisageait de s'offrir un penthouse dans une tour en plein centre de Manchester, avec ascenseur privatif, un projet dont les plans n'étaient même pas encore dessinés.

Sauf qu'il ne voulait plus jamais taper dans un ballon. L'épuisement déformait toute la perception qu'il avait de la vie et de lui-même. Il prenait à tort les effets de son alcoolisme comme une indication de burn-out professionnel. Best ne pouvait pas retourner voir Busby pour lui dire directement. Il était incapable de se livrer devant « ceux qu'il aimait ».

Les traits de caractère et les habitudes que l'on développe durant l'enfance peuvent nous poursuivre toute la vie. C'était le cas pour Best. La réaction qu'il avait eue face à la crise que traversait United, il l'avait déjà eue à plusieurs reprises par le passé. À 11 ans, trop malheureux dans la très autoritaire Grosvenor High School, il avait opté pour l'école buissonnière. Sa technique était rodée : il cachait astucieusement son cartable chez une tante le matin avant d'aller le chercher discrètement à la fin de l'après-midi. À 15 ans, il était reparti de Manchester dès le second jour de son essai. À 24 ans, il s'était caché dans l'appartement de Sinead Cusack. Aussi désespéré que lors des épisodes précédents, le Best de 26 ans avait décidé de se volatiliser encore une fois. La fuite était devenue le fil conducteur de sa vie.

De la même manière qu'il se savait incapable d'affronter les problèmes directement, Best était conscient de ce défaut. « J'ai tendance à m'enfuir et à croire que je pourrai mieux régler mes problèmes ailleurs, généralement dans un autre pays. »

Cette fois-ci, ce serait l'Espagne.

CHAPITRE 13
QUAND JE DORMIRAI HUIT HEURES PAR NUIT

Deux jours avant son vingt-sixième anniversaire, George Best était attendu pour jouer avec l'Irlande du Nord contre l'Écosse à Hampden Park, dans le cadre du Championnat britannique des nations. Mais, seul à Che Sera, il était à deux doigts de craquer, à la fois psychologiquement et physiquement. L'univers entier lui paraissait hostile. « J'étais en train de me tuer à petit feu. » Dans son esprit, il ne restait que trois scénarios possibles.

1. Il pouvait aller en Écosse pour jouer avec l'Irlande du Nord.

2. Il pouvait rester à Manchester et continuer à se « noyer dans la connerie ».

3. Il pouvait « envoyer tout ça au diable » et prendre un billet d'avion.

Trop confus, il ne voyait pas de quatrième option. Il aurait pu admettre qu'il avait besoin d'aide et de repos, ce que Manchester United aurait pu arranger.

Une nouvelle nuit sans sommeil valida une décision que Best avait déjà prise. Après une soirée dehors, il retourna à Che Sera à 2 h 30 du matin. À 5 h 30, il était toujours debout. À 6 heures, il montait dans un taxi pour l'aéroport après avoir jeté quelques vêtements et sa trousse de toilette dans un sac. Il demanda au chauffeur de lui prendre un billet « pour le premier avion vers n'importe où ». Il s'envola direction Londres avant de « dériver, dans un état second », jusqu'à un hôtel cinq étoiles de Marbella. L'après-midi, Best, torse nu, Ray-Ban sur le nez, se prélassait au bord de la piscine en sirotant une bière fraîche. Plusieurs cadavres trônaient déjà sur la table et deux autres bouteilles étaient posées à ses pieds. « Je voulais juste m'évader », disait-il. S'évader était une chimère, et l'utopie après laquelle il courait, ce lieu où il pourrait être à la fois célèbre et anonyme, n'existait sur aucune carte.

Deux images subsistent de la première semaine d'abdication de Best sur la Costa del Sol. La première est une photo en noir et blanc. Il est assis sur une chaise métallique avec un dossier en bois, près de la fenêtre de sa chambre. Il porte un débardeur et un short à fleurs. Son pied gauche est posé sur un ballon usé. Sa main droite tient une flûte de champagne. La lumière tombe sur lui et Best a l'air négligé, comme s'il transitait entre deux beuveries et s'administrait quelques bulles en guise de remontant. La seconde est tirée d'un reportage diffusé aux infos. Il porte les mêmes vêtements, et le film en couleurs révèle qu'ils sont tous les deux roses, mais de deux roses différents, son short tirant sur le bordeaux. Les images le montrent debout dans le patio de l'hôtel, en train de faire tourner le même ballon entre ses mains. Le soleil est à son zénith, il ne projette presque aucune ombre au sol. Au loin, on ne distingue pas précisément le point où le ciel et la mer se rejoignent. La mer scintille comme du fer-blanc. L'horizon semble enveloppé dans une brume de chaleur. Des bateaux et des yachts sont ancrés à la marina et un hors-bord laisse derrière lui un sillage en forme de V sur l'eau calme. Dans ce décor paradisiaque, Best lâche le ballon et commence à jongler pour les photographes, l'envoyant d'un pied nu à l'autre puis sur sa cuisse droite. Il attrape finalement la balle avant de la lancer en l'air et de jongler avec sa tête quatre fois, la dernière partant loin de son front. Les quantités d'alcool ingurgitées au cours de l'année écoulée lui ont laissé une petite bedaine, visible sous le tissu serré de son marcel.

Il y a quelque chose d'éminemment triste dans ces images. Un peloton de reporters avait suivi Best à Marbella pour obtenir confirmation de la rumeur déjà bien répandue selon laquelle il allait prendre sa retraite. Mais ce n'est pas l'annonce imminente qui donne au film et à la photo cette dimension funeste. C'est son visage. Son expression ne laisse jamais transparaître le soulagement et la libération qu'il disait ressentir. Best a la tête du type contraint de participer à un événement auquel il ne voulait pas se rendre ; sauf qu'ici, c'est lui qui l'a organisé et qui ne le contrôle déjà plus. L'article qu'il signera peu après pour annoncer sa décision d'arrêter, sobrement intitulé « I QUIT », n'est pas plus convaincant. C'est comme s'il priait le lecteur de le croire.

« Personne ne sait ce qu'il se passe derrière l'image glamour de George Best. Au cours de l'année dernière, je n'ai fait que boire. Je ne peux plus faire face. Je m'en vais avant que ce sport ne me tue. Le football est devenu un travail et plus le jeu que j'ai toujours aimé. J'étais au fond du trou. Ma décision est irrévocable. Je ne suis plus au sommet. Je n'ai plus l'intention de regarder un match, même à la télévision. J'ai joué mon dernier match. Rien ne me fera changer d'avis. J'espère me retrouver moi-même. Je saurai que je vais mieux quand je dormirai huit heures par nuit. »

On en était là.

Il « n'osait pas retourner à la maison », en Irlande du Nord, à cause des Troubles. Il allait vendre Che Sera et vivre à Londres. Il allait au préalable voyager six mois autour du monde. Il allait dessiner des vêtements. Il allait ouvrir d'autres entreprises. Il allait vivre de ses investissements – même si sa décision lui coûtait au moins 12 500 livres par an en salaire et bonus. La pression des matchs n'allait pas lui manquer. « Je ne changerai pas d'avis, insistait-il. Je sais que beaucoup de personnes ne vont pas me croire. Ils vont juste commencer à l'accepter quand je ne serai pas là en début de saison. »

Plus il insistait, moins on le croyait. Il exprimait le fond de sa pensée, mais jamais au bon endroit ni au bon moment. C'étaient les réflexions médiocres d'un homme trop fatigué pour être rationnel. Best savait certainement ce que son discours avait de puéril, mais il continuait à parler malgré tout. Ceux qui les écoutaient tentaient de déchiffrer ses propos énigmatiques. Celui qui avait l'avis le plus tranché était sans doute Ken Stanley, dont la sonnerie du téléphone était à deux doigts de rendre l'âme à force de retentir. Best n'avait pas prévenu Stanley de ses intentions. Il n'avait pas non plus pensé aux répercussions commerciales. Les sponsors, actuels ou futurs, déchargeaient sur Stanley leur colère contre Best. Les contrats dépendaient de sa carrière de footballeur. Stanley devait repousser ou tenter de calmer les partenaires dont les entrepôts étaient pleins de marchandises estampillées Best, et qui le menaçaient de procès ou demandaient à être remboursés. À peine Best avait-il annoncé sa retraite que Stanley recevait une assignation en justice car le journal à qui il avait vendu l'histoire – le *Sunday Mirror*, qui avait payé 5 000 livres pour ça – n'était pas celui avec qui il avait signé une clause d'exclusivité, à savoir le *Daily Express*. Malgré ce tumulte, qui menaçait sa réputation ainsi que son gagne-pain, Stanley restait charitable avec son client égaré. « Une fois encore, il a tout fait à l'envers. Mais on ne choisit jamais le moment pour faire une dépression nerveuse grave. » En trois mots, Stanley avait résumé l'origine de ce comportement dysfonctionnel et destructeur. Ce n'était pas des simagrées ou le caprice d'un gamin arrogant et grincheux. Ce n'était pas un cafard passager. Stanley était convaincu que les maux de Best nécessitaient un traitement médical.

En soufflant les bougies de son gâteau d'anniversaire au chocolat, Best fit son vœu à haute voix : ne plus jamais rentrer sur un terrain de football. Les mèches étaient encore chaudes lorsqu'il changea d'avis. L'insouciance avait laissé place à l'accablement. Chaque journée à l'hôtel semblait durer un an. En choisissant la vie à la plage, il avait troqué une routine pour une autre, l'exaltation en moins. Sans football, sa vie reposait sur du vide. Il buvait par ennui. Il mangeait pour passer le temps : des tapas, des hamburgers, des frites, des sandwichs. Il faisait machinalement les mêmes promenades, le paysage et la chaleur ne le réconfortaient plus. Il se réveillait en milieu de matinée et buvait un panaché, ou trois, pour chasser l'arrière-goût de la soirée précédente. Best était toujours en train de « faire le plein ». Au déjeuner, il buvait de la bière et du vin blanc. « Bien frais », répétait-il au barman, comme si c'était sa dernière exigence. Puis il quittait l'hôtel pour aller dans un bar du coin avant de sortir en ville le soir pour attaquer la vodka.

Au début, Matt Busby et Frank O'Farrell s'en étaient tenus à une politique de non-intervention. Busby savait que poursuivre Best produirait l'inverse de l'effet escompté. Il fallait être patient. Vous ne pourchassez pas quelqu'un d'aussi insaisissable et évasif que Best sans risquer de le perdre encore plus. Il fallait attendre qu'il revienne de son propre chef. Dans la salle du Board, on calculait la valeur de Best sur le marché. Le club ne pouvait se permettre de le virer ou de rompre son contrat. Le record pour un transfert en Grande-Bretagne s'élevait à 220 000 livres, le montant versé par Arsenal à Everton dans les dernières semaines de 1971 pour s'offrir Alan Ball. Best valait au moins le double. La situation était inextricable : aucun dirigeant sain d'esprit n'autoriserait son manager à miser autant pour de la marchandise endommagée, d'autant plus que l'étendue des dégâts devait encore être établie. Et, de toute façon, personne à Manchester ne pouvait se résoudre à l'idée que Best ait fini son histoire avec United. La question initiale était de savoir comment il pourrait revenir à Old Trafford sans passer pour un crétin. Mais il y en avait d'autres : comment remettre Best sur pied ? Comment restaurer sa fiabilité et son efficacité ? Comment restaurer la confiance ? Best avait beau prétendre le contraire, il se posait les mêmes questions, et se retrouvait confronté aux dilemmes que chacune d'elles induisait. L'alcool ne lui offrirait jamais les mêmes satisfactions que le football. « Ce qui me faisait vibrer, c'était de penser que je pourrais faire se lever 50 000 personnes et leur faire chanter mon nom. Savoir qu'on a le public dans sa poche, c'est la meilleure sensation du monde. » Le problème maintenant était de trouver un dérivatif, « n'importe quoi qui me permettrait de me redonner ce frisson ». Best savait que ce « n'importe quoi » ne l'attendait pas sagement dans un coin de l'Espagne. C'est pourquoi il fit vite la paix avec United. Ce qui l'avait éloigné du football – l'ennui et l'insatisfaction – l'y ramenait. Après un nouveau battage médiatique (Reviendra ? Reviendra pas ? Oui ? Non ? Peut-être ?), Best fit demi-tour et retourna à Old Trafford et mit fin à six semaines d'un barnum qu'il avait lui-même initié.

Cette fois-ci, Best en fut quitte pour une retenue de deux semaines de salaire ainsi qu'une mise à pied de quinze jours. Bref, il n'était pas vraiment au pain sec et à l'eau. Quand on lui avait demandé si c'était la dernière chance de Best, O'Farrell avait éludé : « Vous me connaissez, je suis un éternel optimiste. » Il disait ça avec le sourire. C'est tout ce qu'il pouvait faire. S'il ne s'était pas engagé plus que ça dans ses commentaires, c'est qu'il savait qu'à la première anicroche avec le fils prodigue, il n'échapperait pas à une nouvelle séparation, et il ne croulait pas sous les veaux gras. O'Farrell dépendait des performances de Best sur le terrain, mais c'était surtout la carrière de Best qui dépendait beaucoup de la bienveillance d'O'Farrell. L'équilibre était précaire. Surtout que Best était redevable envers quelqu'un avec qui il n'arrivait pas à communiquer. O'Farrell était philosophe : « Si Busby ne pouvait pas gérer Best, comment aurais-je pu ? »

Concernant le cas Best, Busby était à court d'idées. Il savait que les moments d'apaisement n'étaient que des virgules, jamais des points. La promesse du nouveau départ était revenue trop souvent pour avoir encore un sens. « Je suis sûr qu'il voulait vraiment changer et qu'il souhaitait sincèrement tenir ses engagements, affirmait Busby. Mais il manquait de self-control. La promesse du jour n'était plus qu'un souvenir le lendemain. Il y avait toujours une prochaine fois. Et toujours un autre désastre. » Busby lui avait fait une proposition des plus pragmatiques : il avait offert à Best une chambre dans sa propre maison. Une invitation refusée poliment. « Je lui ai dit qu'il aurait toute liberté dans la maison et autant d'intimité qu'il le voudrait », racontait Busby. Même s'il appréciait le geste magnanime, Best voyait un tel arrangement comme un enterrement. Il aurait vécu sur la pointe des pieds, ne voulant causer aucun tort à ses hôtes, pesant chacun de ses mots et engoncé dans un cadre trop strict pour lui. Au bout du compte, cela n'aurait été bon ni pour l'un ni pour l'autre. Son mode de vie et son comportement auraient inévitablement été sources de conflits. Et s'il rentrait tard en ayant un peu trop bu ? Qu'est-ce que Busby penserait de lui ? Qu'est-ce qu'il se passerait s'il décidait de rester au lit et de sécher l'entraînement ? Busby viendrait-il tirer sa couverture pour l'y emmener de force ? Comment aurait-il pu descendre prendre le petit-déjeuner en sous-vêtements et mal rasé devant Lady Busby ?

O'Farrell se posait lui aussi des questions : où Best devait-il vivre et comment le dompter ? Comme la première question était étroitement liée à la seconde, O'Farrell suggéra qu'on lui choisisse une nouvelle maison « sûre ». Un exemple concret de la « méthode douce mais ferme » que le manager souhaitait instaurer. Best ne pouvait plus être constamment vu en train de se faufiler par la porte de Che Sera. Il ne pouvait pas non plus retourner chez Mary Fullaway et faire ce qu'il voulait. O'Farrell devait convaincre les sceptiques que Best était sous contrôle, tenu par des rênes plus serrées que jamais. Il devait démontrer que Best n'était pas revenu à ses conditions, mais que c'était bien le club qui avait désormais la main.

L'idée de génie avait été de loger Best chez Paddy Crerand, dans sa maison de Chorlton. La probabilité de l'échec était si élevée qu'en choisissant cette option, O'Farrell offrait aux journaux deux histoires pour le prix d'une : l'emménagement de Best, puis son départ, inéluctable. Best était arrivé dans sa Jaguar Type E, qu'il avait garée dans la rue. Il avait sorti une valise et sa trousse de toilette du coffre avant de prendre ses quartiers dans une petite chambre précédemment occupée par le fils aîné de Crerand. Noreen Crerand devait déjà s'occuper de trois enfants, dont le plus vieux avait 8 ans ; elle se retrouvait avec un quatrième sur les bras, âgé de 26 ans celui-là. Best devait retourner faire sa lessive chez Mrs Fullaway.

Les Crerand ne lui avaient pas donné de clé pour une bonne raison : un soir du milieu des années 60, alors qu'il faisait le baby-sitter pour les Crerand, il avait invité une fille chez eux après le départ du couple. Sauf pour le dîner, plus formel, Best devait se faire à manger tout seul. Le premier soir, il avait demandé des œufs et du bacon pour le petit-déjeuner. Il les avait bien trouvés sur la table le lendemain matin. « Mais je devais les mettre dans la poêle moi-même », n'en revenait toujours pas Best. Mrs Fullaway le chouchoutait tellement que Best présumait qu'il en serait partout ainsi. Il tint moins de soixante-douze heures chez les Crerand. O'Farrell le laissa retourner chez Mrs Fullaway, où un service normal était assuré pour le petit-déjeuner.

Un sportif connaît son corps. À la façon dont son cœur et ses poumons répondent, il sait jusqu'où il peut pousser, ainsi que la distance qu'il pourra couvrir jusqu'à ce que ses jambes deviennent trop lourdes. Best était dans un état lamentable. Les muscles de son torse n'étaient plus aussi tendus qu'avant. Son ventre ressortait et se courbait. Il constatait qu'il était « rondouillard ». Ses mollets et ses cuisses, autrefois durs comme l'acier, se ramollissaient à force d'être négligés.

Quand il passa sur la balance à la mi-juillet, United découvrit qu'il pesait 80 kilos. Deux mois plus tôt, il en faisait 67. « Je m'étais vraiment laissé aller », avouait-il, honteux. À part quelques jeux pour la forme avec un ballon en plastique sur la plage, Best n'avait pas fait d'exercice. « J'étais horrifié de découvrir dans quelle condition physique je me trouvais. » Un protocole de remise en forme avait été concocté spécialement pour lui. Cela passait tout d'abord par des séances d'entraînement avec les jeunes du club – une régression de dix ans –, des sprints et des longues courses jusqu'à en vomir ainsi que d'intenses séances à la salle de musculation, histoire de retrouver sa silhouette et un peu d'endurance. Celui qui adorait le labeur et la transpiration, et qui était si fier de son corps lorsqu'il se mettait torse nu, avait désormais beaucoup de mal avec ce programme répétitif et ennuyeux. Il repartait les yeux révulsés, comme si son esprit avait quitté son corps. La suspension qui lui avait été infligée devait faire office de coup de règle sur les doigts du vaurien. Mais mettre le gamin turbulent au coin allait vite se révéler contre-productif. Best avait raté quatre matchs de préparation, et ces brouillons allaient lui faire défaut le jour de l'examen. Le 12 août, pour l'ouverture du championnat, Best, à court de rythme, n'avait pu éviter la défaite des siens face à Ipswich Town, venu l'emporter deux buts à un à Old Trafford. Le ton était donné pour les mois suivants.

« Je m'étais fait mal pour être prêt en début de saison. Je l'ai immédiatement regretté. »

« Si quelqu'un a un don ou du talent, qu'il est tout simplement différent, alors il doit être traité différemment. » La théorie de Best était évidemment une façon de prêcher pour sa paroisse. C'était encore plus clair quand il ajoutait : « Si j'avais sous mes ordres le plus grand joueur du monde et qu'il arrivait sans chaussettes, je le laisserais faire tant qu'il est performant sur le terrain. » Best implorait un traitement de faveur à la hauteur de son rang. Sauf qu'Old Trafford n'avait plus vraiment les yeux de l'amour depuis son retour d'Espagne.

L'atmosphère dans le vestiaire était déjà lourde avant son escapade. La succession de défaites qui suivit n'avait rien arrangé. Best rapportait que personne ne parlait après les matchs. Le silence lui pesait plus que les reproches et les engueulades car il figurait parfaitement la léthargie de l'équipe. Best n'avait même plus le courage de se changer après une défaite. Il balançait ses chaussures et ses chaussettes, s'asseyait sans dire un mot et ressassait la nullité de la performance avant d'échafauder les plans d'une beuverie qui devait lui permettre d'oublier tout ça. « Je ressentais un vide horrible. »

Best appréhendait la façon dont il allait être reçu et allait jusqu'à dire que sa « plus grande crainte » était de faire face aux autres joueurs. Et à Bobby Charlton en particulier.

Interrogé sur la façon dont l'équipe avait réagi suite à sa désertion d'une semaine en janvier, Best avait donné une réponse cinglante, ce qui n'était pas dans ses habitudes: « Ils ont été super. Sauf un. Je ne vous dirai pas qui c'est, mais son nom est Bobby Charlton.» L'été, alors qu'il partait en vacances aux Bermudes, Charlton avait été assailli à l'aéroport de Heathrow par une cohorte de journalistes qui voulaient avoir son avis sur l'avenir de Best. « Sans lui, on ne partirait pas aussi loin. C'est impossible d'aller quelque part en Europe sans être harcelé par des touristes britanniques qui demandent ce qui se passe avec George Best.»

Les choses avaient été différentes. Quand Best était en train d'éclore, au milieu des années 60, Charlton et lui, sans pour autant être les meilleurs amis du monde, entretenaient une relation cordiale. Mais surtout, ils s'admiraient. Chacun jouait pour l'autre, et lorsque cela se terminait par un but, leurs accolades étaient sincères, à la mesure du respect mutuel qu'ils se portaient. Charlton parlait de Best avec enthousiasme, fasciné par son potentiel et ses buts, qu'il comparait à des petits chefs-d'œuvre d'improvisation. Tout ce que faisait Best était « épique ». En 1969, Charlton avait même écrit un article intitulé « Mon pote George ». Il allait encore plus loin : « Mettez George et moi côte à côte et je pense qu'on pourrait nous prendre pour un père et son fils. Si cela avait été le cas, je serais fier de lui.» Best, quant à lui, évoquait un « passeur génial », capable de vous repérer n'importe où sur le terrain, « comme un radar ». Best le voyait comme « un dieu » et n'avait jamais assez de mots pour décrire « le plaisir de jouer avec lui ».

Au début de la saison 1972-73, cela faisait déjà longtemps que Best avait perdu toute notion de plaisir.

La détérioration de sa relation avec Charlton est l'une des intrigues secondaires les plus importantes dans l'histoire du Manchester United post-Wembley, un drame à l'intérieur d'un drame. À l'époque, Best avait tendance à prendre très à cœur la plus petite des discordes ou le moindre désaccord. Avec le recul nécessaire, on peut le dire aujourd'hui : ce qui allait devenir grave à la fin n'était que futilité au départ.

Best et Charlton n'avaient fondamentalement que deux choses en commun : le maillot de United et leur éducation au sein de la classe ouvrière. « On vivait dans des mondes différents », expliquait Best. Les raisons étaient à la fois générationnelles et inhérentes à leurs caractères. Au niveau de l'âge, presque une décennie les séparait. Charlton, né en 1937, était adolescent au début des années 50, une période d'austérité et de reconstruction, rythmée par « Rock Around The Clock » de Bill Haley. Il était devenu l'un des Babes de United, bien avant que Best et les baby-boomers d'après-guerre ne bâtissent leur propre culture. L'insouciance de Charlton avait disparu sur le tarmac de Munich, où il avait survécu, ce qui lui valait de se poser encore et toujours la même question sans réponse : pourquoi ? Le processus normal de maturité avait été accéléré d'une des façons les plus horribles qu'on puisse imaginer. À l'impact, au moment où l'avion s'était cassé en deux, il avait été propulsé presque cent mètres plus loin sur la piste. Charlton était à l'avant de l'appareil, dans un siège qui tournait le dos au nez de l'avion. Il s'était remis de blessures suffisamment mineures – une commotion, des coupures au visage, une raideur dans le cou – pour jouer de nouveau un mois après le crash. Mais les blessures psychologiques de Munich ne guériraient jamais. « Ça remonte à la surface et ça me frappe tous les jours », révélait-il presque un demi-siècle après la catastrophe.

L'armure soyeuse du maillot de United rendait grâce au corps de Charlton. Il était musclé et avait toujours pris un soin tout particulier à se maintenir en bonne forme. Il avait aussi cette frappe exceptionnelle, des deux pieds, si violente qu'elle en aurait fait dérailler un train. Mais, même avant de jouer à ses côtés, Charlton semblait plus vieux que les autres aux yeux de Best. Il avait les traits tirés et une calvitie qu'il essayait vainement de dissimuler sous de longues mèches rabattues depuis une raie dessinée juste au-dessus de son oreille gauche. Un artifice qui ne résistait pas à la première petite brise. Best avait beau avoir l'une des plus grandes garde-robes du Royaume, jamais Charlton n'aurait pu être suspecté d'avoir pioché dedans. Avec sa collection de vestes et de pantalons unis, Charlton s'habillait plutôt comme son père. Best portait des manteaux en lama, Charlton des peaux de mouton. Best conduisait des sportives au capot rutilant, Charlton des voitures de père de famille ou de représentant. Best incarnait le glamour et une forme d'érotisme, Charlton le confort et la respectabilité de la classe moyenne.

En dehors d'Old Trafford, ils n'avaient aucune raison de se croiser. Charlton était marié et avait deux filles. Best le célibataire le regardait rentrer au foyer après les matchs quand lui s'apprêtait à partir en quête du meilleur plan pour lui garantir de passer du « bon temps ». Une seule fois, Charlton et lui avaient partagé des demi-confidences. Charlton avait invité Best chez lui après un match amical entre le Pays de Galles et une sélection du reste du Royaume-Uni, en 1969. Ils étaient rentrés ensemble, mais n'avaient pas entamé la discussion dans le train. « On n'avait pas grand-chose à se dire alors on parlait peu », racontait Charlton, qui fut « étonné » que Best accepte de descendre à Crewe et de l'accompagner en voiture à la maison pour le dîner. La femme et les filles de Charlton étaient parties et Best s'était installé dans le canapé du salon, détendu, en regardant la télévision et en feuilletant des magazines. Charlton avait sorti un sac de langoustines surgelées du frigo et les avait préparées. Après le repas, Best avait commencé à poser des questions domestiques qui ne collaient pas du tout à son personnage. Qui fait le jardinage ? Vous avez une femme de ménage ? Combien vous a coûté le tapis ? « J'étais dérouté. Puis j'ai compris : George pensait à se marier. » Charlton avait raison. L'improbable conversation, dont Charlton avait un souvenir à la fois « étrange » et « poignant », avait eu lieu peu avant que son aventure avec Eva Haraldsted ne sorte. Mais l'échange n'avait pas été le début d'une amitié ou de secrets partagés. Plus jamais Best n'était venu discuter avec Charlton pour avoir quelque point de vue sur le mariage, l'organisation d'un foyer ou l'ouverture d'un compte commun. Il y eut à la place une accumulation d'incompréhensions et de petites rancœurs, qui auraient facilement pu être résolues avec quelques mots.

Charlton, très à cheval sur l'éthique professionnelle, s'arrachait ce qui lui restait de cheveux à chaque fois que Best arrivait en retard ou ratait l'entraînement parce qu'il soignait une nouvelle gueule de bois. Les tapes sur les doigts et les menues réprimandes qu'il recevait des managers successifs l'exaspéraient. Il voyait Best enchaîner « les histoires scandaleuses » sans avoir à se confronter à « la discipline qu'il avait connue durant ses jeunes années ». Cet assouplissement, il l'attribuait à Munich. Matt Busby était en effet beaucoup plus enclin au pardon depuis l'accident. «Trois ou quatre fois, Frank O'Farrell avait été coulant alors que le reste des joueurs attendaient qu'il soit ferme, ajoutait Charlton. Les autres se donnaient à fond pour le club, même s'ils avaient perdu foi en O'Farrell. Mais le problème Best mettait tout le monde dans l'embarras. On aurait dit parfois que George était plus grand que le club. L'ambiance était horrible.» En tant que capitaine, vétéran et figure de proue de United, Charlton pensait qu'il était de son devoir d'exprimer son désaccord avec l'apathie généralisée face aux « pulsions incontrôlables » de Best. Charlton était clair : d'autres joueurs étaient venus le voir pour se plaindre des problèmes d'alcool de Best et de leurs effets dévastateurs sur le moral des troupes. « C'était mon boulot d'en parler au manager, ce que j'ai fait à de nombreuses occasions.»

O'Farrell était pris entre deux feux. «Je comprenais pourquoi Bobby était énervé. Il venait et bossait tous les jours et faisait face aux difficultés la tête haute. Pas George. Mais l'équipe n'était pas assez bonne sans lui. Je devais continuer à le prendre. Je l'ai dit à Bobby et il n'était pas forcément d'accord avec moi. Peut-être qu'il a un peu changé d'avis plus tard, quand il est devenu manager et qu'il a vu qu'à ce poste vous devez parfois faire des choix difficiles à comprendre pour les autres.»

Aux yeux de Best, aller voir O'Farrell s'apparentait purement et simplement à de la délation. Il affirmait qu'« un ou deux autres joueurs » n'étaient pas fous amoureux de Charlton non plus. « Certes, on en entend moins parler que moi », expliquait-il. Best se laissait aller à quelques attaques personnelles : « Il est agréable comme une porte de prison. On dirait qu'il porte toute la misère du monde sur ses épaules.» Dans une interview télévisée, Best fut interrogé sur les personnes qui avaient influencé son football. « Cissie Charlton », répondit-il sarcastiquement, tournant en ridicule l'histoire qu'il avait mille fois entendue de la mère de Charlton entraînant son fils dans les ruelles d'Ashington. La façon que Charlton avait de le chaperonner l'agaçait aussi de plus en plus. «Je fais ce que je veux, pas ce que Bobby Charlton veut.» Quelle que soit la manière dont il avait décidé de vivre, il maintenait que ce n'était pas « ses putains d'oignons ». Best estimait qu'il portait United à lui seul et en voulait à Charlton de ne jamais lui dire « Bien joué ». Il était aussi fatigué d'entendre «Tu devrais être plus comme Bobby Charlton », ce qui le rendait encore plus acerbe sur la personnalité de Charlton, qu'il trouvait « très imbu de lui-même ».

«J'aimerais l'entendre dire *fuck* rien qu'une seule fois », disait Best qui prenait un malin plaisir à parler crûment dès que l'autre se trouvait dans les parages.

Best était lui aussi convaincu que Munich avait changé la donne à United, mais pas pour les mêmes raisons. Il pensait en effet que Busby était trop loyal envers Charlton, qui freinait la reconstruction de l'équipe depuis la victoire en Coupe d'Europe. Selon Best, Charlton avait « sans doute joué plus longtemps que ce qu'il aurait dû. Plus ça va, moins il est efficace, et moins United est efficace.» Lors des parties de cartes, il avait un gimmick quand il fallait tancer un joueur qui relançait mal : «Tu fais plus d'erreurs que Bobby Charlton.»

Pour lui, Charlton devait accepter le fait qu'il était « une partie du problème » et non plus la solution. «Je représentais le futur de Manchester United – enfin j'aurais dû. Charlton incarnait le passé.» Ce qui expliquait la « rancœur » de Charlton. Dans le camp d'en face, l'autre avait aussi des arguments. Si Best était si « aigri », c'est parce qu'il n'avait jamais réussi à lui piquer la place de fils préféré de United.

Best n'avait pas non plus aimé l'attitude de Charlton durant la mauvaise passe du club, ou du moins la perception qu'il en avait eue. « Il a commencé par dire qu'il était responsable. Et que c'était intégralement de sa faute, ce qui le rendait encore un peu moins bon. Plein de petits trucs m'énervaient chez lui. Il était certain d'être meilleur que nous. Pas en tant que joueur, en tant qu'homme. Mais j'étais le seul à dire tout fort ce que beaucoup pensaient tout bas à son sujet. » Best disait que Charlton ne faisait pas partie du groupe et qu'il serait toujours à part. « Il préférerait boire un coup avec les dirigeants plutôt qu'avec nous. » Comme s'il appartenait à la haute société d'Old Trafford. « Il se voyait comme un membre de l'aristocratie. Nous autres, on était le petit personnel. »

Leur relation ne cessait de se distendre. L'antipathie virait à l'hostilité. Une guerre froide était déclarée, dominée par le silence. Ils étaient comme les deux vaisseaux qui se croisent en pleine tempête dans *La Ballade de la geôle de Reading* d'Oscar Wilde.

Tels des vaisseaux dans la tempête
Nos deux chemins s'étaient croisés
Sans même un signe et sans un mot
Nous n'avions mot à déclarer.

Et encore moins l'un à l'autre. D'après Alex Stepney, Charlton allait directement à sa place dans le vestiaire. « Sans même un hochement de tête à quiconque, il regardait le mur, se changeait et quittait la pièce. Il n'y avait jamais de conversation. Souvent, on voyait Denis [Law] ou George faire des mimiques dans son dos comme pour demander quel était son problème. » Toujours selon Stepney, « le désintérêt complet de Best pour le club » avait achevé de contrarier Charlton. Stepney concluait : « Le cœur de George s'était glacé d'un coup. »

Le manque de considération était tel que Best admettait qu'en dehors du terrain, « on ne se disait rien à part bonjour. Et encore, quand on était de bonne humeur. » Sur le terrain, il se débrouillait pour ne jamais passer la balle à Charlton s'il avait une autre option. Après une attaque ratée, il lui arrivait, sous le coup de la colère, de traiter Law de « connard ». Il le faisait aussi avec Charlton, mais Best insistait sur une différence fondamentale : « Quand je disais ça à Denis, je ne le pensais pas. »

Best pouvait faire péter les plombs à Charlton quand il refusait de lâcher sa balle. « C'est probablement à cause de moi qu'il perdait ses cheveux. » Un jour – là encore, les versions et les adversaires diffèrent selon le narrateur –, Charlton s'était résolu à lui donner une leçon en plein match. Best avait la balle sur la gauche, le long de la ligne de touche. Charlton décida de ne pas prendre l'espace pour venir l'aider. Best repiqua vers l'intérieur en courant vers Charlton qui ne bougea toujours pas, les pieds cloués au sol. Bloqué par les défenseurs, Best fit demi-tour, et frôla de nouveau Charlton, qui le vit passer par le même chemin que quinze secondes auparavant. Une troisième fois, Best, pas découragé et qui ne se souciait plus de quiconque portait un maillot rouge, repassa devant son coéquipier immobile qui pensait désormais que sa session de conservation de balle « avait dépassé le stade de la blague ». Il s'apprêtait à le traiter d'égoïste quand Best frappa violemment sous la barre. « Quel but… », admit Charlton. Best faisait remarquer que Charlton, d'une certaine façon, avait fini par lui ressembler. « Quand je suis arrivé dans l'équipe, je le frustrais à cause de certains trucs que je faisais avec le ballon. Quand il était en fin de carrière, c'est lui qui m'exaspérait. La roue avait complètement tourné, on avait presque échangé nos rôles. Il faisait des erreurs. Il essayait de faire des choses qu'il n'arrivait plus à faire. »

Malgré les apparences, ce conflit minait Best. Il en avait même parlé avec Philomena Lynott au Biz. « Il était très contrarié à cause des frictions au club », racontait-elle. L'ironie de la situation, c'est que Best et Charlton s'étaient déchirés au moment où United avait plus que jamais besoin qu'ils soient en harmonie. Ils étaient aussi préoccupés l'un que l'autre par les manques de l'équipe et se sentaient pareillement impuissants à y remédier. La crise à Old Trafford, qui aurait dû les rapprocher, avait en réalité agrandi le fossé entre eux. Et le fossé était devenu encore plus large en septembre, quand United organisa un jubilé pour Charlton contre le Celtic. Best se fit porter pâle à cause d'une blessure à l'épaule droite, une excuse pratique pour déguiser l'affront. Best ne voulait pas rendre hommage à Charlton. Ses amis se moquaient déjà assez de ses contradictions, notamment au sujet d'une photo sur laquelle on le voyait féliciter Charlton après un but. Best lui donnait l'accolade, sa main gauche sur le torse de son capitaine. «Tu fais ça alors qu'on sait très bien ce que tu penses de lui.» Best disait qu'être sur le terrain aurait été «hypocrite» étant donné l'antipathie que l'autre lui inspirait. Il était resté cinq minutes en tribunes avant de quitter Old Trafford et d'aller au Black Bull, où il lança de la bière et deux douzaines d'œufs sur un portrait de Charlton accroché au mur. Évidemment, la nouvelle s'était répandue comme une traînée de poudre et Best ne fit rien pour contredire les rumeurs. Cela ne le dérangeait pas que le public sache et l'idée que ça énerve Charlton lui faisait même plutôt plaisir. «J'en avais tellement rien à foutre de lui à ce moment-là.»

Le manque de dignité qui caractérisait cet épisode n'était qu'un avant-goût gentillet des trois mois sinistres qui allaient suivre.

Le staff et les dirigeants de Manchester United supposaient qu'une fois que Best aurait fondu, et joué suffisamment de matchs, il redeviendrait aussi dévastateur qu'avant. Lui aussi pensait la même chose au début. Mais le Best qui était parti en Espagne n'était pas le même que celui qui en était revenu.

Dans *Golden Boy*, la pièce de théâtre de Clifford Odets qui raconte l'histoire d'un boxeur, le personnage principal proclame : «La vitesse, la vitesse, tout repose sur la vitesse. Personne ne peut m'atteindre !» Il en avait toujours été ainsi pour Best. Il s'échappait en un battement de cils. Deux ans plus tôt, le réalisateur allemand Hellmuth Costard avait placé huit caméras 16 millimètres autour d'Old Trafford, toutes pointées sur Best. Dans le film qu'il en a tiré, *Football As Never Before*, on suit Best pas à pas pendant une heure quarante. Quand on voit ses tacles, ses têtes, ses tirs et bien sûr ses courses, on est frappé par sa vitesse. Sans élan, il parvient à effacer les défenseurs.

Lancé, il ressemble à un sprinteur aux Jeux olympiques. Ce tonus et cette élasticité avaient disparu, comme si on lui avait subtilisé ces dons du jour au lendemain. Des années plus tard, Best entendrait Bobby Moore lui glisser : « Tu ne peux faire que ce que tes jambes peuvent faire. » Il repensa aussitôt à son come-back et comprit toute la sagesse de cette affirmation. Ses jambes refusaient dorénavant de l'emmener là où son cerveau lui disait d'aller. Il pouvait toujours passer les défenseurs, mais il ne les semait plus. Bobby Charlton s'était immédiatement aperçu que Best luttait pour retrouver des capacités qui lui avaient toujours été naturelles, à commencer par cette accélération subite quand tout le monde le croyait déjà à fond. Cette arme « létale », il en était dépourvu pour toujours. Et Best ne se leurrait pas : « Tout mon jeu en dépendait. » Il espérait toutefois que sa faculté à garder la balle dans les petits espaces et son sens de l'équilibre resteraient intacts. « Il n'y avait aucun moyen de retrouver ma vitesse d'avant. Aucun entraînement n'y pouvait rien. » Il avait pris conscience qu'on pouvait dorénavant le rattraper et le brider, et cela – aussi – le bouleversait. Il devenait tout à coup un simple mortel. Il se sentait comme Superman apprenant la perte de ses superpouvoirs. Matt Busby l'avait également remarqué. « J'ai tout de suite vu le changement chez lui. »

Les contrariétés s'accumulaient pour Best. Il avait renvoyé Ken Stanley sans explication, mettant en péril l'agence elle-même. « Mon père était dévasté, racontait David Stanley. Il ne comprenait pas. Il lui avait fallu du temps pour installer son entreprise et atteindre l'équilibre. Des contrats attendaient d'être signés. George les a laissés en plan. Mon père était un homme d'honneur. Il se sentait personnellement responsable de chaque accord, ce qui lui rendait les choses intolérables. » Best, tellement concentré sur lui-même, avait choisi de ne pas penser aux problèmes qu'il causait aux autres. S'il n'y pensait pas, le problème n'existait pas. Bien longtemps après, Best ressentirait un profond sentiment de honte : « Je crois que Ken a fait une dépression nerveuse à cause de moi. »

Les gros titres des tabloïds commençaient à l'irriter. « Ils disent que je suis en surpoids, s'énervait-il. Vous avez vu vos journalistes ? Ce sont les types avec la moins bonne condition physique du monde. Et ils osent écrire des trucs qui font aussi mal. » Et United était toujours plus pathétique. On aurait dit une armée partie à la guerre avec des lance-pierres. Après trois défaites initiales, l'équipe avait mollement redressé la barre en obtenant quatre nuls consécutifs, avant de tomber à nouveau deux fois coup sur coup. Best n'avait marqué que deux buts, contre Leicester et West Ham. United se trouvait en fin de tableau et ressemblait de plus en plus à un candidat à la relégation. Même Charlton semblait baisser les bras. Frank O'Farrell avait acheté Wyn Davies, de Manchester City, pour 60 000 livres et Ted MacDougall, de Bournemouth, pour 200 000. Aucun des deux n'impressionnait Best. À part Martin Buchan, il affirmait que les joueurs qu'O'Farrell avait fait venir ne valaient pas les montants dépensés. Best disait que Davies, 30 ans, était « trop vieux » pour justifier son surnom de Wyn le Bondissant ; MacDougall était lui aussi « un mauvais investissement » ; quant à Ian Storey-Moore, arrivé de Nottingham Forest pour 200 000 livres, c'est à peine s'il comptait puisqu'il était « toujours blessé ». Best poursuivait : « L'équipe était nulle et pourtant ça empirait. Ils achetaient des joueurs qui ne méritaient pas ce maillot. J'étais totalement désabusé, je jouais avec des amateurs après avoir joué avec certains des plus grands joueurs du monde. Et plus je jouais avec des mauvais, plus j'étais mauvais. »

Fin octobre, Tottenham gagna 4-1 à Old Trafford. Un mois plus tard, le derby de Manchester avait été une balade de santé pour City, vainqueur 3 à 0 à Maine Road.

Best n'était plus aussi dominant. Et ne plus influencer le cours d'un match à sa guise lui donnait une affreuse sensation de médiocrité, quand d'autres se seraient largement contentés de ses performances, voire les auraient jugées réussies. « Je ne pouvais pas accepter d'être un très bon joueur. J'étais le meilleur footballeur que le monde ait jamais vu. » La citation peut sembler arrogante, dans la lignée du « vivre en bourgeois et penser en demi-dieu» de Flaubert. Mais elle éclaire sur le combat que Best livrait à lui-même. Même entouré, il était de plus en plus seul. Il dilapidait ses jours comme s'il ne savait qu'en faire. Quant à ses nuits, il en oubliait la majorité.

À dix heures du matin, il était encore dans le cirage. Ou déjà, c'est selon. «Je m'étais saoulé la nuit et j'étais encore bourré. Un jour, j'ai entendu Paddy Crerand dire que je fermentais.» Parfois, racontait-il, «je rentrais à la maison quand les autres commençaient l'entraînement. J'étais tétanisé à l'idée que mes potes sentent l'odeur de l'alcool sur moi. Donc je n'y allais pas et, évidemment, ça ne faisait qu'empirer les choses. Plus ça durait, plus je trouvais ça gênant et difficile.» Il ne venait pas au Cliff pendant deux jours, puis trois. O'Farrell appelait Malcolm Wagner et demandait, blasé : «Où est George ?»

Best avait un petit bureau au pied d'un immeuble dans le centre de Manchester. Il lui arrivait désormais d'y camper, au sens le plus littéral du terme, allongé sur le sol à côté de son réchaud à gaz. La chaleur du feu faisait rougeoyer son visage jusqu'à ce qu'il ait le réflexe de tourner la tête. La seule thérapie qu'il essayait, c'était le shopping, comme lorsqu'il décida de s'offrir une autre Rolls-Royce, certes d'occasion mais dont le prix, 10 750 livres, lui aurait quand même permis d'acheter deux familiales à chaque foyer d'Aycliffe Avenue.

Best ne voyait aucun avenir à United tant que le club ne recruterait pas de meilleurs joueurs. Il ne se voyait aucun avenir à lui-même s'il fallait se faire de plus en plus mal pour ne jamais gagner au bout du compte. «Ils n'ont jamais progressé, en tout cas pas jusqu'au niveau où je les attendais. Peut-être que j'avais mis la barre trop haut. Je devais être trop perfectionniste.» L'issue, pour lui comme pour le club, semble si évidente aujourd'hui qu'on se demande pourquoi les décisions que s'apprêtait à prendre United n'avaient pas été prises plus tôt. L'équipe ne pouvait pas continuer à perdre et Best ne pouvait pas continuer à faire ce qu'il voulait. La rupture était inévitable. Pénible, mais inévitable.

Les choses s'emballèrent quand il fut accusé de «violence ayant occasionné des lésions corporelles» après avoir giflé une femme dans une boîte de nuit de Manchester à 2 heures du matin. Un magistrat admettrait plus tard que Best avait essuyé « un grand nombre de provocations » mais l'avait condamné malgré tout. O'Farrell lui avait infligé une amende de 200 livres et l'avait suspendu quatorze jours. Mais surtout, il l'avait placé sur la liste des transferts. Prendre cette décision s'était avéré moins compliqué que de lui annoncer. Une lettre recommandée avait été portée chez Mary Fullaway. Son locataire n'était évidemment pas là. O'Farrell était à bout : « On ne sait pas où il est. » Impuissant, il ajoutait : « On a fait tout ce qu'on a pu. Il ne s'est pas comporté comme un professionnel. Je ne sais pas ce qui se passe dans sa tête. »

Best n'en avait pas la moindre idée non plus.

Les quatre semaines qui suivirent avaient été frappées du sceau de la calamité. Best se désagrégeait. Tout commença par une cuite à Londres qui lui coûta deux jours d'entraînement à Manchester. Une réunion avait été organisée avec le Board au sujet de sa conduite. Il la rata également. Sa Rolls avait été vandalisée, quelqu'un avait rayé la peinture blanche des portes conducteur et passager avec un couteau. L'entreprise qui avait pris la gestion de ses boutiques décida de retirer son nom des devantures. Il avait perdu son contrat avec les chaussures Stylo. Le manufacturier avait offert le contrat à Kevin Keegan, un joueur décrit par certains comme « pas même digne de préparer les cocktails pour Best ». United lui avait offert une énième seconde chance en annonçant qu'il s'entraînerait de nouveau dès que possible, ce qui signifiait le retirer de la liste des transferts et lever sa suspension. Personne n'en avait informé O'Farrell, qui était fou furieux, pendant que Best ne fit semblant de s'intéresser à la nouvelle que pour la forme, sans daigner se pointer à Old Trafford. « Ils n'auraient jamais osé me transférer. »

United, sans Best, fut humilié 5-0 sur le terrain de Crystal Palace, alors en queue de classement et qui serait relégué en fin de saison. Le club, comme cela avait été le cas avec Wilf McGuinness, ne fit preuve d'aucun tact ni d'aucune dignité envers O'Farrell. L'entraîneur irlandais fut convoqué par le Board le lendemain d'un banquet organisé en l'honneur de Charlton. Le plan de salle lui avait épargné tout effet de surprise : « Je n'étais pas à la table principale. » O'Farrell et Best furent donc virés dans la même matinée. O'Farrell demanda quel était le motif de son licenciement. Il ne reçut aucune réponse. Busby évitait de croiser son regard et ne chercha jamais à prendre la parole au cours de la réunion. O'Farrell dut engager des poursuites légales pour obtenir l'argent qu'on lui avait promis et auquel il avait droit. Seule l'imminence d'un procès – au cours duquel Busby aurait été appelé pour témoigner – convaincrait United de lui signer un chèque. O'Farrell, en manque d'argent, fut même un temps forcé de s'inscrire à la bourse du travail, où il était entré par une porte dérobée pour éviter d'être vu.

Et Best dans tout ça ?

« On a fini par en avoir marre », assumerait Busby, debout sur un tapis de photos de l'équipe déchirées par un supporter dégoûté.

Best avait eu une prémonition. Tout comme O'Farrell, il s'y était préparé. Il avait écrit une lettre de démission d'une vingtaine de lignes. Par souci de confidentialité, son ami Frank Evans, qui s'occupait dorénavant de la paperasse à la place de Ken Stanley, demanda à son père de la taper. Le vieil homme s'exécuta et tapa d'un seul doigt la missive sur le papier à en-tête de Best, en haut duquel son nom s'étalait sur deux lignes en lettres majuscules corps 56. Best ne voulait pas qu'il y ait de fuites et qu'un journal la sorte avant l'heure. « Tout Manchester aurait été au courant en moins de deux », expliquait Evans. Et Best voulait d'abord s'adresser au Board, à ces « Chers messieurs ».

J'ai sérieusement pensé à venir en personne et demander à être reçu lors de la réunion du conseil, mais une fois de plus j'ai trop peur quand il s'agit de dire les choses en face et j'aurais pu ne pas être totalement honnête. J'ai peur que mes méthodes peu orthodoxes au moment de régler mes problèmes n'aient causé des problèmes encore plus grands à Manchester United.

J'ai souhaité que vous lisiez cette lettre avant le début de la réunion, afin de vous faire connaître mon sentiment avant qu'une décision soit prise. Quand j'ai dit l'été dernier que je souhaitais arrêter le football, je le pensais sérieusement, contrairement à ce que beaucoup de gens croyaient, car j'avais perdu le goût du football pour diverses raisons. En Espagne, j'ai reçu beaucoup de lettres d'amis et de supporters dont quelques-unes me demandaient de reconsidérer ma décision. Je l'ai fait, et après quelques semaines de réflexion, j'ai décidé de revenir dessus. Je suis revenu en espérant retrouver mon appétit pour le football, et même si je pense m'être donné à 100 % lors de chaque match, quelque chose manquait. Encore maintenant, je ne sais pas quoi. C'est pourquoi j'ai de nouveau décidé de ne plus jouer au football, et cette fois personne ne me fera changer d'avis.

En conclusion, je tiens à souhaiter le meilleur au club, pour le reste de la saison et pour l'avenir. Car même si j'ai personnellement sali son nom récemment, Manchester United signifie toujours quelque chose de spécial pour moi comme pour des milliers d'autres.

Le début de la lettre est une perte de temps car le Board avait déjà pris la décision de se débarrasser de Best. Shakespeare aurait pu la rédiger, avec toute la finesse, la malice, la clairvoyance et la poésie du monde, rien n'aurait fait changer d'avis les destinataires. Ils ne voulaient rien entendre.

Ce que Best leur envoie, c'est une dissertation très personnelle, qui lui ressemble, maladroite : un mea culpa, une tentative de clarifier les choses, de s'en expliquer et qui se termine par un au revoir trop larmoyant pour être irrévocable. Le choix des mots et la structure de la lettre entravent le sens initial. Une seule lecture ne suffit pas pour comprendre le message et lister ses aveux. Il a peur de parler en face-à-face. Il ne dira pas forcément la vérité. Il ne sait pas pourquoi il a perdu la flamme. Il ne sait pas pourquoi il ne peut pas la rallumer. Quand il dit que personne ne peut le faire changer d'avis, il est flagrant qu'il n'attend que ça. Il veut qu'on lui demande de venir dans la salle. Qu'on le pardonne. Qu'on le comprenne.

Sur cette feuille de papier, Best apparaît tel qu'il est en vrai : perdu, inquiet, sûr de rien et surtout pas de lui-même, et orphelin de United.

Et bien sûr, il n'a pas la moindre idée de ce qu'il va faire ensuite.

CHAPITRE 14
LE GÉNIE EST UN FLÉAU

Le futur ne se passe jamais comme on l'avait imaginé. George Best ne fit pas exception à la règle.

Adolescent, Best avait une vision très précise de ce que serait sa carrière. Il deviendrait le meilleur joueur du monde et offrirait à son club un palmarès à la mesure de son talent. Et ce bien avant ce qu'il envisageait comme son âge d'or, entre 1973 et 1978. « C'est là que je serai au sommet de ma forme », prédisait-il, convaincu que Manchester United jouerait le titre tous les ans et dominerait l'Europe. Best répétait également qu'il ne prendrait jamais sa retraite. Non, s'arrêter ne faisait jamais partie de ses plans. Il aimait beaucoup trop le football pour l'abandonner de son plein gré. « Je suis sûr que je serai encore sur un terrain à 60 ans quand je serai grand-père, peu importe le niveau. » Il ajoutait qu'il serait prêt à « jouer pour n'importe qui » sitôt que United aurait décidé qu'il n'avait plus le niveau requis. « Dès que ma carrière professionnelle sera terminée, on me retrouvera dans un parc en train de jouer avec l'équipe du pub, juste histoire de faire un match. »

En attendant d'en arriver là, Best avait aussi anticipé le rôle qu'il tiendrait à Old Trafford à la fin des années 70, quand il n'aurait plus les cannes pour prendre tous ses adversaires de vitesse. Il s'imaginait dans un rôle de vieux sage, capable de se réinventer grâce à ses nombreuses autres qualités. Il éclairerait alors le jeu de ses passes lumineuses depuis le milieu de terrain, il aurait toujours cette maîtrise et cette créativité qui lui permettraient de marquer. Il saurait devenir plus collectif et se contenterait de dribbler deux ou trois défenseurs plutôt qu'une demi-douzaine. Il serait généreux avec le ballon et heureux d'être vu comme le stratège qui imposerait son rythme. Il promettait de s'entraîner beaucoup et d'étudier encore plus. Il croyait fermement qu'avec une analyse approfondie des tactiques et des failles de l'adversaire, sa science et sa malice conduiraient les siens à de nouvelles victoires. Best était convaincu qu'il deviendrait un de ces illustres anciens du football. Après tout, Puskas et Di Stefano n'avaient-ils pas permis au Real Madrid de conquérir l'Europe alors que l'un était un rondouillard de 33 ans et l'autre un chauve de 34 ? Stanley Matthews n'avait-il pas enfin remporté la Cup à 38 ans ? Et Pelé, à trois mois de souffler ses trente bougies, n'avait-il pas atteint son zénith sous le soleil brûlant de Mexico en 1970 ? Convaincu qu'il pouvait faire la même chose, Best ne voyait aucun obstacle qui pourrait l'empêcher de devenir un vétéran classieux et respecté, l'exemple à suivre. Les jeunes progresseraient rien qu'en le regardant s'entraîner. Il serait le maître à l'école de l'excellence pour eux.

Mais le plaisir de jouer et la clameur de la foule n'étaient pas les seuls moteurs de Best. Conscient du regard des autres, il parlait souvent de « ne jamais laisser sa carrière se terminer ailleurs qu'au sommet ». Il avait joué aux côtés ou contre des joueurs dont il estimait qu'ils avaient fait une ou deux saisons de trop et qui se cachaient à eux-mêmes, ou essayaient de cacher aux autres, leur irrémédiable déclin. Best comprenait parfaitement qu'ils se refusent à arrêter. Une question d'argent, un peu. De fierté, beaucoup. Il y avait aussi la peur de l'après-football qu'ils cherchaient à repousser le plus tard possible. Les anciens joueurs de la fin des années 60 et du début des années 70 raccrochaient souvent les crampons pour aller travailler derrière un comptoir, utilisant l'argent mis de côté pour acheter des pubs en espérant que les anciens supporters seraient prêts à payer pour le privilège de partager une pinte avec eux, aussi sinistre ou isolé soit le bar, et aussi inadaptés soient-ils pour la vie de tenancier. Il y avait très peu d'autres options. Quelques-uns se lançaient dans le commerce, misant là encore tout sur leur nom pour écouler les stocks. D'autres ouvraient des magasins de sport. Et certains, qui ne réussissaient jamais vraiment à se faire à l'idée que plus jamais on ne chanterait pour eux, perdaient tout leur argent et pointaient au chômage. Best disait souvent qu'il y avait « quelque chose de triste à voir ces anciennes stars du football mondial s'accrocher jusqu'à ce que leur talent s'étiole complètement devant des publics d'à peine quelques centaines de personnes ». Best s'était promis de ne jamais devenir « un has-been qui ne doit sa place qu'à ce qu'il était ».

Mais pour chacune de ses prédictions, Best oubliait l'évidente contrepartie à payer : pour arriver à s'épanouir en tant que « vieux » du football, il allait devoir changer.

1973 devait être la première année de sa période de plénitude. Ce serait en fait une année pleine de doutes, dont Best ne retirerait qu'une certitude : le meilleur était derrière lui.

Pendant quatre ans, sa statue de cire avait trôné fièrement, un ballon doré sur le pied gauche, au milieu des stars chez Madame Tussauds. Désormais, le conservateur du musée l'avait remplacée par celle de Johan Cruyff. Deux employés en salopette marron avaient traîné son torse décapité jusqu'au grenier. Sa tête, elle, avait été placée sur une étagère aux côtés d'autres hommes et femmes ayant fait leur temps. La collection était éclectique : l'ancien Premier ministre Clement Attlee, l'ancien président des États-Unis Herbert Hoover, George III, Jackie Kennedy, devenue entre-temps Mme Onassis, Stanley Matthews, quelqu'un dont personne ne se souvenait et une dame ayant tenu la boutique du musée. Le remplacement de Best par Cruyff était hautement symbolique, presque un passage de relais. « Si Best le mérite, il pourra toujours revenir dans la collection », annonçait une porte-parole d'un ton qui laissait penser qu'elle n'y croyait pas une seule seconde.

Best non plus n'y croyait pas. Les muscles qu'il exerçait le plus étaient ceux qui lui servaient à lever le coude. Avec la quantité d'alcool qu'il ingérait, tout le poids perdu à l'automne avait été repris pendant l'hiver, avec un petit extra. «Je traînais toute la journée.» Il ne retrouva jamais sa ligne parfaite des années 60 et du début des années 70. De pâle, son teint devint gris. Sa barbe s'épaississait et Best ressemblait de plus en plus à l'homme en couverture de cette sorte de Kamasutra présenté comme un manuel de cuisine, *The Joy of Sex*, une activité à laquelle il s'adonnait d'ailleurs avec vigueur. Si Best apparaissait dans les tabloïds, c'était presque toujours aux bras d'une femme – ou de plusieurs. Quelques heures après l'un de ses fameux tête-à-tête avec Matt Busby, censé être crucial pour la suite de sa carrière, il était dans une boîte de Manchester, juré d'un concours de beauté. Il avait été photographié à Paris, la jambe en l'air au milieu des Bluebell Girls, les danseuses du Lido aux tenues légères parées de bijoux et de plumes. Ou encore à la lumière des néons, en train d'entrer ou de sortir d'un établissement quelconque, avec une fille qui l'était beaucoup moins. Les tabloïds disaient « exubérante » ou « affriolante ». Ils pensaient « Mon dieu, quel canon ! » Elle était ensuite invariablement décrite comme une combinaison des éléments suivants : mannequin/danseuse/reine de beauté/Playboy bunny/mondaine/femme du monde. La fascination pour Best s'était encore accrue après sa deuxième retraite. Sa vie de people faisait vendre plus de papier que ses exploits sur le terrain ne l'avaient jamais fait. Aucun footballeur n'avait encore vécu cela. Le moindre de ses mouvements provoquait des scènes d'hystérie. Pour le *Sun*, qui lui avait consacré toute une double page et l'appelait «The Body Beautiful», il était « une superstar, un play-boy de la jet-set… et un Casanova revendiqué », aujourd'hui à la recherche d'une nouvelle raison d'être. Le portrait bâclé qui faisait de lui une idole déchue, un footballeur vedette imprévisible et un tombeur résume bien la vision qu'en avaient les lecteurs. C'est le problème de la célébrité, elle suscite le dénigrement et l'incompréhension.

Quand le grand public voyait Best comme quelqu'un qui se vautrait joyeusement dans le vin et les femmes, il tentait de remettre sa vie sur les bons rails.

Che Sera fut mise en vente. Il y vit aussi l'occasion de se libérer d'un autre fardeau. La Rolls-Royce, cible facile des vandales, en fit les frais. Ce dont Best ne pouvait pas se débarrasser, en revanche, c'était tous ces types qui venaient chercher l'embrouille. Dans un pub de Manchester, il se retrouva pris dans une bagarre après qu'un client l'eut traité de « tocard ». Un autre accrochage au cours duquel il y avait eu plus de tirage de cheveux que de coups de poing lui avait tout de même valu un œil au beurre noir, qu'il cacha quelque temps derrière de grosses lunettes de soleil. Il s'était arrêté à un feu rouge, quand un piéton qui le fixait à travers le pare-brise se mit à hurler : « Et ça se prend pour un footballeur. » Puis il donna un coup de pied dans la voiture, cabossant légèrement la carrosserie. Best s'était évidemment précipité hors de la voiture et les deux hommes s'étaient empoignés avant que les premiers coups ne fusent.

Best confiait à ses proches qu'il n'avait plus aucun intérêt pour le football. Le jeu le « gonflait », le milieu l'« emmerdait ».

Les spéculations sur sa future destination allaient bon train. Chelsea était le favori des bookmakers, notamment parce que le West End était le paradis des fêtards. Malcolm Allison tenta de le faire passer à l'ennemi. Le successeur de Joe Mercer à City était persuadé que Best voulait travailler avec lui autant que lui voulait travailler avec Best. Sa direction avait déjà refusé une première fois d'accéder à sa demande. « Le Board n'en veut pas », avait rétorqué le président d'un ton sec, conscient que, en plus de les soumettre encore plus à la tentation, avoir deux buveurs comme Best et Summerbee sous un même toit ne servirait personne d'autre que les journalistes. Brian Clough aussi voulut le faire signer à Derby. « Je réglerais son cas en une semaine, affirma-t-il. Je cacherais la clé du bar et je m'assurerais qu'il n'ait accès à rien de plus fort que du chocolat chaud pendant les six premiers mois. Les femmes ? Personne d'autre que sa mère et ses sœurs à moins d'un million de miles à la ronde.»

Plus insolite, l'obscure Ligue mondiale de foot en salle, basée au Canada, lui offrit l'opportunité d'un retour à 800 livres par match. Les rencontres étaient censées se jouer à six contre six, sur un terrain recouvert de moquette et entouré d'un mur de près d'un mètre de haut. Best se rendit à Toronto, mais tout simplement parce que, comme il le confiait: «J'avais besoin d'aller dans un endroit où je pourrais ouvrir le journal sans voir ma tronche à l'intérieur.» Et parce que les Canadiens étaient prêts à lui signer un chèque avec plein de zéros. Il n'y resta pas. L'organisation n'étant pas affiliée à la FIFA, Best avait une excuse toute trouvée pour refuser sans remettre en cause tout le dispositif, qu'il trouva pourtant plus que douteux, après avoir eu l'impression de négocier avec les Corleone. Parti à la sauvette, Best se rendit compte qu'il avait été suivi par deux hommes en costume bâtis comme des *linebackers*, et ce jusqu'en Californie.

Son refus de signer au New York Cosmos, le club du géant du cinéma et du divertissement Warner Corporation, est plus difficile à comprendre, d'autant que Best avait d'abord donné son accord pour le transfert. Clive Toye, directeur général du Cosmos, avait établi un système de paiement au prorata pour faciliter son départ de Manchester United, qui devait toucher 10 000 livres à chacune de ses entrées sur le terrain lors de sa première saison dans la North American Soccer League. Toye fit le voyage jusqu'à Manchester, le contrat de Best dans ses bagages. «Il n'y avait qu'un seul problème, expliquait-il. Impossible de le trouver pour qu'il signe. On a fait tous les bars, toutes les boîtes, tous les endroits où il aurait pu être.» Rien à faire, Best demeurait introuvable.

Best savait très bien que le Cosmos ne le voulait pas que pour ses capacités footballistiques. Il deviendrait un ambassadeur du football dans le Nouveau monde. Lorsqu'il était journaliste en Angleterre, Toye avait couvert en 1965 le match qualificatif pour la Coupe du monde de l'Irlande du Nord en Albanie. Sur le vol du retour, il avait vu des touristes américains se laisser persuader par George Best qu'il était George Harrison. « Il faut avoir pas mal de culot et de charisme pour arriver à faire un truc comme ça dans un avion. C'est ce culot et ce charisme qu'on voulait voir à New York. Il devait être une tête d'affiche. Grâce à lui, nous allions pouvoir vendre le Cosmos aux femmes, à tous les descendants d'Irlandais et à ses fans à travers le monde. » L'Amérique n'avait pas vraiment adopté la NASL. Un chroniqueur en parlait comme d'un « jeu pour communistes et fillettes en petit short ». Les rangées entières de sièges vides dans le stade du Cosmos avaient même poussé le gardien de but à ironiser sur son équipe qui attirait moins de public que les cinémas pornos de la 8ème Avenue. On offrait gratuitement des billets pour les matchs chez Burger King. Best devait donner un coup de fouet à la franchise et devenir la figure de proue de la NASL. Il ferait la couverture de *Sports Illustrated* et la « Dame grise » – le surnom du *New York Times* – serait folle de lui, comme toutes les autres. On annonçait qu'il gagnerait un million de livres par an et serait traité comme les plus grandes stars de la Warner : appartement avec vue à Manhattan, limousine interminable et chauffeur à casquette. En réalité, l'offre du Cosmos était plus modeste : 400 livres par semaine et un million en droits d'image. C'était tout de même le meilleur contrat jamais offert à Best en tant que joueur. Mais il n'en voulait pas. Toye finirait par avoir sa star deux ans plus tard. Son nom : Edson Arantes do Nascimento, plus connu sous le nom de Pelé.

Nos vies sont hantées par les chemins que l'on n'emprunte pas. Celle de Best est un échangeur spaghetti de routes qui s'entrelacent. La proposition du Cosmos était une autoroute, et Best regretterait longtemps de ne pas avoir pris la bonne sortie. Mais dans les années 70, New York était au bord de l'anarchie. Sale, jonchée d'ordures, dangereuse, la ville attendait qu'on la nettoie. Times Square était le rendez-vous des prostituées et de leurs macs. Dans les rues environnantes, remplies de mendiants, les vols et fusillades étaient fréquents la journée. Et c'était pire la nuit. Certes, Best aurait été à l'abri de la saleté, des tirs et de la pauvreté, mais toute cette agitation le rendait nerveux, et c'était compréhensible. Si New York avait été en Californie ou en Floride, les choses auraient été différentes et il aurait sûrement accepté l'invitation de Toye. Mais Best a refusé. New York était « une ville agréable pour le tourisme, pas pour y vivre ».

Best s'en mordrait encore plus les doigts quand il verrait Pelé accepter, à 34 ans, d'endosser le rôle de porte-drapeau du Cosmos et de la NASL, ce qui lui vaudrait immédiatement la une de *Sports Illustrated*. Si Best n'avait touché ne serait-ce qu'un quart des contrats publicitaires de Pelé, il y aurait déjà largement trouvé son compte. Il n'était peut-être pas aussi populaire que Pelé, mais il avait le potentiel pour conquérir et fidéliser le public néophyte et consumériste de la NASL. La NASL n'était certes qu'un succédané du championnat anglais, et on ne retrouverait jamais au stade des Yankees ou des Giants la fièvre d'Old Trafford, d'Anfield ou de Stamford Bridge, mais il se serait retrouvé au centre d'une expérience qui valait le coup d'être vécue. Durant quelques semaines, le match du Cosmos était devenu l'événement à ne pas manquer. Les billets s'arrachaient, des panneaux « *sold out* » étaient accrochés aux grilles des stades. Les acteurs hollywoodiens comme Robert Redford, les icônes pop comme Mick Jagger ou les politiciens comme Henry Kissinger s'y pressaient. Même les Américains qui ne connaissaient pas toutes les subtilités tactiques du jeu voulaient voir Pelé faire une bicyclette, tels des spectateurs de cirque venus admirer le trapéziste, le dompteur de lions ou la contorsionniste. Pelé ne les décevait pas. Et Best ne les aurait pas déçus. Il aurait pu faire aussi bien que Pelé, voire mieux étant donné son insatiable esprit de compétition. Après l'arrivée de Pelé à New York, des journalistes demandèrent à Toye s'il regrettait de ne pas avoir pu faire venir Best. Une question qu'il leur retourna avec malice : « Pourquoi faire signer George Best quand on peut faire signer le best ? » Blague à part, Toye était en réalité bien conscient de ce que Best aurait pu apporter, à lui et au Cosmos : « Lui aussi aurait été une idole. »

Plus tard, Best refusera un contrat pour évoluer en tant que *kicker* au sein des New York Giants, en National Football League. Une offre qui aurait fait passer celle du Cosmos pour roupie de sansonnet. Pour le coup de pub, il se rendit au Shea Stadium pour poser devant les photographes. Il enleva son manteau noir et, vêtu d'une chemise à fleurs et d'un pantalon à pattes d'éléphant, passa dix *field goals* en bottines en cuir à talons. Quelqu'un le prit alors à part et lui demanda : « Pourquoi t'embêter avec la NASL ? Pourquoi ne rejoindrais-tu pas plutôt la NFL ? » Mais porter un casque et ne sortir du banc que quelques minutes par match, c'était déjà deux désagréments de trop. Et la structure rigide du football américain, sans parler de la prépondérance des statistiques, l'intéressait autant que de regarder une serviette sécher sur un radiateur. Autre point négatif, peut-être le plus important : le climat de New York. « Il fait trop froid ici », déclara Best, qui rejeta avec désinvolture une chance que d'autres auraient tué pour avoir.

Best aimait être quelqu'un et était terrifié à l'idée de devenir personne. « Parfois, j'aurais envie qu'on me laisse tranquille pendant quelques heures. Mais très vite, on s'aperçoit que le pire, c'est quand personne ne s'intéresse à vous ou à ce que vous faites. » Paradoxalement, dans les mois qui suivirent son départ de Manchester, il avait apprécié l'anonymat que lui offraient les États-Unis. Il paraît qu'il n'y a pas mieux que l'Amérique pour oublier son propre pays, tant les habitants et les médias sont obnubilés par ce qu'il se passe entre la côte est et la côte ouest. Malgré quelques articles dans *Time* ou *Sports Illustrated* et des brèves dans certains journaux nationaux, Best était inconnu du public américain. Il pouvait faire ses courses, se promener sur le trottoir sans qu'on l'arrête pour lui demander un autographe, entrer dans n'importe quel bar sans être importuné par le premier ivrogne venu. Best avait rencontré en Espagne un entrepreneur et homme d'affaires américain, qui avait tout arrangé pour lui trouver des points de chute à San Francisco, Los Angeles et Palm Springs. Best avait besoin de soleil, tel un cadre débordé qui profite des vacances pour se ressourcer.

Il faisait des choses à la fois normales et inhabituelles pour lui. À San Francisco, il avait suivi le parcours de n'importe quel touriste, du Golden Gate Bridge à Alcatraz. À Palm Springs, malgré son aversion pour la natation, il prit un bain de minuit avec des mannequins californiens et de jeunes starlettes, qui passèrent ensuite la nuit à se balader, à papoter et à boire nues autour de la piscine. À Los Angeles, il fit la queue à Disneyland, au milieu des enfants des étoiles plein les yeux, pour faire l'attraction du sous-marin. Tout au long du voyage, Malcolm Wagner était à ses côtés. « George avait tout oublié. Il souriait constamment. Il était parfaitement détendu. Il buvait peu. Je pense sincèrement qu'il a passé quelques-unes des meilleures semaines de sa vie là-bas. Une seule chose l'inquiétait : il voulait que personne ne sache qu'il avait fait l'attraction à Disneyland pour ne pas entacher sa réputation. Du coup, je n'ai pas pu prendre de photos. »

Acapulco était la dernière étape du périple avant le retour à Manchester. Au Mexique, pays de football s'il en est, tout le monde connaissait Best. Sa photo était dans tous les journaux et magazines. À l'hôtel, le réceptionniste le reconnut immédiatement. Le directeur s'empressa de venir l'accueillir. Il lui déroula le tapis rouge et le surclassa d'un appartement à une villa avec piscine privée. Les employés le traitaient comme un roi. Rien n'était trop. Best n'était pas du genre à accepter les services sans rien offrir en retour, c'est comme ça que ses parents l'avaient élevé. Il accepta de jouer pour l'équipe des serveurs. On l'emmena en voiturette de golf jusqu'au terrain sur lequel il n'y avait qu'une poignée de touffes d'herbe éparses. Quelque cent cinquante spectateurs étaient venus voir le phénomène, qui s'était fait prêter une paire de crampons pour l'occasion. Peu habitué à l'altitude, Best avait du mal à respirer. Manifestement en petite forme, l'ancien Ballon d'Or se fit remplacer après moins d'une demi-heure de jeu.

Il paraît qu'il est possible de parcourir des milliers de kilomètres sans avancer. C'est exactement ce que vécut Best :

revenu à Manchester, il retrouva le thé et la bonne cuisine de Mrs Fullaway, mais aussi tous ses vieux démons, plus vivaces que jamais.

À la fin du mois d'avril, l'exotisme d'une vie sans football avait déjà perdu de son charme. Best reprit l'entraînement, seul : courses, jeu avec ballon et musculation dans sa chambre de Chorlton-cum-Hardy. Début mai, il en avait déjà marre et s'envolait pour Marbella.

Les choses auraient pu continuer longtemps ainsi : Best tentant de se remettre en forme avant de sauter dans le premier avion pour une destination ensoleillée. Il avait fallu qu'il frôle la mort pour sortir de ce cercle vicieux. Assis dans un bar de Marbella, Best sentit soudainement sa cuisse droite s'engourdir au niveau de l'aine. Il crut d'abord à une douleur musculaire sans gravité ou à un nerf coincé. Il ne se fit donc pas plus de souci que cela. Alors qu'il essayait de marcher un peu pour faire passer la douleur, sa jambe se mit soudainement à enfler et à le lancer. Un docteur, appelé en urgence à l'hôtel, ne reconnut pas la thrombose veineuse profonde. Il prescrivit à Best des antibiotiques et un spray anesthésique à appliquer en massage. Il rassura son patient, lui certifiant qu'il serait de nouveau sur pied et en pleine forme d'ici un jour ou deux. Au petit matin, sa jambe était marbrée, gonflée et douloureuse. Best aurait difficilement pu avoir l'air plus mal en point. Peu confiant en son docteur espagnol, il prit le risque de rentrer à Manchester pour se faire soigner. Pour une fois, il avait fait le bon choix : cette décision allait lui sauver la vie.

Best a toujours été nerveux en avion. Il n'y a que lorsqu'il voyageait avec l'équipe de Manchester United qu'il se sentait en sécurité, tout simplement parce qu'il était persuadé qu'un même club ne pouvait pas subir deux catastrophes aériennes. Cependant, à ce moment-là, la douleur était si insoutenable qu'elle dépassait de loin sa phobie. Une chose est sûre : Best n'oublia jamais ces trois heures et demie de vol. Il transpirait tellement que sa chemise lui collait à la peau. Il ne pouvait pas enfiler sa chaussure droite tant son pied avait enflé. Incapable de se tenir droit, il était complètement avachi dans son siège. Et bien qu'épuisé, il lui était impossible de s'endormir car les antibiotiques n'avaient aucun effet sur son état qui se détériorait de minute en minute. Malcolm Wagner se chargea de lui trouver un autre docteur, déjà au courant des symptômes et capable d'établir le bon diagnostic, afin qu'il l'attende à l'aéroport. « Il m'a emmené directement à l'hôpital. J'étais sous perfusion vingt minutes après avoir atterri. J'ai eu beaucoup de chance. » La thrombose s'était déplacée vers le bas de son corps plutôt que vers le haut. « Si elle avait touché mon cœur ou mon cerveau, je serais mort. » Best fut mis au repos forcé. On lui expliqua que le fait d'avoir à la fois arrêté de s'entraîner et consommé beaucoup d'alcool avait probablement causé la thrombose. À l'hôpital, on lui conseilla de ne pas boire pendant deux mois pour permettre à son foie de récupérer. « J'étais terrifié : j'ai compris à quel point j'avais martyrisé mon propre corps. »

Dans son lit d'hôpital, Best fixait le plafond de sa chambre. Il aurait 27 ans dans deux semaines. À quoi bon les fêter ? Il était sans emploi, cloué au lit, et une grande partie du public, que ce soit ses fans ou ses détracteurs, avait déjà tiré un trait sur lui. Un talent gâché, ingérable, trop occupé à être le roi de la fête pour réussir quoi que ce soit d'autre. Ayant délaissé depuis bien longtemps Dieu, la religion, les psaumes et la Bible, Best fut assez surpris par certaines de ses réflexions alors qu'il réfléchissait au sens de la vie. Il commença en effet à se demander si sa maladie n'était pas une espèce « d'intervention divine ». Dieu lui avait-il fait frôler la mort volontairement ? Était-ce un moyen pour Lui de le forcer à se repentir et à se reprendre en main ?

Matt Busby fut l'un des premiers à lui rendre visite à l'hôpital, sans prévenir et avec un énorme panier de fruits dans les mains. Busby était de plus en plus inquiet. Il avait déjà confié à Michael Parkinson qu'il pensait que Best pourrait se suicider un jour. Busby avait surtout peur que, quel que soit le chemin choisi par Best, celui-ci se heurte toujours à un cul-de-sac. Et lorsqu'il prenait du recul sur la situation, Busby ne voyait pas comment Best pourrait résoudre ses problèmes et en sortir indemne.

Il approcha une chaise du lit et écouta Best raconter sa semaine. Une fois les politesses de circonstance passées, et à l'initiative de Busby, les deux hommes commencèrent à se remémorer leurs souvenirs, comme s'ils ne s'étaient pas revus depuis trente ans. Busby, avec son accent écossais et son petit sourire, entraîna Best dans un voyage vers le passé. Il lui parla de ses débuts, des championnats remportés par United, de la victoire en Coupe d'Europe, des buts qu'il avait marqués. L'idée était de réconforter Best et de lui faire oublier, ne serait-ce qu'une demi-heure, sa situation. Mais la compassion, quoique sincère, n'était pas la seule motivation de Busby. Fin psychologue, il voulait sonder l'esprit de Best. Il savait qu'il était émotionnellement démoli. Il savait qu'il se sentait déconnecté de son passé. Il savait également qu'à ce moment précis, en pleine crise, Best n'avait aucune idée d'où il voulait aller ni si un retour au football (et à United) était envisageable. Busby n'aurait pas pu être plus apaisant, attentionné et diplomate avec Best. À moins de lui tendre un rameau d'olivier, il n'aurait pas pu exprimer le véritable but de sa présence de manière plus claire. Le simple fait qu'il soit venu prouvait à Best qu'une réconciliation était possible s'il le souhaitait. En choisissant de jouer sur la nostalgie des années 60, plutôt que de faire subir à Best un interrogatoire sur ses derniers déboires ou de le réprimander, Busby tentait de raviver son amour du football. Conscient de l'importance de prendre son temps, Busby attendit le bon moment pour dire ce qu'il avait à dire. Toute la discussion n'était qu'un préliminaire à cette phrase :

« Il est temps que tu rejoues, non ? »

De la construction de la phrase à son timing, en passant par le ton, chaque élément était crucial. Busby avait déjà quitté la chambre de Best avant de revenir sur ses pas pour le prendre au dépourvu. Il passa sa tête par la porte entrouverte, ne laissant voir que son visage et ses épaules, avant de parler. Le procédé a beau être éculé, le fait de le tourner comme une question adressée à Best lui-même plutôt que d'en faire une affirmation montre à quel point Busby le connaissait bien. S'il avait formulé cela comme une demande ou un reproche, Best n'aurait même pas réagi. En faisant passer cela pour une question en l'air, une idée qui venait juste de germer dans son esprit après leur discussion, Busby permettait à Best de considérer cela comme une suggestion bienveillante. Best pourrait dire par la suite qu'il en était arrivé à la même conclusion de son côté, évitant ainsi d'apparaître aussi désespéré qu'il ne l'était. Enfin, en n'utilisant pas une question directe, que Best aurait interprétée comme une supplication, Busby évitait de se mettre en position de faiblesse et de montrer à quel point le club avait besoin de lui.

Alors que les pas de Busby résonnaient dans le couloir, Best savait à la fois que son ancien boss avait raison et qu'on venait de lui faire la cour. «Je me suis rendu compte à quel point j'avais été idiot.»

En coulisses, et sans que Busby n'en sache rien, Best disposait déjà de propositions concrètes. Des clubs l'avaient approché directement et dans la plus grande discrétion pour éviter d'avoir affaire à United. Flatté, Best écouta ce qu'on avait à lui dire. Le Real Madrid lui offrait 250 000 livres net par an, en plus de racheter sa licence à Manchester United. Alfredo Di Stefano, directeur sportif de Valence à l'époque, servait d'intermédiaire dans les négociations. Comme son club ne pouvait de toute façon pas se permettre de recruter Best, il ne voyait aucun problème à aider son ancien club. Aston Villa, promu en deuxième division la saison précédente, était également prêt à tout pour recruter Best. Doug Ellis, président du club, était par ailleurs propriétaire de l'agence de voyages qui organisait la plupart des vacances de Best. Ellis promit à Best le double de son salaire à United et une commission juteuse sur la vente d'appartements de vacances flambant neufs à Fuengirola. Il l'invita à Birmingham pour «voir ce qu'il pensait des installations et prendre une décision». Di Stefano l'invita à Valence pour finaliser son transfert vers Madrid. Le Bull Ring contre la Puerta del Sol? Un peu déséquilibré comme combat. Le torero Frank Evans, qui jouait parfois le rôle d'impresario, vint chercher Best chez Mary Fullaway. Ellis avait accepté de l'envoyer à Majorque dans son jet privé après lui avoir fait visiter Villa Park. Evans s'était chargé de réserver ensuite un vol vers Valence, aussi discrètement que possible. Mais une fois arrivé à Aycliffe Avenue, il découvrit que Best avait un autre projet. Il voulait parler à Busby. Evans était persuadé que Best allait s'engager pour le Real et vit l'intervention de United comme un « kidnapping ». Il ajouta : « Il aurait pu refaire sa vie à Madrid. Mais il ne pouvait pas quitter Old Trafford. » Plus tard dans la journée, Evans vit Best annoncer la nouvelle à la télévision, utilisant une phrase qu'il répéterait pendant les trente années suivantes :

« De toute ma vie, c'est le seul club pour lequel j'ai vraiment eu envie de jouer. »

Le lendemain du jour où Best était passé de simple footballeur à superstar, au retour du quart de finale de Coupe d'Europe face à Benfica en mars 1966, il avait vu un visage familier s'avancer vers lui à travers la foule. C'était celui de Tommy Docherty, à l'époque entraîneur de Chelsea et qui s'apprêtait à prendre l'avion pour aller superviser un adversaire. Il avait vu le match à la télévision et, comme tout le monde, avait été ébloui par la performance de Best. Quand Best, sous son sombrero, passa près de lui, Docherty lui lança un « Hello Pancho ! » pour attirer son attention avant de lui faire signe comme si les deux hommes étaient de vieux amis. Il lui serra la main et lui donna une tape amicale dans le dos, le félicitant chaleureusement pour ses exploits. « C'est dire à quel point j'avais marqué les esprits. »

Il voyait Docherty comme un « bon gars », plein d'humour et d'enthousiasme. Son côté canaille avait toujours plu à Best. Cette première impression positive n'avait fait que se renforcer lorsque les deux hommes s'étaient retrouvés par hasard en Espagne un peu plus tard. Après s'être rendus compte qu'ils étaient dans le même hôtel, les deux hommes avaient bu une bière ensemble. Best ne le considérait plus seulement comme un type sympathique, mais aussi comme un technicien avec lequel il aimerait bien travailler. Or, Docherty venait d'être nommé entraîneur de Manchester United. Le troisième en trois ans et demi.

Cette fois-ci, United n'avait pas tergiversé. La transition s'était faite rapidement dans la foulée de la déroute face à Crystal Palace et du renvoi d'O'Farrell. Les conspirationnistes auraient même pu penser que tout était prémédité. Et si ce n'était pas le cas, il n'y avait que deux autres conclusions possibles : soit Matt Busby, d'ordinaire si méticuleux et méthodique à l'heure de faire ses choix, avait embauché Docherty sur un coup de tête, ce qui ne lui ressemblait pas ; soit il l'avait déjà choisi au préalable et n'attendait plus que le moment propice pour l'introniser. Une thèse accréditée par la présence de Docherty dans la tribune d'honneur de Selhurst Park, non loin de Busby. Officiellement, il assistait au match en tant que sélectionneur de l'Écosse pour superviser un défenseur de Crystal Palace qu'on lui avait recommandé. Il avait aussi déclaré qu'O'Farrell, qui avait été son coéquipier à Preston dans les années 50, aurait peut-être besoin du « soutien d'un ami ». Dans la demi-heure qui suivit la défaite de United, et quatre jours avant que le licenciement d'O'Farrell ne soit officiel, Docherty avait le poste. Alors qu'il était assis dans le club-house, Busby demanda à lui parler. L'échange dura à peine une minute. Busby alla droit au but – « Tu veux le poste ? » – et le prévint que la situation était tellement chaotique à United qu'il faudrait sûrement « faire un pas en arrière pour mieux repartir de l'avant ». En termes de fiançailles, c'était à peu près aussi engageant que celles de l'écrivain Thomas Hardy. Après avoir demandé à sa dulcinée si elle souhaitait devenir « la deuxième madame Hardy », il l'avait emmenée sur la tombe de sa première femme puis, pointant du doigt un emplacement vide juste à côté, lui avait dit : « C'est pour toi. »

Pas de quoi décourager Docherty. Non seulement entraîner United était « l'ambition de sa vie », mais il pensait également, à raison, que les échecs successifs de McGuinness et O'Farrell lui offriraient plus de latitude de la part de Busby et des dirigeants. Il était également à l'abri d'un renvoi trop rapide, United ne souhaitant pas faire d'Old Trafford un cimetière à managers. Il serait donc en position de force pour pousser vers la porte, ou à la retraite, les joueurs auxquels ses prédécesseurs n'avaient pas osé toucher par peur des conséquences de la révolution. Dans une comparaison d'un goût douteux, Docherty parla un jour des « barons, des tire-au-flanc et des joueurs trop occupés à tenter de se débarrasser de l'entraîneur » comme d'un « cancer ». Docherty le dit clairement : il était là pour faire « le sale boulot », et il n'avait pas l'intention de traîner.

Il avait 44 ans. Contrairement à O'Farrell et McGuinness, il avait remporté un trophée national : la League Cup avec Chelsea en 1965. Il avait également emmené les Blues en finale de la FA Cup deux ans plus tard, avant de démissionner moins de cinq mois après. À propos du président de Chelsea qui l'avait poussé vers la sortie, il avait confié : « Nous partagions quelque chose de très fort : un profond mépris mutuel. » Depuis, sa carrière d'entraîneur était en chute libre. C'est à peine s'il avait eu le temps de déballer ses cartons dans chacun des clubs où il était passé : un an à Rotherham, vingt-neuf jours aux Queens Park Rangers, treize mois à Aston Villa, seize à Porto. Mais en Écosse, il avait retrouvé une certaine stabilité. Avec sept victoires et deux nuls en une douzaine de matchs, il avait redonné un peu de lustre à la sélection et posé les bases d'une qualification pour la Coupe du monde 1974 – que validera son successeur Willie Ormond. Par ailleurs, Docherty était aussi truculent avec les médias que McGuinness et O'Farrell étaient austères. C'était un bon client, qui cherchait constamment à séduire et divertir son auditoire. Il faisait les délices des journalistes qui trouvaient toujours auprès de lui de quoi épicer les pages sports de leurs quotidiens. Une sélection des meilleures citations de Docherty, qui n'étaient jamais lancées au hasard, nécessiterait probablement un livre entier.

« Je suis très ouvert, je peux parler de tout. Tant qu'il s'agit de football. »

« La vie d'entraîneur, c'est comme une guerre nucléaire. Il n'y a pas de vainqueurs, que des survivants. »

« Je n'ai qu'une seule parole. J'avais promis à Rotherham de les sortir de deuxième division, je les ai menés en troisième. »

Best admirait ce sens de l'autodérision. « Ça doit quand même être bien marrant de jouer pour lui. » Après en avoir fait l'expérience, plus jamais il n'associera les termes « marrant » et « Docherty ». Leur relation ne dura que quinze semaines, de septembre à début janvier, et seuls le début et la fin ont marqué les mémoires.

Les débuts furent presque fusionnels. Les deux hommes avaient posé ensemble pour ce qui ressemblait à une photo de fiançailles. Dans une veste à carreaux dont le tissu semblait davantage fait pour des pantalons de golf, Docherty pose son bras autour des épaules de Best, comme s'il s'apprêtait à l'embrasser sur la joue. Les cheveux de Best sont plus longs et négligés que jamais. Sa barbe est aussi plus épaisse et hirsute. Il ne regarde pas son nouvel entraîneur. Mais ce qui est le plus frappant sur ce cliché, c'est la chemise mauve qu'il porte. Elle est trop petite, de presque une taille, trop serrée à la poitrine et aux hanches. Des plis se dessinent au niveau des boutons, qui semblent prêts à sauter au moindre mouvement brusque ou si Best relâche sa respiration. Il a une demi-douzaine de kilos de trop.

Il est facile de dire aujourd'hui que cette histoire était vouée à l'échec. La base même de leur accord était illusoire, chacune des parties croyant en quelque chose d'impossible. Best pensait pouvoir remonter le temps ; Docherty pensait qu'il était capable de mieux le gérer que ne l'avait fait Busby. Ce qui n'empêchait pas les plus sceptiques de parier sur la date du premier « Best rate l'entraînement » à la une des journaux. Pourtant, leurs intérêts personnels étaient convergents, ce qui aurait dû être une garantie suffisante. Sauf qu'ils dépendaient trop l'un de l'autre pour que le premier grain de sable n'enraye toute la mécanique, d'autant que le passif de Best faisait peser sur leurs épaules une pression quasi intenable. Mais à force de vouloir convaincre le reste du monde du bien-fondé de cette idée, tous deux finirent par en faire trop et à promettre plus de beurre que de pain. La rupture était inéluctable, et cette fois ce serait celle de trop.

Quatre mois plus tôt, Docherty n'avait pas lésiné sur les déclarations d'amour pour séduire Best. «Je veux le revoir sur un terrain. Et j'aimerais être l'entraîneur qui saura l'aider et le guider.», avait-il écrit dans un article signé de son nom. Il était bien conscient qu'il y avait un obstacle, même si sa rhétorique laissait à penser qu'il n'était pas insurmontable : « Cela ne se fera pas car United a, et c'est légitime, choisi de bâtir son futur sans lui.» Docherty tentait de sauver le club de la relégation. Six défaites en vingt matchs et une dix-huitième place : son bilan n'avait rien d'exceptionnel, jusqu'à ce qu'on le compare à celui d'O'Farrell, ce qui lui donnait dès lors des allures de miracle. Pour cela, il avait obtenu que le club mette la main au portefeuille, avec notamment 200 000 livres dépensées pour faire venir Lou Macari du Celtic et 130 000 pour débaucher George Graham à Arsenal. Pourtant, Docherty manquait toujours cruellement de bons joueurs, sans parler de grands joueurs. United avait beau répéter que Best ne serait jamais rappelé, le fait est que le club avait terriblement besoin de lui, même sur une jambe. C'était en tout cas ce que pensait Busby. «Je n'ai jamais vraiment cru que cela marcherait, déclara Docherty. Mais Sir Matt m'a demandé de tenter le coup. Alors je l'ai tenté.»

Dans un environnement favorable, Docherty estimait que Best pourrait continuer « à jouer au plus haut niveau après ses 30 ans ». Un Best à 70 % vaudrait toujours mieux que quasi n'importe quel autre joueur de United à 110 %. Les risques, comme celui de voir Best les abandonner au bout d'un mois, étaient réels. Mais Docherty les minimisait, ce qui peut sembler culotté de la part de quelqu'un qui se montrait particulièrement acerbe quant à la gestion du cas Best par United dans les années 60. Son avis était sans concession : « Il n'était soumis à aucune discipline. Il aurait pu tuer quelqu'un, il était certain de jouer le samedi suivant.»

Cela sous-entendait que Docherty n'aurait jamais été aussi clément. Et ses états de service en attestaient : sa main de fer n'était même pas enveloppée d'un gant de velours. En 1965, Docherty infligea une amende et renvoya à Londres huit joueurs de Chelsea qui avaient enfreint le couvre-feu alors que l'équipe, qui devait disputer ses trois dernières rencontres dans le nord-ouest du pays, avait établi son camp de base à Blackpool pour la semaine. Ils allaient donc rater les deux derniers matchs de la saison, laissant leurs places à des joueurs de l'équipe réserve, alors même que le club était toujours en course pour le titre. Après vingt minutes de jeu, les Blues avaient déjà encaissé trois buts sur la pelouse de Burnley, qui l'emportera 6-2 au final. Docherty était droit dans ses bottes : « On peut dire que j'ai sacrifié toutes nos chances de remporter le championnat pour une question de principes, oui. Mais il était inconcevable de laisser passer ça. » Qui aurait pu croire qu'un homme capable de faire cela se montrerait aussi compréhensif avec Best, dont la réputation n'était plus à faire ?

Pour son retour, Best avait obtenu des aménagements qui lui étaient particulièrement favorables. « Il était convenu d'un commun accord que je puisse de temps en temps rater un entraînement, expliquait Best. Si j'étais là l'après-midi, ça allait. » À condition toutefois que la presse n'en sache rien. D'après Best, Docherty lui avait assuré : « Ça restera entre nous. On trouvera un moyen de s'arranger. » Un « gentlemen's agreement » selon Best, un blanc-seing pour d'autres. En lui donnant autant de liberté, Docherty souhaitait prouver à Best qu'il lui faisait confiance et espérait le rendre plus responsable. Mais l'accord avait une faille qui allait s'avérer fatale : en laissant trop de place à l'interprétation, il était propice aux malentendus, aux abus et aux quiproquos en tout genre. Tout le monde savait qu'il était difficile de tenir Best en laisse. Mais là, il avait plutôt trop de liberté.

Alors que les journaux n'attendaient que le prochain dérapage du fils prodigue, Best pesait chacun de ses mots pour prouver son sérieux. « Je suis venu pour rester. United est le seul club pour lequel je veux jouer. Cette fois je le pense vraiment. Si je ne me tiens pas à carreau, plus personne ne me fera confiance. J'ai enfin compris ce que le football représente pour moi et à quel point il m'a manqué.» Une confession qu'il fit plus tard à Michael Parkinson suggère que cet optimisme s'est rapidement envolé pour laisser place à de l'angoisse. «Je crois que j'ai su que j'avais fait une erreur dès l'instant où j'ai foulé le terrain pour la première fois. Avant, ça me faisait un effet indescriptible… Plus maintenant. Là, ça me déprimait. Je me souviens très clairement m'être dit que tout cela était voué à l'échec.»

Avec son accent de Liverpool et sa mèche blanche sur le front, Tommy Cavanagh, l'adjoint de Docherty, était craint des joueurs. Il était si strict que certains estimaient parfois que cela frôlait la maltraitance. En toute transparence, Best avait prévenu Cavanagh que le seul match auquel il avait participé depuis sept mois était la petite partie jouée à Acapulco avec les serveurs mexicains.

Cavanagh demanda à Best ce qu'il buvait, mangeait et faisait lors d'une semaine normale. Comme un docteur conscient que son patient ne lui en dit que la moitié, Cavanagh réajusta les chiffres que Best lui avait annoncés au sujet de sa consommation d'alcool. Il fit monter et descendre Best dans les gradins vides jusqu'à épuisement. Il élabora un programme de fractionné digne de l'armée. Best luttait contre le chronomètre pendant que Cavanagh hurlait pour s'assurer qu'il ne se relâchait pas. Il prit en main le régime de Best. Mais il ne se préoccupait pas que de son poids. Discrètement, il faisait en sorte de sentir son haleine et vérifiait que son regard ne trahissait ni manque de sommeil, ni excès quelconques. Cinq ans plus tôt, du côté de Nottingham Forest, Cavanagh avait déjà eu affaire à un autre buveur invétéré, « Slim » Jim Baxter, à qui il avait fait subir le même traitement. Comme Best, Baxter noyait son talent dans l'alcool. Il sortait tard, se battait dans les bars, venait s'entraîner avec la gueule de bois. Il ne méritait plus le surnom de « Slim » qu'on lui avait attribué lors de ses belles années aux Glasgow Rangers tant l'alcool et la paresse l'avaient épaissi. Il avait un début de double menton et ses joues flasques tremblotaient lorsqu'il courait. À seulement 28 ans, Baxter avait l'air d'un quadragénaire fatigué qui se laissait aller. « Il y avait une différence entre Baxter et Best, expliqua Cavanagh. Baxter savait que sa carrière était en train de décliner et qu'il n'y pouvait pas grand-chose. Best, lui, voulait prouver qu'il était encore capable de jouer. Alors il s'est donné à fond et n'a jamais protesté. »

La jambe droite de Best lui causait toujours quelques problèmes depuis la thrombose et il pensait qu'il ne serait pas raisonnable que Docherty fasse appel à lui avant Noël. Docherty avait estimé que Best aurait besoin de cinq mois pour être prêt à jouer, puis entre huit et dix matchs pour retrouver son niveau. Dès le départ, Best avait supplié Docherty : « Ne me presse pas… Je jouerai avec la réserve pour me remettre en forme. »

Finalement, les circonstances ont voulu qu'il fasse son retour bien plus tôt que prévu. United était à l'agonie, avec une seule victoire en huit matchs. Alors Docherty précipita les choses et fit appel à Best pour jouer contre Birmingham City, mi-octobre. Best n'y était pas favorable avant la rencontre, et le déroulé de celle-ci allait lui donner raison. « C'était une erreur. »

Au XIXème siècle, il était courant que les stades de cricket affichent deux tarifs différents à l'entrée : le tarif normal pour les matchs, et le tarif de gala pour les matchs avec W.G. Grace. United aurait certainement pu faire la même chose à Old Trafford tant le retour de Best était attendu. Ce soir-là, il y avait 49 000 spectateurs, soit près de 3 000 de plus que la moyenne sur la saison. Et presque tous huèrent ou sifflèrent lorsque Docherty, pris de pitié, fit sortir Best à un quart d'heure de la fin du match alors que ses jambes étaient sur le point de céder. Heureusement pour Docherty, United finit par s'imposer dans la douleur 1 à 0, grâce à Alex Stepney, qui tirait désormais les penaltys. Avec deux buts, le gardien devenait le co-meilleur buteur de l'équipe, ce qui suffit à comprendre pourquoi United avait si désespérément besoin de Best.

Cela avait sauté aux yeux de tout le monde : le Best gracile comme Fred Astaire ressemblait désormais plus à un jeune Oliver Hardy. C'était provisoire, ils en étaient tous convaincus. Il allait perdre ses kilos en trop, ses cuisses et ses mollets allaient se raffermir, et l'homme qui émergerait du tunnel très bientôt serait le même qu'en 1968. Mais Cavanagh voyait déjà les choses autrement : « Rien de ce qu'il faisait ne changeait quoi que ce soit. Il n'arrivait pas à perdre de poids. » Best se découragea et sombra à nouveau dans une dépression qui ressemblait furieusement à celles qui avaient précipité ses deux précédents départs d'Old Trafford. Docherty, aussi impuissant que McGuinness et O'Farrell avant lui, tenta de l'aider. Best se considérait toujours comme le meilleur joueur du monde. Docherty ne lui en demandait pas tant : il voulait déjà qu'il redevienne le meilleur joueur britannique. Ce premier défi devait lui retirer un peu de pression. L'idée ne fit que le déprimer un peu plus. Best ne voulait pas régresser.

La perspective de jouer en deuxième division, un destin auquel United semblait ne pas pouvoir échapper, lui donnait déjà envie de tout laisser tomber. Dans une équipe qui n'en était plus une, il avait la sensation de ne servir à rien. Il était si gras que quand il s'imaginait sprinter, les autres le voyaient plutôt trottiner, traînant son gros cul à grand-peine. Il y avait bien quelques passes lumineuses, un ou deux passements de jambes, et ces rares secondes où, de loin, par la grâce d'un dribble ou d'une feinte de l'épaule, on pouvait apercevoir le joueur qu'il avait été. Mais à ces fugaces instants de magie succédaient toujours une perte de balle ou une culbute ridicule qui trahissaient le Best qu'il était devenu. Il fit une autre confession à Parkinson : « J'avais commencé à tricher à l'entraînement, en match. Je n'y arrivais plus. Je n'en voulais plus. » Au mois de décembre, une autre déclaration allait faire souffler un vent de panique sur Old Trafford. « Je suis toujours à deux doigts de filer à l'aéroport, de prendre un avion et d'aller dîner à Rome. » Best avait promis à Docherty qu'il serait totalement concentré sur le football. Autant dire que le manager n'avait que moyennement apprécié quand il avait découvert que Best s'apprêtait à ouvrir son propre night-club à Manchester, le Slack Alice. Une activité que Docherty considérait incompatible avec celle de footballeur professionnel. D'autant qu'il semblait plus impliqué dans ce projet, toujours prêt à accueillir ses clients dans son costume sur mesure, un grand nœud papillon autour du cou. Il avait tenu à rassurer le club quant à l'innocuité de sa nouvelle occupation, osant même avancer qu'elle pourrait structurer sa vie de sportif de haut niveau : « Je suis moins éparpillé, je me sens plus serein. Je suis tellement apaisé que j'ai même du mal à y croire. Je passerai peut-être trois soirs par semaine dans la boîte, je serai un hôte respectable et digne. Et bien sûr, je n'irai jamais les veilles de match. »

À United, personne n'y croyait. Et surtout pas Docherty.

Les deux Tommy, Docherty et Cavanagh, avaient baptisé George Best « The Quare Fellow », en référence au personnage principal d'une pièce de théâtre de Brendan Behan écrite en 1954. Dans le vocabulaire irlandais, « *quare* » est un dérivé de « *queer* » qui désigne, à l'origine, quelqu'un d'étrange, de bizarre ou d'amusant, sans référence à l'orientation sexuelle. Le « drôle de gars » de la pièce de Behan est le personnage central de l'intrigue sans qu'on ne le voie ni ne l'entende jamais. Best était un peu ainsi à Old Trafford. Tout ou presque tournait autour de lui, même quand il n'était pas là, chacun y allant de ses spéculations sur son avenir ou son état de forme. Au lieu d'être le catalyseur du projet comme Busby l'avait envisagé, il était devenu une source de distraction. Personne, pas même Best lui-même, ne savait s'il serait là le lendemain, et encore moins à l'heure prévue. Chaque minute passée à l'attendre, le chercher ou s'inquiéter pour lui était une minute de travail perdue. Au final, il plombait plus son club qu'il ne le tirait vers le haut.

Ça ne pouvait pas continuer ainsi. La situation devenait intenable, la rupture inévitable. Le divorce entre Docherty et Best serait de ceux où les injures fusent et les assiettes en porcelaine se brisent contre le mur de la cuisine. Une fois celui-ci consommé, Best qualifiera Docherty de « type profondément malhonnête ». L'autre sera encore plus cinglant : « Le club se porte mieux sans Best. »

Tout est question de perspective, et c'est pourquoi Best et Docherty n'avaient absolument pas la même version des événements.

Docherty et Best n'ont jamais été d'accord que sur quelques détails. Deux d'entre eux sont purement factuels, et donc irréfutables. Le jour de l'An, les Queens Park Rangers écrasaient United 3-0 à Loftus Road. La rencontre suivante était un troisième tour de Cup contre Plymouth Argyle à Old Trafford. Tout ce qui s'est passé entre la fin du premier match et le coup d'envoi du second a fait l'objet de deux récits très différents.

D'après Docherty, Best, comme tous les autres joueurs, avait un jour de repos le 2 janvier. Absent lors de la reprise de l'entraînement le 3, il fit son retour le 4 en prétextant une gastro-entérite. Catégorique, Docherty affirma que le 5 janvier, jour du second match, Best ne se présenta pas au repas d'avant-match à midi. Au moment de rendre la feuille de match à l'arbitre, vers 14 h 15, il raya le nom de Best. Toujours d'après Docherty, il vit arriver Best « vers 14 h 35 », manifestement ivre. Docherty garantit l'avoir alors renvoyé en lui disant : « Plutôt que de penser à taper dans un ballon, tu ferais mieux de souffler dedans. » Près de quarante ans plus tard, Docherty complètera sa citation : « Si je te laisse rentrer dans ce vestiaire, je vais retrouver tous les gars shootés aux vapeurs d'alcool. » Selon l'entraîneur, Best était « incapable de mettre un pied devant l'autre ». « On a frappé à la porte, Tommy Cavanagh est allé ouvrir. C'était le Quare Fellow, au bras d'une blonde magnifique. Je lui ai dit qu'il n'était pas en état de jouer. »

Best a toujours vivement contesté ces accusations et le déroulé des événements. Il concédait que la gastro était une invention pour couvrir une soirée passée au Slack Alice, où les bouchons de champagne avaient continué à sauter plus de quarante-huit heures après le réveillon. Son compte rendu des deux jours qui avaient suivi n'était d'ailleurs pas plus clair que lui. Ainsi, il affirma d'abord avoir raté les entraînements du 2 – qui n'avait pas eu lieu – et du 3 janvier. Puis il déclara avoir utilisé le joker que lui accordait Docherty et s'être rendu au Cliff l'après-midi du 3. En revanche, en ce qui concerne le jour du match contre Plymouth Argyle, Best était formel : « J'ai déjeuné avec tout le monde et j'étais là une heure et demie avant le coup d'envoi. D'habitude, j'étais toujours le dernier, mais cette fois je voulais être en avance. L'équipe n'avait pas encore été annoncée. »

Best racontait que Docherty demanda à le voir en privé alors qu'il était en train d'enlever sa veste. Voilà ce qu'il retint de la conversation.

DOCHERTY : Je ne t'aligne pas ce soir.

BEST : Pourquoi ?

DOCHERTY : Tu n'es pas venu t'entraîner jeudi matin, je te sors pour l'exemple.

Best protesta, suppliant Docherty de croire qu'il était bien venu s'entraîner le jeudi après-midi. Il fut stupéfait de ce que lui dit ensuite Docherty : « Je ne peux pas laisser les gens penser que tu es plus fort que moi. » Best était au bord des larmes.

Best réfuta systématiquement toutes les allégations de Docherty. Il n'était pas ivre. Il n'avait pas amené de femme à Old Trafford avec lui. Il n'avait pas raté le repas d'avant-match. Il estimait que Docherty l'avait trahi et qu'il devait « reconnaître qu'il avait eu tort et qu'il avait menti ». Best décrivait un entraîneur « qui n'avait aucune parole ». Il était à la fois dégoûté et très remonté : « Je ne joue pas au football pour travailler avec des gens comme ça. »

Docherty aurait pu contre-attaquer pour redorer son image. Il aurait pu dire que Best était bien mal placé pour se plaindre de promesses non tenues. Qu'après avoir tout fait pour gérer les addictions de Best, celui-ci n'avait pas joué le jeu. Que, sans même s'en rendre compte, Best avait gâché ce que lui-même avait réclamé : une troisième chance à United. Et enfin, il aurait pu citer Cicéron : « La confiance est comme l'âme, une fois partie, elle ne revient jamais. » Le public aurait lu entre les lignes : Docherty n'y pouvait rien, Best était ingérable.

Mais Docherty choisit une autre voie. Entre son accueil en fanfare et ses adieux glaçants, Best avait joué douze matchs et marqué seulement deux buts – dont un sur un tir dévié. Docherty revint donc sur les matchs et les performances « quelconques » de Best, qui étaient « tristes à voir ». Il conclut : « Son retour a été un désastre. Il a créé plus de problèmes qu'autre chose. » Ces dernières phrases, prononcées avec regret plutôt qu'avec colère, rappellent les mots de Joe Mercer sur le génie, qu'il estimait être « un don du ciel lorsque les choses marchent bien, et un fléau lorsque ça va mal et qu'il contamine et détruit tout autour de lui ».

Afin d'accréditer sa thèse et de se poser en victime tout en faisant passer Docherty pour un intrigant, Best convoqua le seul témoin de la conversation qu'il avait eue avec le manager : Paddy Crerand. Son ancien coéquipier, désormais coach assistant, le défendit catégoriquement. Non, il n'était pas ivre. Non, il n'était pas accompagné. Non, Docherty n'avait pas rayé son nom de la feuille de match. Il ne l'avait jamais écrit. Crerand tenta d'arrondir les angles : « Viens à l'entraînement lundi matin et on passera à autre chose. Il veut juste te montrer qui est le boss. » Crerand étant un ami de Best, son objectivité peut être mise en doute, d'autant que sa relation avec Docherty était tumultueuse, ce qui lui vaudra d'être mis à l'écart les saisons suivantes. Mais l'attaquant Brian Kidd, présent ce jour-là, corrobore également la version de Best : il affirma avoir « sans aucun doute » entendu Best demander pourquoi il n'était pas sur la feuille de match « bien avant » 14 h 30.

Best était persuadé que Docherty attendait depuis longtemps une occasion de le provoquer et de l'acculer. Alors que son absence à l'entraînement avait fuité dans la presse dès la veille, pourquoi Docherty a-t-il attendu le dernier moment pour le confronter ? Pour Best, c'était du machiavélisme. Dans son autobiographie publiée en 2008, *Married to a Man of Two Halves*, Agnes, l'ex-femme de Docherty, confirme cette théorie : son mari avait décidé d'arrêter les frais avec Best. D'après elle, « se débarrasser définitivement d'une autre légende d'Old Trafford » était sa résolution du Nouvel An. Docherty a toujours réfuté cette accusation ; il n'empêche qu'en un an, il avait balayé la Sainte Trinité. Pour Bobby Charlton, le problème s'était réglé tout seul. Probablement conscient qu'il était judicieux de prendre les devants avant que le boss ne se penche sur son cas, Charlton était parti de lui-même à l'intersaison, direction Preston, pour une pré-retraite en douceur en troisième division. Denis Law n'était pas allé bien loin, puisqu'il avait signé gratuitement pour une dernière pige à City, mais il était parti aussi.

Moins d'une semaine après leur différend, Best était placé sur la liste des transferts et suspendu pour deux semaines. La suspension était superfétatoire : Old Trafford sous Docherty était le dernier endroit au monde où Best avait envie d'être.

Une carrière devrait toujours se terminer par un bouquet final. La dernière de Bobby Charlton en avril 1973 avait été grandiose. Il ne manquait qu'une fanfare et la Reine. Cela avait été l'occasion de célébrer ses exploits, la télévision diffusait ses plus belles actions et tous les journaux y allaient de leur hommage.

Personne ne semblait vouloir mettre un terme à cette fête d'adieux, empreinte de nostalgie et de gratitude. On débattait pour décider lequel de ses buts était le plus beau, lequel de ses matchs était le plus mémorable. Les articles n'étaient pas assez grandiloquents pour décrire sa contribution au football. Ceux qui se demandaient si son départ ne marquait pas la fin de l'époque des gentlemen footballeurs n'attendaient pas de réponse. La cause était entendue : c'était oui, évidemment.

Avant son dernier match à Old Trafford, Charlton eut droit à une haie d'honneur après être sorti seul du tunnel. Il baissa la tête, par peur de ne pouvoir retenir ses larmes s'il croisait le regard de quelqu'un ou voyait le stade debout pour lui. Tous les joueurs, y compris ceux de Sheffield United, lui rendirent hommage et le public refusa de partir tant qu'il ne s'était pas rendu en tribune d'honneur.

Ses adieux définitifs, contre Chelsea à Stamford Bridge, avaient été précédés d'un joyeux bordel. Les deux équipes se faisaient face dans le rond central. À l'intérieur, une myriade de photographes et de cameramen empêchait de voir la cérémonie officielle. On offrit à Charlton un étui à cigarettes en argent, cadeau d'un autre temps. Un club avec lequel il n'avait aucune connexion, que ce soit géographique ou émotionnelle, se sentait obligé de lui témoigner de la reconnaissance pour ce qu'il avait accompli. Au coup de sifflet final, Charlton joignit ses mains au-dessus de sa tête et salua la foule. L'ovation fut telle que tous ceux qui étaient là ce soir-là durent se réveiller le lendemain matin avec les mains rouges et la voix cassée.

Le départ de George Best aurait dû ressembler à celui de Charlton, avec l'hommage de stades entiers et des remises de cadeaux en argent.

Ce que Best avait accompli pour United le justifiait certainement. Ce qu'il avait apporté au football en général plus encore. Si les célébrations avaient été à la hauteur des émotions qu'il avait procurées, elles auraient été extravagantes. Lorsqu'il évoquait le moment où Tommy Docherty lui a annoncé qu'il ne jouerait pas, Best racontait: «J'ai senti une boule dans ma gorge. Tout ce que j'avais bâti s'effondrait à cette seconde précise. Le sol se dérobait sous mes pieds.» Seul au milieu de l'agitation familière qui précède les matchs, Best se mit à sentir les larmes monter. Il dut se rincer le visage à l'eau froide pour ne pas avoir les yeux trop rouges au moment de se rendre dans le salon des joueurs. Les gens avaient l'habitude de croiser Best juste avant le coup d'envoi et la plupart ne savaient pas qu'il n'allait pas jouer. On lui lançait des «Bonne chance» auxquels il ne répondait pas. «Je n'avais pas le courage de leur dire que je n'allais pas jouer. J'étais sonné.»

Best ne put se résoudre à assister au match, mais il ne pouvait pas non plus quitter Old Trafford. Il regarda d'un œil les courses hippiques de l'après-midi à la télévision en buvant un thé. Il suivait le match grâce aux réactions du public, qu'il distinguait vaguement, comme s'il était au fond d'une grotte. Il savait que United s'était imposé 1-0, sans que cela ne signifie quoi que ce soit pour lui. Quiconque lui demanderait ensuite ce qu'il se passait se verrait répondre « Je suis fini », « C'est terminé » ou encore « Je ne reviendrai plus jamais ».

Toujours sous le choc, il déambula dans les couloirs du stade, avant d'échouer dans les gradins désormais vides. Comme quelqu'un qui s'apprête à partir pour un long voyage et qui veut s'imprégner une dernière fois des lieux qui vont lui manquer, Best s'assit en tribune et contempla un long moment le terrain. Son terrain. Les projecteurs étaient toujours allumés, les jardiniers s'affairaient à aplanir la pelouse. Les seuls sons qui résonnaient étaient ceux des sièges en bois qui se relevaient et des balais sur le sol. Best était perdu dans ses souvenirs. Il voyait son passé défiler sous ses yeux. Il entendait la clameur de la foule, les supporters qui chantaient son nom.

Il avait à nouveau 17 ans, pour son premier match contre Graham Williams.

Il jouait une demi-finale de Coupe d'Europe, avec ce sentiment que les Busby Babes, ces joueurs qui avaient trouvé la mort sur le tarmac de Munich, étaient revenus d'entre les morts et couraient à ses côtés, poussant United vers l'exploit.

Il rendait fou Bobby Moore, le baladant d'un côté à l'autre.

Il humiliait Eddie McCreadie le long de la ligne de touche.

Il échappait à Ron Harris à l'entrée de la surface de réparation.

Il marquait contre Burnley avec une seule chaussure.

Il prenait de vitesse toute la défense de Sheffield United avant de propulser le ballon dans les filets.

Il contrôlait le ballon et personne ne pouvait le lui prendre.

Il était George Best.

« Tous ces souvenirs se mêlaient et j'étais soudain submergé par un sentiment de tristesse absolu. Je me suis remis à pleurer. » Best savait qu'il ne revivrait plus jamais rien de tel.

Combien de temps était-il resté assis comme ça ? « Peut-être vingt minutes, peut-être une heure. » Il marcha jusqu'au bord du terrain, puis le long de la ligne de touche, avant de quitter Old Trafford au crépuscule. Une poignée de supporters de United, écharpes autour du cou, lui firent signer des autographes, sur un cahier ou une photo. Il s'exécuta sans dire un mot. C'était un homme brisé, dont le seul but à cet instant était de ne pas montrer qu'il venait de pleurer. Il monta dans sa voiture et partit.

Personne n'était là pour lui dire au revoir.

CHAPITRE 15
LE SOLEIL BRILLE TOUJOURS À MARGARITAVILLE

George Best revêtit le maillot de beaucoup d'autres clubs, certains aussi modestes que Stockport County ou Bournemouth. Il faisait parfois des apparitions en tant qu'invité exceptionnel dans des stades miteux comme le Creasey Park de Dunstable, un terrain de Southern League coincé entre une usine désaffectée et une casse et dont la tribune principale avait complètement brûlé et une autre été soufflée par la tempête. Il s'envola pour des destinations exotiques, en Afrique du Sud, en Australie, de part et d'autre des États-Unis. Il joua dans le championnat irlandais sous les couleurs du Cork Celtic ou en première division écossaise avec Hibernian.

Il assura brièvement – trop brièvement - et merveilleusement le spectacle en deuxième division avec Fulham, où il s'était fixé comme objectif, selon ses mots, « de rendre à nouveau le football amusant ». Il y parvint aux côtés de Rodney Marsh et Bobby Moore. Best et son *amigo* Marsh, deux hommes faits pour s'entendre et qui partageaient une même philosophie du jeu, formaient un cirque à eux deux ; ils plantaient leur chapiteau et exécutaient leurs meilleurs numéros. Quelqu'un fit très justement observer que Best, en particulier, faisait naître dans les tribunes de Fulham les mêmes « ooh » et « aah » que ceux qui émanent d'une foule devant un feu d'artifice. Marsh et lui étaient même capables de se tacler entre eux pour pimenter une partie qui avait perdu de son intérêt. « On le faisait pour donner le sourire aux gens », revendiquait Best. Si le gag visuel fonctionnait toujours, c'est parce que les participants jouaient le jeu. Même à l'entraînement, Best ne pouvait s'empêcher d'en faire des caisses. Ainsi, il paria un jour 10 livres avec Peter Mellor, le gardien de Fulham, qu'il pourrait lui marquer un penalty sans regarder le but. Mellor fut battu d'une talonnade qui se logea dans le petit filet.

Best ne restait jamais très longtemps au même endroit, à deux exceptions près : à Fulham, où il fit quarante-deux apparitions en deux saisons, et aux États-Unis, où il joua cent trente-neuf matchs pour trois clubs de NASL différents : les Los Angeles Aztecs, les Fort Lauderdale Strikers et les San José Earthquakes. Partout ailleurs, il repartait quasiment aussi vite qu'il était arrivé. Malgré cela, les clubs étaient toujours désireux de le recruter : il attirait à chaque fois une foule considérable et leur apportait un coup de projecteur. Un club sud-africain, la Jewish Guild de Johannesburg, n'hésita pas à débourser 11 000 livres pour le faire jouer quatre matchs, une somme qui correspondait au salaire qu'il aurait gagné en disputant une saison complète de première division.

Où qu'il aille, Best était suivi par une horde de caméras et de photographes. La plupart de ceux qui faisaient la queue au guichet du stade n'étaient là que pour lui. Une fois dans les tribunes, ils étaient bouche bée, comme si une bête de foire paradait devant eux. L'affluence de Fulham qui, en temps normal, avoisinait les 10 000 spectateurs en moyenne, atteignit les 21 000 pour les débuts de Best sous le maillot blanc. Une semaine plus tard, ils étaient plus de 25 000 à Craven Cottage. Le stade de Stockport, qui attirait rarement 2 000 supporters, en avait accueillis 8 000 pour la première de Best à l'occasion d'un simple match de charité et même 9 000 pour ses débuts en championnat. Bournemouth fit en sorte de faire jouer Best essentiellement à domicile, ce qui força le club à user de subterfuges. Les règles de la Football League stipulaient que les clubs devaient systématiquement aligner leur meilleure équipe à chaque rencontre.

«Je passais mon temps à lui inventer des excuses, je disais qu'il avait un genou fragile ou qu'il ne se sentait pas bien», racontait Don Megson, le manager de Bournemouth. À nouveau, le public répondit présent: 9 000 supporters, soit le double de l'affluence habituelle, assistèrent à son premier match à Dean Court. Le club de Bournemouth se faisait un devoir moral de prévenir le public quand Best était absent. Des affiches avaient été imprimées dans ce but. Aux côtés de l'emblème du club et d'un dessin représentant un duel entre deux footballeurs, on pouvait y lire, écrit en lettres capitales rouges et noires sur un fond vert un peu glauque:

GEORGE BEST WILL NOT BE PLAYING TO DAY

« George Best ne jouera pas aujourd'hui.» Soit le graphiste et l'imprimeur n'avaient pas remarqué l'espace entre les syllabes du mot « today », soit ils ne savaient pas l'écrire. Les chasseurs de souvenirs n'en avaient que faire. Les affiches épinglées ou collées sur les panneaux à l'extérieur du stade étaient dérobées et deviendraient des objets collector. Tout le monde voulait sa part de George Best, même la plus insignifiante.

Sa façon de vagabonder de club en club lui donnait les allures de celui qui enchaîne les petits jobs pour pouvoir payer son loyer. Ce n'était pas complètement faux, mais ce n'était qu'une partie de la vérité. Il essayait par tous les moyens de combler « le vide épouvantable » dans lequel il se trouvait depuis son départ de Manchester. «Je ne voulais plus jouer pour United, mais je ne pouvais pas jouer pour une autre équipe.»

Les premiers temps, les circonstances de son départ lui auront causé beaucoup de tort. Best avait menacé tant de fois de partir à la retraite que l'on avait cessé de le prendre au sérieux. Le public avait fini par se lasser de cette comédie et s'était peu à peu retourné contre lui. Les pro-Best devenaient minoritaires, et ils étaient de plus en plus nombreux à crier leur mécontentement – et bon débarras. On lui en voulait pour son égoïsme et sa prétention, on lui reprochait d'être un perturbateur, jamais content, ingrat et méprisant avec ses coéquipiers, comme si les autres joueurs valaient moins que lui. On préférait s'étendre sur ce qu'il avait abandonné plutôt que de se souvenir de tout ce qu'il avait apporté.

Mary Fullaway reçut des sacs de courrier réexpédiés depuis Old Trafford. Ils étaient restés dans un coin. Best avait fini par ouvrir quelques lettres. Elles contenaient toutes des injures. Dans les journaux, les articles qui annonçaient son départ de Manchester United ressemblaient à des nécrologies. À cela près qu'ils étaient dépourvus des euphémismes polis si souvent utilisés pour dissimuler ou atténuer les erreurs et les méfaits du défunt. Tommy Docherty fut tancé pour avoir osé croire qu'il pourrait le changer et pour n'avoir pas eu le courage de sortir le fouet plus souvent. Mais c'est sur Best que l'on jeta l'opprobre. Le fautif, c'était lui. Quand United, qui termina à une honteuse avant-dernière place, fut relégué en fin de saison, on tint Best en partie pour responsable. C'était un bouc émissaire commode. «Je n'avais rien à voir avec tout ça», protesta Best. Cette accusation ne fit qu'accroître le ressentiment qu'il nourrissait à l'égard de Docherty: «Tout ce que je voulais, c'était faire de United la meilleure équipe du pays.»

United résilia son contrat en mai 1974 et conserva la licence dix-sept mois jusqu'à ce que la direction le libère. Il y avait quelque chose de terriblement irrévocable dans la signature de ces documents. C'était comme remplir les papiers d'un divorce que l'on ne souhaite pas. Best avait longtemps rêvé du départ ou du licenciement de Docherty, ce qui lui aurait permis de faire un retour triomphal. Mais c'était désormais impossible. Sir Matt Busby dit un jour à propos du football: «Une fois que tu y as goûté, c'est pour la vie. Sans lui, la vie est un vide – un vide qu'aucun autre substitut ne peut compenser. Quand tu joues, tu souffres mille morts. Quand tu arrêtes, tu souffres mille fois plus encore.» C'était exactement ce qu'avait ressenti Best en quittant Old Trafford. Busby avait un autre regret: «La quête de tout entraîneur, c'est de tomber un jour sur un grand joueur. Rien qu'un seul. J'ai été particulièrement chanceux, j'en ai trouvé deux : Big Duncan et George. D'une certaine façon, je les ai vus mourir tous les deux. »

Lorsqu'il dit cela, Best n'a que 28 ans.

Perdre United déstabilisa Best et l'entraîna, durant les dix années qui suivirent, dans toutes sortes de malheurs dont il était le plus souvent responsable. Les conséquences seraient dévastatrices pour sa carrière, sa réputation et sa santé, aussi bien physique que mentale. Jamais il ne parviendrait à trouver la paix intérieure, ni d'endroit où il se sentirait véritablement chez lui. Les rares moments de bien-être n'étaient que des interludes dans sa lutte, perdue d'avance, contre l'alcoolisme.

Entre la fin des années 60 et le début des années 70, il buvait pour tenir le coup face au déclin de Manchester United. En 1974 et 1975, il but pour encaisser son départ du club. Cela accéléra ses graves problèmes chroniques d'alcool, dont il situait le basculement vers la pathologie à ce moment-là. « Quand je jouais, je ne buvais pas pour oublier. C'est devenu le cas dès que j'ai arrêté. »

Il commençait « à s'ennuyer un peu » et se mit à parier. « Il fallait que je trouve quelque chose pour passer le temps. » Il démarra avec les courses hippiques. « Si on m'avait dit il y a cinq ans que je finirais par miser un billet de 5 livres sur un cheval, je me serais écroulé de rire. » Un jour, il tomba sur un bookmaker qui acceptait de lui faire crédit. « Je me souviens d'un récapitulatif de paris. Je pensais en avoir effectué une demi-douzaine pour un total de trois ou quatre cents livres. La facture affichait 2 500. » Il se mit ensuite aux dés – il choisissait presque toujours le 7 ou le 11 – puis à la roulette. Lors d'une partie de dés, Best et un partenaire de jeu, qui était aussi un associé, se retrouvèrent avec 17 000 livres de pertes à 2 heures du matin. Il demanda que la mise maximale autorisée soit doublée pour atteindre les 2 000 livres afin qu'il puisse récupérer ses pertes. Il s'imaginait déjà obligé de vendre sa voiture, contracter un prêt ou abandonner des parts du Slack Alice pour régler ses dettes. Il fredonna l'air de *Let Luck Be A Lady* et la chance voulut bien lui sourire. Vers 4 heures du matin, les deux partenaires encaissaient 26 000 livres de gain. « Il y avait des nuits où je partais quasiment sans un centime », se souvenait Best, qui avait l'habitude de glisser quelques billets de 10 livres dans sa poche de chemise au cas où il se ferait complètement plumer au casino et ne pourrait pas se payer un taxi pour rentrer chez lui. Sa vie était une partie de Monopoly. « Je jouais tout cet argent parce qu'il ne valait rien pour moi. »

Boire et jouer n'étaient qu'une quête désespérée pour retrouver la sensation de félicité qu'il éprouvait lorsqu'il portait le maillot de Manchester United. Mais le jeu ne lui procura presque « aucun frisson » et, par conséquent, l'alcool prit une place de plus en plus grande dans sa vie. « Je persistais bêtement à chercher le plaisir dans un autre verre, une autre bouteille. Et plus je persévérais, moins ça allait. »

Best avait une routine bien huilée. Il allait au pub « boire un coup avec les gars » vers 18-19 heures, avant de se rendre au Slack Alice aux alentours de 22 heures. Best y buvait quatre à cinq bouteilles de vin avant de poursuivre la soirée autre part. « Quand j'étais au club, je n'avais pas l'impression de boire. Ça faisait partie de ma vie. » Il se couchait entre 4 heures et 6 heures du matin, dormait toute la matinée et une partie de l'après-midi puis se levait, prenait un bain et commençait sa journée en début de soirée. « Comme ça, ça a l'air d'être une super vie : tu as toutes les filles que tu veux ou presque, la nourriture est bonne, il y a toujours à boire, de l'argent pour jouer. J'ai essayé de me persuader que c'était la vie dont j'avais toujours rêvé. »

Il fallait être Best pour réussir encore à jouer – et bien – tout en menant une vie aussi dissolue. Il restait suffisamment crédible sur le pré pour que Danny Blanchflower, fraîchement intronisé sélectionneur de l'Irlande du Nord, le convoque pour les éliminatoires de la Coupe du monde et notamment pour un match contre les Pays-Bas et leur football total, en octobre 1976. Best n'avait plus représenté son pays depuis trois ans et pensait qu'il n'en aurait plus jamais l'occasion. « J'ai fait appel à lui et il a accepté l'invitation sans hésiter, raconta Blanchflower. Il voulait jouer pour nous. Il voulait aussi prouver quelque chose.» Best tenait en effet à s'étalonner par rapport à Johan Cruyff. Il était à l'affût du moindre changement dans la hiérarchie du football mondial. Sa cote avait chuté tandis que Cruyff avait le vent en poupe. Best voulait démontrer une bonne fois pour toutes qui des deux était le meilleur.

Il n'avait pas oublié que sa statue de cire chez Madame Tussauds avait été remplacée par celle de Cruyff, comme pour signifier: «Le roi est mort. Vive le roi.» À chaque fois que l'on désignait Cruyff comme étant le meilleur joueur du monde, Best crevait de prouver le contraire. Le match à Rotterdam devait être une formalité, un échauffement tout au plus, pour les Néerlandais qui avaient perdu la finale de la Coupe du monde 1974 face à l'Allemagne à Munich et qui perdraient à nouveau la très controversée finale de 1978 face à l'Argentine à Buenos Aires. À cette période, les journalistes étaient autorisés à voyager avec les joueurs dans le bus. Bill Elliott, reporter pour le *Daily Express*, s'assit à côté de Best durant le trajet jusqu'au stade. Ils se mirent à parler de Cruyff.

«Est-ce qu'il est meilleur que toi?», demanda Elliott. Best lui rit au nez. «Tu plaisantes là, non? Je vais te dire ce que je vais faire: dès que j'en ai l'occasion, je lui mets un petit pont.» Après seulement cinq minutes de jeu, Best reçut un ballon sur le côté gauche. Il traversa le terrain uniquement pour être dans la même zone que Cruyff qui jouait sur le flanc opposé. «Il a pris le ballon à un adversaire, en a mis deux autres dans le vent puis s'est approché de Cruyff, raconte Elliott. Là, il lui a glissé le ballon entre les jambes. Et alors qu'il le contournait pour poursuivre sa course, il a levé son poing droit en l'air. Nous n'étions que quelques-uns à savoir ce que signifiait cette fanfaronnade.» Best eut un rôle majeur dans l'exploit nord-irlandais, un nul 2-2 que personne n'aurait cru possible avant le match. Une fois les joueurs rentrés à l'hôtel, le concierge passa sa soirée à lui apporter le téléphone jusqu'au bar. Toute l'Europe, principalement des clubs italiens et espagnols, voulait savoir s'il était disponible. Best ne pouvait pas prendre ces propositions au sérieux. « On avait l'impression qu'ils me découvraient... » Mais même à ce moment-là, ce qu'il désirait plus que tout, c'était jouer pour United. Il était l'homme d'un seul club. Il admettait volontiers avoir été plusieurs fois infidèle avec les femmes – la monogamie lui paraissait « impossible » –, mais il ne voulait pas tromper United et il était hors de question de retourner à Old Trafford sous le maillot d'une autre équipe. Il lista donc les clubs qui évoluaient sous des latitudes qui lui permettraient de porter sa tenue préférée : un short et des tongs. Puis il décida de s'engager dans le championnat nord-américain parce qu'on y était mieux payé qu'en première division. « La plupart des joueurs qui restent ici finiront sur la paille », disait Best à propos de la Football League juste avant de la quitter. Il était bien conscient que les « stars » étaient traitées différemment selon que l'on se trouvait d'un côté ou de l'autre de l'Atlantique. « Les Britanniques te placent sur un piédestal puis veulent te renverser aussitôt. Une fois que tu es parti, ils t'oublient complètement. Tu es fini. Regardez Bobby Moore. » En Amérique, il voyait Jesse Owens, quadruple champion olympique aux Jeux de Berlin en 1936, faire de la réclame à une heure de grande écoute ; le visage de joueurs de baseball retirés des terrains depuis près de vingt ans s'affichait sur les panneaux en ville et le long des autoroutes. Le soleil, les bars, les filles à la peau dorée, la culture du cool et le niveau relativement peu exigeant du soccer : la destination ne manquait pas d'atouts. « Ça n'aurait servi à rien de rester. Je n'allais plus remporter de Coupe d'Europe. Et je n'allais pas retourner à United. »

Michael Parkinson lui ouvrit une porte vers les États-Unis. Mark McCormack, un avocat, écrivain et commentateur, s'était imposé comme le parrain du marketing sportif. Il comptait parmi sa clientèle des stars de premier plan comme Jack Nicklaus, Arnold Palmer et, plus tard, Bjorn Borg. McCormack était considéré comme l'agent sportif le plus influent au monde. Il avait toujours souhaité représenter Best. Il fut à plusieurs reprises proche de trouver un accord avec Ken Stanley dans les années 60 et au début des années 70. Mais Stanley finissait toujours par dire non, convaincu que McCormack serait incapable d'accorder à Best toute l'attention dont il avait besoin. McCormack promettait de faire rapidement de Best un millionnaire en dollars. Il demanda à Parkinson, qui était aussi l'un de ses clients, de lui organiser une rencontre. Comme à son habitude, Best fit semblant de l'écouter attentivement et accepta tout ce que lui proposa McCormack. Les instructions n'étaient pas compliquées. McCormack devait arranger le transfert de Best en NASL. Best n'avait qu'à attendre son coup de fil de confirmation. Surtout, il ne devait en parler à personne. Best ne l'écouta pas. Peu après, Parkinson reçut un appel de McCormack. La rumeur disait-elle vrai ? Best était-il parti de lui-même pour signer un contrat avec un club ? Parkinson appela immédiatement Best au Slack Alice. Best confirma avec sa désinvolture habituelle. McCormack s'était pourtant engagé à lui assurer la sécurité financière. Il lui avait aussi promis de le rendre encore plus célèbre en l'associant à son entreprise et aux marques qui avaient en grande partie contribué à son succès. Parkinson demanda à Best ce qu'on pouvait bien lui offrir que McCormack, le spécialiste du marché, n'aurait pas pu lui obtenir.

« 20 000 dollars en cash », répondit Best toujours aussi insouciant et convaincu qu'il retomberait toujours sur ses pattes.

À moins d'être particulièrement pointu sur le sujet, ou éventuellement d'y avoir joué, personne ne se souvient qui a gagné quoi dans ce championnat pendant sa période faste. Quand on évoque la NASL, on pense Pelé et le New York Cosmos, terrains synthétiques et *shoot-out*, cette variante des tirs au but où le joueur s'élance des 35 yards. George Best a toujours vu le sport, et le football en particulier, comme faisant partie intégrante du show-business. Il ne comprenait pas pourquoi lui, qui se produisait devant une foule de 50 000 personnes, ne gagnait pas autant que Frank Sinatra ou Tom Jones, qui empochaient un million de dollars ou plus à chaque fois qu'ils chantaient devant mille personnes à Las Vegas.

« Je peux me blesser et voir ma carrière s'arrêter du jour au lendemain. Le pire qui puisse arriver à Tom Jones, c'est d'avoir mal à la gorge ou de recevoir des culottes en plein visage. » Il ne voyait donc pas d'un mauvais œil le décorum kitsch de la NASL, ses maillots bigarrés, ses noms d'équipes imaginés par des publicitaires et ses arrangements avec les règles de la FIFA pour rendre les matchs plus attractifs pour les Américains.

Il était allé en Amérique parce qu'il pensait que c'était le seul endroit qui pouvait lui permettre de changer. Il pensait avoir trouvé son paradis, ce serait son purgatoire. Car ses démons avaient pris l'avion avec lui. « Je pensais m'éloigner d'un cauchemar quand, en vérité, il m'avait accompagné. »

Un buveur qui achète un bar devient son client numéro un, c'est une fatalité. Après avoir signé aux Los Angeles Aztecs, Best utilisa son cash pour ouvrir le « Bestie's » sur Hermosa Beach où, face au Pacifique, il lui arrivait parfois de passer derrière le comptoir pour servir des pintes de Watneys aux clients. Plus souvent, c'est à lui qu'il versait à boire tout en écoutant le refrain de « Margaritaville », qui était devenu l'un de ses airs préférés. Dans la chanson, Jimmy Buffet évoque le plaisir de se prélasser sous le soleil en sirotant une margarita. Les paroles suggèrent que le protagoniste se retourne sur son passé qu'il regrette tout en se demandant comment il s'est mis dans la situation dans laquelle il se trouve désormais. Il regarde les touristes sur la plage. Il pense à ses amis, à ce qu'ils peuvent bien faire de leur vie, il pense à ses mésaventures, principalement avec les femmes. Il songe au doux réconfort que lui offre son cocktail. Il finit par conclure que s'il en est là aujourd'hui, il est évidemment le seul responsable. Best s'identifia très vite au personnage de la chanson de Buffet. Dans son Margaritaville à lui, le soleil brillait toujours.

Comme s'il avait voulu reproduire le coup qu'il avait réalisé une décennie plus tôt avec son sombrero, il débarqua à l'aéroport de Los Angeles vêtu d'un t-shirt sur lequel était écrit « Who The Hell's George ? ». Si les Américains ne savaient pas encore qui était George, il comptait bien leur montrer, même si au milieu des années 70, le football était à peine plus connu que lui dans le Nouveau monde. Il avait beau avoir confiance en lui et en son destin, en attendant, les journalistes lui demandaient souvent s'il se considérait comme le « Joe Namath du soccer ». La comparaison convenait à ses employeurs car cela leur épargnait d'avoir à vendre leur produit. Les Américains comprenaient ainsi qu'ils avaient à faire à une superstar en Angleterre, tant pour son talent monstre que pour son mode de vie de fêtard mondain et jouisseur. Associer Best au quarterback des New York Jets, vainqueur du SuperBowl, c'était comme l'éclabousser de sa gloire.

Les deux hommes étaient contemporains. Namath, né en 1943, surnommé « Broadway Joe », mena les Jets jusqu'au SuperBowl seulement huit mois après que Best eut gagné la Coupe d'Europe avec United. Les ressemblances entre les deux hommes étaient nombreuses, et c'était facile de s'en rendre compte car toute leur vie s'étalait dans les journaux. Si Best et Namath s'étaient rencontrés, ils auraient pu parler de la célébrité, d'argent, d'impôts, d'agents, de mode, de sexe, de la vie de génie et de leurs exploits. Namath possédait un manteau de vison qu'il portait même au bord du terrain pendant ses matchs. Son Che Sera à lui était un appartement à 25 000 dollars situé à Manhattan et dans lequel il avait fait installer un lit ovale, un bar en cuir, une moquette en lama et des coussins en peau de léopard des neiges. Son Slack Alice s'appelait Bachelors III, un bar situé dans l'Upper East Side. À une période, Best et Namath arboraient tous les deux une moustache et de longs favoris, comme si leurs nombreux autres points communs n'avaient pas suffi à les faire passer pour des frères. La seule différence était que Best avait les yeux bleus tandis que ceux de Namath étaient verts. Namath était toujours accompagné d'une femme différente et *Playboy* avait commenté avec une étonnante pudeur ses « activités hors du terrain », qui en faisaient un véritable « mythe des temps modernes ». Namath, tout comme Best, avait une préférence pour les blondes. Et lui aussi se plaignait des « conneries » écrites dans les journaux à son sujet et tenait à rappeler – et Best le faisait tout aussi fréquemment – qu'il était «jeune et célibataire».

Les deux hommes étaient photogéniques et symbolisaient leur équipe, leur sport, leur ville d'adoption et, plus que tout, leur époque. Mais pour ceux qui considéraient les années 50 comme l'âge d'or, celui du bonheur tranquille, de la prospérité, des bonnes mœurs et des costumes en flanelle gris, Best et Namath incarnaient la décadence anticonformiste. Leur apparence et leur attitude n'avaient rien de celles du gendre idéal. Ce que le *New York Times* disait de Namath, le *Times* aurait pu l'écrire à propos de Best: «Il allait à l'entraînement quand il voulait. Il était à part et le revendiquait. Il n'avait plus rien à voir avec les valeureux héros d'autrefois. Il brisait toutes les conventions.»

Namath, c'était Best et Best, c'était Namath. Aucun sportif en Grande-Bretagne n'imaginait ce que c'était que d'être Best au quotidien. Le seul qui en était capable vivait sur un autre continent. Tout le monde voulait sa part de Namath. Namath le disait lui-même, il était «un pur produit des Sixties», avec ce que cela supposait «de libertés et de contraintes». Best se reconnaissait dans ces propos. Namath, comme Best, créait toujours l'événement. Il avait reçu des lettres d'insultes et des menaces de mort, il avait été placé sous la protection du FBI comme Best l'avait été par la police britannique. Comme lui, sa renommée avait dépassé celle de son sport et lui rapportait de juteux contrats de publicité, à une différence près: Namath le surpassait largement en termes de revenus. Il s'était engagé avec les Jets pour 240 000 dollars. Quand Fabergé lui avait proposé 5 millions de dollars pour promouvoir son parfum Brut, Namath avait répondu à son agent: «À ce prix-là, je le bois s'ils veulent.» Best détestait finir second, mais il était bien obligé d'admettre que Namath remportait haut la main le titre de sportif jet-setter catégorie play-boys. Ils avaient aussi en commun leur addiction. Namath avouait «boire pour se saouler». Il en était conscient: la boisson avait fini par le «détruire». Il avait commencé à boire à la fin de l'adolescence. Tout juste drafté par les Jets, le rookie, alors âgé de 22 ans, avait apaisé ses douleurs au genou à grands coups de Johnnie Walker. Namath n'était pas regardant : il buvait du brandy, du rhum, du vin, de la bière et de la vodka. Il avait fini par regarder dans son verre à partir du moment où son médecin lui avait dit : « Si vraiment tu dois boire, privilégie les alcools blancs aux alcools bruns. » De l'alcoolisme, Namath disait : « L'une des premières choses qu'on apprend, c'est qu'on est totalement impuissant. » On aurait dit qu'il parlait pour son jumeau né 8 000 kilomètres plus à l'est.

Best ne prenait aucun plaisir à boire mais c'était hélas parfois la seule chose qui lui permettait de se sentir en vie. Ce qui ne l'empêchait pas d'avoir peu de respect pour ces « menteurs » d'ivrognes, à commencer par lui-même : « Dans ma pire période, j'étais le roi des connards. »

Son drame, c'est qu'il avait du mal à s'enivrer. Il disait qu'il aurait pu boire « trois jours sans s'arrêter », cela ne lui aurait pas fait plus d'effet qu'un verre ou deux de sherry. L'euphorie le fuyait, mais il n'échappait pas à l'insomnie ni aux trous noirs.

Le vin ne fait pas toujours ressortir le meilleur des hommes, en particulier ceux qui en abusent, et plus les pensées sont embrumées, moins on sait les dissimuler. Les malentendus s'accompagnent de leur lot d'incidents, de disputes, de menaces et de bagarres. Parfois, c'était burlesque, comme lorsque Best, dans un avion pour l'Australie, trébucha et fit dévaler le chariot à boissons jusqu'à la classe économique. Parfois, c'était plus glauque. À Londres, il avait failli se tuer après avoir tapé le trottoir devant chez Harrods et fracassé la voiture qu'il venait d'emprunter contre un réverbère. Il n'avait pas attaché sa ceinture et avait traversé le pare-brise. Il s'en était tiré avec une fracture à l'omoplate, la joue gauche désensibilisée et cinquante-sept points de suture sur le visage. Il ressemblait à Lon Chaney dans *Le Fantôme de l'Opéra*. Best avait la sensation que sa tête était « rafistolée avec du scotch ». Et parfois, c'était carrément sordide. Imbibé d'alcool, George Best pouvait se transformer en George *Beast*, une bête sauvage capable de frapper une femme. La métamorphose soudaine et radicale d'un individu est une souffrance épouvantable. L'alcool réussissait à faire de Best un type détestable, vindicatif, irascible – à l'opposé de sa vraie nature. C'était comme si Stevenson avait commandité une expérience pour démontrer la véracité de la thèse de *L'Étrange Cas du docteur Jekyll et de M. Hyde*: « L'homme n'est en réalité pas un, mais bien deux.» Quand il basculait du mauvais côté, Best devenait un être répugnant. Ses proches ne reconnaissaient pas cet étranger, stupide et monstrueux, qui ne redeviendrait lui-même que le lendemain, affligé par un profond remords. Un remords qui lui aurait été insupportable s'il n'avait pas développé un stratagème intellectuel pour y survivre. Il avait très tôt revendiqué une forme de schizophrénie : il y avait deux George Best, l'homme privé et l'homme public. L'accepter lui permettait de soustraire le premier aux méfaits du second. L'erreur est humaine, mais il est plus facile de l'assumer quand on rejette la faute sur quelqu'un d'autre.

Tout le monde en convient aujourd'hui, n'importe qui peut tomber dans l'alcoolisme. La question de savoir si c'est une maladie ou non n'a en revanche toujours pas été tranchée. Le débat avait été ouvert au XIXème siècle suite aux travaux de Rush et Trotter sur la boisson et l'ébriété. De son côté, Best était certain qu'il s'agissait d'une maladie et que ses causes étaient génétiques. Pour en arriver à cette conclusion, il lui avait suffi de répondre à une question simple : comment certaines personnes peuvent-elles boire de manière modérée, ou même régulièrement, puis s'abstenir ensuite pendant des jours, des semaines voire des mois, sans ressentir de manque alors que d'autres, comme lui, deviennent alcooliques ?

S'interroger sur son alcoolisme lui avait inévitablement fait penser à celui de sa mère. Mary Fullaway s'était aperçue qu'Ann avait un problème avec la boisson bien avant de comprendre que George aussi. Ann et Dickie étaient venus passer quelques jours à Aycliffe Avenue. En faisant le ménage, elle avait découvert après coup des bouteilles vides cachées un peu partout dans la maison. « Elle n'aurait jamais toléré qu'on la voie boire », racontait Best. Alors Ann buvait en cachette. Comme la plupart des alcooliques, elle devenait odieuse et agressive avec son entourage et s'en prenait aux gens qu'elle aimait. Ses proches avaient pris l'habitude de jeter un coup d'œil par la fenêtre de la maison avant d'entrer. Si elle était assise sur sa chaise, cela signifiait qu'elle avait bu. Si on ne sentait aucune odeur de cuisine, c'est qu'elle s'y était mise depuis plusieurs heures. Il lui arrivait de se rendre en ville pour aller boire. Elle rentrait en piteux état, à tel point qu'elle s'était même un jour cassé la jambe. Certains soirs, Dickie rentrait du boulot, prenait son manteau et ressortait marcher dehors pour éviter toute querelle. Il la supplia de se faire soigner. Il tenta de la convaincre d'aller voir un hypnotiseur. Il fit le tour des pubs et des épiceries du quartier pour demander à ce qu'on ne la serve plus. Il n'en pouvait tellement plus qu'il en était arrivé à s'imaginer mettre le feu au premier magasin de vins et spiritueux venu. Mais Ann, elle, ne se considérait pas comme une alcoolique. «J'en étais au même stade qu'elle, et je ne m'en rendais pas compte non plus.» Au milieu des années 70 – il n'arrivait plus à se rappeler précisément l'année –, Best se rendit à Belfast et tenta d'avoir une discussion avec sa mère au sujet de son problème, exactement comme Matt Busby l'avait fait avec lui. Sa mère l'accueillit comme toutes les mères après une longue séparation, elle l'embrassa, le prit dans ses bras et versa quelques larmes. Au début, il pensa que cette effusion de sentiments témoignait seulement de son bonheur de le revoir et de combien il comptait pour elle. Ce n'est que quelques heures après qu'il remarqua qu'elle avait beaucoup bu. Elle lui confia ses inquiétudes sur la tournure que prenait sa carrière. Il chercha à la rassurer. «Ne t'inquiète pas, je retomberai sur mes pattes. C'est ce que j'ai toujours fait.» Il la voyait s'isoler, comme elle l'avait fait lors de ses noces d'argent, pour aller prendre un verre en douce. Plus elle buvait, plus elle avait l'air anxieuse. Rien de ce qu'il disait ne pouvait l'apaiser. «Tout l'inquiétait. Même les trucs insignifiants prenaient des proportions dramatiques.» En fin de soirée, elle s'assit près de lui et, sans dire un mot, elle lui prit la main et lui caressa le bras. Elle tomba en sanglots. Best ne sut comment réagir. «J'ai tout essayé pour l'aider. Rien n'y faisait.»

Sa mère eut la même réaction que lui face à Busby. Elle hochait la tête, répondait oui à tout ce qu'il disait. Best rentra à Manchester et but une bouteille de vin, seul, avant de se rendre au bar pour en boire d'autres. «Je n'arrivais pas à régler mes propres problèmes, alors ceux de ma famille… À chaque fois que j'appelais mon père, il me disait: "On s'est disputés hier soir." C'était de pire en pire. Elle était dans un état lamentable.»

Ann Best mourut dans son sommeil en octobre 1978. Elle avait 54 ans. Selon le certificat de décès, elle était morte de causes naturelles. Elle fumait beaucoup et avait déjà fait deux attaques avant de succomber à la troisième. Après la deuxième, Best était revenu à Burren Way et avait trouvé sa mère «particulièrement affaiblie». Cette fois-ci, il n'avait pas osé lui faire la morale. «Je lui ai juste dit qu'elle avait l'air bien.» Durant la semaine qui avait précédé sa mort, elle et Dickie n'avaient pas dormi ensemble; lui couchait sur le canapé au rez-de-chaussée. Un matin, il lui avait préparé son thé et l'avait laissé sur la table de chevet. Quand il remonta, la tasse n'avait pas bougé. Il posa délicatement la main sur son épaule. Sa peau était froide. Il comprit immédiatement.

Les enfants ne sont jamais préparés à la mort de leurs parents, quelles que soient les circonstances dans lesquelles elle survient. Mais la soudaineté de celle de sa mère exacerba l'ineffable douleur de Best. À Belfast, il est de coutume de veiller le défunt à son domicile jusqu'à la cérémonie. La tradition veut aussi que le cercueil demeure ouvert pendant un moment. Cette expérience fut «très pénible» pour Best. «Je ne pouvais pas aller la voir», expliqua-t-il, alors que sa sœur aînée Carol était restée près de sa mère. «C'était impossible pour moi d'y aller. Je n'allais pas m'approcher si c'était pour regarder ailleurs. Et j'étais incapable de la regarder elle.»

Ann ne s'était jamais plaint des conséquences de la célébrité de son fils. Jamais elle ne laissa entendre que c'était à cause de ça qu'elle s'était mise à boire. Et même s'il lui manquait terriblement, elle ne lui reprocha pas non plus de ne pas lui avoir rendu visite plus souvent. Chacun de ses passages était pour elle un événement. « Lorsqu'il est ici, il ne va que dans des endroits où il sait qu'il ne sera pas dérangé. Si son père ou moi ne l'emmenions pas dehors, il ne sortirait jamais. Il resterait assis et ne bougerait pas de la maison. » Au début, Best rendait visite à sa famille une fois tous les quinze jours. Puis une fois par mois. Puis une fois tous les trois mois. Puis tous les six mois. « Moins je revenais, et plus c'était difficile de rentrer. » Il oubliait de téléphoner. Il ne leur écrivait plus. Il envoyait rarement des cartes postales. « J'oubliais les anniversaires. Je ne me rendais pas compte à l'époque à quel point c'est important pour les gens. » Best ne se pardonna jamais cette négligence. Il pensait qu'il lui avait fait honte à cause de son comportement, alors il en eut honte lui-même. Sa douleur paraissait insurmontable. Il finit par se considérer « responsable » de la mort de sa mère. « Pendant des années, je me suis senti affreusement coupable. » Aussi tristes que soient ces mots, ils ne reflètent que de très loin ce que fut sa détresse. Best portait partout sa culpabilité comme un fardeau. Il se sentait coupable de ne pas avoir été là. De ne pas lui avoir rendu visite plus souvent. De ne jamais avoir prononcé les mots – même s'il ne savait pas lesquels – qui auraient pu la guérir. « Des mois après sa mort, mes sœurs étaient allées faire du tri dans les affaires de ma mère. Partout, elles avaient trouvé des bouteilles vides qu'elle avait essayé de cacher. Ça les avait dévastées. C'est là que ça m'a fait le plus mal. »

Son père avait essayé de le réconforter. Il lui avait dit : « C'est comme si tout ça nous avait rapprochés. On est presque plus potes que père et fils maintenant. » Best avait trouvé ça bizarre comme réflexion. Dickie ajoutait qu'il en était venu à penser qu'étant donné la vie qu'elle menait, elle était mieux là où elle était, en paix. Ça partait d'un bon sentiment, mais cela n'empêcha pas Best de sombrer dans une tristesse infinie. « J'aurais préféré mourir à sa place. »

Le choc n'avait pas servi à l'éloigner de la bouteille. Il aurait seulement plus de chagrin à noyer.

La première étape pour régler un problème est de l'accepter. Mais il fallut attendre 1981 pour que George Best avoue enfin aux autres et à lui-même qu'il était alcoolique. Il avait presque 35 ans. Deux ans auparavant, il persistait encore à dire : « Je ne me considère pas comme une personne alcoolique. Je ne me lève pas en pleine nuit pour aller boire. » Best prétendait même qu'il ne buvait pas beaucoup. Bien sûr, il aimait ça, peut-être un peu trop. Mais non, il n'avait pas besoin de se faire soigner, parce qu'il ne ressentait « pas le besoin de boire tous les jours ». Best croyait pouvoir surmonter ça tout seul et qu'en vieillissant il lèverait le pied. Il ne finit par tout avouer, à contrecœur et en dernier recours, qu'après avoir atteint le dernier degré de la dépendance et de la compulsion. On lui prescrit de l'Antabuse. Best testa la quantité d'alcool qu'il pouvait ingurgiter avant que le médicament ne le rende physiquement malade. Progressivement, il le toléra de mieux en mieux. Les gorgées devinrent des goulées, les verres des bouteilles. À la fin, il faisait semblant de prendre ses médicaments et les cachait sous sa langue avant de les recracher.

Les responsabilités nouvelles que lui conférèrent son mariage et la naissance de son fils Calum n'allaient pas altérer son rapport à la boisson.

Il épousa Angela McDonald Janes en janvier 1978. Il allait sur ses 32 ans. Elle en avait 25 et était l'une des assistantes personnelles de Cher. Elle rencontra Best pour la première fois en 1970, durant une mission de mannequinat à Londres. Il était « éméché ». Cinq ans plus tard, ils se croisèrent à nouveau lors d'une fête à Beverly Hills. Quelques semaines après, elle se rendit à une autre soirée, à Hermosa Beach. Elle avait succombé à son charme, même si elle n'arrivait pas à faire taire cette petite voix qui lui rappelait sans cesse : « Attention, celui-là, il aime un peu trop traîner dans les bars. » Le mariage eut lieu à la chapelle nuptiale de Candlelight à Las Vegas, dans la plus pure tradition locale, avec tout le mauvais goût qui convient.

Le marié portait une veste américaine à carreaux avec un col qui retombait sur ses épaules comme des ailes, un t-shirt blanc et un pantalon noir. Best concédera plus tard qu'il était « hideux ». La mariée, quant à elle, portait une veste blanche, un t-shirt clair et une jupe. Elle disait que sa tenue « lui donnait des allures d'institutrice ». La nouvelle Madame Best décrivait son mariage comme « un fiasco total » : « Je défie quiconque de me dire que son mariage a été pire que le mien. » Monsieur Best en gardait un seul bon souvenir : « La cérémonie n'avait duré que trois minutes. » George ne reconnut pas Angela, dont les cheveux lisses avaient été bouclés. Angela remarqua que George – qui admit être « un peu bourré » – avait les cheveux gras. Le mariage avait été une chienlit de bout en bout. Le prêtre, qui portait un costume vert citron, lut les vœux sur de la musique enregistrée. George avait dû emprunter une bague, mais elle n'allait pas au doigt d'Angela. Durant la réception, une serveuse renversa une bouteille de Coca-Cola sur la veste de la mariée. Le buffet était infect. George emmena sa femme au Caesars Palace où il dilapida tout son argent. Puis il y eut une course-poursuite de deux heures avec les photographes qui tentaient de voler des images du mariage, alors que Best en avait vendu l'exclusivité à un journal. Plus tard dans la soirée, de retour à Los Angeles, George se changea et sortit boire seul. Il avait dit à Angela de ne pas l'attendre. « Je n'ai pas dessaoulé de trois jours. » L'alcool en faisait de son propre aveu un « très mauvais » mari. « On ne se retrouvait jamais seuls tous les deux, la bouteille était toujours là. »

Ils n'avaient pas passé Noël ni le jour de l'An ensemble, parce que Best avait disparu durant deux semaines. Il était avec une autre femme. « J'étais infidèle, partout, tout le temps. » À peine avait-il franchi la porte de leur maison qu'une dispute éclata. Sa femme finit par le poignarder dans le postérieur avec un couteau de cuisine. Il lui jeta un cendrier en onyx au visage. Une autre fois, elle le frappa avec une planche de bois après qu'il eut débarqué, soûl et agressif, dans leur chambre d'hôtel.

Si Best ne parvenait pas à trouver ses clefs de voiture, il était capable de marcher quinze bornes pour trouver un bar.

Un jour, il tomba de vélo sur le chemin du retour et se fit des coupures et des bleus sur les bras et les jambes. Souvent, il se perdait ou même oubliait où il habitait et une bonne âme devait le ramener chez lui. Il disparaissait pendant des jours. Il passa presque un mois entier sans avaler autre chose que de l'alcool. Il ne se nourrissait que des cacahuètes, des chips ou des bretzels qui étaient posés sur le comptoir. « C'était n'importe quoi. » Traumatisé par l'image de sa mère, Best n'aimait pas boire chez lui. Mais il commença à mettre des bières dans son frigo quand il se mit à ressentir le manque au réveil. Il descendait une ou deux canettes, ce qui lui évitait de trembler quand il signait des autographes.

Il était conscient de lui avoir rendu « la vie impossible ». Pourtant, Angela ne cessa jamais de le soutenir. Pour l'empêcher d'aller boire, elle diluait du somnifère dans son café. Elle ne laissait que quelques dollars dans ses poches pour qu'il ne puisse pas acheter trop d'alcool. Alors Best commença à voler. Il piochait dans le bocal à petite monnaie. Il piquait dans son sac à main. Une fois, il vola même 10 dollars dans celui d'une femme qui était partie aux toilettes en laissant ses affaires. « Une honnête femme, qui avait travaillé pour les gagner », racontait-il, honteux. Pris de remords, il était revenu le lendemain après-midi pour lui rendre son argent. C'était le chaos dans sa vie, et le football n'y échappait pas. « J'ai joué pour tellement de mauvaises équipes. Je leur montrais deux trois trucs pour leur faire plaisir, mais moi je n'étais pas heureux. Je voulais faire quelque chose qui en vaille la peine. »

Il quitta les Los Angeles Aztecs pour les Fort Lauderdale Strikers, alors entraînés par Ron Newman. À côté de sa relation avec l'ancien ailier de Portsmouth et Gillingham, ses conflits avec Tommy Docherty passaient pour de frivoles escarmouches. Un jour, alors que son équipe menait deux buts à un contre le New York Cosmos, Newman décida de remplacer deux de ses joueurs cadres par deux joueurs inexpérimentés. Les Strikers s'inclinèrent 3 à 2. « T'es vraiment le nouveau Alf Ramsey ! », lança Best en jetant son maillot en direction de Newman à la fin du match. « Il n'y connaît tellement rien que je ne suis même pas sûr qu'il n'ait pas pris ça pour un compliment. » Le point de non-retour fut atteint à la fin des cinq mois de suspension que la FIFA avait infligés à Best pour n'avoir pas respecté son engagement avec Fulham, qu'il devait rejoindre au terme de sa pige sous le maillot des Aztecs. Best avait expliqué qu'il lui faudrait quelques matchs pour se remettre dans le bain. Dès le premier match, il fut remplacé au bout d'une heure. Il retira son maillot et le jeta une nouvelle fois sur Newman. « C'était toujours la même histoire, les entraîneurs ne comprenaient rien. La seule chose qu'il me restait à faire, c'était picoler pour ne plus y penser. »

La suite de son aventure américaine le conduisit de nouveau en Californie, cette fois-ci aux San José Earthquakes. « L'équipe était médiocre, et ça n'allait pas en s'améliorant. » La NASL commençait sérieusement à le lasser. « Les arbitres ne comprenaient rien à l'esprit du jeu, les entraîneurs ne valaient pas mieux. » Les terrains en synthétique lui ruinaient les genoux et sa jambe droite commençait à gonfler. Cela lui donnait une excuse toute trouvée : il buvait « pour raison médicale ». Le manager général des Earthquakes, John Carbray, essaya de lui faire comprendre qu'il fallait qu'il se fasse aider. Best ne voulait rien entendre. Un jour, Carbray réussit à le prendre à part dans une pièce avec la ferme intention de parler de son addiction. Best accepta et proposa d'aller faire le thé lui-même. Carbray le vit venir, mais il repensa au fait que c'est lui qui avait la clé de la porte d'entrée. Au bout de cinq longues minutes, il se rendit dans la cuisine. Best s'était enfui par la fenêtre, qui ne devait pas mesurer plus de quarante centimètres de large.

Au début de l'année 1981, Best fut arrêté pour conduite en état d'ivresse et passa la nuit en cellule. Il accepta finalement une aide psychologique puis, deux mois plus tard, emménagea au Vespers Hospital, un centre de désintoxication.

Best avait détesté sa première expérience avec le groupe de parole, entouré de gens comme lui, assis sur des chaises en demi-cercle au milieu d'une grande salle. Il n'aima pas non plus le centre de désintoxication, remplir des questionnaires, être réveillé à 7 heures du matin, faire son lit soi-même sous peine d'être privé de draps et rapporter son plateau après chaque repas. Il appelait le centre « la prison ». On le poussait à exprimer ses sentiments, ce qui était une torture pour lui. Deux anecdotes montrent à quel point il se sentait vulnérable. Un soir, Best se trouvait dans la salle commune ; il regardait *L'Arnaqueur*, un film qui raconte la vie d'Eddie Felson, dit « le Fortiche », dont l'ambition est de battre le champion « Minnesota Fats » au billard. Felson est incarné par Paul Newman tandis que George C. Scott joue son manager, impitoyable et sans scrupule, qui apprend à son client ce qu'il faut faire pour gagner : « Le talent seul ne suffit pas, insiste-t-il, le regard démoniaque. Il faut avoir du caractère. » En entendant ces mots, Best se sentit mal à l'aise, car il savait très bien que dans la pièce, tous les regards se tournaient vers lui. Un Hell's Angel, qui avait très bien compris ce que ressentait Best, lui posa sa grosse paluche sur l'épaule et lui dit : « Écoute mec : si t'es venu ici tout seul, c'est que t'as du caractère. » Une autre fois, Best était assis sur ce que tout le monde à la clinique appelait le « *love seat* », une grande chaise pivotante en cuir noir avec un long dossier. Il avait l'impression de subir un interrogatoire interminable. C'était en réalité une adaptation du programme « les 12 étapes » des Alcooliques Anonymes. La première étape implique de prendre conscience que votre vie est devenue ingérable. D'autres étapes consistent à faire l'inventaire des souffrances que vous vous êtes infligées et que vous avez infligées à vos proches, à admettre vos fautes et à tenter de faire amende honorable. Best fut encouragé à noter dix exemples de moments où il s'était laissé aller à cause de la boisson, ses six pires tendances (il écrivit notamment « profiter de ma célébrité » et « procrastination ») et six conséquences néfastes de l'alcool sur ses amis, sa famille et ses finances. « Seulement six ? Je m'en sors bien sur ce coup-là. »

Lors de cette séance, Best était entouré de vingt-sept autres patients. La veste de cuir qu'il portait ne plaisait pas à l'un d'eux, ce qui déclencha une dispute aussi futile que gênante. Un conseiller distribua ensuite une feuille de papier sur laquelle étaient listés une trentaine des pires erreurs et travers de Best. Les autres devaient cocher ceux qui leur paraissaient pertinents. Ensuite, chacun les lut à voix haute tandis que Best pivotait sur sa chaise pour faire face à son interlocuteur. Il pensait avoir tout fait pour s'impliquer du mieux possible dans le programme et qu'il était intégré et apprécié. L'expérience de la « chaise de l'amour » lui fit comprendre qu'il s'était fourvoyé. La majorité de ses pairs étaient persuadés que Best se sentait supérieur, qu'il ne voulait pas collaborer, qu'il prenait ces séances à la légère, qu'il faisait seulement semblant de s'y intéresser en attendant sa sortie, qu'il ne se livrait pas totalement et qu'il n'avait pas assez parlé de sa mère. «Je me suis mis à pleurer. Je n'arrivais plus à m'arrêter. Ça me faisait mal, physiquement. C'était humiliant, j'avais envie de me cacher.»

En parlant de sa mère, ils avaient visé juste. Lorsque les médecins apprirent les circonstances de sa mort, ils dirent à Best : « Ce n'est pas de votre faute. » On l'incita à lui écrire une lettre, dans laquelle il pourrait s'excuser, s'expliquer et lui demander pardon. « Ça m'a assurément aidé à faire le deuil. » Mais cela ne l'aida pas à en parler ouvertement.

Best était persuadé que les médecins « ne pouvaient pas vraiment le comprendre ». Beaucoup de patients avaient « perdu leur maison, leur mariage, leurs enfants, il ne leur restait plus rien ». Il y avait parmi eux des personnes ordinaires mais aussi des gens brillants, des avocats, des banquiers, des hommes d'affaires, etc. « Ce n'étaient pas des ivrognes qui dormaient dans le caniveau. » Contrairement à eux, lui n'avait pas « touché le fond ». Il admettait être « une catastrophe ambulante » et avoir fini par penser que l'alcool était indispensable pour s'amuser ou faire quoi que ce soit d'autre. Quand il sortait pour boire un coup, il ne savait jamais s'il serait de retour dans une heure ou une semaine. Au terme de longs entretiens, les médecins avaient fini par lui ouvrir les yeux sur quelque chose dont il n'était qu'à moitié conscient. « Ce qui les inquiétait, c'est que j'avais l'habitude de me saouler quand tout allait bien pour moi. » Les exemples significatifs ne manquaient pas, à commencer par la soirée de l'élection du footballeur de l'année puis ce trou noir qui avait aspiré tous ses souvenirs des célébrations de la victoire en Coupe d'Europe. La liste se prolongerait après sa cure. Un banquet était donné en Californie à l'occasion du match amical de présaison entre les Earthquakes et le Cosmos. L'entraîneur de New York, le « Professeur » Julio Mazzei, et Pelé portèrent un toast. Quand Mazzei commença son discours, Best, assis au fond du hall, pensait qu'il allait rendre hommage à Pelé. Il était prêt à se lever et à applaudir quand il comprit que « le meilleur joueur du monde », c'était lui. Il fut bouleversé par ces éloges. Et comme d'habitude, il se tira une balle dans le pied. Il but pendant douze jours et rata le match contre le Cosmos. Il réagissait au succès comme s'il n'y avait pas droit ; il ressentait le besoin de se reprocher toutes les bonnes choses qu'il avait obtenues grâce à son talent, comme si ce n'était pas mérité.

Les reproches qui lui avaient été adressés sur le « *love seat* » étaient fondés. Best l'avoua plus tard, il avait embobiné les médecins afin qu'ils le libèrent au bout de seulement dix-huit jours, tandis qu'il était censé séjourner là-bas un mois. « J'étais un imposteur, je faisais semblant. » Lorsqu'il partit, un aide-soignant d'origine irlandaise l'interpella : « George, à moi, tu me la fais pas », lui dit-il, conscient que George retournerait en désintoxication rapidement. Best le savait aussi. En se disant « Je ne boirai plus pendant un an », il était déjà dans l'optique de s'y remettre sitôt cette période achevée. Il n'attendrait pas autant. Lors de son premier jour à Vespers, Best s'était retrouvé assis entre deux autres patients quand un médecin les regarda et prédit : « Vous êtes trois. Dans cinq ans, l'un de vous sera mort ; l'un a une petite chance de s'en sortir ; le dernier reviendra ici dans l'année. » Il avait eu raison sur deux points. Best revint de lui-même au Vespers Hospital. L'homme qui était assis à sa gauche ce jour-là était déjà mort. « Lorsque je l'ai appris, ça m'a fait un choc. Cette fois, je suis resté jusqu'au bout. » Il repartira avec une récompense, un médaillon des Alcooliques Anonymes. C'était son premier trophée depuis quatorze ans.

Les médecins l'avaient mis en garde, lui avaient suggéré des techniques et administré des traitements. Cela marchait un temps, mais il ne put jamais devenir totalement et durablement abstinent.

À l'écouter, George était toujours sur le chemin de la sobriété. Il se rendait dans une salle de sport, courait, s'entraînait balle au pied dans un parc afin de retrouver la forme. «Je suis prêt à revenir. Là où on gagne des trophées, là où on joue les grands matchs. Dans le monde auquel j'appartiens.» Il jurait que sa vie était saine et monastique. Il avait toujours l'air sincère et déterminé, mais cela ne durait jamais longtemps et il finissait immanquablement par succomber à nouveau à la tentation.

La plupart de ses malheurs étaient la conséquence d'actes stupides commis par un homme brillant. Best avait voyagé à travers le monde, il était en revanche incapable de gérer les affaires courantes du quotidien. Le jardinier et homme à tout faire qu'il employait à Che Sera avait l'habitude de trouver des billets de banque froissés, éparpillés un peu partout sur les tables ou dans le canapé. Lorsqu'il rentrait après avoir passé la nuit dehors, Best se contentait de vider ses poches là où il se trouvait et ne se souciait plus de cet argent par la suite. Il ne faisait jamais attention à ses investissements ou à ses comptes. Il avait placé son argent à l'Irish Trust qui avait fait faillite en 1976 et fermait ses bureaux de Dublin et Manchester. Il avait perdu la totalité de son épargne qui s'élevait à 27 000 livres. «Je savais que je ne serais jamais fauché et que je trouverais toujours une solution pour me faire un peu d'argent. Et je n'avais aucun mal à savoir comment le dépenser.» Des choses aussi banales que se rendre à la poste étaient une aventure. «La seule fois où je suis allé acheter un timbre, je me suis planté de guichet.» Il déplorait que les footballeurs soient trop couvés et déconnectés des tâches ordinaires. Dès qu'il fallait se rendre à l'étranger, ce qu'il comparait à des «voyages scolaires», le club s'occupait de tout: réserver les billets d'avion, la chambre d'hôtel, organiser les déplacements et payer les repas. Tout ce que Best avait à faire, c'était de tendre son passeport au douanier. «J'étais un enfant quand je suis arrivé à Manchester, j'étais un enfant quand j'en suis reparti.» À l'école, Best adorait les maths. Pourtant, les chiffres de ses revenus n'avaient aucun sens pour lui et il se voyait comme « un morceau de premier choix » pour les conseillers financiers. Quand on lui parlait capital différé, gestion sous mandat, frais sur versement, Best n'avait « aucune idée » de ce que cela signifiait et pas franchement envie de savoir. Il ne s'occupait de ses affaires que de loin, prenait ça comme un « hobby », ce qui explique pourquoi, en novembre 1982, il fut déclaré en faillite après s'être retrouvé dans l'incapacité de payer 17 996 livres d'arriérés d'impôts sur les revenus qu'il avait touchés à Fulham. Best offrit de payer 10 000 livres tout de suite, et de s'acquitter du reste de sa dette dans les six mois. L'État refusa. « Ils pensaient que j'avais planqué de l'argent quelque part, ce qui était faux.»

Il fallut dix ans avant que le Trésor de Sa Majesté le déclare à nouveau solvable. Durant ce laps de temps, Best vécut deux moments extrêmement déshonorants : son passage « déshumanisant » en prison et ses « cinq minutes d'humiliation » dans l'émission de Terry Wogan en direct sur la BBC.

En décembre 1983, il fut condamné à trois mois de détention pour conduite en état d'ivresse et agression sur policier. Il avait été arrêté peu avant 2 heures du matin sur The Mall, les Champs-Élysées de Londres. L'alcootest indiquait qu'il avait 112 milligrammes d'alcool dans 100 millilitres d'air expiré. Il était difficile de contester sa culpabilité, puisque la limite autorisée se situait à 35. Il aurait pu chercher un taxi pour rentrer chez lui, mais « il pleuvait », alors il avait choisi la solution de facilité. Best aggrava son cas en ne se présentant pas à la Magistrates' Court dans la matinée. Il ignorait que le système judiciaire fonctionnait le samedi et était persuadé que son cas serait examiné le lundi suivant. Deux unités de la Special Patrol furent envoyées pour l'interpeller. Il vit à travers sa fenêtre trois voitures de police, deux motards et deux autres officiers à pied. Best ne trouva donc rien de mieux que de s'enfermer dans son appartement avant finalement de se décider à sortir dans l'espoir de semer les forces de l'ordre pour aller se réfugier chez une connaissance. Il ne fit pas cinq mètres. Il reconnut avoir « donné un coup de tête » à l'un des policiers au cours de la lutte qui suivit. Le magistrat qualifia cette agression d'« extrêmement grave ». Malgré tout, Best obtint sa libération sous caution et son appel fut examiné par la Southwark Crown Court. Son avocat pensa que des témoins de moralité lui seraient utiles et convoqua à cet effet deux journalistes, Hugh McIlvanney de l'*Observer* et Jeff Powell du *Daily Mail*. Attablé à la cantine du tribunal avant l'audience, McIlvanney avait plaisanté avec Best : « Avec Powell et moi pour caution morale, tu pourrais bien devenir le premier homme pendu pour conduite en état d'ivresse. » Le juge rejeta l'appel et Best fut menotté et emmené à la prison de Pentonville, dont les cellules avaient accueilli quelques-uns des plus fameux meurtriers du Royaume. En passant devant McIlvanney et Powell, il leur avait lancé : « Merci les gars. Sans vous, j'en aurais pris pour deux semaines. »

Il était le prisonnier numéro 76245. Son matricule était griffonné sur une boîte en carton dans laquelle il déposa ses vêtements après s'être déshabillé et avoir enfilé son uniforme, un jean bleu, un t-shirt rayé et un pull bleu marine avec un col en V. Sa cellule de neuf mètres carrés ne contenait qu'un lit, une chaise, une bassine et un pot de chambre. À l'intérieur, il put se rendre compte qu'il jouissait encore d'une certaine cote. Certains détenus lui demandaient des autographes ; un autre, dans les douches, avait tenté de lui demander davantage. Mais il avait surtout pu compter sur des anges gardiens, dont un qui lui lista les choses à faire ou à ne pas faire et les noms des matons en qui il pouvait avoir confiance. Deux autres prisonniers assuraient sa protection, tels des gardes du corps.

Best entreprit de tenir un journal en guise de catharsis. Il écrivait au stylo à bille sur des feuilles volantes. Il raconta ses larmes lors de la première nuit, le vacarme de la prison quand elle se réveillait, l'ignoble odeur de merde et de pisse lorsqu'il faisait ses besoins, l'eau qui débordait, les cafards, la crainte de passer à côté d'une remise de peine en enfreignant une règle qu'il ignorait, le porridge qui était à peine meilleur que de la pâtée pour chien, les quarante-huit heures du 24 et du 25 décembre, dont quarante-six passées à penser à son fils en train de déballer ses cadeaux. Best reçut plus de deux mille lettres, des cartes de vœux de fin d'année mais aussi des messages de soutien de la part de Lawrie McMenemy et Jim Smith, les managers de Southampton et d'Oxford, ou d'anciens joueurs comme Gordon Banks et Eddie Gray, et son entraîneur chez les juniors à Manchester United, Jack Crompton. Julian Lennon, le fils de John, l'encouragea à « surmonter cette épreuve et dominer sa tristesse ». Son ancien coéquipier en sélection, Bryan Hamilton, l'avait fait sourire, ce qui lui arrivait rarement à l'époque. « Comme tu le sais, je suis actuellement le manager des Tranmere Rovers. Et toi qui pensais avoir des problèmes ! » Quelques jours après, Hamilton était viré. Michael Parkinson lui rendit visite à Pentonville. « Best était malheureux et dans un état déplorable. Il avait l'air brisé. Autrefois, il irradiait et là, il était aussi terne que les autres. »

Cette condamnation rapprocha Best de son père, qui lui écrivit « la lettre la plus difficile qu'il ait jamais écrite », comme il le raconta à son fils. Il hésita même à l'envoyer. « J'ai la gorge serrée à chaque fois que je la lis, raconta Best. Il ne m'a rien épargné. Il m'a décrit ce que, selon lui, j'avais fait de ma vie. Mais il a insisté sur le fait que je devais ignorer les gens qui disaient que j'étais une idole déchue, parce que j'étais toujours debout. »

Best a toujours pensé que sa condamnation était « injuste » et que la durée de sa peine tenait davantage à sa célébrité qu'à ses crimes. Un éditorial du *Guardian* abondait dans ce sens : « La morale a pris le pas sur la justice. » Bientôt transféré à la prison ouverte de Ford dans le Sussex – comble de la cruauté, le fourgon qui l'y mena passa à moins de trois cents mètres de son appartement –, Best conserva un souvenir horrible de Pentonville. « Une fois que tu y as été, tu ne peux plus l'oublier et tu ne veux surtout pas y retourner. » À Ford, Best refusa de rejoindre l'équipe de football, parce qu'il ne voulait pas que les journaux publient des photos volées de lui sur un terrain surveillé par des gardiens de prison. Il était quand même venu voir ses codétenus se faire laminer 6 à 1. L'homme du match restera cependant l'attaquant de Ford, auteur ce jour-là d'un but et d'une évasion à la mi-temps. Le lendemain, le taulard en fuite prendrait tout de même la peine de passer un coup de fil à la prison pour s'excuser d'avoir décampé. Mais l'histoire n'avait pas été couverte par les journaux, car les quelques reporters envoyés sur place pour l'occasion s'étaient eux-mêmes échappés dès qu'ils avaient compris que Best ne serait pas de la partie. Dans l'établissement pénitentiaire, Best avait hérité d'un des « boulots les plus ingrats ». Il nettoyait, faisait le repassage, préparait le thé ou livrait le courrier, des tâches pour lesquelles les prisonniers étaient rémunérés. À Ford, Best touchait 2,40 livres par semaine.

Pendant les cinquante-six jours qu'il passa à Pentonville puis à Ford – l'administration l'avait libéré un mois avant la date prévue –, Best avait lu quarante-quatre livres, écrit plus de deux cents lettres et perdu six kilos. « Je ne m'étais pas senti aussi bien depuis des lustres. » À sa sortie, il s'était laissé photographier dans un bain moussant, couché dans le sens de la largeur, les jambes à l'extérieur, la tête penchée en arrière et les yeux fixés au plafond. Il a l'air soulagé, un peu ébahi, comme s'il lui fallait du temps pour intégrer que son calvaire est enfin terminé. Best déclara qu'il n'avait plus envie de boire : « J'ai l'intention de retrouver la forme », jura-t-il. Il respecta son vœu d'abstinence dix jours de plus, puis deux bières en amenèrent deux autres. Très vite, il arrêta de compter. « Pour faire replonger un alcoolo, il n'y a rien de plus simple : il suffit juste qu'il trempe les lèvres dans un verre. »

Personne n'ignorait le penchant de Best pour la bouteille. Il avait été photographié bien trop souvent à la sortie des bars et des boîtes de nuit pour que quelqu'un soit passé à côté. Il pouvait entrer dans n'importe quel pub et en ressortir saoul sans avoir payé un verre. C'était comme lui taper dans le dos pour le pousser dans la tombe. Best s'asseyait à une table et pouvait se retrouver avec une demi-douzaine de verres de vin blanc devant lui. Quand l'un de ses amis demanda à un barman pourquoi il ne lui remplissait pas le verre qu'il avait déjà au lieu de lui en donner un autre, il se vit répondre : « Les gens qui offrent à boire à George aiment voir le liquide se verser dans le verre. »

L'émoi que suscita son passage sur le plateau de Wogan en septembre 1990, cependant, donna l'impression que son vice était jusqu'alors une information confidentielle qui venait de passer au rang de révélation. La vidéo de son interview génère encore des dizaines de milliers de vues chaque année sur YouTube. On y voit Best dans un affreux costume vert olive et une chemise à motifs cachemire, boutonnée jusqu'au col, surgissant des coulisses pour serrer d'un geste mal assuré la main de son hôte avec les deux siennes. Terry Wogan comprend tout de suite, comme il le déclara plus tard, que « le pire est arrivé » et que son premier invité est « complètement bourré ». Les cheveux de Best sont longs et ternes et semblent sales. Il porte une barbe de trois jours. Ses yeux sont vitreux et ses paupières se ferment toutes seules. Il s'affale sur le canapé et on s'attendrait presque à ce qu'il s'allonge pour piquer un somme. Pendant l'interview, il se penche à plusieurs reprises et tente de toucher le genou de Wogan qui, à chaque fois, en bon professionnel, se redresse. Il espère sans doute que sa posture formelle pourrait encourager son interlocuteur à l'imiter. Il fixe Best avec une appréhension croissante, et baisse parfois la tête en espérant que son invité, qui est tout rouge et transpirant, sera miraculeusement redevenu sobre au moment où il le regardera à nouveau dans les yeux. Durant l'entretien, Best demande si l'émission est en direct et s'il lui est permis d'utiliser le mot « *shit* ». Il en profite pour étriller à nouveau Tommy Docherty. Rien de ce que dit ou fait Wogan n'a d'effet sur son comportement. L'étendue de son désespoir peut être résumée par une question superflue, posée en deux temps. Wogan demande : « Et l'alcool ? Est-ce toujours aussi important pour vous ? » Best confirme, sans surprise. C'est un accident télévisuel, un mélange de tragicomédie et de suspense saugrenu. Pendant ce temps, des millions de téléspectateurs sont devant leur écran ; ceux qui étaient là depuis le début appellent les autres pour les presser d'allumer leur télé ou de changer de chaîne. Le moment le plus affligeant, et évidemment celui qu'on ressortira le plus, est encore à venir. Best interrompt Wogan et lâche comme s'il s'agissait d'un secret qu'il dévoilait : « Terry, j'adore baiser. » Quelle que soit la branche à laquelle Wogan aurait pu tenter de se rattraper en posant la question la plus anodine du monde, la situation ne pourra qu'empirer. Il choisit la plus insipide, ce sera la pire : « Et sinon, vous faites quoi en ce moment ? »

« Je baise », lui répond Best du tac à tac, aussi pathétique sur le fond que génial sur la forme, tant la promptitude de sa réplique fait mouche et contraste avec son indolence.

L'émission suscita une vague d'indignation. On disait de l'infatigable moralisatrice Mary Whitehouse, présidente de l'association nationale des téléspectateurs et des auditeurs, qu'elle aurait vu de la crasse dans un panier de linge fraîchement lavé. Elle envoya une lettre à la BBC, se plaignant du fait que Best ait été autorisé à rester sur le plateau même après que Wogan eut décidé d'écourter l'interview. Pourquoi n'en avait-il pas été exclu ? Wogan avait bien essayé de l'expédier, mais soit Best ne comprit pas, soit il ignora délibérément le message.

Une note interne de la BBC indiquait qu'il ne semblait pas que Best avait bu « plus que de raison » en loges. Mais elle ajoutait, et c'était un point important, que « jusqu'à 18 h 58, aucun indice ne laissait présager que l'interview à venir puisse se dérouler autrement que dans des conditions normales. » La note se poursuivait ainsi : « Libre à chacun d'imaginer ce qu'il a pu se passer dans les trois minutes qui ont suivi. » La BBC ignorait que Best avait bu pendant l'après-midi. Donc chaque gorgée qu'il avala ensuite vint s'ajouter à son capital éthylique. L'équipe technique n'était pas non plus au courant de sa capacité à avoir l'air sobre et à communiquer normalement quand il était aussi proche du point de rupture. Mais si, comme le sous-entendait la note, il avait cessé d'être présentable à partir de 18 h 58, pourquoi l'autorisa-t-on à se rendre sur le plateau malgré tout alors que le générique n'était pas lancé avant 19 heures ? À nouveau invité chez Wogan en 1992, Best misa sur l'humour pour expliquer son changement soudain de comportement, assumer la responsabilité de sa prestation et ainsi dédouaner la BBC. «Vous seriez étonné de voir ce qu'un Irlandais est capable de boire en trois minutes.»

Les moments les plus sombres étaient encore à venir. Tandis que la tragédie se jouait et avançait vers une fin dont la noirceur n'était que trop prévisible, Best ne cessait de boire : «Je ne faisais rien d'autre que déverser de l'alcool dans mes veines.»

Best avait tellement marqué l'histoire de Manchester United, mais aussi les années 60, qu'il continuait toujours à faire vendre des journaux. Comme s'il y avait eu une place réservée dans les tabloïds pour conter le feuilleton de sa vie dissolue, que les épisodes soient glamours ou franchement médiocres. «Je commençais à me rendre compte que jamais ils ne se lasseraient.»

Best devenait le metteur en scène de sa vie. Il évoquait tellement de souvenirs aux uns et aux autres que chaque invitation à des dîners de gala ou dans des clubs philanthropiques était l'occasion pour ses interlocuteurs de revivre une partie de leur jeunesse, et généralement une des plus agréables. Ils pourraient ensuite se vanter d'avoir côtoyé Best, même une seule fois, même furtivement. Best savait les questions qu'on allait lui poser et connaissait les réponses par cœur. Dans quelle mesure considérait-il Sir Matt Busby comme un père ? Pourquoi ne s'entendait-il pas avec Bobby Charlton ? Denis Law se plaignait-il quand Best ne lui faisait pas la passe ? Son but contre Gordon Banks aurait-il dû être validé ? Quel avait été son adversaire le plus redoutable ? Quel était son meilleur match ? Aurait-il aimé naître Anglais plutôt qu'Irlandais ? Était-il envieux des salaires en vigueur en Premier League ?

Il buvait avant pour se calmer et, une fois à la tribune, il préférait répondre aux questions plutôt que de débiter un mauvais discours prémâché ou, pire, d'improviser. En général, Best commençait par parler de son manque de fiabilité, et interrogeait la foule de but en blanc : « Levez la main, ceux qui pensaient que je n'allais pas venir ce soir. » Puis il en venait à l'alcool. « C'est un plaisir de me tenir devant vous. C'est un plaisir de tenir debout », disait-il, empruntant une réplique de *Raging Bull*, le biopic de Martin Scorsese sur le boxeur Jake LaMotta. Il était drôle, plein d'autodérision, et certaines de ses citations avaient fini par rentrer dans l'imaginaire collectif.

« Si j'avais été laid, vous n'auriez jamais entendu parler de Pelé. »

« En 1969, j'ai arrêté les femmes et l'alcool. Ce furent les vingt minutes les plus dures de ma vie. »

« J'ai claqué beaucoup d'argent dans l'alcool, les filles, les bagnoles. Le reste, je l'ai gaspillé. »

« J'arrête de boire… mais seulement quand je dors. »

Best n'avait pas de tabou. Il évoquait sa santé, ses hospitalisations, son arrestation et son procès, le fait d'avoir de l'argent ou d'en manquer. Il parlait de son premier mariage, qui s'était conclu par un divorce en 1986 ; du bonheur que fut le second, avec Alex Pursey, alors âgée de 23 ans, en 1995, qui finit également par un divorce. Les femmes entraient et sortaient de sa vie. « On dit que je suis sorti avec sept Miss Monde, mais c'est faux. C'était seulement quatre en fait. Pour les trois autres, je ne me suis pas pointé au rendez-vous. » En réalité, c'était deux. La première, l'Américaine Marjorie Wallace, l'accusa de lui avoir volé un manteau de fourrure et des bijoux dans son appartement. Best sera innocenté. Le magistrat lui annonça qu'il quittait le tribunal « sans que sa réputation ne soit ternie » étant donné que Wallace n'avait pas souhaité comparaître, ce qui eut pour conséquence l'abandon des poursuites. Un journaliste appela Best pour lui apprendre que Wallace tenait un petit cahier noir dans lequel elle donnait une note sur 10 à ses amants. « Tu n'as que 4 », annonça-t-il à Best, qui feignit de ne pas en prendre ombrage : « C'est toujours trois points de plus qu'elle. » La seconde était Mary Stavin, dont le nom resterait accolé à l'une des plus célèbres anecdotes sur Best, à la fois cocasse, symbolique et profonde.

L'histoire est bonne, quel que soit le niveau de lecture, et c'est pour cela qu'elle perdure. D'abord, elle est sincèrement drôle. Ensuite, quand il la racontait, Best était tiraillé entre un sentiment de honte sincère – ce qui était désarmant – et suffisamment de fierté pour qu'il ne puisse s'empêcher de frimer. Enfin, elle confirme que Best, malgré tous ses déboires, demeure le genre d'homme qu'on a envie d'être.

Au petit matin, Best est allongé dans une chambre d'hôtel luxueuse, en train de boire une bouteille de champagne, au milieu des billets de banque étalés sur le lit. Il a passé la nuit au casino et gagné des milliers de livres. Stavin sort de la salle de bain, seulement vêtue d'un court négligé noir transparent. Au moment où les effluves de son parfum arrivent aux narines de Best, un serveur irlandais fait irruption dans la pièce pour rapporter du champagne. Ses yeux semblent sortir de leur orbite comme ceux du loup de Tex Avery. Il regarde Best, il regarde l'argent. Il ne peut s'empêcher de regarder l'ancienne Miss Monde dans sa robe de nuit transparente. Après avoir laissé son chariot et pris son pourboire, il se retourna vers Best. « George, je dois vous demander… À quel moment les choses ont-elles mal tourné ? »

Best n'avait nullement besoin de fabuler pour entretenir son mythe. Les événements qu'il avait vraiment vécus étaient suffisamment captivants. Mais il inventa cet hôtel, ces circonstances et ce serveur irlandais et fit à partir de ces éléments un court récit qui donnait à quiconque l'entendait une idée de sa célébrité et des bénéfices qu'il en tirait. Il y a plusieurs versions de « À quel moment ça a mal tourné ? » Parfois, Best déclarait que l'hôtel était à Manchester, parfois il se trouvait à Londres ou à Birmingham. Parfois encore il brodait davantage et le serveur se retrouvait à transporter du caviar, du saumon fumé et du homard, le tout arrosé de champagne. La somme d'argent qui était éparpillée sur son lit variait du simple au double. Mais qui se souciait de ces détails ? La légende se mua en réalité et c'est ainsi qu'elle est restée. Elle était bien trop plausible pour accuser quiconque de crédulité.

La seule partie immuable concernait Stavin, un mannequin suédois qui était selon Best la femme au négligé. Quand elle l'entendit, Stavin ne comprit pas la plaisanterie. Malgré tout, elle trouva « mignon » ce petit mensonge inoffensif. « Jamais je n'aurais porté ça, assurait-elle. Et de toute façon, je n'étais pas là. » De la même façon qu'on demandait toujours à Frank Sinatra de chanter *My way*, on attendait de Best qu'il raconte cette anecdote. C'était devenu sa signature.

Il ne quittait jamais durablement la sphère publique. Il signait des livres et des articles écrits par d'autres. Trois de ses quatre autobiographies se terminent de la même manière : Best est en couple et met enfin de l'ordre dans sa vie : il est « sur le droit chemin, heureux, tout roule ». Mais on pressent en lisant ces lignes qu'il y a une ombre au tableau et que l'allégresse qu'elles célèbrent ne sera qu'éphémère.

Parfois, lorsqu'il se retournait sur sa vie, Best ne pouvait se fier qu'à des bribes de souvenirs à cause de tous ceux que l'alcool lui avait volés. Il y en a même qu'il avait complètement oubliés. Il lui arrivait d'appeler des amis pour qu'ils lui racontent certains épisodes. Il fut un temps consultant en plateau pour Sky Sport. Tous les samedis, la chaîne se préparait à ce qu'il ne se présente pas au rendez-vous de midi. Un remplaçant se tenait toujours prêt au cas où. Un taxi était envoyé devant son appartement à Chelsea en fin de matinée. Best disait souvent au chauffeur qu'il avait des choses à terminer ou qu'il avait oublié quelque chose au Phene Arms, le bar où il avait ses habitudes, et qu'il fallait absolument qu'il les récupère. Il y allait et n'en ressortait plus.

Best était devenu plus méfiant que jamais envers les étrangers depuis qu'un homme ivre l'avait frappé à la tête avec une pinte après qu'il fut entré dans un pub pour utiliser le téléphone et passer une commande au traiteur chinois. Son agresseur était un supporter de Liverpool, ce qui aurait pu être un mobile suffisant, à cela près que celui-ci en voulait surtout à Best de n'avoir jamais joué pour son équipe. Une demi-douzaine de serviettes ne suffirent pas à étancher le sang. Une autre fois,

Best avait été attaqué dans la rue par un groupe d'hommes qui lui tenaient rigueur de les avoirs battus à plusieurs reprises au billard quelques jours plus tôt.

Il allait au Phene, où le poète Dylan Thomas s'était lui aussi souvent soûlé alors qu'il vivait à dix minutes à pied de là dans les années 40. Exactement comme Thomas, Best lisait les journaux et faisait les mots croisés. S'il bloquait sur une définition, il appelait son père à Belfast et ils trouvaient la solution ensemble.

S'il n'avait pas eu un penchant pour la boisson et un tempérament explosif, la semi-retraite de Best aurait été tranquille et idyllique. Dans les années 70, seule sa condition de sportif lui avait permis, au regard des quantités d'alcool qu'il ingurgitait, de rester en vie. C'était en quelque sorte son filet de sécurité. Désormais, il n'y avait plus rien pour amortir sa chute. Il répétait que sa santé était bonne et se convainquait – personne d'autre n'était dupe – que son corps survivrait aux épreuves qu'il lui ferait traverser.

En avril 2000, jauni, vomissant et crachant du sang, il fut emmené à l'hôpital pour une insuffisance hépatique. Son foie ne fonctionnait qu'à 20 % de ses capacités. Best déclara que la douleur, qui lui donnait la sensation d'un poignard enfoncé dans son ventre qu'on remuerait, lui fit envisager le suicide. Il irait en Jamaïque ou aux Bahamas et il avalerait des somnifères en les faisant passer avec du cognac Louis XIII et du Dom Pérignon. Ceux qui le connaissaient vraiment n'y crurent jamais. La devise de Best aurait pu être : « Profite autant que tu peux profiter, se limiter ne t'apporterait que des regrets. » Il aimait trop la vie pour la quitter. Moins de deux ans et demi plus tard, il subit une transplantation du foie. L'opération dura dix heures et il faillit ne pas se réveiller à cause d'une hémorragie interne. Son sang était tellement fluide qu'il ne pouvait plus coaguler correctement. Il avait fallu lui transfuser plus de vingt litres de sang. Sans cela, les docteurs avaient estimé qu'il mourrait dans les trois mois. Best jura – comme toujours – de renoncer à boire. Une promesse aussitôt rompue parce qu'il pensait qu'avec un nouveau foie, il pouvait revivre sa vie d'avant.

Les mots s'envolaient, tout comme le temps.

On dit qu'il n'est pas utile de rendre visite aux morts, car ils nous rendent visite à chaque fois qu'on parle d'eux ou qu'on pense à eux. C'était vrai pour George Best. Les gens qui l'avaient aidé à forger sa carrière à Manchester United ne le quittaient pas.

Son premier mentor, Bud McFarlane, mourut en 1977 alors qu'il était en vacances en Espagne. Il était parti en retraite quatre ans plus tôt après vingt-cinq ans de services à Glentoran. Mary Fullaway mourut en 1983 – trois semaines après son soixante-quatorzième anniversaire. Best n'assista pas à ses funérailles. Vivante, elle avait été harcelée à cause de lui ; morte, elle avait droit à son intimité. C'est la raison pour laquelle il se tint éloigné. Sa famille comprit, Steve Fullaway le premier : « Il ne voulait pas attirer la presse et les photographes. Nous savons combien il aimait ma mère, et c'est tout ce qui compte. » Jimmy Murphy mourut à 79 ans en 1989. Jusqu'à la fin, il prêcha pour un football simple. « Je me demande, dit-il un jour, combien de George Best sont détruits à l'heure où je vous parle, par des entraîneurs qui refusent d'admettre qu'un sou de talent vaut bien plus qu'une livre de théorie. » Bob Bishop n'avait touché que 8 livres pour avoir repéré Best. United lui avait envoyé un chèque de 100 livres en 1970, mais 92 livres avaient été prélevées par les impôts. Il n'en gardait aucune amertume. Il avait apprécié « le beau geste ». Il découvrit ensuite Sammy McIlroy, qui passa onze saisons sous le maillot de United, et Norman Whiteside, qui disputa la Coupe du monde 1982 à tout juste 17 ans. Il suggéra à United de recruter Pat Jennings puis s'aperçut que les scouts qui avaient été envoyés pour le superviser s'étaient trompés de match, avant que Tottenham ne souffle celui qui serait le gardien de la sélection nord-irlandaise pendant vingt-deux ans. « Vingt de mes joueurs ont fait carrière. » Bishop pouvait être fier de ce ratio qui défiait toutes les statistiques. Mais celui dont il était le plus fier est aussi celui grâce auquel on se souviendrait de lui. Bishop mourut en 1990 à l'âge de 90 ans.

Même les géants finissent par mourir.

Sir Matt Busby, qui avait presque atteint 85 ans, fut enterré en 1994 dans le cimetière municipal de Chorlton-cum-Hardy. Dix-huit mois plus tôt, lui et les vainqueurs de la Coupe d'Europe de 1968 s'étaient réunis à nouveau pour tourner un film souvenir à l'occasion du jubilé d'argent de la finale. Ils s'étaient retrouvés à Wembley. « Comment ça va, fiston ? », demanda Busby à Best d'une voix chevrotante. Le « fiston » n'était ici pas aussi anodin qu'il en avait l'air. Le stade était vide, il avait besoin d'être rénové et dégageait une atmosphère de mélancolie. La pelouse, jadis impeccable, poussait en petites touffes à certains endroits et était un peu marron à d'autres. Ceux qui y avaient affronté Benfica étaient désormais bedonnants, avaient des pattes d'oie au coin des yeux et des cheveux gris ou épars. Ils y pénétraient désormais comme des vétérans qui se souviennent d'un champ de bataille, arborant fièrement la médaille qu'elle leur avait permis d'obtenir. Busby portait une chemise blanche, la cravate et l'emblème de son club sur la poche de son blazer. Il fumait la pipe. Il regardait autour de lui comme tout le monde. Au bout d'un moment, les premiers souvenirs étaient épuisés. Best annonça aux autres : « Le boss veut y aller. » Ils quittèrent tous les deux le terrain. Best adapta son allure à celle de son manager, qui avait l'air aussi fragile que du verre. Il ne parvenait toujours pas à imaginer le monde sans lui. Il était aussi peu préparé à la mort de Busby qu'à celle de sa mère. « Tu sais qu'il t'aimait ? », lui demanda Sandy Busby devant la tombe de son père. Best était bouleversé. « J'étais incapable de répondre quoi que ce soit. »

Lorsqu'un proche meurt, on se met à réfléchir à sa propre vie. Best expliqua que la sienne « défila » devant lui le jour de l'enterrement de Busby. Le plus petit détail – un mot, une odeur, un paysage – réveille les plus grands souvenirs. Le parcours du cortège passa au niveau de l'arrêt de bus devant lequel Busby garait sa voiture pour le récupérer quand lui se planquait pour ne pas avoir à se confronter à ce boss qui l'impressionnait tant. Tout lui revenait. Lorsqu'il vit le cercueil être mis en terre, tandis que la pluie fine perlait sur son manteau, Best repensa au tout début. Il revoyait son arrivée à Manchester, son retour express à Belfast, la compassion dont avaient fait preuve ses parents et le club vis-à-vis de son mal du pays, ses progrès et ses débuts à Old Trafford contre West Bromwich Albion, qui semblaient avoir eu lieu la veille. Il revoyait les titres de champion, la Coupe d'Europe, la célébrité, l'argent, le front plissé de Busby quand il s'évertuait à rattraper ses conneries.

Pour Best, tout ce qui avait suivi n'avait rien d'une tragédie. La mémoire du cœur, après tout, tend à magnifier le meilleur. « Dans l'ensemble, je m'en suis pas mal sorti. » Il se considérait comme quelqu'un de chanceux. Chanceux d'avoir signé à United. Chanceux d'être arrivé quand la reconstruction du club après Munich était déjà bien avancée. Chanceux d'avoir joué avec Law et Charlton, lorsqu'ils étaient, comme lui, au sommet de leur forme. Et chanceux, surtout, d'avoir eu Busby à ses côtés. Il répétait régulièrement qu'il n'avait « aucun regret » dans sa vie professionnelle. Ces deux mots lui servaient de bouclier pour décourager ceux qui auraient été tentés de lui poser d'autres questions. Cependant, quelque chose l'obsédait. Il ne saurait jamais jusqu'où son talent aurait pu le mener. Il savait en revanche où il aurait toujours dû lui servir.

À la fin de sa vie, on demanda à Best quelle décision il aurait changé si on lui en avait offert la possibilité. Il répondit sans hésiter : « Je n'aurais pas quitté Manchester United. » En disant cela, Best s'était mis à rêver à ce scénario alternatif, beaucoup plus doux que ce qu'il avait vécu en réalité. Il aurait joué à Old Trafford « au moins cinq ans de plus », serait devenu le pivot et le cerveau de l'équipe, il aurait accompagné les jeunes, et on le considérerait aujourd'hui et à jamais comme l'un des grands hommes de l'histoire de son sport. Dans ce monde parallèle, Busby était toujours son manager, United était champion et la Coupe d'Europe à sa portée. « Et j'aurais battu tous les records. »

Quiconque l'a vu jouer ne doute pas qu'il aurait été capable de cela, et de bien plus encore.

Si seulement il avait été différent, alors tout aurait été différent.

ÉPILOGUE
AVEC CE MAILLOT ROUGE, POUR TOUJOURS

Manchester, le 3 décembre 2012

Il n'a jamais quitté Manchester United.

Aujourd'hui encore, George Best est là, silhouette de bronze d'un mètre soixante-cinq sur un socle de granit, à la disposition de tous ceux qui veulent venir le saluer. Sa main droite est posée sur sa hanche, comme s'il attendait que le match reprenne.

C'est un lundi triste à Manchester, des torrents de pluie ont nettoyé la ville et les rafales de vent ont chassé les nuages mornes qui erraient un peu plus tôt. Le ciel est désormais immense, spectaculaire. Le soleil d'hiver ne réchauffe pas la ville mais fait briller la façade vitrée encore humide de la tribune est, dans laquelle se reflète le paysage, bien au-delà du Sir Matt Busby Way. On y voit le ballet des voitures et des piétons, les contours des bâtiments. Pour celui qui se rend en pèlerinage à Old Trafford, l'East Stand est le point de repère le plus naturel. C'est aussi le point précis où se rencontrent le passé et le présent.

On peut juger un lieu, tout comme un pays, aux statues qui y sont érigées. Il n'est pas seulement question de rendre justice à l'histoire et au passé ; ce sont aussi le présent que l'on écrit et l'avenir que l'on dessine. Jamais United n'a oublié ses héros des années 60. Et quand on voit la somptuosité avec laquelle il les célèbre, il est évident que jamais il ne les oubliera. Busby est là, monumental, un ballon nonchalamment posé sur la hanche. Il garde l'entrée du temple, un œil sur sa Sainte Trinité qui lui fait face. À la gauche de Best, Denis Law lève le bras. Bobby Charlton a une main sur l'épaule du buteur et tient le ballon de l'autre, comme s'il était en train d'en faire la promotion. Les visiteurs, minuscules à côté de l'immensité du stade, vont et viennent, prennent des photos, se créent des souvenirs.

Un garçon, beaucoup trop jeune pour l'avoir vu jouer, essaie de toucher la chaussure gauche de Best, la paume de sa main tendue. Sous sa parka, il porte un maillot vintage de United, et son écharpe rouge et blanche, jetée négligemment autour du cou, manque de tomber à chaque fois qu'il sautille pour tenter d'atteindre sa cible. Un homme qui pourrait presque être son grand-père a le regard tellement chargé de respect qu'on dirait celui du dévot pendant l'eucharistie. Il sort un bonnet aux couleurs du club de sa poche et l'enfile sur ses oreilles rougies par le froid. Partout autour d'Old Trafford, on entend parler de Best. C'est aussi le cas dans le musée du club, véritable caverne d'Ali Baba pleine de coupes et de médailles, ou encore dans la boutique, si rouge qu'elle en frôle le kitsch. Il revit, il est là, prêt à courir et à changer le cours d'un match à lui tout seul. Le temps s'est arrêté. En 1969, exactement. On est plongé dans cette décennie qui fut plus qu'à tout autre la sienne. Les souvenirs reviennent, tous plus étincelants les uns que les autres.

Personne ne mentionne l'importance de cette date en particulier. Personne ne semble réaliser qu'il s'agit de l'anniversaire du jour où sa ville natale s'est arrêtée pour lui dire adieu. Peu importe, finalement. Rien ne disparaît tant qu'on s'en souvient, et lui est dans toutes les mémoires. Les mois et les années s'égrènent et on finit par se rendre compte qu'il nous a quittés il y a déjà longtemps. Pourtant, le souvenir qu'il a laissé est si intense qu'il serait incorrect de parler d'absence.

Il est partout.

Si vous prenez l'avion pour Belfast, vous arriverez à l'aéroport George Best, où sa signature immense s'étale sur le bâtiment. Si vous passez vos vacances à Belfast, vous pourrez louer la maison de Burren Way et dormir dans la minuscule chambre qui fut la sienne. Si vous allez au bout de la rue, comme Best le faisait souvent, vous trouverez ce champ dans lequel il est devenu ce footballeur merveilleux. Si vous ignorez le panneau «JEUX DE BALLON INTERDITS», vous pourrez vous aussi vous amuser à tirer contre ce mur de briques comme il le faisait pendant des heures. Si vous vous asseyez sur le trottoir de Donard Street, vous reverrez avec un peu d'imagination ce bambin déjà à l'aise balle au pied que Dickie avait photographié. Si vous remontez Ballygowan Road jusqu'aux soixante hectares du cimetière boisé de Roselawn, vous pourrez vous recueillir sur la tombe de Best, qui repose à côté de sa mère et de son père, décédé en 2008. La stèle est discrète, comme l'avait souhaité la famille. Elle est pareille à toutes celles des autres allées qui s'étendent à perte de vue en direction des collines d'un côté et vers l'horizon de l'autre. Des visiteurs s'y rendent tous les jours. Il est fréquent que des gens venus assister à un enterrement cherchent ensuite la tombe de Best. La petite plaque en métal marquant son emplacement, S 295, a été volée et remplacée un nombre incalculable de fois.

L'inscription sur le marbre noir ne fait référence à lui qu'en ces termes: «À notre fils, frère et père.» Rien sur ses exploits sportifs. Mais tous ceux qui s'y rendent ou qui se retrouvent au pied de sa statue à Old Trafford le font pour rendre hommage au footballeur. «La seule chose qui comptait, c'était le football», disait-il peu avant sa mort. Il souhaitait que l'on ne se souvienne de lui que pour cela, tout en sachant très bien que les «conneries», euphémisme qu'il utilisait pour parler de ses problèmes d'alcool et des divers désastres qui en étaient la conséquence, resteraient à jamais associées à sa carrière. Et comment pourrait-il en être autrement? Par l'effet vénéneux qu'il eut sur sa vie, son alcoolisme sulfureux ne peut être ni oublié ni mis de côté. Il était pleinement conscient que toute cette dramaturgie l'empêchait d'être vu, jugé et reconnu comme un joueur, et seulement comme un joueur.

C'est comme s'il avait toujours vécu à rebours. La gloire était arrivée très tôt, presque sans effort. Et c'est seulement ensuite qu'il avait peiné, et la galère avait duré longtemps. Cette chronologie inversée constitue le premier obstacle à surmonter lorsque l'on souhaite prendre la pleine mesure d'un personnage dont on croit déjà tout connaître. Et voici le second. Malgré tout ce qu'il avait accompli, il semble qu'il n'ait jamais atteint l'apogée de sa carrière. Sa carrière est une œuvre inachevée. Même la soirée que lui consacra la BBC2 à l'occasion de son cinquantième anniversaire n'avait pas atténué cette sensation. L'idée d'un gâchis affleurait tout au long d'une émission qui se voulait pourtant élogieuse. Les témoignages étaient truffés de « Et si » ou de « Ça aurait pu » larmoyants. Il faut dire que Best avait toujours suscité énormément d'attentes. Souvent, on a tendance à demander toujours plus à quelqu'un qui a déjà donné tellement. Comme si faire carrière à United n'était pas assez exigeant, il avait fallu qu'il porte de surcroît sur ses épaules la pression de celui qui doit être génial pour onze. Après avoir quitté le club, c'est la frustration des autres – « ceux qui ne pouvaient plus me voir jouer » – qui lui pesait. La même question revenait sans cesse, surtout de la part de ses admirateurs : « Tu te rends compte que tu es un imbécile ? » Pour toutes ces raisons, son image est restée très longtemps la même. Mais comme il l'avait un jour prédit, la postérité finit enfin par accorder plus d'importance à l'art qu'aux dérives.

La mémoire retiendra l'immensité de son talent et, au bout du compte, l'intensité émotionnelle de son parcours ne fera que le magnifier.

Pour Danny Blanchflower, le footballeur doit être avant tout un esthète. « Le football est une question de panache. Rien ne sert de battre l'adversaire si c'est pour attendre qu'il meure d'ennui. La victoire ne vaut que pour la gloire et l'éclat. » Best voyait les choses de la même façon. Lui qui toute sa vie avait cherché à lutter contre l'ennui ne pouvait concevoir d'être un joueur ordinaire. Sans spontanéité et sans imagination, le jeu n'en était plus un.

Rien ne vaut l'avis de ses pairs pour juger de la valeur d'un professionnel. Dans le cas de Best, Blanchflower évoqua, non sans poésie, « les délices qu'il offrait aux yeux et à l'esprit ». Ses adversaires ont toujours été conscients d'avoir affaire à un spécimen rare. Bobby Moore expliquait qu'il reculait toujours de quelques mètres quand il défendait sur Best car, contrairement aux autres, « il pouvait partir dans dix directions ou faire une vingtaine de gestes différents ». Alan Mullery, le milieu de Tottenham, estimait lui qu'il était presque impossible de l'arrêter : « Je ne savais jamais s'il allait passer à gauche, par-dessus ma tête ou entre mes jambes. J'essayais de deviner ce qu'il allait faire, mais je me trompais neuf fois sur dix. » À Chelsea, Ron Harris tranchait le débat d'une simple phrase : « C'était le meilleur. » Emlyn Hughes, le « cheval fou » de Liverpool, fut marqué par une large défaite à Anfield. « Ce jour-là, on n'a jamais pu l'approcher, ni moi, ni un autre. Il nous a dépecés. » À la fin du match, Hughes s'attendait à subir les foudres de Bill Shankly. Dans le silence funèbre du vestiaire, il entendit les pas de Shankly se rapprocher dans le couloir puis la porte s'ouvrir. Hughes leva les yeux pour scruter le visage de son manager. Il balayait la pièce du regard. Ses joueurs étaient tous plus défaits et terrifiés les uns que les autres. Shankly prononça l'un des discours d'après-match les plus courts qu'il ait jamais faits : « Les garçons, vous venez de voir un génie. » Jamais auparavant Hughes n'avait entendu son entraîneur parler ainsi d'un adversaire, à l'exception de Tom Finney, le « plombier de Preston », que Shankly évoquait toujours avec la révérence habituellement réservée aux dieux. Hughes lui-même y alla de son hommage : « Il était totalement différent de tous les autres joueurs contre qui j'ai joué. » Même Sir Alf Ramsey, pourtant pas réputé pour préférer la flamboyance au courage, aurait aimé pouvoir le faire évoluer sous le maillot anglais. Un jour à l'entraînement, alors qu'il tentait de mettre en place une combinaison sur coup franc que personne n'arrivait à appliquer correctement, Ramsey ne put retenir ces mots : « Si seulement j'avais George Best… »

Près de vingt-cinq ans après avoir fait ses grands débuts face à Graham Williams, il retrouva le défenseur de West Brom' sur une plage à Majorque. «J'ai toujours la marque de tes crampons sur le mollet», lui dit Best en souriant. La réponse de Williams est devenue l'un des compliments les plus emblématiques jamais faits à Best : « Eh bien, ça fait plaisir de voir ton visage, après toutes ces années à n'avoir vu que ton cul.» Tous les latéraux d'Angleterre connaissaient ce sentiment.

Personne ne discute le talent de Best. Le seul débat, subjectif, concerne sa place dans le classement des meilleurs joueurs de l'histoire.

Le message inscrit au feutre noir dans chacun des quarts du drapeau de l'Ulster en berne au bout de Burren Way le jour de ses funérailles est aussi clair et efficace que possible. Les meilleurs slogans publicitaires sont ceux qui frappent immédiatement et restent gravés pour longtemps dans notre esprit. Une seconde après les avoir absorbés, vous les connaissez par cœur. Et une chose est sûre : tout le monde peut réciter celui-ci.

MARADONA GOOD
PELÉ BETTER
GEORGE BEST

Le plus triste, c'est peut-être qu'il soit mort sans jamais l'avoir vu écrit. Il aurait apprécié la composition et le contenu, non seulement pour le statut qu'il lui confère, mais aussi parce qu'il correspond parfaitement à son orgueil et à ses certitudes. Maradona, né en 1960, était encore en culottes courtes lorsque Best disputa son premier match à Old Trafford. Cela n'empêchait pas Best de le considérer comme un rival, car l'Argentin s'était très rapidement fait une place au Panthéon. La photo favorite de Best, qu'il fit même encadrer, montrait Pelé en train d'essayer de lui faire un croche-patte lors d'un match de la North American League. « C'est le plus grand compliment qu'on m'ait jamais fait.» C'était la preuve ultime qu'il était plus génial que le génie.

Hors de question d'accepter l'égalité.

Pour qui se demande si Best serait capable de dominer le football d'aujourd'hui, la réponse est évidente. La meilleure qualité des terrains et des ballons, l'abolition du tacle par derrière et l'arbitrage en général qui protège beaucoup plus les dribbleurs : les conditions seraient idéales pour lui. Le slogan qui le place au-dessus de Maradona et Pelé a été inventé juste avant l'émergence de Lionel Messi qui, comme Best, n'inspire que des superlatifs. Comme pour Best, les gens n'achètent leur billet que pour le voir jouer. Best et Messi sont presque des jumeaux footballistiques, de leur stature à leur talent, en passant par leur attitude. Comme l'a rappelé Mike Summerbee, « les grands joueurs sont intouchables lorsqu'ils sont très rapides sur dix mètres. Lui, il était rapide sur quinze mètres. Et à l'époque, les joueurs nous marquaient à la culotte, on ne pouvait pas faire un pas. Si on lui donnait autant d'espace qu'aux joueurs d'aujourd'hui, il ferait un carnage. »

Best fut le premier des footballeurs-stars britanniques. C'est lui qui fit prendre conscience aux suivants de toutes les opportunités économiques qui s'offraient à eux. Son salaire, quoique ridicule en comparaison des standards actuels de la Premier League, poussa les autres à revoir leurs exigences à la hausse. Il y a un autre domaine dans lequel son héritage est évident. Ses problèmes de comportement à répétition obligèrent les clubs à se préoccuper de la vie des joueurs en dehors du terrain. Trop de dirigeants les percevaient encore de la même manière que les patrons voyaient leurs ouvriers un siècle plus tôt : leur bien-être n'avait aucune importance une fois les portes de l'usine fermées derrière eux.

Certes, les us et coutumes étaient différents dans les années 60. Il n'empêche, les clubs manquaient à leurs devoirs. Cette absence de protection et de conseils les pénalisait pourtant tout autant que les joueurs. Best voulait que ses successeurs soient mieux informés sur la manière de gérer leur argent, les médias, la pression, la tentation de l'alcool et des drogues ou les parasites. Il souhaitait qu'aucun joueur n'ait à subir ce que lui-même avait subi et ne finisse de la même façon. Au moins ses déboires auront-ils permis aux générations suivantes de bénéficier des enseignements qu'on en a tirés, grâce notamment au travail de la Professional Footballers' Association. Un entraîneur comme Sir Alex Ferguson a pu s'appuyer sur l'expérience du cas Best pour éviter de voir l'histoire se répéter du côté d'Old Trafford. Ainsi, il n'abandonna jamais Ryan Giggs à lui-même. Le jeune Gallois ne fut pas autorisé à donner d'interview avant ses 20 ans. Avant d'avoir un agent pour commencer à signer des contrats publicitaires, il dut attendre que Ferguson décide quand c'était le bon moment. « Il a parfaitement géré la situation », déclara Best, qui lui-même évita de donner tout conseil à Giggs quant à son futur. Il n'aimait pas qu'on mette son nez dans ses affaires, et ne tenait donc pas à interférer dans celles des autres.

Best n'avait rien d'un prêcheur, ce qui met en lumière une facette souvent oubliée de sa personnalité. Oui, tout le monde le connaissait comme une bête médiatique, un *entertainer*, mais aussi un tombeur et un accro, toujours éclaboussé par les scandales et la controverse. Mais il y avait d'autres Best, bien plus représentatifs de sa véritable personnalité.

Personne ne soupçonnait par exemple qu'il n'oubliait jamais un joueur contre qui il avait joué.

Un soir à Leeds, Best était en train de dîner dans une pizzeria lorsqu'il remarqua Albert Johanneson. Le Sud-Africain, surnommé « l'Éclair noir », avait été un joueur emblématique du Leeds de Don Revie. En 1965, il devint le premier joueur noir à participer à une finale de la Cup. Après sa retraite en 1971, Johanneson, comme beaucoup d'autres joueurs avant et après lui, se retrouva complètement démuni face au monde extérieur. Il se mit à boire chaque jour des litres de cidre, avant de tomber dans la drogue. Sa mémoire et sa santé se détérioraient. Johanneson finit plongeur dans un restaurant chinois, le seul emploi qu'il avait réussi à dégoter. Best ne le connaissait pas spécialement. Ce qui ne l'empêchait pas de respecter le joueur mais aussi l'homme. Il admirait notamment son « courage » d'avoir foulé les terrains à une époque où le racisme était monnaie courante et jamais puni, et où les insultes fusaient sous couvert de plaisanteries innocentes.

Lorsque Best croisa à nouveau son chemin, Johanneson était particulièrement mal en point. Son visage était bouffi, le blanc de ses yeux virait au jaunâtre et il traînait les pieds. Ses vêtements avaient besoin d'être lavés, et lui aussi. Il n'avait plus un sou. Best devait se rendre à une conférence avec Jimmy Greaves. Il décida de passer plutôt la soirée avec Johanneson et Greaves apparut seul sur scène. Best n'avait pas abandonné Greaves par pur égoïsme. Johanneson n'était pas une excuse pour éviter une corvée. Best avait simplement reconnu un homme qui, comme lui, n'avait pas survécu à la gloire que les années 60 lui avaient apportée. Johanneson était tombée plus bas et plus vite, et Best vit dans son visage gonflé et triste le désespoir qu'il avait si souvent vu dans le sien. Johanneson avait besoin d'une oreille attentive et d'une présence amicale, ne serait-ce que pour quelques heures. Best l'emmena dans un bel hôtel, où les serveurs refusèrent d'abord de servir un clochard, mais Best les rappela à l'ordre. Les deux hommes parlèrent jusqu'à minuit, se remémorant leurs oppositions. Johanneson mourut en 1995, âgé d'à peine 53 ans. Son corps ne fut découvert qu'au bout d'une semaine, à l'intérieur de l'appartement qu'il occupait dans une tour sinistre. Lorsqu'il apprit sa mort, Best fut heureux de lui avoir apporté un petit moment de bonheur. Il incita alors tous ceux qui avaient vu jouer Johanneson à se souvenir de lui au faîte de sa gloire afin qu'il reçoive le respect qu'il méritait. Best fit aussi part de son agacement envers ceux qui jetaient un regard méprisant et moralisateur sur ceux qui, après avoir connu le succès, avaient chuté, comme s'ils en étaient les seuls responsables. Il ne comprenait pas non plus comment on pouvait rire de la détresse d'autrui. En disant tout cela, évidemment, il pensait aussi à son propre sort.

Il essayait d'être généreux. Il donnait souvent de l'argent à ceux qui en avaient besoin, notamment aux mendiants. Il se rendait régulièrement dans des hôpitaux et répondait de bonne grâce aux sollicitations des associations caritatives sans en tirer aucune publicité. Il allait dans des écoles et restait des heures à jouer au football avec les élèves. Il offrait des maillots et des caps pour des enchères caritatives. Lorsqu'il tenait son magasin, il n'hésitait pas à proposer à des joueurs de la réserve ou des équipes de jeunes de les emmener dans sa Jaguar ou même de leur faire crédit, oubliant soigneusement de leur réclamer son dû. Après avoir quitté United, il participa à quatre vingt-treize matchs caritatifs ou jubilés. Là encore, il « oubliait » souvent de se faire payer ou rembourser ses frais. Quand ses amis organisaient une partie de foot à cinq et qu'il manquait un joueur, il acceptait toujours de dépanner. Il ne refusait jamais un autographe, y compris aux pseudo-collectionneurs et aux faux supporters. Il avait pourtant fini par cerner ceux qui venaient vers lui dans le but de revendre ensuite la photo ou l'objet qu'ils lui présentaient. En général, ils demandaient de simplement apposer sa signature, sans ajouter de dédicace personnalisée.

Sportifs ou autres, tout un tas de célébrités sont régulièrement conviées à Buckingham Palace pour se faire épingler une décoration. Best n'eut jamais droit à ces honneurs, quand bien même il avait apporté plus aux Britanniques que nombre de récipiendaires. En 1984, quand il avait compris qu'il n'échapperait pas à la prison, il avait plaisanté : « Bon ben là, je crois que c'est mort pour être fait chevalier. » Cependant, à l'automne 2002, son nom circula pour la promotion du 1er janvier suivant. Cette année-là, les premières recommandations n'étaient pas particulièrement grand public et Best devait apporter une touche de clinquant à la liste. Malheureusement, sa candidature n'alla pas plus loin et il n'en sut jamais rien. Si cela lui était arrivé aux oreilles, il se serait probablement contenté de hausser les épaules, acceptant la fatalité comme il l'avait toujours fait quand les événements – ou les gens – lui étaient hostiles.

« À quoi ça sert de rester déçu ? »

On dit que la souffrance est inhérente à la vie et que seule notre capacité à la supporter diffère.

Si Best était remarquable sur un point, c'était pour sa capacité à faire des choses extraordinaires sur le terrain, quelle que soit l'étendue de sa souffrance par ailleurs.

À 35 ans, un âge où ses gestes n'auraient dû être que de pâles reproductions de ses plus belles et très lointaines performances, et alors qu'il était en pleine crise, il marqua l'un des buts les plus incroyables de sa carrière, chef-d'œuvre parmi les chefs-d'œuvre. Il était alcoolique, toujours entre deux cures, et conscient que cela détruisait progressivement son corps. Pourtant, quand on voit ce qu'il accomplit ce jour-là, on jurerait qu'il mène une vie épanouie et idyllique. Il court comme à la grande époque, il élimine les défenseurs les uns après les autres, la balle aimantée à son pied. Ce but, aussi intense que magistral, il le marque sous le maillot des San José Earthquakes face aux Fort Lauderdale Strikers en juillet 1981.

Sur un engagement, Best s'écarte sur la droite. Son coéquipier avance et le sert à trente mètres des cages, plein axe. Quand il reçoit le ballon, il est en train de trottiner. Appuyez sur pause, et vous verrez que tous les joueurs des Strikers, à l'exception du gardien, sont dans le cadre. Six d'entre eux se situent entre lui et le gardien. La suite n'est que superlatifs. L'émotion va crescendo, on ressent d'abord de l'admiration, puis de la stupéfaction. Et quand on croit avoir tout vu, c'est l'émerveillement qui vous saisit. C'est alors qu'il faut prendre conscience de la chance qui nous est donnée : s'il n'y avait pas eu de caméra ce jour-là, personne ou presque n'aurait jamais profité de cet instant de grâce absolue.

Les commentateurs américains sont toujours très enclins à s'enflammer pour pas grand-chose. En partie parce que l'obsession de l'audimat est perpétuelle et qu'ils se doivent de garder l'attention du téléspectateur. Si ce dernier bâille, c'est un échec ; s'il change de chaîne, c'est un drame. Quand on fait passer l'ordinaire pour du merveilleux, que reste-il pour le merveilleux ? Plus grand-chose : la palette vocale est épuisée, tous les mots ont été galvaudés. Le commentateur du match entre les Earthquakes et les Strikers était au bon endroit au bon moment. Sa réaction est du domaine de l'émotion pure. « Je n'y crois pas… C'est un but absolument extraordinaire ! Un exploit individuel insensé… C'est le plus beau but que j'aie jamais vu.» Certes, il ne devait pas en avoir vus beaucoup. Mais peu importe, la déclaration vient du fond du cœur. Tout dans son ton traduit sa totale sincérité, ainsi qu'une part d'incrédulité. Comme s'il venait de voir quelqu'un se mettre à léviter.

Best laisse le ballon rouler sur deux mètres avant de le toucher. Les défenseurs, persuadés qu'il n'y a aucun danger, ne font d'abord pas de véritable effort pour s'approcher de lui et lui prendre le ballon. Il est encore loin de la surface de réparation et chacun des deux joueurs les plus proches de lui suppose que l'autre l'empêchera de s'en approcher. Le premier n'arrive pas à lire la trajectoire de Best. Le second se fait instantanément éliminer d'un sublime crochet de l'extérieur, pris par surprise comme un sprinter dont les pointes seraient restées dans les starting-blocks. Best, qui a accéléré, part vers la droite. Il feinte son poursuivant le plus proche en l'entraînant dans l'autre direction et esquive son tacle désespéré. Il est à l'entrée de la surface. Les défenseurs sont toujours persuadés que quelqu'un va l'arrêter ou qu'ils vont l'enfermer et l'obliger à revenir sur ses pas. Il ralentit et les conforte dans leur idée. Il semble parti pour s'excentrer et, alors que deux maillots blancs se rapprochent, change brutalement de direction en poussant du droit la balle vers son pied gauche. Le reste de l'action se déroule dans un cercle d'un mètre de diamètre autour du point de penalty. Il réussit à éviter un défenseur en partant sur le côté, puis revient très légèrement en arrière, suffisamment pour en déséquilibrer un autre. Le chassé est toujours plus intelligent que le chasseur. Le joueur de San José retrouve l'équilibre et tente de le bloquer, mais Best le passe facilement. Il ne reste plus qu'un seul joueur entre lui et le but, et Best n'a pas l'intention de laisser qui que ce soit d'autre profiter de son travail. Encore une fois, il repart en une fraction de seconde pour passer son dernier adversaire qui, comme tous les autres avant lui, se retrouve de profil après avoir choisi la mauvaise direction. Il ne peut s'approcher de Best et sait qu'il est battu. C'est fait. La course est finie. Best entame un dernier dribble du pied droit avant de conclure du gauche. Enclenché entre le point de penalty et la ligne des six mètres, son tir à ras de terre est puissant et imparable. Il va se nicher dans le coin inférieur gauche de la cage.

Le dernier défenseur est Ken Fogarty, ancien coéquipier de Best à Stockport County. Il se souvient avoir été fasciné par Best à cet instant et s'être dit : « Il est dans la zone. » « La zone », cet état de quasi-transe dans lequel l'attention et la concentration du joueur sont tellement intenses que tous ses gestes sont spontanés et sans effort conscient. Aucun élément extérieur ne peut le distraire, ni le détourner de son objectif. Et quand il sort finalement de la zone, c'est comme s'il émergeait d'une session d'hypnose. « Quand il était comme ça, il était inarrêtable, poursuit Fogarty. J'ai cru que j'arriverais à prendre le ballon et, tout à coup, il n'était plus là. Je suis parti d'un côté, lui de l'autre. J'ai eu l'air d'un pingouin bourré sur un skateboard bancal. » Après le match, il n'y avait pas un bruit dans le vestiaire des Strikers. « Que dire ? On venait de concéder l'un des plus beaux buts de l'histoire. Et ce n'était même pas sa course la plus impressionnante du match... » Fogarty se souvient d'une autre encore plus étonnante. « Il a passé en revue sept joueurs avant même d'entrer dans la surface, où on a enfin réussi à le tacler. S'il avait marqué sur ce coup-là, personne ne parlerait de l'autre but. » Best confirma la théorie de Fogarty sur la zone. Il déclara qu'il avait l'impression que le reste du monde était au ralenti. Il « voyait tout » très clairement et savait exactement où aller, et à quel moment. Comme si tous ses adversaires et lui étaient des danseurs de ballet qui avaient répété cette chorégraphie pendant des semaines. Il fut lui-même stupéfait de revoir l'action sur petit écran : « J'avais l'impression de voir quelqu'un d'autre. »

Son seul regret ?

Ne pas l'avoir marqué avec Manchester United, face à la Stretford End. « Imaginez la réaction si j'avais fait ça. »

Certains événements créent une onde de choc dont on ressent longtemps les vibrations. Pour Best, tout restait inextricablement lié à son passage à United et ses heureuses années. Il se voyait comme un Mancunien honoraire, né pour jouer et passer sa vie à Old Trafford. Il déclarait souvent n'avoir jamais complètement digéré sa rupture et son départ, et le simple fait d'y repenser faisait remonter la « déception » à la surface. Un mot anodin qui cachait une blessure bien plus profonde. Il était incapable d'analyser avec lucidité à quel point cette séparation l'avait bouleversé. Mais entendre les journalistes le désigner comme un ancien joueur de Manchester United était à chaque fois d'une grande violence pour lui. C'était comme répéter à quelqu'un quelque chose qu'il refuse d'admettre. Il ne reconnaîtra que bien plus tard être passé par les quatre étapes du deuil : le choc, le déni, le vague espoir et la dépression.

Plus les années 60 s'éloignaient, plus il se sentait proche de United et de ceux qui lui avaient permis de lancer sa carrière et de grandir. Son attitude évoluait aussi. Il serait toujours le fils spirituel de Busby, tout le monde le savait. Plus étonnant, il affirma que parmi ses successeurs, deux « immenses » hommes avaient gagné son respect, « pour des raisons différentes ».

Il se souvenait notamment des mots de Wilf McGuinness : « Si j'avais su ce que je sais aujourd'hui, je t'aurais laissé tranquille. Je te suivais partout, je t'espionnais. Je suis maintenant conscient que j'aurais mieux fait de me préoccuper uniquement de ce que tu faisais sur le terrain. » Et il était reconnaissant de la gentillesse de Frank O'Farrell. « À chaque fois que j'ai eu des ennuis ou que je me suis retrouvé en mauvaise posture, il m'a toujours appelé ou écrit. Lorsque ma mère est morte, il a téléphoné. Il a mis un point d'honneur à retrouver mon numéro à Belfast pour me présenter ses condoléances et prendre des nouvelles. Un type adorable. »

Best retrouva également Ken Stanley, qu'il emmena au Phene Arms. Avec son ancien agent, alors presque octogénaire, il passa des heures à parler du bon vieux temps… et du moins bon. « George savait tout ce que mon père avait fait pour lui », confia David Stanley.

Best se réconcilia également avec Bobby Charlton. Il reconnut que les broutilles qui les opposaient étaient « puériles » et ajouta :

« On s'est comportés comme des gamins. » Il avait été d'autant plus facile d'oublier sa rancœur qu'il ne savait plus du tout quelle en était l'origine. « Je devais lui faire la gueule parce qu'il me faisait la gueule. » Lorsque tout United se rassembla pour célébrer le vingt-cinquième anniversaire de Wembley 1968, Charlton et lui s'assirent autour d'une petite table pendant que le match était rediffusé pour l'occasion. Après le premier but de son capitaine, Best lui adressa une tape amicale dans le dos. Et lorsque Best, alors tout près de mourir, était cloué au lit en soins intensifs derrière des rideaux, Charlton était venu lui rendre visite à l'hôpital. Bouleversé par l'état de son collègue et la perspective de sa mort prématurée, il murmura, assis à côté de son lit, ces mots qui exprimaient à la fois sa peine, sa frustration et toute son impuissance : « Quelle merde. »

Best décida même de passer l'éponge sur un épisode pourtant peu glorieux. À l'automne 1979, des amis à lui avaient demandé à United de lui organiser un jubilé pour services rendus. Best était alors dans une situation financière délicate dans la foulée de la liquidation de l'Irish Trust qui lui avait fait perdre toutes ses économies. « À un moment, je n'avais presque plus rien. » United rejeta la demande, sous prétexte que Best n'avait pas porté le maillot du club assez longtemps pour prétendre à un tel hommage. L'appel de Harry Gregg était également resté sans lendemain. Les dirigeants de United craignaient qu'en accédant à la requête de leur ancien gardien pour son compatriote, ils fussent ensuite obligés de reconsidérer celle qu'il avait faite à titre personnel quelques années plus tôt et qui avait été déboutée pour les mêmes raisons. Best en tira la conclusion que United était toujours « en colère » et lui faisait payer son comportement du début des années 70. La vengeance est un plat qui se mange froid ; dans ce cas, il était glacé. Le club remua même le couteau dans la plaie en refusant carrément de louer Old Trafford à Best pour qu'il organise son propre match. Lui qui les avait aidés à remporter deux championnats et une Coupe d'Europe. Lui qui leur avait rapporté des centaines de milliers de livres. Lui et ses 474 matchs et 181 buts, cinq fois d'affilée meilleur buteur du club en championnat. Ce n'était pas qu'un simple type de passage. Quoi qu'en disent les règles du club, United devait offrir à Best le jubilé qu'il méritait. Rien que pour ses statistiques, et plus encore pour son image auprès du public et son talent. Jamais il ne protesta publiquement, sa fierté l'empêchait de réclamer. Et jamais le club ne revint sur sa décision.

Best pardonna quand même.

Il ne put en revanche jamais pardonner Tommy Docherty. Dans les mois qui suivirent son départ, il s'était forcé à dissimuler sa mélancolie pour ne pas donner à Docherty la satisfaction de voir à quel point United comptait pour lui. Et sa rancœur n'a fait que grandir avec les années. Il le tenait pour seul responsable de son départ. Lorsque le club rendit sa licence à Best, il insista pour que les papiers soient signés et récupérés à Old Trafford le lendemain parce qu'il en avait soi-disant besoin en urgence. C'était surtout pour le plaisir de déranger Docherty.

« Je le détestais tellement que je ne voulais même pas y aller. Je n'y suis allé que parce que je savais que rien ne l'embêterait autant que de devoir se lever un dimanche matin pour ça. »

Best avait symboliquement laissé une paire de crampons accrochée à Old Trafford en 1974. Le geste était à la fois chevaleresque et désespéré. Ils pourraient toujours « servir à quelqu'un ». Ses chaussures étaient surtout là pour rappeler à tous son absence. La cinquantaine passée, Best racontait avoir un rêve récurrent, dans lequel le deuil, la culpabilité et le désir étaient si évidents qu'il n'y avait pas besoin d'avoir recours à un psychanalyste pour l'interpréter. Dans Old Trafford tel qu'il l'avait connu à ses débuts – avant la construction de ce toit en porte-à-faux qui inspirerait tant d'autres stades –, Best était aligné aux côtés de Beckham, Cantona et Keane. Mais il ne retrouvait pas ses crampons. « J'étais obligé de jouer en pantoufles. » Puisque la notion de temps avait disparu, il était dans son rêve aussi bon qu'à son apogée.

Si toute sa vie il regretta d'avoir quitté United, il s'en voulait aussi de ne pas avoir pu revenir lorsque l'opportunité se présenta, six mois après ce fameux but avec les Earthquakes. Best, sur une radio mancunienne, avait déclaré qu'il « adorerait » jouer à nouveau pour United. Moins d'une heure après la diffusion de l'interview, on demandait à Ron Atkinson, alors entraîneur de United, s'il serait intéressé. « S'il le veut, je suis prêt à en discuter avec lui. » Les deux hommes prirent rendez-vous à 8 heures du matin dans un hôtel de Londres avant le match de United contre Arsenal. À 8 h 05, Best n'était toujours pas là. « Je me suis levé et je suis parti », expliqua Atkinson, certain que Best ne viendrait pas. Atkinson était alors convaincu, et l'est toujours, que Best avait utilisé United dans le seul but de se faire un peu de publicité. Mais Best n'avait pas besoin de faire ou de dire quoi que ce soit pour se retrouver à la une des journaux. La réalité, c'est que Best répondit spontanément et en toute honnêteté à la question d'un journaliste. Évidemment qu'il souhaitait rejouer pour United. Mais il se rendit ensuite compte de tout ce qu'un tel retour impliquerait. Peu importe ce qu'il accomplissait (ou pas) sous un autre maillot, rien n'entacherait l'image de sa carrière à Old Trafford. Rejouer pour United aurait détruit tout cela. Il apparaîtrait vieilli, et les images ne seraient peut-être pas très flatteuses. Best était loin d'avoir la condition physique nécessaire pour jouer en première division. « Ç'aurait été se fourvoyer. Quand je jouais là-bas, j'étais le meilleur joueur de l'histoire. Si j'étais revenu, je n'aurais même pas été le meilleur de l'équipe. On ne m'en aurait pas voulu, mais moi je ne me le serais jamais pardonné. »

Il n'empêche qu'il resta toujours un joueur de United dans son esprit, où qu'il soit. « Je n'ai jamais arrêté de suivre les résultats. J'avais la sensation de faire partie du club. J'aurais voulu y faire toute ma carrière. »

Ces trois petites phrases résument parfaitement ce que United représentait pour Best. C'est-à-dire tout.

Il ne voulait jouer nulle part ailleurs. Il ne voulait aller nulle part ailleurs. Il n'eut jamais d'autre amour que son premier amour. Le lien entre l'homme et son club était inaltérable, et il l'est toujours. Best le savait. Il voulait que tous le sachent aussi. C'est désormais le cas.

Nous souhaitons tous, aussi insignifiants que nous soyons, que l'on se souvienne de nous. Best sera exaucé. Dans son monde, celui du football, il est un immortel.

Il survivra à travers ses dribbles, ses buts, ses feintes, ses courses chaloupées et ses gestes culottés que personne d'autre ne pouvait faire. Il sera toujours jeune et beau. Et nous le verrons toujours comme lui se voyait.

Avec ce maillot rouge.

CHRONOLOGIE

George Best
Né à Belfast, le 22 mai 1946
Décédé à Londres,
le 25 novembre 2005

1961
Août : Signe un contrat amateur avec Manchester United et emménage chez Mary Fullaway à Chorlton-cum-Hardy.

1963
Mai : Signe un contrat professionnel avec Manchester United.
Septembre : Premier match en première division, contre West Bromwich Albion à Old Trafford.

1964
Avril : Premier match en équipe d'Irlande du Nord, contre le Pays de Galles à Swansea.

1966
Mars : Crée la sensation contre Benfica lors d'une éclatante victoire 5-1 en quart de finale de la Coupe d'Europe à Lisbonne. Marque un doublé. Baptisé « El Beatle ».
Ouvre une boutique avec son ami Mike Summerbee.

1967
Octobre : Signe (probablement) sa plus belle performance individuelle lors d'une victoire 1-0 contre l'Écosse à Windsor Park.

1968
Mai : Élu « Joueur de l'année » du championnat anglais.
Son but dans les arrêts de jeu à Wembley permet à Manchester United de remporter la finale de la Coupe d'Europe 4 buts à 1 face à Benfica.
Juin : Matt Busby est fait chevalier.
Octobre : Expulsé lors de la Coupe Intercontinentale contre Estudiantes à Old Trafford.
Décembre : Élu Ballon d'Or.

1969
Janvier : Sir Matt Busby annonce qu'il prendra sa retraite à la fin de la saison.
Juin : Wilf McGuinness est désigné comme successeur de Busby.
Août : Annonce envisager d'épouser Eva Haraldsted.
Octobre : Rupture avec Eva Haraldsted (ce qui entraîne une plainte pour rupture de promesse de mariage, réglée à l'amiable).

1970

Janvier : Condamné à quatre semaines de suspension et à 100 £ d'amende par la FA en raison de son comportement à l'issue d'une demi-finale de League Cup face à Manchester City le mois précédent.

Février : Retour dans l'équipe ; marque six buts contre Northampton lors du cinquième tour de FA Cup.

Avril : Exclu pour avoir craché et jeté de la boue sur l'arbitre lors d'un match entre l'Irlande du Nord et l'Écosse.

Juillet : Quitte la maison de Mrs Fullaway pour emménager dans sa propre maison, « Che Sera », à Bramhall.

Décembre : Wilf McGuinness est renvoyé. Sir Matt Busby revient en tant que manager par intérim.

1971

Janvier : Condamné à une amende de 250 £ et six semaines de suspension par la FA pour trois avertissements sur une période de 12 mois. Rate le train pour le match contre Chelsea mais se rend à Londres où il séjourne chez l'actrice Sinead Cusack. Manchester United le suspend deux semaines pour ne pas s'être présenté à Stamford Bridge pour le match.

Juin : Frank O'Farrell est nommé manager.

Octobre : Reçoit des menaces de mort, à la fois en Irlande du Nord et à Manchester. L'une d'elles lui promet qu'il sera abattu s'il est aligné contre Newcastle à St James' Park. Il joue et marque.

Novembre : Un numéro de l'émission *This is Your Life* lui est consacré.

1972

Janvier : Mis à l'écart après avoir manqué une semaine d'entraînement. On lui ordonne de retourner vivre chez son ancienne logeuse, Mrs Fullaway.

Février : Déclare être prêt à quitter Manchester United.

Mai : S'enfuit en Espagne et annonce sa retraite. Admet avoir un problème d'alcool.

Juillet : Fait volte-face et accepte de retourner à Old Trafford. Le club le suspend deux semaines.

Novembre : À nouveau mis à l'écart après avoir manqué plusieurs entraînements.

Décembre : Suite à de nouvelles absences, Manchester United le suspend deux semaines et le met sur la liste des joueurs à transférer. Plusieurs équipes sont intéressées, dont Derby, Manchester City et le New York Cosmos. Frank O'Farrell et Best sont licenciés le même jour, mais Best, pas encore au courant, écrit au même moment au club pour annoncer une deuxième fois sa retraite. Tommy Docherty remplace O'Farrell.

1973

Janvier : Envisage de rejoindre la World Indoor Soccer League au Canada, avant de changer d'avis en arrivant là-bas.

Mai : Victime d'une thrombose à la jambe lors de vacances

en Espagne. Sir Matt Busby l'encourage à revenir à Old Trafford.
Août : Accepte de retourner à Manchester United.
Octobre : Retour en équipe première face à Birmingham City à Old Trafford. Sort en cours de match.
Novembre : Ouvre une boîte de nuit, Slack Alice, à Manchester.

1974
Janvier : Dispute son dernier match sous les couleurs de Manchester United, contre Queens Park Rangers à Loftus Road. Ne se présente pas aux entraînements suivants et est mis à l'écart à l'occasion d'un match décisif de FA Cup face à Plymouth à Old Trafford. Quitte le club, qui le suspend tout de même deux semaines et le place sur la liste des joueurs à transférer.
Février : Accusé d'avoir volé, entre autres, un manteau de fourrure à Marjorie Wallace (alors Miss Monde). Débourse 6 000 £ pour sa caution.
Avril : Blanchi par la justice.
Mai : Se rend en Afrique du Sud pour jouer pour la Jewish Guild.

1975
Novembre : Manchester United le libère de son contrat. Joue avec Stockport County lors des matchs à domicile.
Décembre : Signe avec les Los Angeles Aztecs, club de North American Soccer League (NASL).

1976
Août : Signe à Fulham, alors en deuxième division.
Septembre : Débuts en championnat avec Fulham. Marque après 71 secondes de jeu.
Octobre : Premier match avec l'Irlande du Nord en trois ans, contre les Pays-Bas à Rotterdam.

1977
Juillet : Bud McFarlane trouve la mort pendant des vacances en Espagne.
Novembre : Participe à son dernier match avec Fulham.

1978
Janvier : Épouse Angela MacDonald Janes à Las Vegas.
Juin : Transfert des Los Angeles Aztecs aux Fort Lauderdale Strikers.
Octobre : Décès de sa mère, Ann.

1979
Juillet : Suspendu par les Fort Lauderdale Strikers pour avoir disparu de la circulation et manqué matchs et entraînements.
Novembre : Signe avec Hibernian et dispute son premier match contre St Mirren.
Manchester rejette la demande de ses amis de lui organiser un jubilé.

1980
Février : Suspendu par Hibernian après ne pas s'être présenté pour un match. Brièvement renvoyé (avant d'être réhabilité) après s'être présenté hors d'état de jouer lors d'un autre match.

Avril : Signe avec les San José Earthquakes.

1981

Février : Son fils, Calum, naît à San José.

Mars : Rentre en cure de désintoxication à San José. En sort à la fin du mois.

Juillet : Sa technique remarquable lui permet d'inscire un but absolument exceptionnel avec San José, face à Fort Lauderdale.

Août : Dernier match en NASL.

Septembre : Déclare vouloir rejouer pour Manchester United. Ron Atkinson, alors manager, organise un rendez-vous à Londres pour en parler. Best lui fait faux bond.

1982

Janvier : Retour en cure de désintoxication.

Février : Sortie de cure de désintoxication.

Mars : Son but face à Fort Lauderdale est élu « But de l'année ».

Novembre : Il est déclaré en faillite personnelle.

1983

Mars : Signe à Bournemouth, un contrat plus qu'éphémère. Décès de Mrs Fullaway, à l'âge de 74 ans.

Juillet : Joue pour les Brisbane Lions, en Australie.

Novembre : Accusé de conduite en état d'ivresse. Arrêté après ne pas s'être présenté au tribunal. Agresse un policier lors de son arrestation.

Décembre : Condamné à 3 mois de prison pour ces deux délits. Rejet de son appel. Envoyé à Pentonville, puis à la prison ouverte Ford.

1984

Février : Libéré après huit semaines de détention.

1986

Juillet : Divorce avec sa femme, Angela.

1994

Janvier : Décès de Matt Busby.

1995

Juillet : Épouse Alex Pursey.

2002

Juillet : Admis à l'hôpital pour une greffe de foie.

2004

Février : Divorce avec Alex Pursey.

INDEX